U0509082

陆学艺全集

北京市陆学艺社会学发展基金会 编

第 2 卷

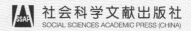

社会科学文献出版社

SOCIAL SCIENCES ACADEMIC PRESS (CHINA)

为联系产量的责任制声辩

在批判极左"四人帮"的极左路线的斗争中，安徽省不少地区的农村社队，根据党的政策和群众的要求，创造了包工到作业组、联系产量、斗争报酬的责任制。这种形式一出现，就鼓励了各地广大社队干部群众的积极性，三中全会对此作了肯定，写进了两个有关农业文件草案里。安徽省去冬以来，有的地区实行这种责任制又有了新的发展，到二月中旬，全省实行这种责任制度的生产队已占总数的35.1%。对于这样一个变革，有……

《为安徽联系产量的责任制声辩》原稿第一页

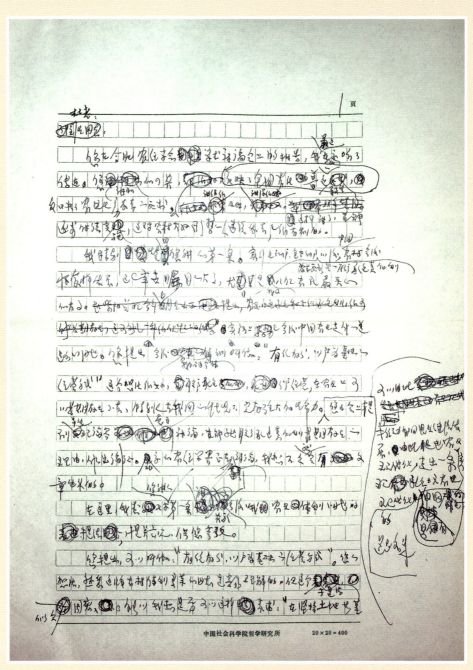

《以联产承包、分户经营为基础的合作经济》原稿第一页

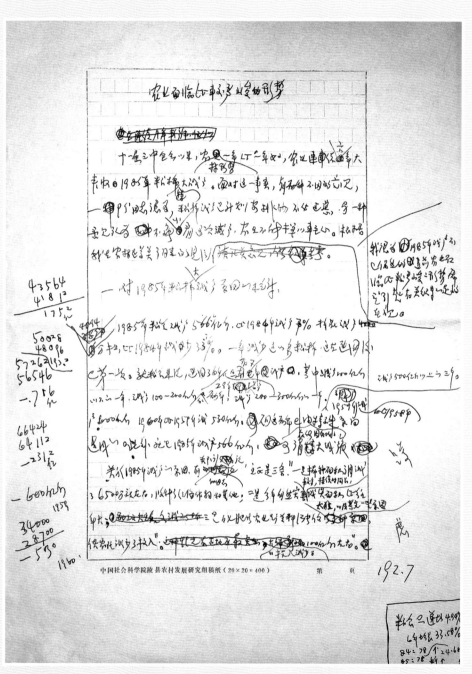

《农业面临比较严峻的形势》原稿第一页

第2卷　当代中国农村与农民
(1979～1988)

本卷收录了陆学艺先生在 1979～1988 年期间撰写和发表的关于"三农"问题研究的学术论文、调研报告、演讲、发言摘要、书序及学术书信，它们是作者在改革开放最初十年中对当代中国农村、农业和农民问题开展的广泛而深入的研究成果。在这十年中，陆学艺深入探讨了农村实行家庭联产责任制改革的本质属性问题，其代表作有《为安徽联系产量的责任制声辩》《家庭承包制的农业经营方式为什么能长期存在》《马克思主义的合作理论和联产承包责任制》《农村改革的若干基本经验》，等等。陆学艺敏锐地看到农村改革取得巨大成功之后出现的问题和面临的严峻形势，其《农业面临比较严峻的形势》等一批成果引起中央的高度重视。在此基础上，他积极主张推进农村第二次改革，代表作有《农村改革的若干基本经验》《关于农村第二步改革问题》《当前农村形势和农业问题》，等等。陆学艺一向重视农村典型调查工作，他关于农村调查的理论与方法的探讨，以及积极推动陵县调研基地建设的实践也取得了积极的成果。这一时期陆学艺关于农村、农业和农民问题的理论研究、政策研究以及农村调查等方面的研究对当代中国"三农"问题研究的理论和实践产生了重要影响。

本卷目录

农村改革

农业农村发展形势

当代中国农民

城乡关系

农村调查

农村改革

关于部分调整农村所有制关系的几个问题[*]

一 农业发展长期缓慢的重要原因之一 在所有制关系问题上

党的十一届三中全会关于农业问题的决议指出："为了加快农业发展，全党同志对我国农业的现状和历史经验，必须有一个统一的正确的认识。"[①]这是很重要的。我们应该实事求是地按照实践是检验真理的唯一标准的原则，总结30年来农业发展的历史经验和教训，找到问题所在，统一认识，对症下药，采取措施，把农业搞上去。

回顾新中国成立以来农业发展的历史，前后可分两个时期：1949～1955年合作化前为一段、1956年合作化后为一段。合作化前的6年时间，农业总产值由326亿元增加到550亿元，增长69%，每年递增9.1%；粮食总产量由2162亿斤增加到3496亿斤，增长61.7%，每年递增8.3%；国家征购的粮食4年共4173亿斤，平均每年1043亿斤，商品率为32.1%；农民生活有很显著改善，农业人口每年的平均纯收入由48元，增加到72元，增长50%，每年递增7%。这6年农业生产稳步上升，发展最快，农业生产的计划和国家收购粮食和其他农副产品的计划都能基本完成和超额完成。

从1956年合作化以后，农业生产的计划常常不能实现。"农业发展纲

---

[*] 本文源自作者手稿，该稿写于1979年3月11日。该文稿经删改首次刊载于新华通讯社《国内动态清样》1979年第1119期，题为《中国社会科学院陆学艺同志认为部分调整农村所有制关系有利于农业发展》，发表时间：1979年4月15日；该文还被收录于文集《当代中国农村与当代中国农民》（陆学艺著，北京：知识出版社，1991年7月）。——编者注

[①] 参见《中共中央关于加快农业发展若干问题的决定》，载中共中央文献研究室编《三中全会以来重要文献选编》（上），北京：人民出版社，1982年8月，第177页。——编者注

要四十条"①，规定从 1956 年到 1967 年，各地粮食亩产要分别达到 400 斤、500 斤、800 斤，粮食总产要达到 9000 亿斤。至今 22 年了，粮食总产还不到 6000 亿斤。第二个五年计划，农业计划每年增长 5%，实际结果是每年平均下降 4.3%；第三个五年计划，农业计划每年增长 5%～6%，实际只达到 3.9%；第四个五年计划，农业计划每年增长 6%～7%，实际只有 4%。1977 年粮食总产与 1976 年持平，1978 年粮食总产 5950 亿斤，两年都没有完成计划。

我们原来设想，合作化后，粮食和其他农产品将成倍、成 10 倍地增长，而这种局面却迟迟没有到来。从 1956 年到 1978 年的 22 年中，粮食由 3650 亿斤增加到 5950 亿斤，增长 63%，每年仅递增 2.2%；而同期农业人口增加 2.8 亿，增长 58.0%，每年递增 2.1%。全国每人平均占有的粮食从 581 斤增加到 631 斤，每年只增加 2.3 斤。

我们原来设想，在合作化的基础上，用四个到五个五年计划，全国实现农业机械化，可以使农业劳动生产率大大提高，使农业生产大幅度增产。20 多年来，全国为实现农业机械化进行了巨大的努力，拖拉机由 1956 年的 1 万多台增加到 70 多万台大中型拖拉机和 100 多万台手扶拖拉机。化肥施用量由 160 多万吨增加到 4400 万吨，增长了近 28 倍。兴修了大量农田水利工程，高产稳产田达 5 亿多亩，拥有排灌机械六千多万马力。同期也增加了农业劳动力 1 亿多人。投入了这样多的现代农业生产资料，生产条件有了改变，但农业产量增长不大。22 年粮食才增长 63%，农业劳动生产率才提高 8%，平均每年增长不到 0.4%。每个农业劳动力年产粮食由 1776 斤增加到 1919 斤，每年平均增加 6.5 斤。农机化效果这么低，这在世界农业机械化史上也是罕见的。

我们原来设想，合作化以后，农业将能给国家提供经济建设需要的大量粮食和工业原料。但是，到 1978 年，国家征购到的粮食才 1000 亿斤，同 1952～1955 年的平均数一样多，粮食商品率下降到 17%。同期城市人口增加了 4000 多万，所以我们不得不大量进口粮食和棉花、食糖、豆油。对城市居民的供应水平下降。

我们原来设想，合作化以后，农民会很快摆脱一穷二白的困境，从此丰衣足食，共同富裕起来。22 年来，总的来说农民生活有所改善，但幅度

① 指《1956 年到 1967 年全国农业发展纲要》（简称"农业发展纲要四十条"，或"纲要"），纲要草案于 1956 年 1 月由中共中央政治局下发征求意见。1957 年 10 月及 1958 年初中共中央对纲要草案做了必要的修改和补充，相继产生了第一、第二次修正草案。1958 年 5 月 23 日，中共八届二中全会基本通过了第二次修正草案。1960 年 4 月 10 日第二届全国人民代表大会第二次会议正式通过该纲要。——编者注

不大，而且至今还有很多农民缺衣少食，相当困苦。据统计，全国现在有1.4亿人的全年口粮不足280斤，有1/4的生产队（2亿人）每个社员年分配收入在40元以下，每人每天不足0.11元。他们实际上处于半饥饿状态。甘肃省从1967年到1976年，除1975年一年外，十年中有九年每人每年的口粮都在300斤以下。"许多社员，家徒四壁，除一口铁锅，几件破衣外，别无他物。"有个4口之家的农民，全部家产，只值5元钱。

从合作化前、后两个时期的对比，是不是可以说合作化没有优越性，集体不如单干呢？还不能由此就得出这个结论。对合作化后的22年，要作具体分析。合作化初期的1956、1957年，包括1958年，开始农民的社会主义积极性是高的，农业生产上升。农业总产值两年共增长8.7%，每年递增4.3%；粮食总产两年增长6%，每年递增3%。1958年农业确实是空前的大丰产。但后来刮了共产风，农民消极抵制，没有丰收。还有1962～1966年，这段时间农业恢复、发展快得出人意料，靠的是集体经济的优越性。那么，农业发展缓慢的原因究竟是什么？与其他战线一样，是推行了一条"左"倾机会主义路线的结果。在政治上，搞阶级斗争扩大化，绝对化，七斗八斗，把班子斗垮了，队伍斗散了，人心斗乱了，长期没有一个安定团结的局面。在经济上，不从生产力水平的实际状况出发，随心所欲地不断改变所有制关系。原定用三个五年计划实现对农业的社会主义改造，结果在1956年就实现了农业合作化，提前了11年。1958年又搞人民公社化。1959年上半年提出"三级所有，队为基础"，实际上到下半年就否定了。1961年确定把基本核算单位定在生产队。1964年"四清"时，有些地方就搞并队，扩大生产队规模。"文化大革命"中，又多方面冲击生产队的所有制，搞所谓的"穷过渡"。所有制关系如此多变，朝令夕改，失信于民，使应该相对稳定的新的生产关系不断遭到破坏，农民集体所有制长期没有得到承认、保障。这实质上就是不断剥夺农民，使农民长期处于无权的地位。农民朝不知夕，不能掌握自己命运，长期处于经济不稳定的状况。农民不能安心种田，农业岂能搞好！

马克思说："社会的物质生产力发展到一定阶段，便同它们一直在其中运动的现存生产关系或财产关系（这只是生产关系的法律用语）发生矛盾。于是这些关系便由生产力的发展形式变成生产力的桎梏。那时社会革命的时代就到来了。"[①] 出现马克思讲的生产力生产关系这种矛盾时，当然需要

---

① 马克思：《〈政治经济学批判〉序言》，载《马克思恩格斯选集》第2卷，北京：人民出版社，1972年5月，第82～83页。

革命，需要改革生产关系，以解放生产力，发展生产力。但是，与生产力比较起来，生产关系则是相对稳定的。新的生产关系出现，总是新的生产力发展的必然结果。马克思说："社会关系和生产力密切相连。随着新生产力的获得，人们改变自己的生产方式，随着生产方式即保证自己生活的方式的改变，人们也就会改变自己的一切社会关系。"① 生产关系的发展和变更决定于生产力的发展和变更。如果人为地建立起来的生产关系超越了生产力发展的水平，同样也是不合适生产力发展的要求，同样也会阻碍和破坏生产力的顺利发展。

生产力决定生产关系，生产关系一定要适合生产力性质和发展要求，生产才能顺利发展。这是历史唯物主义揭示的一条基本规律。新中国成立30 年来的实践，从正反两方面再次证明这是颠扑不破的真理。就农村来说，按这条基本规律办事，农业就上去，农村社会主义事业就得到巩固和发展；违背了这条规律，农业就上不去，农村社会主义事业就遭到损害和破坏。合作化以来，我国农村的所有制关系变动太多，步子太大。以为改变了生产关系，就能大大发展生产力。所以老是在所有制关系上做文章，总想搞得越大越好，越公越好，超越了生产力发展的水平和要求。这就背离了马克思列宁主义的基本原理。实践结果是适得其反，不仅没有促进生产力的发展，反而阻碍和破坏了生产力的发展。这是我国农业发展缓慢的重要原因，是我们应该总结记取的一条教训。

二　部分调整农村的所有制关系，把农业搞上去

"四人帮"出于篡党夺权的反革命目的，污蔑我国的生产资料所有制是走资派所有制，说我国的所有制问题还"没有解决"，"生产关系破坏了生产力"，因此需要不断革社会主义生产关系的命。这当然是十分荒谬的，是他们破坏社会主义生产以便乱中夺权的一个借口。可是，我们也不能由此得出结论，认为我们农村的所有制问题已经完全解决，已经不存在什么问题，只要发展生产力就可以了。事实不然，我国目前农村所有制关系确实还存在着问题（当然不是"四人帮"所说的那些问题），这些问题的存在，妨碍着农业生产的更好发展。问题之一是，合作化以来农村集体所有制关

---

① 　马克思：《政治经济学的形而上学（〈哲学的贫困〉第二章）》，载《马克思恩格斯选集》第 1 卷，北京：人民出版社，1972 年 5 月，第 108 页。

系本身有一系列问题需要进一步完善、解决。问题之二是，这么多年来林彪、"四人帮"对于农村所有制问题的破坏干扰需要拨乱反正。例如，为什么生产队的所有权、自主权屡遭侵犯？为什么社员的个体财产、人身权利屡遭剥夺？为什么农村的自留地、家庭副业屡遭没收和禁止？为什么某些干部的宗法家长式的统治长期得不到纠正？等等。这些都应该提到所有制关系问题上来认识和解决。

要把农业搞上去，首要的条件，是要充分调动我国8亿农民的社会主义积极性。怎么才能充分调动农民的积极性？这需要我们在加强对农民的社会主义教育的同时，在经济上关心他们的物质利益，在政治上保障他们的民主权利。而要做到这些，根据合作化以来的多年的经验和教训，最重要的是要把所有制关系解决好，把基本核算单位的规模、大小定合适，这是农村生产关系的基础。所有制关系合适，其他关于分配、消费、交换、流通等问题就比较好解决。所有制关系合适，农民的政治和物质利益得到满足和实现，农民的积极性就能充分调动起来，农业就能够较快地搞上去。

鉴于我国目前农村生产力和生产关系的实际状况，根据马克思主义关于生产关系必须适合生产力状况，生产才能顺利发展的基本原理，对我国农村的生产关系作部分调整是必要的。下面就部分调整所有制关系问题提一些具体建议，供有关方面参考。

（一）要制定法律，切实保障作为基本核算单位的生产队的所有权和自主权

党的十一届三中全会农业问题的决议和"新六十条"[①] 都做了要保障生产队所有权和自主权的规定，这是适合目前我国农村生产力发展状况的，有利于发展生产，农民是欢迎的。现在这方面的问题有两个。

1. 有些省区的生产队规模过大，应该适当调整。目前大多数省区的生产队规模在30户左右，这比较合适。而有些省区的生产队规模则过大，如北京市，生产队的规模平均为70多户（大兴县是76户）。在目前生产力水平不高的情况下，生产队规模过大，不利于经营管理，不利于生产，一个生产队长要管五百人到六百口人，上千亩地，二百多个劳动力，指挥不善，常常发生窝工、撂荒等问题，妨碍生产的更好发展。解决这个问题的途径，

---

① 指《农村人民公社工作条例（试行草案）》（简称新《六十条》），党的十一届三中全会于1978年12月22日原则通过。——编者注

一是根据实际情况，尊重干部和群众的意见，适当划小生产队的规模；二是在这些生产队实行包工到组，实行定人员、定任务、定质量、定报酬、定奖惩的制度。"五定"必须落实，奖惩必须兑现。实际上也就是要承认作业组有部分自主权。

2. 解决好生产队的自主权和领导机关的计划指导之间的矛盾。"新六十条"规定"生产队有权因地制宜地进行种植，有权决定增产措施"①，但这个自主权遇到了同领导机关计划的矛盾，怎么办？例如，苏南地区的双季稻，近十年来的实践证明，种双季稻虽略有增产，但花的成本过大，地力消耗过大。社员劳累伤身，早春下秧，冻手冻脚，立秋插二次秧，烂手烂脚，实事求是算总账，真是得不偿失。生产队，社员都不愿种双季稻，科技人员经过调查研究，也站在社员这一边。但某些领导人，却因为能略有增产，则坚持要多种双季稻。对他们来说，增产就是成绩，殊不知这个增产是以社员们的减收和损害健康为条件的。对于这样的矛盾，应该支持生产队，应该修改领导机关的计划（华北地区种杂交高粱也有类似的矛盾）。

（二）在巩固和发展集体经济的条件下，承认、保障农民的部分所有权和自主权

合作化后的第一个高级农业合作社章程，就规定了社员可以经营自留地、家庭副业和参加集市贸易的权利。随后的"人民公社六十条"②和《中华人民共和国宪法》等都规定了社员的这个权利。但是从 1958 年搞人民公社开始，就没收社员的自留地，无偿地把社员的猪、羊、鸡、鸭归公，限制家庭副业，限制社员参加集市贸易。从此以后，这几项是收了放，放了收，屡经反复，弄得农村干部和群众无所适从。直到今天，还有个别地区和社队，不发还自留地，不准搞家庭副业，不开放集市贸易，认为搞这些是走回头路，搞资本主义，继续坚持所谓"堵不住资本主义的路，迈不开社会主义的步"那一套做法。

合作化以来，集体经济的一些重要体制变动太多，破坏了生产力。而自留地、家庭副业、集市贸易这几项，则变动更多，问题更大。为什么呢？

---

① 参见国家经济体制改革委员会办公室编《经济体制改革文件汇编（1978～1983）》，北京：中国财政经济出版社，1984 年 12 月，第 84 页。——编者注

② 指《农村人民公社工作条例（修正草案）》（简称"人民公社六十条"，或"农业六十条"，下同），1961 年 3 月中共中央工作会议通过了《农村人民公社工作条例（草案）》。1962 年 9 月 27 日中共八届十中全会通过了《农村人民公社工作条例（修正草案）》。——编者注

一个很重要的原因是我们对这几个带有个体经济性质的经济事项到底是社会主义经济的补充，还是资本主义的，在理论上没有一个统一的认识，所以在政策上摇摆不定，在法律上也没有用适当的形式肯定下来。

在林彪、"四人帮"的极左路线猖獗的时候，他们把社员经营的自留地、家庭副业、参加集市贸易，统统斥为搞资本主义。在割资本主义尾巴，堵资本主义路的大棒下，把这几项经济事业，统统卡尽禁绝。结果是一害社员（收入减少，生活不方便），二害集体（增加负担），三害国家（物资稀少，市场萧条）。在他们看来，只要是私人经营的个体经济，就把它与资本主义等同起来，这当然是十分荒谬的。第一，个体小生产自从原始共产主义社会解体时就有了，个体小生产从来不等于资本主义，小生产只是产生资本主义的土壤和条件，但本身不是资本主义。第二，在社会主义条件下，小生产可以与资本主义相联系，也可以与社会主义相联系，而只要在无产阶级专政不蜕变的条件下，一般是与社会主义相联系，是会逐步走上社会主义道路的。即使是单干，也不等于就是资本主义（南斯拉夫的单干户至今占85%）。第三，在人民公社集体经济占绝对优势的条件下（土地占93%以上，全部大农具和农业机器都归集体所有），社员经营自留地，家庭副业和集市贸易，只是农民已经走上集体化道路后的个体经济的剩余，这个剩余部分会随着生产力的发展，集体经济的壮大、发展而逐渐缩小，直至最后消失。但在生产力还不发达，集体经济还不够壮大的条件下，都是社会主义集体经济必不可少的补充。所以我们可以明确地讲，人民公社社员种自留地、经营家庭副业和正当地参加集市贸易也是干社会主义而绝不是什么搞资本主义。党和政府的各级领导应该采取积极鼓励的措施，而绝不应该限制打击。毛泽东同志在1959年第二次郑州会议上讲过："由基本上队有，部分的社有，变为基本上社有，部分的队有，就接近于全民所有制。那时，当然还会拖一个个人生产资料所有制的尾巴，如极小部分的宅房土地、果树、小农具、家畜家禽等，还为个人所有。公社范围有个人所有，有小集体、大集体，而房屋在公共宿舍大规模建立起来以前，当然是私有的。"① 到了基本公社所有，接近全民所有的时候，我国的社会主义经济已经发展到相当高的阶段了，但那时仍还保留有部分的个人生产资料所有，何况我们现在呢？

① 参见《毛泽东年谱（1949～1976）》第3卷，北京：中央文献出版社，2013年12月，第607～608、623页。——编者注

　　我国有 3 亿多劳动力从事农业，这是一支巨大的劳动大军，潜力无穷无尽。我国人多地少，分布又不均匀，南方不少地区，每人只几分地，每个劳动力耕种不到 3 亩地，现在又使用了农机和化肥，很多地区劳动力是有剩余的。据估计，全国可以腾出 1 亿以上的劳动力。而我国的城市和工业一时还吸收不了这么多劳动力，集体经济短期内也办不了那么多社队企业来容纳他们。在目前鼓励社员在搞好集体经济的条件下，经营自留地、种粮种菜、种果树、种其他经济作物，养猪、养羊、养鸡、养鸭、养蜂、养兔，搞编织、刺绣等等一切适宜于社员家庭搞的副业，这不仅可以增加社员收入，而且也增加社会总的财富，丰富市场供应，活跃城乡经济，也是充分发挥 3 亿农业劳动力的潜力，使剩余劳动力有出路的一条途径。据《人民日报》1979 年 2 月 19 日报道，广东中山县社员黄新文，一家 8 口，3 个劳动力在积极参加生产劳动之外（全年分配收入共 3100 元），靠养猪和养鸡鸭、种菜、养殖蘑菇共收入 2800 元（副业总产值是 6300 元，扣去成本 3500 元）。如果全国 1.5 亿农户，每户搞黄新文家 1/10 的副业收入，全国农民就有 420 亿元收入，约为现在全国农民总分配收入的 2/3 以上。而由此为国家创造的财富，就更为可观，每户搞黄新文家 1/10 的副业，全国就能生产 630 亿元的农副产品，约为现在全国农副产品的 1/2。农民搞的种植物，饲养物以及其他各种副业产品，同样是社会主义国家的物质财富，农民富了，经济繁荣，集体有利，国家有利。

　　我国现在约有 1.5 亿多个农民家庭，1977 年全年集体总分配为 530 亿元，每人平均分配 65 元，5 口之家，年收入为 325 元，每月全家的生活费 27 元，每天只有 0.9 元（每人每天 0.18 元），柴、米、油、盐全在于此，生活相当艰苦。更不用说，还有 1/9 的农户（近 2 亿人），集体分配收入每人每年在 40 元以下的了。从这点讲，自留地、家庭副业、集市贸易也是社会主义集体经济的必要补充。山西农民说："咯咯鸡，咯咯鸡，打油（灯油）买盐全靠你。"这句话反映了若干年来农民生活的写照，反映了目前农村家庭副业必不可少的状况。

　　调动农民的生产积极性，说到底，就是要调动 3 亿多劳动力，1.5 亿多个农民家庭的积极性。现在的农民家庭是农村经济生活单位，在目前集体经济还并不壮大，还不能保证农民基本生活来源（像职工发工资那样）的情况下，经营自留地和家庭副业的收入是农民生活必不可少的来源，所以实际上农民家庭还是一个生产单位。因此，国家在法律上政策上承认和保障农民对部分生产资料的所有权、自主权，实际上也是保护生产力，保障农民正当权益的必要措施。

根据目前农村生产力，集体经济和农民生活的这种现实状况，鉴于以往不断侵犯农民利益的历史教训，应当制定适当的法律和法令，在巩固和发展集体经济的条件下，承认和保障农民的部分所有权和自主权。

承认和保障由集体拨给社员的自留地和宅基地有长久的使用权、自主权（不得买卖），社员有自主种植和处置产品的权利。鉴于现在还有相当多的地区和社队在所谓"集体耕种"的名义下变相不让农民种自留地的情况，要明确规定，按生产队耕地的5%～7%，按现有人口计算分配到户。

承认和保障社员拥有自己的小型农具，以及如自行车、缝纫机、架子车等生产、生活用具的所有权、自主权。

承认和保障在宅旁、在自留地和集体允许的地方所种植的树木及其他经济作物的所有权、自主权。

承认和保障社员经营在政府法律允许范围内的各种家庭副业，其副业产品，社员有所有权、自主权，除交纳国家规定的税收外，收入归己。

承认和保障社员自身劳动力的所有权、自主权，社员在完成每年当地规定的集体劳动的天数后，可以从事其他劳动，其劳动收入归己。

（三）已经"穷过渡"为大队核算单位的大队，凡实践证明对生产发展不利的，要坚决"退"到生产队为核算单位

1975年，全国54620个人民公社中，以公社为核算单位的有72个。671000个大队中，以大队为核算单位的有42650个，占6.3%。到1977年秋，全国农村以大队为核算单位的大队已发展到51670个，占7.7%。1977年的全国普及大寨县座谈会曾提出可以在1977年冬1978年春，使全国以大队为核算单位的达到10%。实际上，有些省区当时过渡的大队还超过了原来设想的数字。现在全国以大队为核算单位的约有七万多个。

1961年，毛泽东同志在作出确定生产队为基本核算单位的决策时，曾经明确宣布要30年不变。至今18年了，是否像有些同志认为的那样到了可以过渡的阶段？大家知道，这18年，虽然农机化已经有了一定的发展，有些省区发展得比较好，但是就全国来说，农业生产发展缓慢，集体经济贫弱，公社、大队两级经济在三级经济中还只占很小的比重，并没有到可以"小队共大队的产"的时候，搞过渡是不适宜的。前几年已经过渡的大队，其中相当一个数目也并不具备过渡的条件，只是在某种"风"指导下搞的，实在也就是"穷过渡"。

对于这几万个已经过渡的大队核算单位，应该进行调查研究，区分不同情况。经过实践证明，凡属于"穷过渡"，挫伤了干部和群众的生产积极性，阻碍了生产发展的，要支持多数群众的意见，坚决纠正，"退到"生产队为核算单位。不能因为已过渡的为数不大，就不去解决。事实上，这几万个大队也涉及几千万人的生产生活问题。更不能认为生产队向大队核算过渡，大方向是对的，怕担搞"倒退""复辟"的"罪名"，而不敢去纠正。应该说"穷过渡"超越了客观历史发展的阶段，妨碍了生产发展，大方向就是错的，今天去纠正它，于生产有利，于人民有利，应该说是前进而不是倒退。当然，也可以保留一部分这种"穷过渡"的单位，以利总结经验，不必一刀切。

（四）逐步改革政社合一体制，政企分家，重建区乡政权，把人民公社办成农工商联合企业

农村人民公社是劳动群众集体所有制的经济组织，是农林牧副渔并举，农、工、商业相结合的社会主义企业。政社合一，人民公社又是国家的基层政权组织。公社领导机构既是集体经济组织的管理机构，又是国家政权的代表。20 年来，我们在运用政社合一这个体制方面，出现了不少问题。就多数情况来说，往往是把公社办成国家的行政机构，以政代社，以政代企，用行政手段来领导经济活动。公社领导人是国家干部，往往较多地从国家政权的立场考虑问题，而较少考虑集体经济的利益，有些人还滥用国家政权组织的权威，发号施令，对生产大队、生产队的经济活动横加干涉，造成违背群众利益和意愿的情况。前几年，在林彪、"四人帮"的极左路线影响下，有些人甚至把公社变成镇压群众的机关，任意抓捕、处置群众，像陕西省旬邑县职田公社的例子，并不是极个别的。

1958 年公社化时，我们犯了一平二调、剥夺农民的错误，使农业遭到极大破坏，全国人民饿了几年肚子，教训不可谓不深，但为什么后来又一犯再犯呢？我们年年反对强迫命令、反对瞎指挥，为什么总是制止不住？直到现在还常发生砍社员的果树，犁生产队庄稼的荒唐做法。中央三令五申，绝对禁止购过头粮，为什么还是年年发生？为什么这些直接损害农民切身利益的事，农民总是抵制不了呢？这一切使我们不能不考虑到公社的体制问题。

人民公社既然是集体所有制的经济组织，就应该同工厂一样，把人民公社当作企业来办。公社要按其固有的经济规律办事，充分发挥经济管理

方面的职能。例如，公社要在国家的资助下办好农机化事业，通过正当的途径集中生产队、大队的一部分劳动力和资金，发展各种社队企业，壮大集体经济力量。通过自愿互利、民主协商、等价交换的原则，组织生产队、大队之间的各种协作，以及组织农用生产资料的供应和农产品的销售等活动，逐步把公社办成农、工、商联合企业。

公社原来的行政管理职能，由国家重建区乡政权组织来承担。区、乡政权作为国家的行政机构，在党的领导下，按照国家的法律法令，管理本地的行政工作，通过贯彻执行国家的经济政策去影响促进公社的经济发展，而不要以行政命令的办法去直接指挥。

（五）各省区可以根据本地的实际情况，对所有制关系因地制宜地进行部分调整，不必强求一律

我国是一个幅员辽阔、农民众多的国家，各地的生产力状况千差万别。有使用 70 年代国际水平的全套农业机器，每个农业劳动力年产 20 万斤粮食的友谊农场的农业，也有人拉犁或甚至是近乎刀耕火种的农业；有亩产 1500 斤精耕细作的苏南农业，也有广种薄收亩产不足百斤的雁北农业。就是在同一个省，同一个地区，同一个县里，情况也有很大不同。生产力发展状况的这种悬殊和差别，决定了我们的所有制关系的形式和经济政策也应该区别情况，分别对待。用一个模式，一个类型，去框去套，结果只能是削足适履，肯定是不能都搞好的。为什么有些地方（特别是山区和边远地区），办社多年了，农牧业长期停滞，有的还越办越糟，甚至有不如解放时的？重要原因之一是这些生产条件本来落后的地区，也采取和其他地区一样的所有制形式。以这种所有制形式为基础的生产关系不适应当地的生产力要求，所以妨碍了生产力的健康发展。有些地区的生产队，至今无机无牛，无钱无粮，长期陷在简单再生产都难以维持的泥坑里，这种有生产队其名，无生产队经济之实的队，农民称之为"三级所无"单位，应该可以采取些适合当地生产力条件的较为灵活的所有制形式，以利较快地跳出简单再生产的泥坑，发展生产力。

毛泽东同志经常教导我们，要按照实际情况，决定我们的工作方针。在调整所有制关系问题上，在农村生产关系方面，应该让各省区可以按照各地的具体情况，实事求是，因地制宜，因人制宜，进行调整。只要于发展生产有利，于改善人民生活有利，符合生产关系一定要适合生产力发展要求的规律，让各省区在调整中有一定的主动权，全国不必强求一律。

为安徽联系产量的责任制声辩[*]

在批判林彪、"四人帮"的极左路线的过程中，不少地区的农村干部和群众总结了合作化以来经营管理正反两方面的经验，创造了包工到作业组，联系产量，计算报酬的责任制。这种形式一出现，就受到了各地农村干部和社员的热烈欢迎，党的十一届三中全会对此作了肯定，写进了两个有历史意义的农业文件里。安徽省在贯彻两个文件中，各地实行联系产量的责任制又有了新的发展，到5月底，实行各种联系产量责任制的生产队占全省总数的35.1%。对于这样一个变革，省内省外，反应强烈，各方面的态度很不一样，有的拥护，有的反对，有的怀疑，有的责难，议论纷纷。总的情况是干部怕批不敢搞，群众怕变不安心搞，越到上面，反对的人越多。我们6月间到安徽调查，听了几方面的反映，也到搞联系产量责任制的社队去作了实地考察，认为有必要展开有关联系产量责任制的讨论，把联系产量有没有优越性，联系产量责任制是搞社会主义还是搞资本主义，联系产量责任制有没有发展前途等问题讨论清楚，以正视听，以安民心。

一　联系产量的责任制有没有优越性？

联系产量的责任制，有明显的优越性。具体表现是，农业增产，社员增收，集体增加积累，国家多收征购。这是只要你到实行生产责任制的地区社队看过，做过调查研究，都会得出的结论。安徽省的凤阳县，也就是明太祖朱元璋的老家，几百年来，十年九荒。解放以后，农业生产几起几落，仍未完全改变贫困被动的局面。最近我们看到中共凤阳县委的总结说：

---

[*]　本文源自作者手稿，该稿写于1979年8月5日，作者：陆学艺、李兰亭。本文涉及的相关地区农村经济社会数据源自作者调查过程中获得的资料。——编者注

"全县 3609 个生产队中，实行大包干（大包干是联系产量责任制的一种形式）的有 2554 个队，占总数的 70.8%"。"今年夏收夏种的大好形势是解放后从来没有过的。""凡是实行大包干的地方，生产热气腾腾，群众喜气洋洋，出现了四个从来没有的可喜现象。即群众的干劲从来没有今年大；生产进度从来没有今年快；农活质量从来没有今年好；小麦产量从来没有今年这样高。""全县 64 万亩小麦，总产量达到 1.7 亿斤，比去年的 1.2 亿斤增产 42%。""夏栽夏种，不仅种得快，种得多，六月底基本上消灭了空白（往年到立秋也消灭不了），而且种得好，做到了精耕细作。""今后一段时间如没有大的灾害，秋季将会获得更大丰收。"

社员干劲大，生产速度快，农活质量好，农业产量高，这是我们在安徽看到的凡是搞联系产量责任制的比较普遍的情况。在同样的地区，实行不实行生产责任制，增产效果不一样。凡是实行了的，要多增产一成到二成，以致更多。特别是那些原来经营管理不善，生产长期搞不上去的队，效果尤为显著。今年安徽夏季粮食增产一成，油菜籽二成，这同实行了责任制，加强了田间管理，有直接关系。

群众对于联系产量责任制的优越性，还有一种总结。他们说："这样干的结果是，粮多了，人闲了。"粮多是说农业增产，粮食和其他农副产品大量增加；人闲，是指实行了责任制，有效地克服了"上工一条龙，干活大呼隆"的窝工浪费现象，劳动工效大大提高（据有关部门统计，一般要提高 30% ~50%）。社员在保质保量地完成了集体农活后，不但有时间种自留地和搞家庭副业，而且有时间休息了，在人多地少的地方，劳动力过剩的问题显得更加突出。

实行了生产责任制，就能粮多人闲的奥妙何在？可以从生产关系必须适应生产力水平这个马克思主义的基本原理得到说明。

目前我们的农业生产力究竟是个什么状况呢？撇开像黑龙江友谊农场二分场五队那种全盘机械化，和还有少数地区"刀耕火种"的原始农业不说，就全国大多数农村而言，基本上还是"两个肩膀一双手，犁耙锄头老黄牛"。不是搞了农业机械化吗？拖拉机是有了一点，但不多，而且靠不住。以安庆专区为例，全区 457 万农业人口，155 万农业劳动力，407 万亩耕地，356 个公社，3072 个大队，35577 个生产队，1978 年拥有大中型拖拉机 689 台，手扶拖拉机 7126 台。平均 5 个大队 2250 个劳动力才有一台大中型拖拉机，5 个生产队 218 个劳动力才有一台手扶拖拉机，而且还经常缺零件、缺机油、柴油，趴窝开不动。当然，还有一些排灌机械、化肥、农药，比合作化初期是改变了，但农业基本上还是以人力、畜力为主的手工劳动，这一点并没有改变。

这样的生产力水平，配以什么样的生产关系合适呢？目前的人民公社的"三级所有、队为基础"的体制是基本合适的。但也有不完善的方面。关键在经营管理。现在的生产队，一般是三四十户（有大到上百户，一百多户的）。未划分作业组前，一个生产队长，带七八十个劳动力，管一二百亩地，种五谷杂粮、芝麻棉花，小而全，农活有几百种。生产队长是"上管天文地理，下管鸡毛蒜皮"，干系全队一百多口人的生产生活，责任可谓重矣！如果生产队长觉悟高，精明强干，还能指挥得开，应付得了；如果生产队长能力弱，水平低，不善经营管理，常常就出现"早上乱点兵，出工一窝蜂"，一面窝工，一面撂荒长草就在所难免了。

另外，合作化以后，实行"各尽所能，按劳分配"的原则，农业上这个"劳"怎么按法，长期以来没有很好解决。初期实行评工记分，后来有些地区按定额记工等报酬形式。评工记分类似于工业上的计时工资，定额记工类似于计件工资。但农业劳动有其特点，它种类繁多，受自然环境影响大，生产周期长，农活质量不易一时检查，在实践中发现，凭工记分往往出现"出勤不出力，到晚一样工"的泡时间现象，定额记工则有只要工分不顾质量的问题。

高级社曾搞过几定一奖，后来被否定了，"文化大革命"中批按劳分配，奖金挂帅，推广"大概工"，严重挫伤了社员劳动积极性。实行联系产量的责任制，可以较好地克服这些问题。划分了作业组，管理范围小，生产责任明确，一般是七八户十来户，十几个劳动力，一犋牛，五六十亩地。大家看得见，摸得着，社员间易于互相帮助、互相竞赛，干部也利于指挥，易于克服干活大呼隆的毛病。

联系产量，五包一奖，把社员的劳动直接和他个人的物质利益联系起来，能够充分调动社员的劳动积极性，并使从关心工分到关心产量，可以抢农时，保证农活质量。分组作业，联系产量，按劳分配的"劳"就有了实际标准，这个标准就是秋后的产量。生产队统一核算，统一分配，对各组根据实际产量来进行奖罚，体现了各组间由于劳动成果的不同，而引起报酬上的差别。再在作业组内部实行评工记分或定额记工，按每个社员实际劳动的数量和质量来分配作业组因超产而得的实物或现金，体现社员间的差别。这样做了能较好地克服平均主义，较好地实现各尽所能按劳分配的原则。

五包一奖中还包括包成本开支，分组作业后，农业开支多少与社员的物质利益也有直接关系。这就有利于社员节约开支，精打细算，爱护集体财物，克服集体经济浪费大的积弊，使勤俭办社落到实处。所有这些方面，都可以看到实行联系产量的责任制，是人民公社经营管理上的一大进步，劳动生产的组织形式有了变化，调动群众积极性的最基本的政策，按劳分配制度得到更好的贯彻，就这些方面来看，这是农村生产关系的部分调整，使之更适合于目前的生产力水平，从而促进了农业生产的发展，出现了上述干劲大，进度快，质量好，产量高的可喜局面，而且随着这种生产责任制的各种具体办法和制度进一步完善，社员和各级干部逐步取得经验，那么，可以预料，联系产量的责任制的优越性还将进一步体现，农村的形势将越来越好。

二 实行联系产量的生产责任制是搞资本主义吗？

有些同志顾虑实行联系产量责任制，会产生资本主义，顾虑以后会被扣"搞资本主义"的帽子。

"搞资本主义"，这是林彪、"四人帮"钢铁工厂制造的一根棍子。前些年，林彪、"四人帮"动不动用"搞资本主义"整干部、整农民，用于推动极左路线。在那时，诸如干部强调生产，抓经营管理，种几亩西瓜，社员种自留地，搞点家庭副业，养头母猪，都会被扣上"搞资本主义"的帽子。轻则检查批斗，重则劳动法办。"搞资本主义"成了广大农民头上的紧箍咒。干部和群众是被整怕了，其余毒一直遗留至今，束缚着人的手脚，禁锢人们的思想，要解放生产力，要发展农业生产，就必须彻底打破这些枷锁。

粉碎"四人帮"以来，党的经济政策，是随着思想逐步解放，而逐步得到落实的。开始连实行按劳分配的原则都不敢提，怕会产生资本主义。经过辩论，弄清楚了，坚持按劳分配正是坚持社会主义分配原则，不仅不会产生资本主义和资产阶级，相反正是消灭资本主义和资产阶级的必由之路。在农村里，开始不敢提评工记分，后来又不敢提定额记工，怕会产生资本主义！实践已经证明，评工记分、定额记工都是农村贯彻按劳分配的形式，不仅不是搞资本主义而是更好地搞社会主义。

群众在实践中创造了联系产量的责任制，又发生了这是搞资本主义还是搞社会主义的问题。那么究竟什么是资本主义？资本主义的本质特征是资本家利用他占有的生产资料，剥削工人的剩余价值。什么是社会主义？列宁说："人类从资本主义只能直接过渡到社会主义，即过渡到生产资料公有和按劳分配。"① 社会主义本质特征是生产资料公有制和按劳分配。

联系产量的生产责任制，具体地讲是在生产队统一支配生产资料，统一经营管理，统一生产计划，统一调配劳动力，统一核算和分配的前提下，划分作业组；生产队对作业组实行包劳动力、包地块、包产量、包工分、包成本，超产奖励。包产的小组对土地、牲畜和大型农具，只有使用权，并没有所有权。它只是在生产队统一领导下的一个具体的作业和经营单位，有如工厂车间下的班组一样，他本身没有分配全部产品的权利，只能分配超产而由生产队奖给的那部分实物或现金，另外作业组没有对外发生经济往来的权利，在经济上没有"法人"的地位。所以，作业小组充其量只能说有部分的所有权和自主权。生产队仍是基本的核算和分配单位，人民公社的"三级所有、队为基础"的体制并没有改变，生产资料的社会主义公有制性质并没有改变，这是一。

其次，实行联系产量的生产责任制，使产量和报酬直接紧密地联系起来，更能体现组与组间，劳动力与劳动力之间，由于劳动的质量和数量的不同而引起的差别，更好地贯彻了按劳分配的分配原则，有利于克服干多干少一个样，干好干坏一个样的平均主义。在这里人与人之间的关系是共同占有生产资料，共同劳动，集体分配，实现"等量劳动领取等量产品"的原则，并不存在剥削与被剥削的关系。

可见，实行联系产量的责任制，既坚持了生产资料公有制的社会主义性质，也坚持了按劳分配的社会主义分配原则。部分地区的实践已经证明。这样做的结果进一步调动了广大农民的生产积极性，促进了农业生产的发展，增强了集体经济的实力，于国家也有利。对此，我们完全有理由说，实行联系产量责任制是更好地搞社会主义，而绝不是什么"搞资本主义"。

有疑虑的同志还说，联系产量的责任制，不就是包产到组吗？那是批判过了的东西，现在搞，不是右倾复辟吗？"新六十条"② 规定："在生产队统一核算和分配的前提下，包工到作业组，联系产量计算报酬，实行超

---

① 列宁：《无产阶级在俄国革命中的任务》，载《列宁选集》第3卷，北京：人民出版社，1960年4月，第62页。

② 指《农村人民公社工作条例（试行草案）》（简称"新六十条"），党的十一届三中全会于1978年12月22日原则通过。——编者注

产奖励。"① 生产队要对作业组实行联系产量计算报酬，就首先要确定参加作业组的劳动力个数和土地亩数，以及使用牲畜、大型农具的办法。第二要确定这个作业组应完成的农产品产量，然后才能实行联系产量计算报酬，执行超产奖励，减产赔偿的合同。如果只划作业组，只定工分，不定产（即包产），怎么计算报酬，还有什么生产责任可言？所以群众把这种办法简称为包产到组，完全是合乎情理的。《人民日报》三月十五日编者按语②："包工到作业组，联系产量，计算报酬，实行超产奖励"，"这同包产到组完全是两回事"，是"从'队为基础'退回去"。这个批评的理由是不充分的。当联系产量责任制这个新生事物正在蓬勃兴起，《人民日报》这位编者并未作周密的调查研究，就匆匆地作出这样的评论，这至少是不够郑重的，其后果也是不好的。我们在安徽调查，了解到《人民日报》这个评论一发表，有的正在搭架子的准备划分作业组的就不搞了，有的搞起来了还未巩固的，就散掉了；有的干部，本来有疑虑，就更不敢动了；已经办起来的，也捏了一把汗，害怕以后要挨批判。我们到一些实行"包产到组"的社队去调查，问社员和基层干部，你们实行的是什么样的责任制？他们幽默地回答："我们实行的是'也可以'。"（两个农业文件规定：农村的计酬办法，可以按定额记工分，可以按时记工分加评议，也可以……），一致地回避用"包产"这个字眼。这也难怪，在安徽，"包产到户"是作为政治路线错误，批了十多年，有不少干部，仅为此而当了"走资派"，有的社员仅为此而成了"资本主义自发势力"的代表，挨了十多年的批，吃够了苦头，他们回避包产这个词，是可以理解的。

是不是批判过了的东西，就一定不能再搞了呢？我们是辩证唯物论者，应该以实践为检验真理的唯一标准，而不能以批没批过为标准。在经济建设上，标准只有一个，凡实践证明在社会主义公有制的条件下，能够促进生产力迅速发展的就是好办法，我们就要坚持，凡实践证明于促进生产力发展不利的，就不是好办法，我们就要扬弃。现在部分地区的实践已经证明，实行联系产量的责任制，适合于现阶段农村生产力水平，促进了生产的发展。虽然生产管理的形式是缩小了，但这不是"后退"，而应该说是前进了。

---

① 《农村人民公社工作条例（试行草案）》，载《农业集体化重要文件汇编（1958～1981）》下册，北京：中共中央党校出版社，1981年10月，第979页。——编者注

② 参见《"三级所有，队为基础"应该稳定》一文编者按，《人民日报》1979年3月15日第1版。

有的同志担心搞联系产量的生产责任制会引起"分队风"。这要具体分析。第一，划分作业组，实行联系产量的责任制，同分队没有必然联系。有的地方，由于没有经验，"五统一"搞得不好，队与组之间的界限不清，作业组的权大了一些，有变相分队现象。对此，只要加强领导，改变某些具体的做法，坚持五个统一，作出相应的规定，这种情况是不难纠正的，因为这不是联系产量责任制本身的弊病。第二，有的地方群众要求分队，是有客观根据的。安徽省 1964 年时，2840 万农业人口，不到 700 万户，32.5 万个核算单位，到 1978 年农业人口 4200 万，900 多万户，而核算单位却因前些年搞"穷过渡"，"并队"减少到 29 万个。十多年过去了，情况有了变化。有些生产队人数、户数增加了，规模过大；有些因为搞水利挖河，一个队分成两半；有些队宗族矛盾严重，合不到一起。诸如这些地方，群众要求分队是合理的，也是党的政策允许的，不能笼统地批是"分队风"。

第三，生产队的规模，到底以多少户比较合适？我们是一个 960 万平方公里的大国，各地自然条件不同，耕作制度不同，土地、劳动力、耕畜多少不同、机械化水平不同，经营项目不同，历史传统不同，群众觉悟、干部管理经验不同，千差万别。因此在生产队规模问题上，可以不必强求整齐划一。只要符合"利于生产，利于经营管理，利于团结，利于群众监督"的原则，可以让各地的干部和群众自己去决定。不要造成一定要多少多少户以上，才是社会主义的空气，好像小了就不是似的。有些社队，多年生产上不去，干部和群众要求划小一些，不妨让他们试试，不要一听见划小，就心惊肉跳，就去批什么"分队风"。分队并不一定是坏事，更不等于是搞资本主义。我们应该相信这些要求分队的干部和群众，也是要走社会主义道路的。

有人说，包工到组，联系产量责任制是倒退到互助组。这是没有根据的。因为农业生产互助组是过去在生产资料私人占有的个体经济基础上的，互助组内每个农户是一个经济单位，农户与农户之间存在的是换工变工的关系，互助组内部没有集体分配的问题。而包产的作业组，其生产资料是属于生产队集体所有的，在作业组内部实行在生产队统一核算下的按劳分配原则。前者只是带有社会主义萌芽性质的互助团体，后者则是社会主义的经济组织，两者不是一码事。要说有什么共同相似之处，那只是在作业的规模大小上有些相似。但这只是形式相似，内容是完全不同的。

有疑虑的同志还担心实行包产到组会引起两极分化。这是误解。马克思主义讲的两极分化，是指的这样两种情况。一种是指在生产资料私有制的条件下，由于竞争的结果，小商品生产者发生两极分化，一部分小生产者处于有利地位，上升为资产阶级，而大部分小生产者破产，沦落到无产阶级队伍中来。还有一种是指在资本主义社会里，由于资本积累而造成的两极分化，一方面大量资本、财富日益集中在少数资本家、亿万富翁手里；另一方面是广大工人和其他劳动人民的日益贫困、破产。实行联系产量责任制，更好地贯彻按劳分配的原则，由此而形成社员间的差别，是在生产资料公有制的条件下，由于"一个劳动者已经结婚，另一个则没有；一个劳动者的子女较多，另一个的子女较少，如此等等。在劳动成果相同，从而由社会消费品分得的份额相同的条件下，某一个人事实上所得到的比另一个人多些，也就比另一个人富些"①。这样的差别，是劳动者在共同富裕道路上的差别，在社会主义条件下，还是不可避免的，这在一百多年前，马克思早就预言过了。完全不是什么"两极分化"，更不是什么"搞资本主义"。

三　联系产量的生产责任制有没有发展前途？

有些同志认为联系产量责任制，好是好，但这是恢复农业生产的权宜之计，没有发展前途。这是对社会主义大农业发展的前景认识不清楚，对联系产量责任制的本质认识不清，不了解这两者之间的关系。

前些年，林彪、"四人帮"搞极左的假社会主义，鼓吹公有化程度越多越好，集体农业越大越好，越公越好，所以他们在农村一再地搞"穷过渡""并大队"，收自留地，砍家庭副业，关闭集市贸易，根本不顾生产关系要适合生产力水平这个马克思主义阐明的基本经济规律，把国民经济破坏到了崩溃的边缘。粉碎了"四人帮"，这种局面是扭转过来了。但是极左的假社会主义的流毒，并没有肃清，还束缚着我们一些同志的思想。一听要划分作业组，实行联系产量的责任制，就认为是违背了又大又公的大方向，所以认为没有发展前途。其实，现代化的农业，并非一定是很多人在一起大的集体劳动，三千多年前的我国西周时代，常制定"十千维耦"，"千耦其耘"，② 成千上万人在一起劳动，规模可谓大矣！但这是效率很低的奴隶制劳动方式，并不是什么大农业，韩丁的农场，一家一户，有极高的劳动

① 马克思：《哥达纲领批判》，载《马克思恩格斯选集》第3卷，北京：人民出版社，1972年5月，第12页。

② 《诗经·周颂·噫嘻》、《诗经·周颂·载芟》，载《〈诗经〉中有关农事章句的解释》，北京：农业出版社，1981年1月，第25～28页。——编者注

生产率和商品率，当然不能再叫小农经济了。

我们的目标是在社会主义公有制的条件下，实现农业的现代化。要从以人力畜力为主的手工业劳动逐步变为机械化操作；要应用现代化科学技术对生产实行科学管理，并从现在分工不发达的小而全的农业转变为分工发达的专业化大农业。实现上述目标，就要大大发展农业生产力，用现代工业和现代科学技术逐步把农业武装起来，同时也要求调整农村的生产关系和上层建筑。在目前，我们要采取一切有效措施和正确的经济政策，充分发挥8亿农民的积极性，创造性和集体经济的优越性，继续发扬自力更生，艰苦奋斗的精神，争取农业生产有一个持续的大幅度的增长。联系产量责任制适合目前大部分社队的生产力水平，符合广大农民的利益和愿望，是调动农民积极性的一项有效措施，有利于促进农业大幅度地增长。联系产量责任制是改进经营管理，贯彻按劳分配，使经济工作越做越好，其基本精神是用经济的方法管理经济，因此这种责任制不仅在目前需要，在实现农业现代化过程中需要，就是实现了农业现代化，这个基本精神还是要贯彻的。正像现代化的大工业，仍然要分班组作业、管理，有的还要有班组核算一样。就这个意义讲，这种责任制是有生命力的，是有发展前途的。当然，随着农业生产力的发展，群众觉悟程度的提高，这种联系产量责任制也将发生变化，以致为其他更好的形式所代替，也像"三级所有、队为基础"的制度，今后也要随着生产力的发展而发生变化一样，不能因此就说是权宜之计。

有的同志担心实行联系产量，划了作业组，会影响农业机械化的进程，这是不必要的顾虑。实现农业机械化，要有两个基本条件：一是工业要能造得出、供得上，即工业要能造出一定数量和质量的农业机械，并能提供足够数量的燃料、动力以及维修服务等等；二是农村本身要买得起、用得了。这里姑且不论工业方面的问题。就农村社队而言，要解决买得起，用得了的问题，首先要发展生产，要有相当的集体积累，要有扩大再生产的能力和要求。实行联系产量的责任制，农业生产发展的速度加快了，能够更多地增加集体积累，加速集体经济力量的壮大，解决"买得起"，"用得了"的问题，这就是促进农机化的实现，而不是妨碍农机化。至于因为划分作业组，划小和分散了作业区域，会产生不适应现在机械作业等问题，群众在实践中会创造办法合理解决的，我们应该相信群众。事实上，在那些已经实现了生产责任制的地区，群众有了自主权，有了主动性、积极性，这类问题都会迎刃而解，我们不必过虑。

有的同志还认为实行了联系产量的责任制，不利于社队企业的壮大和发展。前面已经讲过，实行联系产量的责任制的结果是"粮多""人闲"。粮食多了，各种农副产品多了，这是发展社队企业的物质基础。例如发展农副产品加工业就有了丰富的原料。人闲了，因为提高了农业劳动生产率，农业上就可腾出大批人来，发展社队企业就有充足的劳动力来源。而且由于集体经济发展了，资金也容易筹集。有了这几条，再加上技术，何愁社队企业没有蓬勃发展的前途。

四　联系产量责任制的辩论说明了什么？

农村的这场辩论说明了以下三点。第一，当前束缚农业生产力的，主要还是林彪、"四人帮"的极左路线。所以要加速发展农业生产，要调动8亿农民的积极性，就要继续批判林彪、"四人帮"的极左路线，特别要批判那套假的"社会主义"的谬论，打破精神枷锁。林彪、"四人帮"的极左路线宣传了十多年，影响很深。要彻底清除它，还需要做大量工作，需要时间，只有继续解放思想，继续肃清流毒，党的各项经济政策，才能逐步得到落实，那种认为解放思想出了格，落实政策过了头的看法是不对的。

第二，农业合作化后，农村中劳动力多的户和劳动力少的户之间的矛盾逐步形成和发展，现在已逐渐成为农村中的重要矛盾，在分配领域中表现得尤为明显。同一个经济政策、措施，劳动力多的户是一种态度，劳动力少的户是另一种态度。劳动力多的户对联系产量的责任制是热烈赞成的，而劳动力少的户则是比较消极以致抵制的，人民公社进行实物分配时，劳多的户主张按劳动工分分配，而劳动力少的户主主张按人头分；粮食提高收购价后，劳动力多的户主张内部分配要按购价计算，而劳动力少的户则主张销价不动。因此我们在制订农村经济政策时，要考虑到这两种户之间的矛盾，兼顾这二种户的利益，为了要加速农业发展，要强调贯彻按劳分配政策，要着重注意调动劳动力强、劳动力多的户的积极性，但也一定要照顾到劳动力弱，劳动力少的户的利益。实行联系产量的责任制能够充分调动占农村多数的劳动力多、劳动力强的户的生产积极性，符合他们的利益和愿望，于发展农业生产肯定是很有利的，劳动力少劳动力弱的户开始会感到不利，但从长远看，整个农业上去了，实际上对他们也是有利的。鉴于这种客观的实际情况，我们在划分作业组，实行联系产量责任制时，要强调自愿互利，互助合作的原则，对"四属"户和困难户要给予适当的照顾，做出具体的安排，以利于调动这部分社员的积极性，大家齐心合作，把责任制搞好，把农业搞上去。

第三，联系产量责任制还在初创时期，本身有一些问题需要解决。例如在分组时会有强找强、硬找硬，排斥弱劳动力的矛盾，"五统一"执行不当，组与队之间的职责不清，会产生明组暗队问题，由于奖惩合同制订不周，秋后产生交产不实的问题，以及分组以后，出现斤斤计较，不团结等问题，作为一个新生事物，这在初创时是难免的。由此而否定这种责任制是不对的，我们应该采取热情支持的态度，亲自实践，调查研究，帮助解决存在的问题，继续制定出各种规章制度，使联系产量责任制逐步完善起来。

大集体劳动并非社会主义农业的特征[*]

　　有些同志以为，农村实行联系产量的责任制，增产效果显著，好是好，但划分了作业组，劳动组织规模小了，在一起干活的人少了，这符不符合大方向？因此，总有几分担心。多年来，在林彪、"四人帮"的极左路线破坏下，在片面宣传集体经济的规模越大越好，公有化程度越高越好的同时，还宣传劳动组织越大，在一起干活的人越多，优越性越大。好像搞社会主义集体农业，就一定是许多人在一起干活，大兵团作战，热热闹闹，轰轰烈烈，才有社会主义的气魄。劳动组织规模小了，在一起干活的人少了，就好像不是社会主义集体经济似的。

　　其实，这是一种片面性的认识。马克思主义认为，决定事物性质的是事物的本质，事物的内容，而不在于它的现象和形式。决定农村经济是不是社会主义性质的，主要看两条：一是看它是不是坚持生产资料公有制，二是看它是不是坚持按劳分配。坚持了这两条，就是坚持了社会主义，这是最根本的东西。至于集体劳动规模的大小，在一起干活的人多少，这都是形式，是非本质的。只要坚持了上述两条，大规模集体劳动，固然是搞社会主义；分散作业，在一起劳动的人少了，有的甚至是责任到田，一家一户劳动，也还是搞社会主义。劳动组织规模的大小，要根据当时当地的生产力水平和条件来决定，以看是否有利于提高劳动生产率，看是否能增产增收为标准。

　　从历史上看，大集体劳动也并不是社会主义农业固有的特征。3000多年前的我国西周时代，集体劳动的规模就很大，《诗经》上就有"十千维

---

*　本文源自作者手稿，该稿写于 1980 年 4 月。该文以《"大呼隆"与社会主义》为题公开发表于《人民日报》1980 年 5 月 2 日第 2 版，发表时内容有删改。本文依据原手稿刊印。——编者注

耦"（上万人在一起并耕），"千耦其耘"（二千人在一起耕耘）的记载①。成千上万的人在一起劳动，"日出而作，日入而息"，规模可谓大矣！场面可谓壮观矣！但这是奴隶制度下劳动效率极低的奴隶劳动形式。在封建社会的大地主庄园里，在资本主义制度下的大农场里，农民和农业工人也都是大集体劳动的。所以，我们不能把劳动组织规模大小，作为是否社会主义农业的标准，更不能认为在一起劳动的人越多，优越性越大。

划分作业组，实行联系产量的责任制，虽然劳动组织的规模小了，在一起干活的人少了，但这样做，便于改进经营管理，便于贯彻按劳分配。"联产联心"，社员的劳动积极性高了，农活质量、劳动效率普遍提高，改变了原来"出工一条龙，干活大呼隆"的情况。实践证明，这是符合目前许多社队生产力水平和社员觉悟程度的好形式。去年②冬，我们到辽宁省法库县调查，这个县地多人少，以往每年总有一部分耕地因草荒而减产。1979年部分社队实行了联系产量责任制，搞分组作业，劳动组织规模小了，改变了"干活拉大帮，记分一样工"的老办法，调动了社员的积极性，干起活来满地是人不成群，样样活计有定额，种地铲地都比过去快，农活质量高。凡是这样搞的社队都没有草荒，增产效果比不搞责任制的一般要高10%以上。全县秋后总结了经验，准备今年③要普遍推广联系产量的责任制。他们的经验之一是："拆了大帮，灭了草荒。"这个实例表明，在目前的条件下，劳动组织的规模小些，更符合多数社队的生产力水平，可以增产增收，可以更快地发展农业。应该说，这是经营管理方面的一种进步，是符合大方向的，而不是什么倒退。

---

① 《诗经·周颂·噫嘻》、《诗经·周颂·载芟》，载《诗经全译》，袁愈荌译诗，唐莫尧注释，贵阳：贵州人民出版社，1981 年 6 月，第 455、466 页。——编者注

② 此处指 1979 年。——编者注

③ 此处指 1980 年。——编者注

处理好统包关系，是目前完善
生产责任制的关键[*]

十一届三中全会以来，各地农村实行了各种形式的生产责任制，在其他政策的配合下，解决了合作化以来许多长期未能解决的难题，极大地调动了亿万农民的生产积极性，促进了农业的发展，农村出现了方兴未艾的大好居民。并由此引出了一系列新的改革和创造。

农村的这场变革，无论在广度和深度方面，都可以同土改、合作化相比拟，有着极其深远的实践和理论意义。总结当前各种形式的农业生产责任制的工作，对于促进发展农村的大好形势，很有必要。

一　农业生产责任制正在发展中不断完善

农业生产责任制是在合作化以后，广大农民群众和基层干部在实践中总结创造出来的，它是用经济办法管理经济的必然产物。评工记分、定额计酬、三包一奖以及包产到户等责任制形式在合作化初期就已经产生了，效果也还不错。后来遭到错误的批判、禁止。党的十一届三中全会决定人民公社各级经济组织必须坚决克服平均主义，贯彻按劳分配，多劳多得、少劳少得的原则，并深入地进行了调查研究，听取了各方面的意见，热情地予以支持，根据运动的进展情况，发布了有关文件和通知，逐步地、周密地把这场牵动亿万群众的深刻而复杂的农村变革引向健康发展的轨道。从全国范围看，就农业生产责任制发展的主流而言，大致经过了四个阶段。

---

*　本文源自作者手稿，原稿写于1982年3月4日。该文还以《论正确处理统包关系 完善农业生产责任制》为题发表于《学术论坛》1982年第4期（1982年7月15日），并被收录于《当代中国农村与当代中国农民》（陆学艺著，北京：知识出版社，1991年7月），发表和收录时有较大篇幅的删节。——编者注

第一，联产到组阶段。1978 年安徽、四川等省的群众和干部冲破"左"的思想束缚，在实践中就陆续恢复了评工记分、小段包工，联产计酬等生产责任制的做法。1978 年底召开的十一届三中全会批判了"左"的错误，制定了《中共中央关于加快农业发展若干问题的决定》，文件明确指出："可以按定额记工分，可以按时记工分加评议，也可以在生产队统一核算和分配的前提下，包工到作业组，联系产量计算劳动报酬，实行超产奖励。"①在十一届三中全会精神的鼓舞下，以联产到组为主要形式的生产责任制在各地像雨后春笋般地涌现出来，到 1979 年春天，全国约有 30% 的生产队实行了联产到组的责任制。可是从 1979 年 3 月中旬，社会上就有人开始批评联产到组，指责是犯了倒退的错误。在当时的历史条件下，许多干部和农民还心有余悸，在这样的批评下，约有半数已经实行了联产责任制的作业组散掉了，而凡是坚持下来的，秋后都得到丰产丰收的好结果。

第二，包产到户阶段。实行了联产到组之后，解决了生产上"大呼隆"的问题、分配上的平均主义大锅饭问题，但在作业组内还有"小呼隆"和"中锅饭"的问题不好解决，在生产队内，队与组间，组与组间也还有矛盾不好处理。矛盾推动人们去探索进一步完善责任制的办法。1979 年冬天，肥西县山南区关于包产到户试点获得了大丰收的经验总结出来了。1980 年 1 月安徽省委负责同志在全省农业会议上肯定了肥西县的经验，并明确指出，包产到户也是生产责任制的一种形式。以后实行包产到户责任制的就多起来了。开始，社会上议论纷纷，城市和乡村，干部和群众反应很大，一些人坚决拥护，一些人则强烈反对。夏天，中央有关部门派出了调查组，分赴华东、中南、西南、西北等地农村专门考察包产到户的问题。9 月党中央召开了各省市第一书记座谈会，讨论加强和完善农业生产责任制问题，并专就生产责任制问题向全国发出了座谈会纪要（即 1980 年 75 号文件），分析了我国农村集体经济的各种状况，提出了因地制宜分类指导的方针，指出在那些生产落后的经济困难地区，群众要求包产到户的，"应当支持群众的要求，可以包产到户，也可以包干到户，并在一个较长的时间内保持稳定"②。从此包产到户等生产责任制就在全国范围加速地推进了。

第三，包干到户阶段。包产到户以后，生产队在生产上实行分散经营，

①　参见中共中央文献研究室编《三中全会以来重要文献选编》（上），北京：人民出版社，1982 年 8 月，第 185 页。——编者注

②　参见中共中央文献研究室编《三中全会以来重要文献选编》（上），北京：人民出版社，1982 年 8 月，第 547 页。——编者注

而在分配上还是统一核算、统一分配，这又产生了矛盾。按照包产到户的合同，包产以内的农产品要交队按工分统一分配，而农村口粮是按人劳比例分配的，同种粮有统购、超购、议购等各种价格。因此，实行统一分配后，劳多人少户交得多、分回的少；劳少人多户则相反。社员之间还会有"平调"。生产用工和非生产用工不容易记得合理。包干到户实行之后，多数生产队都改变了原来的分配办法，发展为"先交国家的、留足集体的、剩下是自己的"做法。最早是1980年春天在安徽省凤阳县总结出来的。这个办法一出现，社会上对它就有人反对。但是群众却认为包干到户责任明确，利益直接，方法简便，效果显著。包干到户因此受到广大群众和干部的欢迎，所以发展很快。社员按包干合同交公购粮和集体提留，不再统一分配。到1981年10月统计，全国600多万个基本核算单位中，实行各种形式联产责任制占82.3%，其中包产到户为7.2%，包干到户为37.9%，而且还有大发展之势。如实行包产到户较早的安徽省，包干到户已占71.2%，甘肃省为80.5%。贵州更多，全省23万多个生产队，95.2%已实行包干到户了。

第四，1981年夏收以后，在山东、河南、河北等省，出现了几统一的包干到户的形式（有的叫统一经营包干到户）。至此，农业生产责任制的发展又进入了一个新的阶段，这就是目前多地正在发展着的统包结合生产责任制形式的阶段。

纵观几年来农业生产责任制的发展，有两个方法很明显，一个方法是"包"，先是包工到组，包产到组，包产到劳，包产到户，以至包干到户，每包一步，群众积极性高涨一步，生产发展一步，"包"字灵得很。开始是在贫困落后的地方包，现在连那些比较富裕、发达的富队也开始实行专业承包、包产到劳等办法。农业生产责任制发展的另一个方法是"合"，从实行包产到户、包干到户之后，农民为发展生产，解决生产中的问题，一开始就出现了农民之间自愿互利的联合，如换工耕种、打场、联合买牲口、打井，后来又出现了联合买拖拉机、联合办加工厂、联合搞副业、联合办商店，等等，以后又出现了统一经营的包干到户。问题是从生产发展的要求提出来的。包干到户之后，分户经营，但在目前的生产条件下，有不少生产上的事是一家一户办不了、办不好的。例如在很多地区，已有了水利灌溉设施，包干到户开始时，有的把机器分了，渠道干了。一遇天旱，生产离不开水，而要灌溉就需要统一安排，客观上就要求社队来统一领导。要统一灌溉，就要统一种植计划（同一片地里，你种棉花，他种红薯，就不能统一灌溉）。大包干之后，几个统一（或叫统一经营）就是这样发展起来的。对这种于生产有利的"统"，农民是欢迎的。也有一部分社队是从原来实行统一经营，联户到劳、到户的办法，取消工分，不搞统一分配而直接转化为统一经营包干到户的。

一些生产条件好，比较富裕的队，原来是较多地强调集中统一，现在在向"包"的方法发展；而已经实行包干到户、分散经营的生产队，经过了一段摸索，实行了几个统一，向"统"的方法演化。从农业生产责任制这几年的发展看，多数地区的社队都在向有统有包、统包结合的生产责任制形式发展。当然，这并不是说，责任制将会发展成为一种形式，不是的。各地农村的条件，千差万别，责任制的形式将会是多样化的。不过这种统包结合的责任制的形式，适应的范围比较广，它在逐渐成为现阶段多数地区责任制的主要形式。这种统包结合的责任制，也有称为"联户承包责任制"的，各地称法不同，但都反映了一个事实，这就是生产责任制正在逐步完善之中。这是完善过程中的一种形式，随着客观经济条件的变化，这种统包结合的责任制，今后也还会发生变化，使生产责任制发展得更健全、完善，更符合生产力发展的要求。《中国共产党中央委员会关于建国以来党的若干历史问题的决议》指出："社会主义生产关系的发展并不存在一套固定的模式，我们的任务是要根据我国生产力发展的要求，在每一阶段创造出与之相适应和便于继续前进的生产关系的具体形式。"[①] 目前正在发展着的统包结合的生产责任制，就是这样一种适应生产力发展要求的具体形式。

二　统包结合的生产责任制的客观基础

农业生产责任制，开始是群众根据各自不同的条件，因地制宜创造出来的，各有各的特点，各有各的办法，百花齐放，种类很多。就是同一个名称，具体做法也不完全相同。经过二、三年的实践之后，现在有向统一经营包干到户、统包结合的生产责任制集中发展的趋势。在实践中，广大群众和干部，经过比较、选择，一些合理的、好的东西，被保留发展起来，一些不合适的东西，则被扬弃、被改造，趋利避害、扬长避短，这完全合乎群众运动发展的规律。农业生产责任制这种在发展中不断完善，又在完

---

① 参见中共中央文献研究室编《三中全会以来重要文献选编》（下），北京：人民出版社，1982 年 8 月，第 841 页。——编者注

善中不断发展的过程，完全证明农业生产责任制本身有旺盛的生命力。

开始，有些同志曾经顾虑，实行生产责任制，特别是实行包产到户、包干到户责任制，这样大规模地部分调整生产关系、改革管理方式，会不会引起社会动荡？实践证明，到1981年10月，全国已有97.8%的生产队建立了责任制，82.3%实行了各种联户责任制，实行包产到户、包干到户，以及类似包产到户的占64.6%。这样一场关系到几亿农民群众的深刻而复杂的变革，就全国大部分省区来说已经实现了。因为这场变革顺民心、合民意，是农民迫切要求的，所以一经变革，生产发展了，社会更加安定了，农村出现了空前安定团结的局面，农民这个大头稳住了，没有出现社会动荡。

开始，有些同志担心，大规模实行生产责任制，实行包产到户、包干到户会不会瓦解集体经济，滑向单干，使二十多年的合作化积累起来的财富付之东流，更加担心农村会不会由此发展资本主义。实践证明，实行农业生产责任制，是农村集体经济经营管理制度的变革，是农村社会主义生产关系的完善，从而使生产关系更加适应生产力发展的水平，促进了农村生产力的发展，集体经济更加巩固壮大，而不是瓦解削弱了，集体经济的优越性也得到了更好的发挥。山东省菏泽地区公社化后，长期生产落后，经济贫困。1980年全地区普遍实行了包干到户，当年农村三级经济总收入比1979年增长34%，集体提留6319万元，比1979年增长34.1%，三级集体经济固定资产全区达65979万元，也比上年增加，其中定陶县当年增长了20.7%。

开始，有些同志担心，农村实行了生产责任制，包产到户、包干到户，会不会富的富、穷的穷，发生两极分化，影响社会稳定？实践表明，实行生产责任制，农业生产发展加速，农村很快富裕起来。虽然，农户之间因为劳动力多少、强弱不同等原因，有先富、后富和富裕程度的不同，但总的是在普遍地富起来。贫富差别的程度不是扩大了，而是缩小了。安徽滁县地区，1979年实行包干到组，1980年实行包干到户，三年生产跨了三大步。1978年的粮食总产才22.98亿斤，1981年达到40.4亿斤，平均每年递增20.7%。1978年集体分配人均收入71元，1981年达到207元，扣除提价因素，增长一倍以上。全区农户普遍增加了收入，有10%的农户成了先富起来的冒尖户。据有关部门对滁县章广公社100个典型户调查，1980年实行包干到户，当年人均收入比上年增长57.7%，其中收入最多的，增加184.7%，最少的增加48.7%。这说明只有富的程度不同，而并不存在两极分化的问题。就是大家最关心的烈军属、五保户，因为有政府和集体帮助，他们的生活也是水涨船高，得到了应有的照顾。

开始，有的同志担心，实行了责任制，分散经营了，科学种田还搞不搞？机械化还要不要？实行了责任制，各地很快掀起了科学热，农民学科学、用科学的热情空前高涨。机械化在一开始确实出了一些问题，有的把拖拉机卖了，把机器分了，但二、三年之后，农民搞机械化的热劲就起来了。最早搞包产到户的六安地区，1980 年以后，就新增加了农用卡车 30 辆，大中型拖拉机 38 台，手扶 2200 台，加工机械 2460 台，排灌机械 3620 台，机耕面积由 72 万亩增加到 108 万亩。机械化的速度加快了。现在全国的一些小型农机具供不应求，严重短缺。这说明实行生产责任制，推动了科学种田，加速了农机化的进程。

农业上的这些成就，都可以看作是农业生产责任制有旺盛生命力的表现。而这种生命力来源于实行了生产责任制，使得农村的生产关系更加完善，适合我国目前农村生产力的水平，改正了原来那种"小脚穿大鞋"的状况。所以，农业生产责任制每一步发展，都是使得这种不适应状况得到改进，使生产关系更加完善，从而促进了农业生产力的提高。拿目前正在全国发展着的统包结合生产责任制来说，它的出现，发展，并不是偶然的，它是适应现阶段我国农业生产力水平的产物，是十一届三中全会以来，广大农民群众和农村干部对多种不同形式的生产责任制经过比较、选择、创造、改进的结果，有着深刻的社会经济原因。

新中国成立 30 多年来，我国的农业生产力已经有了很大的发展。在国家的支援和广大农民群众的艰苦努力下，全国兴修了 8.6 万多个大中小型水库及配套工程，使灌溉面积达到 6.7 亿亩，比 1952 年增长 2.23 倍，其中机电灌溉面积增长 76 倍；1980 年全国已拥有大中型拖拉机 74.5 万台，手扶拖拉机 187 万台，农用汽车 13.5 万辆，农机总动力达到 2 亿马力，比 1952 年增长 793 倍，整个农村用电 321 亿度，使用化肥 6000 万吨。另外，现代农业的科学技术得到比较广泛的传播，科学种田已经深入人心，农民的科学文化水平有了普遍的提高，一大批掌握农业科技和农业机械的专业人才已经在各地农村成长起来。所有这些都是新的社会生产力，这同解放初，同合作化初期的农业生产力已经很不相同，加上我们有强大的社会主义工业、商业和信用事业。在这样的条件下，要恢复合作化前那种自给自足的单干生产方式，事实上已经不可能了。

我国幅员广大，各个地区之间，同一个地区不同社队之间，30 多年来生产力的发展是很不平衡的，有的拥有这些现代化农业生产资料已经很多，有的则还很少，有的文化科学技术水平比较高，有的则还相当低，差别很悬殊。不过，就目前整个农业生产力而言，有两个特点比较普遍。一是由于我国工业水平还比较低，交通运输不发达，商业供销不畅通，因此即使那些拥有较多农业机械等现代化生产资料的社队，也不能实行全盘的机械化生产，劳动力腾不出来。二是除了那些边远山区，全国大多数社队，即使生产条件比较落后的社队，一般也已拥有手扶拖拉机、柴油机等一类农业机械，也已经使用了电力、化肥、农药和良种等一类现代化农业生产资料。以全国范围来说，我国农村现在正处在实现农业机械化、现代化的过程中，大多数社队，既拥有先进的拖拉机等一列先进的生产手段，又主要使用锄、镰、锹、镢等生产工具，现代的和古老的，先进的和落后的，两种生产手段，同时并有，不过在不同的社队，两者的比例不同而已。

合作化20多年来，集体经济都积累了一定的物质基础，上述水利设施、农业机械等现代化生产资料，绝大多数都属于全国600多万个基本核算单位所有，其固定资产总值约为900亿元。由于各地历史、地理等条件不同，这些集体经济的领导干部的文化程度不同，经营管理的能力不同，而这些也属于生产力的范围，就这个方面讲，各个地区之间，同一地区不同社队之间也是很不平衡的。

这种不平衡的多层次的生产力状况的存在，就是我们当前实行统包结合生产责任制的客观基础。多年的经验证明，农业在基本上还是使用手工工具为主的情况下，集体经济的劳动组织不宜很大，经营方式不宜集中过多。相反，实行包工、包产、包干一类的办法，使劳动者有较大的活动余地，更能充分调动他们的积极性和创造性，所以实行包产到户、包干到户等办法以后，农业生产出现了奇迹般的变化。而另一方面，20多年积累起来的这些较为先进的生产工具和水利等设施，由一家一户来占用，显然不行，客观上需要统一领导、统一计划、统一使用，可见统与包都是生产力发展的要求。统包结合生产责任制就是我国目前多层次的生产力状况下的产物。

三　处理好统与包的关系，是当前完善生产责任制的关键

实行了生产责任制之后，农村出现了大好形势。但是形势好，不是没有问题，生产责任制成绩显著不等于完美无缺。不是的，目前的农村也出

现了一些新情况、新问题。对于这些新出现的问题，各方面都有些议论，有的同志把这些问题归到实行生产责任制的名下。我们认为，对于当前农村出现的问题要作具体分析，分清原因，妥善解决。据调查，目前农村的新问题，主要有以下几类。

一类是实行生产责任制之后，农村生产、生活的情况变化了，原来的一套办法不适应了，新办法跟不上，出现了一些新问题。例如，商业流动流通。一方面农村产品多了，农民卖农副产品难；另一方面，商业部门则有些统购派购的产品购不上来，这主要是实行责任制后，农业生产有了变化，但商业渠道、收购办法远未作相应改变的缘故。再如，计划生育。1981年全国多生了一些孩子，有人以此批评说是实行责任制带来的冲击，其实这是不对的，实行计划生育和实行生产责任制的目标是一致的。实行生产责任制，农村生产生活面貌变了，再用原来那套扣工分、卡口粮的办法搞计划生育当然不行了，要相应地制定出新办法来，有了新办法，计划生育还是能搞好的。最先搞包干到户的滁县地区，生产上得很快，而人口自然增长率下降，1977 年 15‰，1981 年只有 7‰。这说明，实行生产责任制，同多生孩子没有必然的联系。

一类是实行责任制以后，领导思路跟不上，工作跟不上，也就是上层建筑有些不适应已经变化了的情况，由此出了一些问题。例如：部分地区的社队基层组织的领导涣散，陷于瘫痪或半瘫痪状态。农村里许多该抓的工作无人抓了，以致出现了偷盗、赌博、迷信等不良现象，社会秩序也不好。这类地区一般是领导干部对实行责任制有意见，开始是顶着不办，顶不住了，就撒手不管。有些基层干部误认为"实行责任制，干部没啥事"，感到无事可干，放弃职守。实行了生产责任制，农村基层社队，只是把部分的经济职能转移给承包农户，但经济主体的地位未变，特别是在政社分开之前，基层组织的行政职能未变。所以解决农村基层组织瘫痪的关键，是要加强县社两级的领导，要教育和训练农村基层干部，使他们适应新形势，学会新本领，解决不肯干和不会干的问题。

一类是实行生产责任制过程中出现的问题。例如，有些地区实行包干到户后，土地分得比较零碎，不利生产；承包合同制还不健全，兑现不好；有的生产队队长不管事，有的会计不记账，集体的农业机械、水利等生产设施无人管理，用水等纠纷很多；有的集体提留提不起来，五保、困难户得不到妥善照顾，公共积累也无保障等等，这类问题是生产责任制本身的问题，需要通过健全、完善生产责任制来解决。

目前，正在发展着的统包结合生产责任制，有助于上述问题的解决。据典型调查，在实行了包产到户，特别是包干到户的地区，大多数是搞得好的和比较好的，约有60%的生产队能坚持集体经济的主体地位，有统一经营项目，承包合同能够兑现，做到有统有包；约有25%的生产队，集体经济架子还维持着，能够统一管理，但统一的项目已经很少；还有15%左右的生产队领导班子瘫痪半瘫痪，集体经济无人管理，国家任务和集体提留落实不了，有的把集体财产平分了，基本上是包而无统。这种散了架的生产队虽然不多，但后果很严重，影响人民的生产生活，在社会上也造成对包产到户、包干到户很不好的印象。产生这种状况的原因是多方面的，应该分别不同情况，根据当地的具体条件，加强领导，逐步地把该统的项目统起来，加强生产队的集体经济主体的地位。

当然，还要看到问题的另一面。这就是至今还有相当一部分社队，以致一部分县和地区仍以种种借口，不实行生产责任制，继续搞出工大帮轰，干活大呼隆，分配大平均，继续只统不包。这当然于发展生产不利，应当迅速改变这种情况。要根据群众的要求，实行群众乐意采用的各种形式的责任制，把该包的包下去。因此，目前明确提出，要实行统包结合生产责任制，有利于解决上述几类社队的问题。当然，对于不同社队的情况，解决问题的侧重面是不同的。但都可以向实行有统有包、统包结合生产责任制这个方向引导。

需要指出，在实行统包结合生产责任制过程中，要解决好思想认识问题。长期以来，由于"左"的思想影响，在一些同志的心目中，总以为越大、越公、越统一的东西，就是社会主义的，感到亲切舒服，而对于包、分一类的东西，总感到有点异己的味道，格格不入。其实，这是不对的。前面说过，统和包都是由现阶段我国生产力发展水平所决定的，统和包本身都不是目的，而只是手段，目的都是为了发展农业生产，提高经济效益，使农村尽快地富起来。

包工、包产、包干，在我国有悠久的历史传统，群众是比较熟悉的。合作化以后不久，包工、包产、包成本，"三包一奖"等形式很快就产生出来，成为农业生产的一项比较普遍的制度。它体现着合作社作为出包者和社员作为承包者之间的权利和责任的关系。"包"在旧社会是剥削关系的一种形式，在社会主义条件下，被赋予了新的内容和新的意义，成为社会主义劳动人民之间平等互助关系的一种形式。在社会主义条件下，承包制，也就是经济合同制，是社会主义经营管理的一种形式。农业是自然再生产和社会经济再生产的结合，主要是野外作业，生产周期长，没有中间产品，只有最终产品。生产需要劳动者自始至终的关注，特别是在以手工工业为主的条件下，要搞好农业生产，主要要靠劳动者的积极性、责任心。所以要实行包工、包产、包干，把劳动者的劳动与成果结合起来。实践证明，这些包的形式，行之有效，群众欢迎，能够充分地调动广大社员的生产积极性，这是发展农业生产、搞好集体经济的基础。

我国农业必须坚持社会主义集体化的道路，土地等基本生产资料公有制是长期不变的，集体经济要建立生产责任制也是长期不变的。集体经济是主体，为了使劳动者与生产资料在较大的范围内更合理地结合起来，因此就必须统，统一领导、统一经营、统一管理。实行必要的统，有利于发挥大型水利设施和大型农机具的作用，有利于巩固集体经济，发挥集体的优越性，这是实行包的保证。

实行统和包都是为了发展生产，各地都要从本地的实际情况出发，处理好统包的关系。在那些经济比较发达、现代化生产资料较多的社队，统的内容可以多一些；而在那些生产比较单一、生产资料以手工工具为主的社队，统的程度就可低一些。当然，决定统和包的关系，是以包为主还是以统为主，除了决定于上述条件外，还决定于本地本队的历史传统、群众习惯、耕作制度和干部的经营管理水平，不能一刀切。就是在同一个队里，有些项目可以以统为主，对另一些项目，可以以包为主。而且随着生产条件的变化，统与包的关系可以调整。做到因地制宜、因时制宜。

目前，全国农村已有90%以上的生产队建立了各种形式的生产责任制，就全局来讲，已经进入总结、完善、稳定的阶段。但各地发展是不平衡的。所以健全和完善生产责任制的工作，应采取因地制宜、分类指导的方针，在那些已经实行了包产到户、包干到户的社队，应该管好用好集体财产，组织必要的生产协作，安排好大中型农业机械和水利设施的使用，办好那些一家一户办不了、办不好的生产活动。根据国家计划和社员签订好经济合同，安排生产计划和必要的农业基本建设。在生产已经有了较大的发展条件下，要引导农民发展多种经营，发展各种专业户，组织各种联合企业，使农村多余的劳动力和资金有出路。

总之，生产队现在作为经济主体，要把该统的事情统起来。而在那些至今还统而不包的社队，则应把那些宜于分散经营的项目，分别不同情况，分项包下去，可以搞专业承包，包到组，包到户，以充分调动社员的积极性。因此各种形式的生产责任制，目前都有一个继续完善健全的问题，而健全完善的关键，就是把"统"和"包"的关系处理好，把该统的统起来，把该包的包下去，真正做到宜统则统，宜包则包，使统和包结合得恰到好处，协调好国家、集体利益和个人利益的关系，既要充分调动社员的积极性，使3亿多农业劳动力，放开手脚真正大干起来，又要充分发挥集体经济的优越性，使30多年来造成的物质生产条件得到充分的利用，使劳动力和生产资料结合好，以促进我国农业生产的加速发展。

要及时制定对农村"先富户"的政策[*]

十一届三中全会以来，党在农村放宽政策，搞活经济，推行各种形式的生产责任制，鼓励农民劳动致富，极大地调动了 8 亿农民的生产积极性，农业生产以较大幅度持续上升，农村日益兴旺发达，各地涌现出了一批先富起来的农户。这些"先富户"（人均年纯收入为 500 元以上），在农村影响很大，成为家谈巷议、远近闻名的新闻人物。他们的生产、经营劳动受到了周围农民的广泛注意，政府对他们的政策更受到广大农民的关注。今春，自中央发布打击经济领域严重犯罪活动的文件后，有些地区的领导，因为划不清劳动致富和经济犯罪的界限，对一些以正当途径劳动致富的农民，进行了批判和打击，致使广大满怀信心，热望通过劳动致富的农民犹豫观望，一些已经初步致富的农户则停步等待，有的还把挣得的钱封存起来，听候清查，一些曾经积极支持先富户的干部也心里发慌，生怕再犯错误，因此对各地出现的这些先富户进行调查研究，具体分析，划清劳动致富同"投机倒把"、"雇工剥削"、经济犯罪等的界限，制定相应的政策就十分必要了。

一　"先富户"种种

有人说，现在中国的农村是遍地有黄金，此话有一定道理。农村先富户的致富原因多种多样：有靠种田致富的，也有靠养猪、养鱼致富的，有靠当五匠、卖手艺致富的，也有靠买卖贩运致富的。致富户绝大部分都是

---

[*] 本文源自《解放日报》理论宣传部、文学艺术部编印的内部刊物《新论（未定稿）》1982 年第 49 期，第 4~8 页，刊发时间：1982 年 9 月 1 日。本文涉及的相关地区农村经济社会数据源自作者调查过程中获得的资料。——编者注

靠自己和家庭劳动力的劳动，也有的临时雇过工，甚至有雇长工的。

1. 安徽嘉山县司巷公社岗王大队社员王有泰，9口人，7个孩子，4个劳动力，1978年媳妇还领着小女儿外出要过饭，1980年包干到户，包种30亩地（加上开荒实种40多亩），产粮25300斤，花生5700斤，加上养猪养鱼收入，共8200元，人均911元。

2. 安徽肥西县馆驿公社刘岗生产队队长周先之，6口人。1980年收粮食1万斤，油脂437斤，他培育各种树苗、花卉7万多棵，卖5000多元，全年总收入9200元，人均1533元。

3. 山东成武县九女公社南张大队社员张守芝，全家5口人。1979年开始养貂，1981年发展到126只，仅此一项收入就达10710元，加上还养牛、猪、鸡、兔，全年共收入12510元。

4. 福建连城县富塘大队党支部委员邱利权，全家8口人，3.5个劳动力，他家除包种生产队责任田外，在自留山上办了果茶场，养蜂75箱，盖了菌种房、培育香菇、黑木耳、白木耳的菌种1万多瓶，还养猪、牛、鸡、鸭。1981年全家总收入1.5万元，成为闽西出名的劳动致富户。

5. 安徽霍邱县刘集公社原村大队李桂金，全家10人，男女劳动力4个，承包土地31.2亩，1981年收粮食22500斤，皮棉800斤，油菜籽800斤，花生400斤，红麻收入400元，合计粮食和经济作物收入6175元。养母猪一头、肥猪7头、小猪14头，出售猪收入共1400元，出售鸡蛋450斤，收入400元，蔬菜收入150元，捕捞成鱼200斤，收入100元，林业收入300元，养牛收入700元，合计副业收入3390元。打米、磨面、轧花、弹花等自办企业收入4600元，其他收入600元。全年农副工业总收入14765元，除去各项开支3640元，纯收入11125元，人均1112.5元。

6. 山东东明县沙沃公社刘口大队社员刘玉派，全家13口人，除承包生产队的责任田之外，自建小砖窑一座，1981年供烧砖21窑，收入20500元，为国家提供税收2600元。

7. 安徽霍邱县陈咀公社屈光映等6户社员联办的拖拉机站，1980年6月以来，购置大拖拉机两台，犁2部，耙一盘，拖车2台，柴油机1台，油桶22个，盖工房5间，总投资4万元，1981年农工副业总收入35642元，扣除成本，人均纯收入1080元。

8. 四川新都县社员周干文，锡匠世家出身，有一手好手艺。1979年底，他受新都县桂湖乡宝光大队招聘，专业承包一个白铁组，双方签订合同，所得利润分成，个人集体三七开。1980年带领几个新手苦干了一年，年终结算获纯利润 4.5 万元，集体得 32000 元，周干文个人得 13000 元。1981 年重新订合同，利润分成改为个人集体二八开，但由于生产进一步扩大，纯利润增加，周干文个人所得还是超过万元，两年工夫，周干文白铁组使集体获得 8 万多元收益，还培养了一批技术人员，周干文个人收入 2 万多元，他用此款盖了一栋新楼房，成了全县闻名的先富户。

9. 云南开远县一个上海下乡知青，高中毕业生。1980 年承包了县里因亏本停办的养鸡场，双方签订合同，鸡场由他全权经办，县里供应饲料，他向国家保证交售禽蛋，他自任厂长，由他挑选留有 9 个工人，1981 年县里又派去 15 个知青，这 24 个人都归他雇用，听他指挥。他把鸡场划分 4 个车间，车间之间都有经济合同，经济责任落实到每个人，工人最高的收入每月可达 150 元，低的也有上百元，他自己每月开支工资 300 元。1981 年派出工人到外地学习孵化、育肥、配合饲料等新技术，开支学习费用 7000 多元，除去这些开支，这个鸡场 1981 年还纯盈利 3000 多元。

10. 广东三水县，离广州 200 多里。三水县地处西江边上，港湾湖汊很多，这几年养鱼捕鱼的农民多了。广州市民喜食鲜鱼，三水县近几年就有一些农民专门做贩运鲜鱼的生意，开始用自行车长途贩运，现在已发展到用摩托车运。车后放两个大水桶，可装上百斤鲜活鱼，在三水县乡下一斤活鱼 1 ~ 1.2 元，运到广州可卖 1.6 ~ 1.8 元，每贩运一趟，可赚 50 ~ 60 元，一年可赚 1 万多元。

11. 广东高要县沙浦公社沙一大队第 6 生产队员陈志雄，1979 年承包本队 8 亩鱼塘，年交包金 1700 元，他家两个劳动力，养鱼出售，总收入 8000 元，扣除包金和成本，本人收入 6100 元。1980 年承包鱼塘 141 亩，包金 9700 元，他自己投资 3150 元，雇长工一个（年报酬 1000 元），短工 400 个（每天 3 元加一餐）开支工资共 2400 元，当年养鱼苗和成鱼出售，总收入 25450 元，扣除包金和成本、工资，纯收入 10150 元。1981 年，承包鱼塘 357 亩，晚稻田 140 亩，包金 65060 元；各种投资 17000 元，雇长工 5 个，短工 1000 个，工资开支共 8000 元，当年种芡实（鸡头米）200 多亩，养鱼苗和成鱼出售，总收入为 114600 元，扣除包金、成本、工资，他本人纯收入为 24500 元。

二　认识与政策

前 6 个致富典型，都是主要依靠自家劳动生产，生产出的农副产品主要向国家、集体出售，利国，利集体，利自己，这属于社会主义性质，方向正确是一目了然的。

第7例，屈光映等6户联办的拖拉机站，现在事实上已经发展成为一个自愿互利组织起来的新的集体企业，共同投资，共同劳动，共同经营农、工、副业，共同分配新企业的利益。他们同原来的生产队继续保持承包土地，上交提留任务的关系，但他们的主要经济活动，已经在新的集体企业里。这种新的联合企业，各地都已出现。这是实行生产责任制后，农村出现的新生事物，对于发展农村多种经营以及工、副业等各项经济事业，都有好处，应该大力支持鼓励，帮助他们继续完善，提高。

第8例属于集体经济专业承包责任制。周干文，勤劳苦干，技术高超，经营有方，集体得到了大笔收益，个人收入多一点是应当的。今后可把承包指标和分成比例订得适当一些，使白铁组的其他人员也能分享一些利润。

第9例是一个性质还在变动中的企业。好处是这个上海知青钻研技术，善于经营，经济责任明确，经济效益高，给社会提供商品多，企业获利多。问题是现在由这个知青一人作主，其他从业人员好像都是他雇的。不过他现在还是拿"工资"，只是比工人多。如果今后能够进行民主管理，盈利归工人共同占有，那么这个养鸡场可以成为一个集体所有制企业。如果今后鸡场的人权、财权均由这个知青作主，工人只能按合同拿工资，盈利也全归这个知青支配，那么这个鸡场就有可能发展成一个在特殊条件下，具有资本主义性质的企业。

第10例的情况比较普遍。估计目前全国有上千万农民在兼业搞各种各样的商业和服务业的活动。现在全国开放了4万多个城乡农贸市场，1981年集市贸易成交总额为290亿元。成千上万参加集市贸易的农民中，自产自销的占多数，但也有很大一部分是从事贩卖的。随着农业生产的发展，农产品商品率的提高，农村经济的活跃，从事转手买卖的人会越来越多，会分化出一批专门从事商业活动的人来。这是目前农村经济发展的必然趋势，有利于沟通城乡物资交流，繁荣经济，是国家、集体商业流通渠道的补充，起拾遗补漏的作用。例如，三水县农民利用农闲捕鱼，一般不是很多的，单户专门到城里去卖不合算，有人上门来收买，汇集起来运到广州，这对双方都有利，广州市民也能吃到活鱼了，现在的问题是城乡差价太大，贩运者获利太多。

目前我国的商业服务网点太少，农村的收购、供销、服务网点更少。对于国家商业不经营的小宗物资，应当也可以允许私人运销。离国营、集体商服务业网点远的边远山区、偏僻农村可以允许或委托个体商贩进行代购代销。在农业生产、多种经营发展的基础上，农村的商品生产会有很大的发展，国家和集体商业一时又跟不上，让一部分农民兼业或专业从事商业活动是可能的（农业劳动力有剩余）也是必要的。只要从业者不坑、蒙、拐、骗，就不要笼统地扣"投机倒把""二道贩子""长途贩运"一类的帽子，要加以保护和支持。从事商业劳动也是从事社会劳动，从事商业致富也是劳动致富的一部分，不应歧视，更不能打击。至于像广东贩鲜鱼者获利太多的问题，可以通过征收营业税，所得税等办法来解决。

第 11 例，陈志雄包鱼塘，这是一个特殊的典型，不过类似的情况各地已陆续发生，值得重视。陈志雄承包鱼塘三年来，有个发展变化的过程，第一年，他承包 8 亩鱼塘，全家辛勤劳动，精心管理，这属于社会主义集体经济的专业承包责任制。第二年，陈志雄承包鱼塘 141 亩，超过了他本人及家庭劳动的能力，不得不雇一个长工和 400 个短工（日）。有人估算，把陈及其家属的劳动折合为 4 个劳动力的劳动，400 个短工折合成 1.3 个长工，共雇 2.3 个长工，全部财富是这 6.3 个劳动力创造的。因此，还可以说是以他本人及其家属的劳动力为主的。所以，这一年仍可认为是社会主义集体经济的专业承包责任制，但已经有了部分质变。第三年的情况不同，他承包鱼塘超过 500 亩，横跨三个大队 13 个生产队，其中 140 亩是稻田。已非他个人及家庭的劳动力所能及。这一年他雇了 5 个长工，1000 个短工（日），如折合成 3.3 个长工，共雇了 8.3 个长工，可见陈志雄包鱼塘已经发展为以雇佣劳动为主了。怎么看待这种经济现象？有的同志认为，陈志雄已经实际上充当了租佃资本家的角色。这种看法需要讨论。陈志雄雇 8.3 个长工，还只一年，还要看一看发展的情况，而且由于在我国整个经济属于社会主义性质，土地和鱼塘等主要生产资料属于集体所有，银行，商业等系统都是国营，在这种条件下，陈志雄同雇工的关系不可能是资本主义条件下，资本家和雇工之间的关系，陈志雄还不是租佃资本家，雇工也不是完全受支配、受剥削的农业工人，他们之间是在特定历史条件下的一种特殊的雇佣关系。

应该指出，陈志雄这几年承包鱼塘，经济效果很好。1981 年在 357 亩原来很少收入的鱼塘和 140 亩稻田（晚稻一季），收获芡实 18400 斤，成鱼 3 万斤，鱼苗 15 万尾，总收入达到 114600 元，扣除 17000 元投资，纯收入为 97600 元，每亩 196 元，每个劳动力创造 7935 元的纯收入，经济效益很高。比当地社员每亩的收入，每个劳动力的创造的收入高出很多。他们为什么有这么高的经济收益？这种经营方式很值得研究。

至于承包户能不能雇工？这个问题实际生活已经提出来了。有的承包户因为缺乏劳动力或主要劳动力临时有病有事，请短工帮忙的，开始是供短工吃喝，后来则多数发展为给工钱（因为吃喝的花费很大）。有的农户办了油坊、粉坊加工厂，自家劳动力不足，有请季节工或常年工的。安徽宣城县有个农民，自己筹资买了一辆小轮船，搞运输，雇了几个帮工。看来，在农村要发展商品经济，要发挥农村里能工巧匠的作用，要发展一批各种各样的小企业，要发展多种经营事业（如包山种树，包鱼塘养鱼，办鸡场养鸡，买机器办加工厂等等），除了提倡农民自愿合作经营之外，在一个相当时期里，容许一些能工巧匠和善于经营的人，雇一些帮工是有必要的。近几年实践表明，农民自愿合作办的企业（如屈光映拖拉机站）和农民雇帮工办的企业（如陈志雄包的鱼塘），经济效果很好，一般都超过原来的社队办的企业。允许这些企业发展，有利于充分利用当地自然和经济资源，有利于发挥能工巧匠的作用，为社会创造更多财富，国家也可以得到更多的农产品，集体有了收入。而且就被雇的农民来说，收入也比原来在集体挣得多，比他自己经营的多（否则他完全可以不受雇）。

因此，从有利于生产，有利于当前农村发展各种经济事业的实际出发，应该容许可以有条件限制的雇工。在社会主义国营和集体经济占绝对优势的条件下，在一个时期内容许私人可以有条件地雇工，利多弊少，并不会影响我们国家社会主义的性质，《国务院关于城镇非农业个体经济若干政策性规定》："个体经营户在必要时，经过工商行政管理部门批准，可以请1～2个帮手；技术性较强或者有特殊技艺的，可以带2～3个最多不超过5个学徒。"在农村，雇请少量帮工当然也应该是允许的。问题是要有一定的界限，有一个控制的度。现在实际提出来的问题有两个。一是允许发展多种经营、手工业、小企业者可以雇工，容不容许单搞农业、种植业者也能雇工？雇短工，事实上已经很多，问题是能不能雇长工？这涉及的问题比较复杂，需要研究。二是容许农村的小企业者，多种经营者可以雇多少帮工？马克思在《资本论》第1卷第9章分析剩余价值的生产时，指出："不是任何一个货币额或价值额都可以转化为资本。相反的，这种转化的前提是单个货币所有者或商品所有者手中有一定的最低限额的货币或交换价值。""一个雇主为了使他的生活只比一个普通工人好一倍，并且把所生产的剩余价值的一半再转化为资本，他就必须把预付资本的最低限额和工人人数都增加为原来的8倍。诚然，他自己也可以和他的工人一样，直接参加生产过程，但这时他就不过成了介于资本家和工人之间的中间人物，成了

'小业主'。"① 可见容许多种经营者、手工业者雇用有限的工人，是不会使他们变成资本家的。只要这些多种经营者、手工业者仍然参加劳动，是企业的主要劳动力，他们就不会改变个体经营的性质，充其量是一个"小业主"而已。

1981 年，陈志雄已经雇用 5 个长工，1000 个短工了，而且还可能发展，这就值得研究。对这样的承包大户，当地政府必须加以领导，不能放手不管。作为试验，观察一段，可以先不要下结论。适当的时候，要加以引导，如可以组织合股的承包公司（企业），推选陈志雄这样有经营能力的人担任领导，互相间是合作的关系，不是雇主和雇工的关系，还可以通过集体分红或征收所得税等办法缩小陈志雄同雇工之间的收入过于悬殊的问题（1981 年陈志雄的收入比工人的收入高 24.5 倍）。但这种引导，一定要照顾到保持较高的经济效益，不要又弄成搞"大呼隆"，吃大锅饭，把刚刚搞活的农村经济又搞死了。

目前，农村的经济正处在一场伟大的变革之中，新事物层出不穷，普遍涌现出来的"先富户"，只是这些新事物群中的一个。我们应该看到这个主流是好的，符合党中央提出的让一部分农民先富起来的精神，现在还刚刚是个开个头，应当坚定不移地继续鼓励一部分农民靠勤奋劳动，靠科学技术，靠精心经营，先富起来。对于一部分农民在先富过程中出现的一些新问题，要认真研究，妥善解决；对于那些正在发展中，一时还拿不准的事物，应该允许试验，实践中加以引导，同时要通过调查研究，摸清情况，及时制定出对先富户的政策来。

---

① 《资本论》第 1 卷，北京：人民出版社，1975 年 6 月，第 341 ~ 342 页。

以联产承包、分户经营为基础的合作经济[*]

杜老：

您在合肥农经学会学术讨论会上的报告，我最近在北京听到了传达，您讲到的四点，反映了农业生产力发展的要求，反映了全国农民普遍的愿望，讲得很及时，讲得很好。这样讲了，并能逐步付诸实施，这对农村大好形势的继续发展，是很有利的。

我特别赞同您讲的第一条，实行包产到户、包干到户为主要形式的联产承包责任制以后，中国农村今后将怎样发展，这是举世瞩目的大事，尤其是我国8亿农民最关心的大事。实际上，也就是今后中国农业走什么道路的问题。您提出今后我们这个体制叫作"有统有分，以户为基础的经营方式"，这个想法很好，联产承包，分户经营，在农业上可以长期存在下去，特别是在我国的情况下，它有强大的生命力。可以由此推动我国农业继续发展，由此促进农业现代化，走出一条实现社会主义农业现代化的道路来。您在会上提到希望理论界展开讨论，并能就联产承包责任制长期存在的理由做出论证。北京的农经学界正在进行讨论，我想不久就会有文章出来。

在这里，我想对您讲的第一条，关于今后我国农业体制问题的提法，谈点意见，供您参考。

您提出，可以叫作"有统有分，以户为基础的经营方式"，您的想法，熟悉这几年农村体制的改革的同志是容易理解的，但是这个提法，似欠周密。所以我想是否可以这样表述："在坚持土地等基本生产资料公有制的条件下，实行联产承包、分户经营为基础的合作经济。"

"在坚持土地等基本生产资料公有制的条件下"，这句话表示，我们这

---

* 本文源自作者手稿，该稿系作者于 1982 年 11 月 18 日写给杜润生同志的信。原稿无标题，现标题为本书编者根据此信内容所拟定。——编者注

个体制继承了我国农业合作化的积极成果，农村社会主义公有制的基本制度不变。我们的承包农户，不同于单个独立的个体农户，和美国的家庭农场、日本的专业农户根本不同。根本区别在于承包农户对土地没有所有权。土地是共有的，这是合作化的积极成果之一。土地公有制的保持，有利于农业经营规模的扩大，有利于劳动力的转移，有利于防止两极分化，表示我们这个体制并不是把原有集体经济推倒重来，不是分田单干，二是在原有集体经济的基础上存利去弊，加以改革，这个体制是承上启下的一个阶段。这样可以祛除一些同志的疑虑。

"实行联产承包、分户经营为基础"，表示现在实行的是以双包为主要形式的联产承包制。这种家庭承包经营的方式，农民有自主权，使劳动者和经营者统一于一身，可以保证劳动者的物质利益，可以充分发挥农民及其全家在农业生产中的主动性和积极性，而这正是农业生产最需要的，是搞好农业生产最必不可少的。家庭承包、分户经营的方式，适合我国人多地少、需要精耕细作的特点，适合中国农民对土地有特殊感情、家庭血缘关系比较浓重的特点，在经过完善、提高之后，会长期存在下去，它有强大的生命力，现在还方兴未艾，在促进农业生产发展方面还有很大的潜力。它可以容纳目前的以人力、畜力为主的手工操作、半机械化的生产力，也可以容纳以机械化动力为主的机械化、现代化的生产力。当然，将来分户经营的户，将不是目前"小而全"的农户，而是专业农户和专业户。不过，家庭承包、家庭经营的方式将不会变，所以称作"联产承包、分户经营为基础"。

"合作经济"表示将来。实行包产到户、包干到户为主要形式的联产承包责任制，这是农村生产关系调整和改革的第一步，必然引起农村经济体制的全面调整和改革。三年多来的实践已经证明，这种联产承包、分户经营的方式，符合我国目前大多数农村生产力水平，有利于促进农业生产。因此，我们应该以这种家庭承包、分户经营为基础，并由这个基础出发来全面调整和改革农村的经济体制。

"政社合一"要改，这事已经确定了。"三级所有，队为基础"也要改，从各地试点的实践来看，三级所有要改为一级所有。政社分开之后，社内各承包户之间，是自愿互利、平等合作的关系，即使是干部和群众之间，也不再是原来那种领导与被领导的关系。承包户应充分享有民主等权利，包括可以自愿退社。因此，把调整后的体制称为合作经济是恰当的。

合作经济还有个重要的方面，就是承包农户合作兴办各种为农业生产服务的企事业。现在的农业生产力，已非合作化初期的农业生产力了，许多事是一家一户干不了或干不好的，特别是随着专业户、专业农户的增多，专业化的发展必然要求社会化，要求解决供销、水利、植保、农机、农产品加工、储运等问题，这就是国外所说的要建立农业前、农业后的各种产业。建立这些企事业，一部分要靠国家，但大部分要通过承包农户合作兴办来解决。原则还是自愿互利平等合作。联合举办各种为农业服务的服务中心，组织各种专业联合公司等，这种企事业，今后将会极大地发展，不过所有这些"中心"和"公司"都还主要是合作经济。

以上，是我听了您讲话的传达后的一些想法，不知妥否？提出来，供您参考。

顺致
革命敬礼！

陆学艺
1982 年 11 月 18 日

家庭承包制的农业经营方式为什么能长期存在[*]

实行包产到户、包干到户的联产承包责任制，保证了农民在生产、经营等方面的自主权，克服了平均主义，受到了广大农民的普遍欢迎，调动了他们多年被抑制的生产积极性，极大地推动了农业生产的发展，农村出现了欣欣向荣的新局面。开始实行的时候，各方面曾有相当多的议论，连续几年增产增收增贡献的事实，使许多人口服心服了。但是，包产到户能长期搞下去吗？一家一户的经营方式能实现农业现代化吗？在城里工作的同志有这样的疑虑，农民想得更多，他们说"包产到户好是好，就怕长不了"，他们怕政策变，变回到吃"大锅饭"的年代去。有一部分干部，认为包产到户是权宜之计，还想变回去。之所以会产生这种种的思想问题，是因为在许多同志的脑子里，至今仍把"一大二公""三级所有，队为基础"，由小集体→大集体→全民的逐级过渡的模式，看作是唯一正确的、不能改变的社会主义农业发展模式。从这种观点出发，实行包产到户、包干到户等等责任制，不过是一种对农民的让步，是临时的退却。既然是退，就有进的时候，过几年要变就是题中之义。因此要稳定农民群众的思想，解决怕变的问题，就要对原来的那套发展模式有一个正确的认识，对实行包产到户、包干到户为主要形式的联产承包责任制的意义要有足够的认识。

这几年，农村由于实行包产到户、包干到户责任制后，所发生的巨大变化，越来越明确地向人们表示，中国农民创造的包产到户、包干到户的联产承包责任制，具有强大的生命力。在实践上，它不仅促进了农业生产的发展和农村经济的繁荣，是现阶段在农村发挥我国社会主义经济制度优

---

* 本文源自作者署名的打印稿，原稿大约写于1983年。该文部分内容后收录于《联产承包责任制研究》（陆学艺著，上海：上海人民出版社，1986年5月）第七章第四节。——编者注

越性的一种十分有效的形式，也为我国实现社会主义农业现代化开辟了道路。包产到户、包干到户这种联产责任制形式具有很大的适应性，它既能适应人力、畜力为主的手工劳动生产，也能适应现代化农业发展的要求。在理论上，包产到户、包干到户是解放思想的产物，突破了两个凡是的束缚，坚持实践为标准解决农业问题，恢复了实事求是的优良传统。它是马克思主义农业合作化理论同中国的农业实际相结合的典范，具有十分重大的理论意义。

实行包产到户、包干到户的联产承包制，使我国农业走上了一条适合国情，具有中国特色的实现社会主义农业现代化的道路，它广阔的发展前景，已在逐渐展示出来。我国农业未来的发展可能是这样：在坚持土地等基本生产资料公有制和保留社队必要的统一经营的条件，实行以户为经营单位的联产承包责任制，在以户为经营单位联产承包制的基础上，实现农业的专业化、商品化、社会化。在整个发展过程中包括包产到户、包干到户在内的以农户为经营单位的联产承包责任制将起关键的作用。这种以农户为经营单位的联产承包制，是在土地等基本生产资料公有制的基础上实行的，它继承了农业合作化的积极成果，并不是把农业合作化推倒重来，更不是分田单干；同时，它又为我国实现社会主义农业现代化开辟了道路。所以，以农户为经营单位的联产承包责任制确实起到了承上启下的作用，它是由原来那种管理过于集中，经营形式过于单一，农民群众不满意，阻滞了生产发展的模式，向"有利于因地制宜地发扬优势，有利于大规模采用先进生产措施，形式多样的更加完善的合作经济"① 过渡的桥梁。同时它也是孕育、创造新的经营形式（如专业户，专业联合等等），实现我国社会主义农业现代化的起点。

经过三年多来的实践，目前对于包产到户、包干到户等联产承包责任制在现阶段促进农业生产等方面的作用已经为社会所公认。问题是在将来，将来联产承包责任制将怎样发展，这种以农户为单位的经营形式，能适应农业现代化发展的要求吗？现代化农业是大农业，一家一户的经营形式能协调吗？回答是肯定的。根据马克思主义关于农业合作制的理论，根据我国三十多年来社会主义农业改造和建设，特别是十一届三中全会以来，推行各种生产责任制实践的经验和教训，根据国际上经济发达国家近些年来

---

① 胡耀邦：《全面开创社会主义现代化建设的新局面》（1982 年 9 月 1 日），载《中国共产党第十二次全国代表大会文件汇编》，北京：人民出版社，1982 年 9 月，第 23 页。

实现农业现代化的经验和教训，可以肯定在农户为经营单位的联产承包制基础上能够实现农业的专业化、商品化和社会化，能够实现社会主义农业现代化。以户为经营单位的联产承包制经过完善，提高和发展也能适应现代化农业生产力的发展要求。所以，这种家庭承包制的经营形式在我国将长期存在下去。

第一，以农户为经营单位的联产承包制，是用农业的办法管理农业的好形式，适合农业生产发展的要求。马克思主义认为："不同质的矛盾，只有用不同质的方法才能解决。"① 发展农业生产要根据农业生产的特点。要从农业实际出发，在中国还要从中国农业的实际出发。可是，过去往往不注意农业生产的特点，照搬管理工业的那套办法来管理农业，结果事倍功半，没有得到应有的效益。

农业和工业不同。工业生产的对象和条件一般都比较稳定，工作秩序，劳动程序却可以事先编定，工人照章操作，质量也可以控制。农业生产的对象是植物、动物等生物有机体，农业生产的条件是土壤、阳光、气温、水分，肥料等等，可变因素多，而且都很不稳定。农业要取得好的收获，就要把众多的变化条件，结成一个最佳的组合。要求劳动者熟悉和了解生产过程，并能根据不断变化的条件作出反应、采取措施，加以调节，使之朝着有利于生产的方向变化。农业生产的这种特点，要求劳动者在劳动生产过程中，有充分的自主权，有机动的决策权。

农业和工业不同，农业生产也受自然环境的影响，也受生物有机体生长发育规律的制约。农业生产有明显的季节性，在播种、收割管理等各个环节，都要抓住最佳季节，遵守农时，适时耕作。错过农时，就会劳而少获，以至劳而无获。农业的这种有忙有闲的特点，要求劳动者在忙时要突击，要奋战，闲时可以休息，做好下一个阶段的准备。不能像工厂那样一起上班，一起下班，搞 8 小时工作制。

农业和工业不同。农业生产的空间宽阔，大多数情况下，适于分散劳动，而且越是机械化程度高，生产的空间越辽阔，越适于分散劳动。例如，有了大功率的拖拉机和配套农具，使一个人可以耕种几千亩地。自动化养鸡成套设备的出现，使一个人养几万只鸡成为可能，而这些都不需要大规模的集体劳动。另外，农业劳动的质量不像工业劳动那样易于检验。所以，

---

① 毛泽东：《矛盾论》，载《毛泽东选集》第 1 卷，北京：人民出版社，1966 年 7 月，第 286 页。

这种分散、个别的农业劳动，要求劳动者有高度的责任心和自觉性，真要有点古人所说的"慎独"精神，使劳动者的利益同生产成果直接挂钩，是产生这种"责任心"的根源。

农业和工业不同。工业生产在生产过程的好几个阶段都可以出产品，有的是中间产品，有的是成品。农业不同，农业劳动时间和生产时间不一致，农业的生产时间要比劳动时间长。农业劳动时间、劳动存在的形态是流动的，只有在生产周期结束时，才形成最后的产品，也即劳动的凝固形态。农业劳动在进行过程中，即处在流动形态时，是很难计算和检查质量的。农业要获得好收成，生产出又多又好的产品，取决于整个生产过程中每一项农活的质量和农作物生态发育和自然环境的协调，这就要求农业劳动者对生产全过程自始至终的高度关心。

总之，由于农业生产的这些固有的特点，要求劳动者和经营者能够统一，要求分散的劳动形式，要求小规模的分散的经营形式，以使农业劳动者在生产过程中有高度的自觉性和责任心，有随机应变的自主权、决策权，以充分发挥劳动者在农业生产过程中的创造性和积极性，创造更高的劳动生产率和得到更好的经济效益。而实行以家庭为经营单位的联产承包责任制恰能满足这些要求，所以说这种以家庭承包，以户为经营单位的方式，适合农业生产的需要，有长期存在的必要性。

第二，家庭承包，以户为单位的经营形式也能够容纳现代化的生产力，可以在联产承包制的基础上实现农业现代化。现代农业生产专业化、社会化的发展，使以家庭为单位的经营形式，不仅是适合农业生产特点的需要，而且成为可能。长时期以来，人们以为，随着农业机械和化肥农药等现代化生产资料的应用，农业生产也同工业生产一样需要大规模的统一经营，集中管理。人们还以为，以人力、畜力为主的手工业劳动适于中小企业的规模经营，而采用了大机器就一定是大企业大规模经营。近百年来现代农业的发展历史表明，随着农业机械大规模采用和现代科学技术在农业上的应用，小生产向社会化大生产发展是历史的必然趋势。但是，这并不意味着农业中的小规模经营企业会淘汰。由于专业化、社会化的发展，一方面出现了土地集中、生产集中，大规模经营的大农场。另一方面小规模经营的农业企业经过改造、整顿，仍以家庭为经营单位，大量地存在着。1977年，美国270.6万个农场中，1000英亩以上的大农场只占7%，500~999英亩的农场占9%，84%是500英亩以下的家庭小农场。1977年与1910年相比，农场耕种的土地规模扩大了，但农场经营的组织规模并没有扩大。1910

年平均每个农场耕种 844 亩，平均每个农场 2.13 个劳动力（其中雇工 0.52
个）；1977 年平均每个农场耕种 2409 亩，平均每个农场 1.53 个劳动力（其
中雇工 0.48 个），大多数是"韩丁式"的家庭农场，自己劳动，自己经营，
一般不雇工或只雇少量的工人。安·克里坦登认为："由农场主及家人，至
多再加一名工人经营的农场，是最有成效的农业生产单位。这是一条规律。
在世界各地进行了无数次的研究，其结果都是支持这条规律的。虽然这种
最有效的生产单位规模的大小是因农场主用自己的农机可以耕种的土地数
量的多少而各不相同。因此，在美国生产玉米的地带，一个 639 英亩的农
场用价值几十万美元的机械耕种，就可能收到最大的效益。"①

列宁指出："技术的进步必然引起生产的各个部分的专业化、社会
化"，② 而专业化、社会化的发展不仅没有使小规模的家庭经营形式消灭，
反而为它的存在和发展创造了条件。由于科学技术的进步，生产力的发展，
会引起分工的进一步发展。当"……生产扩展到某种商品的一个特殊的生
产阶段，该商品的各个生产阶段就变成各种独立的行业"。③ 在农业中，原
来一个家庭农场是小而全的，从种到收，几乎是全部农活都要自己干。后
来，一些生产环节分出去了，发展成为独立"专业"，如种子、肥料、农
机、水利、植保、运输、包装等等都单独成立专业公司，专为家庭提供各
种服务。1969 年，美国这类农业服务企业就有 3.2 万多家，43.2 万人。例
如，肥料公司可按农场要求派人把肥料撒到指定的田里；饲料公司可以按
照合同，定时、定点、定量向畜牧场送饲料；农机公司既有各种农机、也
有驾驶员，可以替农场耕种、中耕，收割。有了这样的专业分工和社会化
服务，就使一个家庭农场，1~2 个劳动力种几千亩田，或养几千头猪，或
养几万只鸡成为可能。因为实际上这些家庭农场主本身只从事生产中的几
项农活，主要是经营管理，相当多的、甚至是大部分农业劳动已按照合同
转移到农业服务公司去了。

美国如此，其他农业发达的国家也如此。如法国，小规模经营者占

---

① 《纽约时报》1982 年 3 月 21 日。转引自《〈纽约时报〉载文说农业耕种以小规模为好》，
载新华通讯社参编部编《国外经济资料之一：北美西欧农业》，中国农村发展研究中心联
络室，1983 年 10 月，第 5 页。

② 列宁：《论所谓市场问题》（1893 年），载《列宁全集》第 1 卷，北京：人民出版社，1955
年 12 月，第 85 页。

③ 马克思：《资本论》第 1 卷，载《马克思恩格斯全集》第 23 卷，北京：人民出版社，1972
年 9 月，第 391 页。

80%以上，日本绝大部分是耕地在一公顷左右的农户。我国的生产大队、生产队，除了极少数自然条件好，领导班子比较强，在内部实行了专业分工，商品生产比较发达之外，大部分的生产大队，生产队在原来那种过分集中、统一经营的条件下，实际上是一个"大而全"的封闭、半封闭的自给自足的生产单位，很难发展专业化、社会化。实行了包产到户、包干到户等的生产责任制，在土地等基本生产资料公有制基础上使农户成为经营单位，有了经营自主权。现在这些承包农户还是"小而全"的，随着生产力的发展，科学技术的应用，将来这些"小而全"的农户就会发展专业分工，成为各种专业户和专业农户，而我们的原有的集体经济组织也可举办各种为农业生产服务的企、事业，发展农业的社会化。资本主义发达国家，在私有制的基础上，在价值规律的自发作用下，通过两极分化，经过反复，用上百年的时间，实现了农业的专业化、社会化。我国农村已经实现了社会主义改造，我国农业总的发展方向同资本主义的是完全不同的。但是，社会化的生产力的发展是一个自然历史过程，有它的规律性。资本主义农业能在家庭农场的基础上实现农业的专业化、社会化，我国在以农户为经营单位的联产承包基础上当然也能实现农业的专业化、社会化。不过我们是建立在以土地等基本生产资料的公有制基础上的，是按照经济规律自觉地来实现的，将不会发生两极分化，整个过程也将大为缩短。

第三，以户为经营单位的联产承包制，适合我国农村家庭血缘关系比较稳固，家属伦理关系比较亲睦的特点，农民群众欢迎这种经营形式。我国以家庭作为农业生产单位的经营形式源远流长，有组织生产的丰富经验，传统悠久。农业合作化以后，家庭仍是生活单位，还保留着部分的生产职能，耕种自留地，经营各种家庭副业，不论是南方还是北方，不论是自然条件较好还是较差的地区，不论是富队还是穷队，自留地几乎是无例外的都是种得很好的，其产量和经济效益远远超过集体耕地。在"左"倾错误盛行的时候，特别是在十年浩劫中，许多地区的集体经济濒于破产的边缘，集体分配每人每年只100～200斤粮、20～30元钱，连群众的基本生活都不能保证，是靠着自留地、家庭副业等家庭经济的重要补充才勉强度过了这个艰难的时期，保护了劳动力，保证了农民的生产和生活。

总结起来，合作化以后，我们没有充分重视和发挥家庭这个传统力量在农业生产中的作用，是一大失策。二十多年来，每次打击、抑制家庭在农业生产中的作用（没收自留地、禁止搞家庭副业，关闭集体贸易，打击包产到户）结果都打击了生产，破坏了经济的发展。而当遇到经济困难，重视鼓励发展家庭经济，结果都收到了生产发展、经济繁荣的好效果。

所谓调动 8 亿农民的积极性，实际上就是要调动 1 亿 7 千多万个农民家庭的积极性。农业同工业不同。工厂只承认一个一个作为劳动者的工人，而农业固有的特点，它适合小规模的个别分散的劳动形式，需要劳动者和经营者的统一，而家庭这种传统的形式正适应农业的这种特点。在农业生产中，除了主要劳动力以外，老人有老人的作用，妇女有妇女的作用。家庭里成员间经济利益休戚与共，使他们在生产劳动中协作紧密，配合默契，而这正是农业生产取得好收成所必不可少的条件。包产到户为什么一包就灵，说到底，就是调动了一亿多个农民家庭全体成员的积极性，取得了中国农民家庭这个巨大的传统力量的支持。以户为经营单位的家庭承包责任制，符合国情，符合民情，有利生产，有利建设，利国利民，农民欢迎，理所当然可以长期存在下去。

最后，这种以户为经营单位的联产承包责任制，是广大农民群众在实践中创造出来的，经过多年的反复比较和实践检验而作出的决择。我们的国家是人民民主专政的国家，我们党是为广大人民群众谋利益的无产阶级政党，当然要尊重广大人民群众的意愿。从群众中来，到群众中去，是我们党一贯的优良传统。最近通过的《中华人民共和国宪法》第十四条明确规定：要"实行各种形式的社会主义责任制"。① 胡耀邦同志在中国共产党第十二次代表大会上的报告中明确指出："近几年在农村建立的各种形式的生产责任制，进一步解放了生产力，必须长期坚持下去，只能在总结群众实践经验的基础上逐步加以完善，决不能违背群众的意愿轻率变动，更不能走回头路。"② 这些都充分反映了广大人民群众的意愿，符合社会生产力发展的要求。

不错，前几年，在农村实行生产责任制问题上，全国上下，党内党外，争论是很激烈的，实践最能教育人。实行以家庭为经营单位的联产承包制后出人意料的实践效果，教育、说服了许多人。现在，对于生产责任制的认识逐渐趋于一致。全国、全党在生产责任制的问题上认识的一致，是生产责任制政策长期稳定和连续性的保证。诚然，目前对于以户为经营单位的联产承包制在实现我国农业现代化过程中的作用还有些不同意见。但是，

---

① 参见中共中央文献研究室编《十二大以来重要文献选编》（上），北京：人民出版社，1986 年 10 月，第 190 页。——编者注

② 《中国共产党第十二次全国代表大会文件汇编》，北京：人民出版社，1982 年 9 月，第 23 页。

这种联产承包责任制具有强大的生命力，正在为我国农业现代化的实现不断开创新的局面，随着实践的发展，这些意见会逐步取得一致的。

国内外的实践表明，在科学技术进步的条件下，进行分工协作，实现农业的专业化和社会化，把农业生产的全过程，分解为一系列相互联系又各自独立的专业（如把小麦生产分解为：种子、耕种、水利、施肥、植保、管理收割等，分别由种子、农机、水利、肥料、植保等专业户和专业农户来分别经营），这就使得以户为经营单位的联产承包制形式，可以容纳一定的现代化农业生产力，进行现代化的农业生产。但是，这并不是说，小规模的、以户为单位的家庭经营形式是唯一的经营形式。农业企业的规模和经营形式，现在和将来，都应该根据不同的特点和不同情况来决定，应大则大，应小则小，实行多种经济成分、多种管理制度、多种经营形式的并存并长的原则。再不要搞一个模式，不要搞"一刀切"。人的脚有大小、肥瘦之别，穿一个型号的鞋，肯定是不行的。大规模的垦荒、放牧，江河、海涂的养殖，特大型的机械化养禽养畜，都应该建立大型的农牧场，进行集中领导，集中经营。各地都有一些原来集体经济办得比较好，内部实行了专业分工，增产增收，群众满意的，还可以继续实行集中领导、统一经营。不过，根据农业生产的特点，根据我国的国情，小规模的，以农民家庭为经营单位的联产承包责任制将是农业生产的主要的基本形式，而且将长期存在，这是没有疑问的。

马克思主义的合作理论和联产承包责任制*

自从马克思和恩格斯提出合作制的基本理论原则以来，已经是百余年的时间了。在这 100 多年的时间里，社会主义革命一再向农民占人口绝大多数的国家转移。随着革命条件的变化，合作制理论也一再地被重新提出，加以论证，并且在实践中得到丰富。

近几年来，在我国农村普遍实行的联产承包责任制，无疑是马克思主义合作制理论的一次新的、内容丰富的实践。在走过了 20 多年曲折的道路后，8 亿中国农民在中国共产党的领导下，以其伟大的历史主动性，通过社会实践重新证实了合作制理论的一些最重要的、但却向来为我们所忽视的原则。这些原则的揭示，极大地开阔了我们的眼界，对于我们认识如何在我国农村实现有中国特色的社会主义道路发生了深刻的影响。

本文试图通过对合作制理论和实践的发展过程的分析，对 8 亿中国农民的这一伟大社会实践进行理论上的说明。

一

马克思和恩格斯的合作制理论是随着他们的科学社会主义理论的创立和完善而发展起来的。在马克思和恩格斯生活的时期以前，各种形式的合

---

* 本文原连载于《哲学研究》1984 年第 4 期、第 5 期，发表时间：1984 年 4 月 25 日、5 月 25 日，作者：陆学艺、张晓明。《新华文摘》1984 年第 7 期以原题部分转摘了该文。该文还收录于《当代中国农村与当代中国农民》（陆学艺著，北京：知识出版社，1991 年 7 月）和《陆学艺文集》（陆学艺著，上海：上海辞书出版社，2005 年 5 月）。该文在《哲学研究》发表时被删除了列宁以后苏联合作化历史的部分内容约 1500 字左右，中国合作化历史的部分文字也有改动。本文主要依据《哲学研究》稿刊印，同时根据作者手稿增补和校订部分文字。——编者注

作社都有过发展，这些合作社的发展影响了马克思和恩格斯的合作制理论的形成，其中最主要的是同资本主义并生的合作社和空想共产主义者所倡导的合作社。

同资本主义的发展并生的合作社是一种从小农的自然经济向资本主义的商品经济发展的过渡性的经济组织，最早在德国出现，后来发展到欧洲各国。这种合作社的发展是在农业中发展资本主义商品经济所要求的，是同农业资本主义化的过程相适应的。在这种合作社中，个体农民把土地或者生产工具和资金联合起来，组成一定程度上的社会化生产，用这种方法，一面扩大商品生产，另一方面逃避沦落为一无所有的雇佣工人的命运。这种合作社的发展结果，或者是成为使用雇佣劳动的资本主义组织（在联合起较强大的资本从而在竞争中获胜的情况下）；或者是成为被资本控制的雇佣劳动组织（在缺少资本，因而必须向资本借贷的情况下）。恩格斯在 1874～1875 年间写的《流亡者文献》中曾经分析过在欧洲各国都存在的"劳动组合"，称其为"还很不发达的合作社形式"，就是我们这里讲的同资本主义并生的合作社。恩格斯将这种合作社分为两种，在一种合作社中，合作社成员不能凑足必要的资本，这种合作社便落到高利贷者手中，成为"使资本家便于剥削雇佣工人的工具"；而在另一种合作社中，情况则相反，合作社也"雇佣该团体以外的人做雇佣工人"[①]。

空想社会主义者所倡导的合作社，是企图把合作经济建立在公有制基础上的第一次尝试。伟大的空想社会主义者欧文进行了这种合作社的最有名的试验。在他所建立的合作社中，实行财产公有、共同劳动和按劳分配。空想社会主义者的试验归于失败的原因是他们想直接依靠合作社改造资本主义社会，而不进行社会制度的根本变革。马克思批判了这一空想，他认为，"在雇佣劳工以自己的努力所能创造出来的小企业范围内，合作制永远不能改造资本主义社会。为了把社会生产转变为一种大规模的、协调的自由合作劳动制度，就需要有总的社会变革，即社会制度基础的变革，这种变革只有当国家政权这一有组织的社会力量由资本家和土地所有者手中过渡到生产者自己手中的时候才能达到"[②]。

从马克思和恩格斯对以往的合作经济的分析可以看到，他们认为在资

---

① 《马克思恩格斯选集》第 2 卷，北京：人民出版社，1972 年 5 月，622 页。

② 马克思：《临时中央委员会就若干问题给代表的指示》，载《马克思恩格斯全集》第 16 卷，北京：人民出版社，1964 年 2 月，第 219 页。

本主义条件下个体私有者联合的合作社必然导致资本主义性质，而在社会主义条件下，由于彻底改造了资本主义社会，建立了公有制，合作经济实际上就是统一的社会主义计划经济。从这里，我们可以看到在科学社会主义理论建立之初马克思主义合作制理论的最基本观点，这就是：合作社并不是一种独立的经济形式，而是过渡性的经济形式。

科学社会主义理论认为，从社会经济形态发展的一般规律看，以自身劳动为基础的个体私有制必然要被以他人劳动为基础的占有社会化生产资料的私有制代替，以占有他人劳动为基础的私有制必然要被以联合起来的劳动者共同占有社会化生产资料为基础的公有制所代替。在前一个过程中，合作经济组织不是独立的，而是从小私有向资本主义私有制转变的中间环节；在后一过程中，合作经济组织也不能起独立的作用，改造资本主义社会必须经过彻底的社会革命，随着社会主义革命胜利而建立起来的是全国范围的统一的计划经济，原来的合作经济只能为社会主义计划经济的建立进行某种准备工作。

既然合作经济组织不是一种独立的经济形式，那么，我们就不能脱离占统治地位的经济形式来抽象地判断合作经济组织是资本主义还是社会主义性质。

应该指出，在建立科学社会主义理论之初，马克思和恩格斯还未能将合作社设想为从资本主义向社会主义过渡的中间环节，因为他们还没有充分估计到从资本主义向社会主义转变过程中的各种复杂情况；严格地说，他们还没有经历过无产阶级革命的实践，因此也不可能作这种估计。这一情况在巴黎公社以后有所改变。巴黎公社革命是在小私有者的农民还占人口多数的条件下发生的，这一革命的失败说明了在小私有者农民还大量存在的国家里进行无产阶级革命是如何困难，这使得马克思在 1871 年写的《哥达纲领批判》中提出了在资本主义和共产主义社会之间存在着一个过渡阶段的思想。又过了 3 年，即在 1874～1875 年初，又在《巴枯宁〈国家制度和无政府状态〉一书摘要》中正式提出了掌握政权的无产阶级必须采取措施使得私有农民向社会主义过渡的问题。马克思说："凡是农民作为土地私有者大批存在的地方，凡是像在西欧大陆各国那样农民甚至多少还占据多数的地方，凡是农民没有消失，没有像在英国那样为雇农所代替的地方，就会发生下列情况：或者农民会阻碍和断送一切工人革命，就像法国到现在所发生的那样，或者无产阶级……将以政府的身份采取措施，直接改善农民的状况，从而把他们吸引到革命方面来；这些措施，一开始就应当促进土地私有制向集体所有制的过渡，让农民自己通过经济的道路来实现这种过渡；但是不能采取得罪农民的措施，例如宣布废除继承权或废除农民所有权；只有租佃资本家排挤了农民，而真正的农民变成了同城市工人一样的无产者、雇佣工人，因而直接地而不是间接地和城市工人有了共同利益的时候，才能够废除继承权或废除农民所有制；尤其不能像巴枯宁的革命进军那样用简单地把大地产转交给农民以扩大小块土地的办法来巩固小块土地所有制。"①

马克思在这里虽然还没有提到合作社，但是已经阐述了合作理论的一些基本点，这就是：

第一，既不剥夺农民，也不巩固农民的小土地所有制；

第二，在无产阶级夺取政权以后，促使农民从私有制向公有制过渡；

第三，采取经济的办法进行这一过渡，不应采取得罪农民的措施，如不应宣布废除农民的所有权和继承权。

很显然，在不能动小农的私有权的情况下促使农民从私有制向公有制过渡的唯一的经济形式就是合作社。马克思逝世仅仅两年，恩格斯就开始系统地论述合作经济的思想，完成已经由马克思制定了基本原则的合作制理论。

1886年1月20日，恩格斯在给倍倍尔的信中，建议在无产阶级争取社会革命的胜利时，积极推进合作社的发展，"把合作社推行到现存的生产中去"②。而且，第一次提出，"在向完全的共产主义经济过渡时，我们必须大规模地采用合作生产作为中间环节"③。恩格斯把合作社看作是建立在社会"对生产资料的所有权"的基础之上，但又拥有自己的"特殊利益"的经济组织。

《法德农民问题》是恩格斯较全面地提出自己的合作制理论的著作，在马克思主义合作制理论发展史上有极重要的意义。

首先，恩格斯提出了两条原则的指示。

第一，重申马克思提出的原则，指出共产党人不应"以自己的干预"来促使本来必然灭亡的小农土地所有制加速灭亡，也不应许诺小农保持个体经济。并进一步指出应该采取一些"旨在使小农在其必然灭亡的过程中

---

① 《马克思恩格斯选集》第2卷，北京：人民出版社，1972年5月，第634～635页。
② 《马克思恩格斯全集》第36卷，北京：人民出版社，1974年10月，第416页。
③ 《马克思恩格斯全集》第36卷，北京：人民出版社，1974年10月，第416页。

少受折磨的措施"①，以便比较容易地向新的生产方式过渡。

第二，这条新的道路便是：在无产阶级掌握政权以前，团结农民参加反对资本主义的斗争，在无产阶级掌握政权以后，不是用暴力剥夺小农而是"通过示范和为此提供社会帮助"，"把他们的私人生产和私人占有变为合作社的生产和占有"②。

其次，恩格斯设想了合作经济组织的各种形式。

对于小农，合作社将"把各小块土地结合起来并且在全部结合起来的土地上进行大规模经营"。按照丹麦社会党人的合作社做法，这种合作社虽实行共同经营，但还应"按入股土地、预付资金和所出劳动力的比例分配收入"，③ 而不应实行完全的社会主义按劳分配。

对于中农和大农，由于他们一方面使用雇佣劳动，另一方面也同资本主义有矛盾。因此，合作社将"建议把各个农户联合为合作社，以便在这种合作社内愈来愈多地消除对雇佣劳动的剥削，并把这些合作社逐渐变成全国大生产合作社的拥有同等权利和义务的组成部分"④。

对于资本主义的大农场，无产阶级一旦掌握政权，就应该实行剥夺，然后，"在社会监督下，转交给现在就已耕种着这些土地并将组织成合作社的农业工人使用"⑤。

经恩格斯最后制定的合作制理论提出了从小农经济向社会化大农业发展的新的道路——社会主义合作经济的道路，阐述了合作经济的基本原则和不同形式，这就形成了在当时来说较为完整的合作理论。从这一理论来看，未来的社会主义社会将会有一个以国营经济为主导的，以合作社为中间环节的联系多种经济成分的过渡阶段，而不会一下子建立单一的社会主义公有制。合作制理论可以说是对《哥达纲领批判》中提出来的"过渡时期"的论断的补充，解决了过渡时期的经济形式问题。

① 恩格斯：《给〈前进报〉编辑部的信》，载《马克思恩格斯选集》第 4 卷，北京：人民出版社，1972 年 5 月，第 293 页。

② 恩格斯：《法德农民问题》，载《马克思恩格斯选集》第 4 卷，北京：人民出版社，1972 年 5 月，第 310 页。

③ 恩格斯：《法德农民问题》，载《马克思恩格斯选集》第 4 卷，北京：人民出版社，1972 年 5 月，第 310 页。

④ 恩格斯：《法德农民问题》，载《马克思恩格斯选集》第 4 卷，北京：人民出版社，1972 年 5 月，第 314 页。

⑤ 恩格斯：《法德农民问题》，载《马克思恩格斯选集》第 4 卷，北京：人民出版社，1972 年 5 月，第 314～315 页。

这一理论"在当时来说"是较为完整的，这也就是说，就基本原则而论，马克思主义合作制理论已经基本形成，而合作制的具体特点和形式将会因社会条件不同而不同。这里必须提到的是，有两个在以后合作经济的实践中变得十分重要的问题，恩格斯还没有涉及。这就是：合作社与商品生产的关系问题；流通领域的合作问题。

　　恩格斯没有提到这两个问题是有道理的。

　　第一，恩格斯在这里分析的小农已经不是资产阶级革命前的小农，而是资产阶级革命后的小农；不是工业革命之前的小农，而是工业革命之后的小农；不是居于主导地位的小农，而是居于依附地位的小农。"资本主义生产形式发展"已经"割断了农业小生产的命脉"①。因此，这时的小农经济只是一种苟延残喘于已经繁盛起来的资本主义生产关系之旁的"过了时的生产方式的残余"②。这说明，占主导地位的资本主义生产方式已经发展到了可以由社会主义生产方式取而代之的程度了。因此，由这种小农经济向社会化大农业发展必定开始于由无产阶级掌握国家政权和在全社会范围内用统一的社会主义计划经济代替资本主义的商品经济。小农经济虽存在，并具有商品生产的倾向，但由于对社会主义经济处于依附地位，因此只能迅速受到改造。由于考虑到这样的社会条件，恩格斯自然不会将合作经济组织同商品生产相联系。

　　第二，既然小农经济在向社会主义社会过渡时完全处于被领导、被改造的地位，统一的计划经济体系已经将他们看作直接的社会生产的组成部分而无须再经过商品交换的中介，那么合作经济当然只有生产合作一种形式了。换句话说，合作社成员虽然还同其他社会成员具有生产资料占有程度上的区别和权利义务的差别，但已不再具有独立的商品生产者和生产经营者的地位，这样就不必将他们的合作建立在流通领域。

　　可见，马克思和恩格斯所制定的合作理论的基本原则是普遍的，这就是：无产阶级必须采取措施促使小农经济向新的生产方式过渡，把合作经济组织作为过渡时期的经济形式，以及决不允许用暴力剥夺农民，等等。但是，恩格斯所设想的合作社的具体特点和形式是由当时的社会条件决定的，有一定的特殊性，将随着这些社会条件的变化而变化。

---

①　恩格斯：《法德农民问题》，载《马克思恩格斯选集》第4卷，北京：人民出版社，1972年5月，第296页。

②　恩格斯：《法德农民问题》，载《马克思恩格斯选集》第4卷，北京：人民出版社，1972年5月，第399页。

综观马克思和恩格斯对合作经济理论的论述，我们可以归纳出以下几点。

科学社会主义理论的建立和对空想社会主义者的合作社的批判，使马克思和恩格斯认识到合作社不是一种独立的经济现象，而是一种过渡性的经济形式，这种经济形式主要是在从小农经济向资本主义发展过程中存在的，空想社会主义者想把合作社当作改造资本主义的手段是完全不可能的。

由于在小农还大量存在的国家里进行无产阶级革命的问题日渐突出，马克思和恩格斯开始注意到在资本主义消灭全部小农之前由无产阶级夺取政权、建立社会主义制度的可能性。这样，也就出现了无产阶级领导农民向社会主义过渡的问题。马克思为此制定了在不触动农民私有权的情况下，由无产阶级领导农民从个体经济向集体经济（即公有制）过渡的基本原则。

恩格斯把这些原则具体化为合作经济形式，提出了把合作社作为从小农经济向社会主义过渡的中间环节，并阐述了合作社的基本原则和设想了合作社的不同形式，这就制定了较为完整的合作制理论。合作制理论的制定使科学社会主义的理论更加臻于完善。

二

马克思和恩格斯是在资本主义较为发达、小农经济已处于依附地位的欧洲考虑合作制问题的，而列宁则是在资本主义还未发达、小农经济还占优势的国家——俄国考虑这个问题的。不同的历史条件，使合作制理论发展到新的阶段。

在十月革命前，列宁曾设想在资产阶级革命完成后，首先经过资本主义的发展造成"自由的资本主义农场经济"，使农民迅速分化，绝大多数农民脱离土地和生产资料而变为农业无产阶级，然后再由工业无产阶级联合农业无产阶级"战胜一切资产阶级"，建立合作经济组织。列宁是这样描述未来的合作社的："夺取大地主的土地，就会在大的地主庄园上办起协作农场，工人大伙一起种地，自由选举代理人来当管理人员，有各种机器来减轻劳动，轮班工作，每天最多工作八小时（甚至六小时）。那时候，就是还想照旧单独经营的小农，也不会为市场而经营，不会卖给别人，而是为工人协作社而经营，小农把粮食、肉、青菜供给工人协作社，而工人会把机器、耕畜、肥料、衣服和农民所需要的其他一切东西不要钱地给他们。"①

---

① 列宁：《给农村贫民》，载《列宁选集》第 1 卷，北京：人民出版社，1960 年 4 月，第 433 ~ 434 页。

这是列宁对合作社的第一个设想，基本上同恩格斯的设想相同，这就是：首先由资本主义在农村中的发展消灭绝大部分小农，造成农业无产阶级，使残余的小农经济在经济上完全处于从属地位，然后由无产阶级夺取政权，用合作社形式使残余的小农经济向社会主义过渡。由于资本主义的发展已经形成强大的社会化大生产，因此可以在这一过渡阶段中取消商品生产和直接组织小农的生产合作，等等。

　　列宁的设想是以资产阶级革命后资本主义经济的正常发展为前提的，然而革命的发展却出乎列宁的预料。由于特殊的历史条件，俄国无产阶级没有经过资本主义经济的充分发展过程就在政治上成为统治阶级。这也就是说，无产阶级是在还没有形成占优势地位的社会化大生产的小农国家夺取政权，并开始向社会主义过渡的。十月革命后，据列宁的分析，苏维埃政权面临5种经济成分并存的局面，这就是："（1）宗法式的，即在很大程度上是自然的农民经济；（2）小商品生产（这里包括大多数出卖粮食的农民）；（3）私人资本主义；（4）国家资本主义；（5）社会主义。"[1] 列宁认为，在这五种经济成分中，占优势的是小商品生产和小资产阶级自发势力。

　　十月革命胜利之初，由于严重的粮食饥荒和随后而来的国内战争，正常的经济生活并没有恢复，苏维埃政权的最急迫的经济任务是分配粮食和支援战争。形势迫使新生的苏维埃政府实行军事共产主义，实行"余粮征集制"，并且将十月革命前已具有全国性组织的消费合作社改造成为苏维埃政权的粮食分配机构。列宁由此提出了一些设想，他认为，严格的粮食分配将是在全国范围内组织"最严格的、无所不包的全民计算和监督"[2] 的开始，作为粮食分配机构的合作社将是实现这种全民计算和监督的强有力的手段。随着合作社组织的计算和监督从粮食开始扩展到一切其他必需品，合作社将从消费品的分配向生产领域发展。最后，全国的每一个乡村和工厂都会变成一个生产和消费公社，形成某种全民性的、"受无产阶级领导的合作社"[3]。

　　可以看得出来，列宁这时对合作社的设想仍然是恩格斯所讲的、他自

① 列宁：《论"左派"幼稚病和小资产阶级》，载《列宁选集》第3卷，北京：人民出版社，1960年4月，第541页。

② 列宁：《苏维埃政权的当前任务》，载《列宁选集》第3卷，北京：人民出版社，1960年4月，第508页。

③ 列宁：《苏维埃政权的当前任务》，载《列宁选集》第3卷，北京：人民出版社，1960年4月，第509页。

己在 1905 年曾描绘过的那种合作社。他仍然试图依靠中心城市的无产阶级和俄国有限的现代工业和组织力量组织整个经济生活，通过合作社来领导农民，实行直接的社会生产，取消商品交换，等等。虽然他在 1918 年初也讲过用国家资本主义的方法改造农业，但由于忽视了"对国家资本主义有根本意义的贸易自由"①，因此并没有能够实行。

从十月革命胜利之初到 1921 年实行新经济政策这一段时间里，苏维埃政权尽力去实现这个合作社计划，但并没有能够实现。从 1918 到 1919 年苏联城市居民粮食供应有半数以上是依靠"投机小贩"的自由贩运，只有不到半数是由苏维埃粮食机构通过这种合作社分配的。换句话说，大部分经商的农民逃避合作社的"计算和监督"。这种情况很快就变得严重起来，逐渐出现了无产阶级领导的城市国营经济和广大农村脱节的严重形势。一方面城市缺乏原料和粮食，另一方面对农产品投机倒把越来越猖獗，于是物价飞涨，货币贬值，整个经济生活陷于混乱。结果是不得不放弃这个合作社计划，改行新经济政策和允许农民自由贸易。

列宁后来把这种做法称为是企图"直接用无产阶级国家的法令，在一个小农国家里按共产主义原则来调整国家的生产和产品分配"②。事实证明，在小农经济占优势的俄国，根本不可能建立取消商品交换的、通过大工业直接组织农民生产的合作经济组织。列宁指出："假定……假定在千百万小农旁边，没有电线密布的大机器工业——这种工业按其技术能力和有组织的'上层建筑'以及随之产生的现象来说，是能够比从前更迅速更便宜地用更大量的优良产品供给小农的，——那末③商业就是千百万小农与大工业之间唯一可能的经济联系。"④ 在列宁生前最后的几年的一系列著作中，我们到处都能见到对商品生产的作用的不断强调。列宁认为，正是在实行新经济政策、重新恢复和发展商品生产的过程中，产生了合作化的重要意义。这样，就形成了列宁最后一个合作社计划。这是列宁经过几年社会主义建设的亲身实践，反复思考后形成的合作社计划，其意义极为重大。

---

① 列宁：《俄国革命五周年和世界革命的前途》，载《列宁选集》第 4 卷，北京：人民出版社，1960 年 4 月，第 660 页。

② 列宁：《十月革命四周年》，载《列宁选集》第 4 卷，北京：人民出版社，1960 年 4 月，第 571 页。

③ 即"那么"。——编者注

④ 列宁：《论黄金在目前和社会主义完全胜利后的作用》，载《列宁选集》第 4 卷，北京：人民出版社，1960 年 4 月，第 579 页。

列宁开始把合作社看作国家资本主义的一种形式。他认为改余粮征集制为粮食税政策的必然结果就是恢复自由贸易。在自由贸易的条件下，小农经济走向社会主义只能通过国家资本主义的"中间站"，而合作社就是这种国家资本主义的"中间站"的一种形式。从现象上说，合作社也同"私商"一样，从自由买卖的农民那里收购农产品，再将工业品销售给他们，合作社就是一种商业机构，具有商业组织的职能，为促进商品生产而存在，但由于合作社建立起了小农经济和社会主义工业的联系，便于将农民组织起来，实行国家的监督（即国家计划），以便向社会主义过渡，因此合作社又不同于私商，具有极大的优越性。

在列宁把合作社看作国家资本主义的一种形式的时候，这些合作社很大程度还掌握在私人手中，绝大多数是旧社会遗留下来的资本主义性质的商业合作组织。这种情况到了列宁写《论合作制》时就大有改变了。在这时期，苏维埃政权采取政治的（如派共产党员参加合作社）和经济的（如价格优惠等等）多种手段逐渐改造了这种旧式合作社。合作社仍是商业合作组织，但由于新经济政策以来工业得到了恢复，工业同农业的联系加强了，相当一部分合作社已经成为受工人阶级领导的、与社会主义经济相结合的合作社了。正是在这种情况下，列宁提出了对社会主义合作社经济的完整设想。

列宁首先明确指出，在俄国这样一个落后的农业国，由于无产阶级已经掌握了国家政权和全部生产资料所有权（主要指大生产资料，农业中即土地和少数大农场），无产阶级在资产阶级革命中与农民结成了联盟，在这种情况下，建立商业合作社，而且"仅仅通过"这种曾经被我们"鄙视为买卖机关"的商业合作社，无产阶级就具有了"建成完全的社会主义社会所必需的一切"。列宁强调说："实际上，在新经济政策时期，使俄国居民充分广泛而深入地合作化，这就是我们所需要的一切。"①

可以毫无疑问地说，在这里，列宁把合作社与商品生产相联系，因而使商品生产和社会主义经济第一次在商业合作这个环节上结合起来了，这样就把马克思和恩格斯的合作制理论推进了一大步，使之适应于俄国这种落后的农业国。这种合作社一方面和农民即小商品生产者相结合，是为适应商品生产而产生，以发展商品生产为目的的合作。农民参加这种合作可以减少流通费用，不受私商的剥削，更加顺利地发展商品生产。另一方面，

---

① 列宁：《论合作制》，载《列宁选集》第4卷，北京：人民出版社，1960年4月，第681～682页。

这种合作社又同社会主义国营经济相联系，受社会主义国家的监督，并把分散的小商品生产引向同社会主义大生产相联系的轨道。列宁指出："现在我们已经找到了私人利益、私人买卖的利益与国家对这种利益的检查监督相结合的尺度，找到了使私人利益服从共同利益的尺度，而这是过去许许多多社会主义者解决不了的难题。"①

列宁预计这种合作社将"在经济上把千百万小农联合起来，引起他们经营的兴趣，把他们联系起来，把他们引导到更高的阶段：在生产中用各种形式联系和联合起来"②。

为了说明这种合作经济组织的性质，列宁作了一个系统的理论说明。他认为合作企业没有起过独立的经济作用。从历史上来看，合作社可以分为三种类型：第一种是在资本主义条件下的合作企业，这是集体资本主义组织；第二种是在国家资本主义条件下的合作企业，既是私人企业又是集体企业；第三种是在苏联当时的"具体经济情况下"的合作企业，这是一种"把私人资本主义企业（但必须是建立在公有土地上的，必须是处在工人阶级的国家政权监督下的）同彻底社会主义形式的企业（无论生产资料或企业占用的土地以及整个企业都属于国家）联合起来"的"第三种企业"。③ 这种企业同私人资本主义企业是不同的，但本质上同社会主义企业一致，因为，"它占用的土地和使用的生产资料是属于国家即属于工人阶级的"。④ 这里应该注意，列宁虽然认为合作社本质上同社会主义企业相一致，但仍认为同"彻底社会主义形式的企业"相区别。这说明在社会主义条件下，合作企业也具有过渡性的特点，并不是完全社会主义性质的。这与我们曾经分析过的恩格斯的思想相一致：无产阶级国家必须掌握合作社的生产资料所有权，合作社则必须具有自己的特殊利益。

对合作经济的这个完整的认识让列宁对俄国革命及其前途的全部图景都清晰了起来，从而"根本改变了""对社会主义的整个看法"。⑤ 在与《论合作制》几乎同时写的《论我国革命》一文中，列宁批评了那种认为俄

---

① 列宁：《论合作制》，载《列宁选集》第 4 卷，北京：人民出版社，1960 年 4 月，第 682 页。

② 列宁：《十月革命四周年》，载《列宁选集》第 4 卷，北京：人民出版社，1960 年 4 月，第 572 页。

③ 列宁：《论合作制》，载《列宁选集》第 4 卷，北京：人民出版社，1960 年 4 月，第 685 ~ 686 页。

④ 列宁：《论合作制》，载《列宁选集》第 4 卷，北京：人民出版社，1960 年 4 月，第 686 页。

⑤ 列宁：《论合作制》，载《列宁选集》第 4 卷，北京：人民出版社，1960 年 4 月，第 687 页。

国还没有实现社会主义的客观经济前提，因而不应该实现无产阶级革命的论调。他认为，世界文明发展的总路线是不会改变的，但特殊的形势可以使工人运动同农民革命联合起来，争取用"与西欧其他一切国家不同的方法来创造发展文明的根本条件，……在工农政权和苏维埃制度的基础上追上别国的人民"①。我们可以这样来理解列宁的思想：由于特殊的历史条件，在某一个国家可以提前终止资本主义制度的发展，但资本主义所经历的文明发展阶段确是无法超越的，这个文明发展阶段就是商品生产的发展阶段。合作经济制度将商品生产同计划经济相结合，将私人买卖利益同国家的共同利益相结合，正是为在无产阶级专政和社会主义制度的前提条件下完成资本主义所应完成的商品生产发展阶段这一历史性任务提供了唯一可能的经济形式。因此，社会主义决不具有纯粹的和单一的经济形式，而将是一种在无产阶级政权和占主导地位的社会主义经济成分领导下的具有多层次的经济结构的社会，将经历长期的发展和完善的过程。

列宁的合作制理论可以归纳为以下几点。

——十月革命前，列宁设想在经过资本主义正常发展阶段之后再进行无产阶级革命，然后用合作社组织残余的小农经济向社会主义过渡。在合作社的具体形式上同恩格斯的设想基本相同，即取消商品生产，直接进行生产合作等等。

——十月革命将无产阶级推上历史舞台，在十月革命后的一段时间里，列宁希望通过"军事共产主义"直接导致社会主义的生产和分配。直到实行新经济政策，恢复了商品生产和"自由贸易"，列宁对合作社计划进行了重新考虑和重新设计。

——新经济政策的成功使列宁重新考虑在俄国这个小农经济占优势的国家里怎样通过合作经济向社会主义过渡的问题。他认为，在当时苏联的条件下，合作社只能首先是将大工业和小农经济以及小农经济之间在商业流通中联合起来的商业组织，是一种"买卖机关"。在生产发展的基础上，合作才能发展到生产上的联合。

列宁将合作经济组织和商品生产联系起来，并对这种合作社的社会主义性质进行了系统论证，并由此认为，在苏联这样一个小农占优势的国家里，无产阶级必须经过商品生产发展阶段才能建成社会主义，合作社就是

---

① 列宁：《论我国革命》，载《列宁选集》第 4 卷，北京：人民出版社，1960 年 4 月，第691 页。

在社会主义国营经济领导下发展商品生产的唯一可能的经济形式。

三

历史的发展常常是曲折的。列宁晚年总结历史经验而制定的合作制计划，由于他过早地去世而没有能够实现。

苏联自 1921 年实施新经济政策以后，农村经济活跃，各种合作组织蓬勃发展。直到 1929 年底开始的"全盘集体化"之前，正如列宁所设想的那样，合作经济在商业流动领域发展得很快。1922 年，苏联有各种农业合作社 22021 个，其中农业生产合作组织有 15440 个，农产品加工和销售协作社有 7573 个。到 1925 年底，苏联各类农业合作社发展到 54813 个，参加的农户有 858.9 万户，占总农户的 28%，其中农产品加工和销售的合作社、信用合作社发展到 26467 个，占各种合作组织的 48%，到 1929 年有 40% 的农户参加了供销合作社。

苏联实行新经济政策以后，农村的合作经济的发展有两种趋势。一种是，在那些原来经济比较发达的地区，特别是那些经济作物区，商业、流通方面的合作发展得最快，这里，几乎所有的农民都参加了供销合作社，而且很快形成了蔬菜、棉花、水果、牛奶、乳酪等等的专业供销合作社。这些供销社把农户按专业组织起来，和国家签订各种供销合同，极大地促进了农产品的商品化，促进了农业生产，也促进了工业特别是轻工业的发展。农业中商品性生产的发展也促进了生产分工的发展，农村出现了牛奶、蔬菜等等专业合作社，也出现了各种各样的生产环节联合的专项生产合作组织，如改良种子，改良土壤，联合使用农业机械，等等。在这些经济比较发达的地区，当时正在形成供销合作社→专业供销合作社→专业生产合作社的发展道路，逐渐形成社会化联合生产的合作经济形式。

另一种发展趋势是在各物产区和贫穷落后的地区，由于十月革命后农村经济构成发生了变化，以及实行单一的农业经营，这些地区的粮食和农产品的商品率反而降低了。据 1927 年统计，相当多的地区的粮食商品率只有战前的三分之一。这些地区发生了向自给半自给经济递转的状况，使供销合作无法迅速发展，更不用说各类专业供销和生产合作社了。这些地区的合作事业向另一个方向发展，就是一些缺少农具、马匹和资金的贫苦农民联合起来，组成农业劳动组合，实行农具、耕畜等主要生产资料公有化，共同劳动，按劳动日分配成果。原来的集体农庄正是从这种劳动组合发展起来的。

1926年苏联开始国家的工业化建设。工业发展，城市人口增加，经济作物区扩大，加上还要出口粮食以换取机器设备，这都需要粮食。但是，到了1927年，粮食生产虽然已恢复到战前最高水平，而收购到的商品粮食却比战前少了三分之一，粮食问题空前尖锐起来了。当时，认为商品粮减少的主要原因是农村原来生产商品粮食极多的地主大经济和富农大经济转为生产商品粮极少的小农经济和中农经济。因此，解决商品粮减少的出路，就在于从落后的分散的小农户转为有机器供应的、用科学成就武装起来的、能生产最大量商品粮食的联合的公共的大农庄，就在于从个体农民经济过渡到集体的公共经济，建立集体农庄是提高粮食生产商品率的最重要的方法。

1929年开始了农业集体化，不久又提出了全盘集体化的口号，整个农村开始整村整村地向集体农庄过渡。到1930年，全苏加入集体农庄的农户已超过50%。1932年，有61.5%的农户参加集体农庄，其耕种的土地占全国的77.7%。仅仅三年时间，苏联农业就基本上实现了集体化，以前存在于经济比较发达的地区的供销合作社、加工合作社、专业生产合作社等合作社都一律转化为集体农庄。

在20世纪20年代末和30年代初，苏联形成的集体农庄制度的基本特点如下。

第一，农具、耕畜等基本生产资料归集体所有，集中使用。当时认为这是社会主义公有制的基本特征。在初期，仅仅是将农民的简单生产工具合并在一起就认为是社会主义性质！在这个时期，也曾出现了集中得越多越好，越公越好的倾向，以致把农民的家禽家畜、住宅和宅旁园地也实行公有，有的地方还农民的炉子、茶壶也公有了。

第二，统一经验，集中劳动。苏联最早的合作组织是共耕地，它的特点是"在耕种土地和收获庄稼的时候，共同出劳动力，共同使用生产资料和工具"[1]，但生产资料还是私有的，生产的经营还是由各农

---

[1] 《关于社会主义的土地规划和向社会主义农业过渡措施条例》，1912年2月14日全俄中央执行委员会批准。参见中国农村发展研究中心资料室、中国农业科学院农业经济研究所编《农村发展战略问题论文选编》（3），1982年8月，第29页。

户作主的。在集体农庄里，则实行统一经营，农户家庭经营的职能就消失了，而且实行比共耕社更为集中的劳动，和工人一样上班、下班，集中派活，听从指挥。

第三，实行按劳动日分配的分配制度。农庄庄员参加集体经济，有的按计时，有的按计件，记下参加的劳动日，年终统算，按劳动日的多少计算和分配劳动果实，当时认为按劳动日分配就是按劳分配。

集体农庄这个模式虽然经过一些变革，但基本制度并没有改变，一直沿袭了下来。[1]

新中国成立以后，我国进行了伟大的土地改革运动，在农村消灭了封建生产关系。从此，"劳动者是他本人使用的劳动条件的自由私有者，农民是他所耕种的土地的私有者"。农民的个体小商品生产经济普遍建立了起来，出现了自给半自给经济向商品生产转化的趋势。据国家统计局统计，1954 年全国农副产品的商品率为 37.02%，当年粮食商品率为 30.02%。据中南地区 1953 年统计，农户从事商业活动的约占总农户的 12%～18%。从1950 年到 1953 年，农村参加供销社的社员由 2000 万人增加到 1.6 亿人，供销社自有资金增长 19.5 倍，零售商店发展到 13.2 万个，零售额和收购额增长 10 倍以上。在经济发展较早的地区，供销社的零售额占农村市场零售额的 80%，基本上占领了农村市场。这些现象表明，我国土改后的农村出现了向商品生产转化，出现了通过商业性的供销社合作逐步发展到生产合作的趋势。

土地改革以后，党中央和毛泽东就很重视农业合作化问题。1951 年党中央就专门作了《关于农业生产互助合作的决议（草案）》，要求全党重视加强这个工作，引导农民走互助合作的社会主义道路。开始设想的发展途径是：从简单的共同劳动的临时互助组，到在共同劳动的基础上实行有某些少量公共财产的常年互助组，到实行土地入股、统一经营而有较多公共财产的初级农业生产合作社，再到完全实行集体所有制的高级农业社，即从小私有制→半公有制→集体所有制来实现对农业的社会主义改造。估计到对几亿农民的社会主义改造是一件十分艰巨的任务，党中央提出了要坚持自愿互利、典型示范、国家帮助、逐步过渡的原则，准备用 15 年或更多一点的时间来实现农业合作化。合作化前期，这些政策都执行得比较好，

---

① 以上 11 个自然段的内容在《哲学研究》发表时被删减，现依据作者手稿增补。——编者注

运动发展也比较稳妥，但在 1955 年夏季以后，农业合作化的步骤突然加快，在全国掀起了农业合作化的高潮，农民整乡整县地加入农业合作社。仅仅一年多的时间，到 1956 年冬，全国已有 96.3% 的农民成了合作社的社员，其中高级社社员占 87.8%。相当多的农民没有参加过互助组，没有参加过初级社，就参加了高级社。《中国共产党中央委员会关于建国以来党的若干历史问题的决议》指出，对于 1955 年夏季以后的农业合作化"要求过急，工作过粗，改变过快，形式也过于简单划一，以致在长期间遗留了一些问题。"① 高级合作社中的问题还没有妥善解决，高级社还没有得到巩固，1958 年又在全国实行了人民公社化，企图实行更大规模的公有化，在更大的范围内实行统一经营，统一分配。结果出现了"共产风"，出现了瞎指挥风和强迫命令风，生产遭到了严重破坏。党中央和毛泽东及时发觉了这些问题。为了纠正这些"左"的错误，党中央召开了一系列会议，来解决公社化出现的许多问题。例如，划清社会主义和共产主义的界限，明确人民公社是社会主义集体经济的性质，批判了"一平二调"，指出在社会主义改造基本完成以后还要用商品生产和商品交换来团结农民，而不能剥夺农民。在第二次郑州会议上，毛泽东提出，要克服平均主义和过分集中的倾向，要从所有制、从解决人民公社管理体制来解决同农民的关系问题。人民公社还要实行等价交换、按劳分配的原则。② 后来毛泽东又在一个重要批示中指出，价值法则是一个伟大的学校，只有利用它，才有可能教会我们的几千万干部和几万万人民，才有可能建设我们的社会主义和共产主义，否则一切都不可能。③ 在毛泽东的亲自指导下，人民公社经过整顿，退到"三级所有，队为基础"，1962 年又明确以生产队为基本核算单位。人民公社退到以生产队为基本核算单位，还是高级社的模式，不过多了"三级所有"和"政社合一"。

我国 20 世纪 50 年代的农业合作化，从全局来看，"这的确是伟大的历史性胜利"，其历史作用是应该充分肯定的。亿万农民实行了生产资料的公有制，走上了社会主义道路。20 多年来农业生产力有了很大提高，进行了

---

① 中共中央文献研究室编《三中全会以来重要文献选编》（下），北京：人民出版社，1982
年 8 月，第 801 页。

② 毛泽东：《在郑州会议上的讲话》（节选），载《毛泽东文集》第 8 卷，北京：人民出版社，
1999 年 6 月，第 9~13 页。——编者注

③ 毛泽东：《关于人民公社化运动中的旧账一般要算等问题的批注》，载《建国以来毛泽东文
稿》第 8 册，北京：中央文献出版社，1993 年 1 月，第 172 页。——编者注

空前大规模的农田水利基本建设，科学种田和农业机械化都有了很大进展，积累了 1000 多亿元的公共财产；农业生产逐步发展，基本解决了 10 亿人口的吃饭问题；为社会主义工业化建设提供了资金和积累，还提供了大量工业原料和农副产品，满足了工业发展的需要。特别重要的是，8 亿农民取得了参加合作经济实践的经验，培养了一大批有经营管理能力的干部。所有这些，都为后来实行多种形式的联产承包责任制准备了物质和精神方面的条件。

但是，无论是高级合作社也好，"三级所有，队为基础"也好，都是集中经营、集中管理的体制。20 多年的实践表明，这种过于单一，过分集中管理的体制，不适应农业生产的特点，尤其不适应中国农业的特点。它限制了广大农民群众在生产中当家做主的权利，限制了亿万农民的生产积极性，助长了平均主义和瞎指挥，在很大程度上抵消了亿万干部和群众付出的难以估量的劳动，没有得到应有的经济效益。

这种集中管理的体制把合作经济组织依附于政治领导机构，用实施政治领导和搞政治运动的方法来搞农业，这样就脱离了合作经济最根本的原则：互助合作，平等互利。由于各种历史原因，这种领导常常成为家长式的，这就更加打击了社员当家做主的积极性。

这种集中管理的体制使农民的劳动者和经营者的身份相分离。劳动者对生产没有决策权，而决策者又远离现场，这使得农业生产的经营管理不能适合农业本身的特点。这个特点就是：农业生产对象是有生命的动植物，受自然环境的影响，瞬息多变，要求劳动者有高度的责任心和随机应变的决策权力。

这种集中管理的体制使劳动者对自己生产的产品没有分配权。分配上的平均主义，干多干少、干好干坏一个样，形成了吃"大锅饭"的分配制度。这样就从社会产品占有这一劳动者利益的最终体现上影响了农民的生产积极性。

这种集中管理的体制，使解放以来党和国家在农业上投入的巨大力量，以及亿万农民的艰苦劳动没有得到应有的效果，造成了农业生产的长期停滞徘徊。1978 年农业劳动生产率只比 1957 年提高 2.7%。粮食生产是增长的，但人口增长得亦快。1956 年全国人均粮食 614 斤，1976 年还是 614 斤；1956 年全国人均产棉花 4.6 斤，1978 年只有 4.4 斤；1956 年人均产油料 14.5 斤，而 1978 年下降到只有 8.8 斤，减少 39%。因此，到了 1978 年我国 9 亿多人口，有近 8 亿人口搞农业，搞饭吃，还得进口一部分粮、油、糖和棉花。1957 年全国粮食商品率是 23.57%，农副产品的综合商品率是 36.01%，1976 年全国粮食商品率为 17.16%，农副产品的综合商品率为 35.67%。商品率下降了，农村出现了向自然经济倒退的趋势。全国 "500 多万个生产队中，大概有 10% 至 20% 是办得好或比较好的"，"其余的，有的办得不很好，有的办得很不好"。[①] 1978 年全国有 29.6% 的生产队集体人均分配不足 50 元，其中人均不足 40 元的占 16.3%。人均分配不足 50 元的困难县有 377 个。年人均分配收入 50 元，每天只有 0.137 元，连 1 斤粮 1 斤柴的钱都不够。这样的集体经济体制已经到了非改不可的地步了。

四

要对原有的农村集体经济体制进行改革，这是 8 亿农民的愿望，也是全国人民的共同愿望。但是，真正对农业体制进行改革，是在中共十一届三中全会以后。三中全会重新确定了实事求是的马克思主义思想路线。全会对农业问题展开了讨论，并就加速农业发展问题制定了两个农业文件，提出了农业体制改革的原则。全会以后，党中央又制定执行了一系列政策，着重克服了过去指导思想上长期存在的 "左" 倾错误，恢复和扩大农村社队的自主权，恢复自留地、家庭副业、集体副业，开放集市贸易，调整农业经济内部结构，发展多种经营，并且提高了农副产品的收购价格。尤其重要的是党中央经过周密的调查研究，尊重群众的首创精神，在全国恢复、发展和普遍推行了各种形式的农业生产责任制。目前全国实行各种形式的联产承包责任制的生产队已占生产队总数的 98%，其中实行包产到户、包干到户责任制的已占绝大多数。实行联产承包责任制，受到 8 亿农民的普遍热烈的欢迎，极大地激励了广大群众的生产积极性，农业生产大幅度增长。从 1979 年到 1982 年，农业总产值增长 31%，平均每年递增 7%，大大超过了新中国成立以来历史上最好的第一个五年计划时期平均年递增 4.5% 的水平。粮、棉、油、糖、丝、茶、烟以及肉类都普遍增长，产量都创造历史最高纪录。农业生产的发展促进了农村各项社会主义事业的蓬勃发展。

实践已经证明，以包产到户为主要形式的联产承包责任制是符合生产力发展的要求的，是成功的，而且符合马克思主义合作理论的基本原则。中共中央 1983 年 1 月发出的《当前农村经济政策的若干问题》指出："党

---

① 杜润生：《联产承包制和农村合作经济的新发展》，《人民日报》1983 年 3 月 7 日第 2 版。

的十一届三中全会以来，我国农村发生了许多重大变化。其中，影响最深远的是，普遍实行了多种形式的农业生产责任制，而联产承包制又越来越成为主要形式。联产承包制采取了统一经营与分散经营相结合的原则，使集体优越性和个人积极性同时得到发挥。这一制度的进一步完善和发展，必将使农业社会主义合作化的具体道路更加符合我国的实际。这是在党的领导下我国农民的伟大创造，是马克思主义农业合作化理论在我国实践中的新发展。"[1]

联产承包责任制在哪些方面丰富发展了马克思主义的农业合作理论？其重要的实践和理论的意义是什么呢？

第一，联产承包责任制为我们找到了一条从实际出发，对原有弊病较多的集体经济体制进行改革，使之成为较为完善的合作经济的道路。

我们面临的任务是对已经建立了几十年的集体经济进行改造，难度比较大，我们既要继承 20 多年来农业合作制的积极成果，又要克服集中过多等的弊病；既要保持大局的稳定，不使生产力遭到破坏，又要实现生产关系的调整。联产承包责任制使我们找到了解决这个难题的出路。

联产承包责任制实行统一经营和分散经营相结合。原来生产队统一经营，生产资料管理集中，劳动力指挥集中，经营决策集中，收益分配集中，由此产生了种种毛病；现在，集体把土地、耕畜等生产资料通过合同承包给农户使用，生产劳动和部分经营管理职能由承包户分散执行，而凡是一家一户办不到办不好的事仍由集体统一经营，统一办理。原来只有生产队一个经营层次，现在有了集体经济和农民家庭两个经营层次。这样一来，将以往集体所有制的优越性和众多农民家庭的自主经营的自动性和灵活性有机地结合了起来，开始摆脱了以往体制过于集中的弊病。

联产承包责任制并不是合作经济的最完善的形式，它的意义在于找到了一条使农民在发展商品经济过程中走向真正的合作经济的道路。按照列宁最后形成的合作经济理论，合作经济应首先是个体经营的农民在商业环节上的联合，生产上的联合应是在商品生产造成发达的分工和高度社会化的过程中逐步实现的。在我国目前条件下，要实现列宁这个思想需要有一个过程。因为我国农村已经在集体所有制和集体经营的体制下发展了几十年，农民个体家庭没有完全独立经营的能力，集体已形成了相当规模的社会化的生产资料，整个农村经济的运转机制，生产的"交往"手段都已在

---

[1]　《当前农村经济政策的若干问题》（摘要），《人民日报》1983 年 4 月 10 日第 1 版。

集体经济这个层次上形成了，虽然集体经济过于集中，但马上要求改变经济运转机制使农民独立经营是不可能的。因此，以"统""分"结合为主要特征的联产承包制就起到了一种过渡性的作用。在这个过程中逐渐地改变经济机制和交往方式。这几年，我们在农村看到的联产承包责任制形式的发展变化过程就证明了这一点。那些一开始搞得比较成功的地区，往往是保持了集体经济相当一部分"统"的职能（如山东德州地区"几统一的大包干"就是这种情况）。在后来的发展过程中，"统"的职能的含义和形式逐步地发生变化，以往以行政方式为"统"的主要含义，后来由于贯彻了合同制，"统"具有了"服务"这个含义；以前隶属于行政领导机构的部分职能，后来逐步变成商业和经济的职能。

因此，联产承包责任制的实行，为我们指出了这样一条从集中管理的旧体制中摆脱出来的道路：首先，在过于集中的现行体制中分离出一个"分"的家庭经营层次，这时集体经济还保留部分原有的职能，还用行政方式进行"统一"，"统"与"分"的关系还带有行政因素；然后，逐渐改变"统"与"分"之间的关系，将部分"统"的因素变为服务环节、商业环节，形成专业化、社会化的农业生产和经营管理体系。

第二，联产承包责任制的实践，使我们重新认识了家庭经营形式在农业生产中的地位和作用，丰富和发展了关于社会化大生产和小生产关系的理论。

长期形成的传统观念认为，大生产比小生产优越，将大生产单纯理解为在一个劳动场所的人力和物力的大量集中，把社会化大生产和家庭经营对立起来，认为家庭经营是同现代化农业大生产不相容的。这种观念在18世纪欧洲产业革命后就逐渐形成，它在实践中的表现是把工厂化大生产方式推广到农业中去。英国是资本主义发展最早的国家，也是按工厂化的方式改造农业最早的国家。1831年英国从事农业的共有96.1万户，其中雇工农户有14.46万户，个体农户只有13.05万户，农业工人68.06万户。[①] 实践的发展表明，这种工厂化管理农业的经营形式并不适合农业生产的特点。

农业和工业不同。工业生产的条件比较稳定，是可以人工控制的。农业生产条件是土壤、阳光、气温、水、肥料等等，这些因素经常变动。农业要取得好的收成，劳动者就要随机应变，对这些变动的条件进行调节。

---

① 〔英〕克拉潘：《现代英国经济史》上卷第二分册，北京：商务印书馆，1964年8月，第152页。

这就要求劳动者同时也是经营决策者，有充分的主动权，使农业生产获得最好的条件。工业的对象是死的，而农业生产的对象是有生命的动植物，它受有机体生长发育的制约，有明显的季节性，形成有忙有闲的工作条件。这就要求农业劳动者忙时突击，抓紧黄金季节，不误农时，闲时安排其他生产，不适合工厂那种一起上班、一起下班，搞 8 小时工作制。工业生产在每个阶段都可以出产品、成品，农业的生产时间比劳动时间长，只有在生产周期结束，才有最终产品，这就要求劳动者对生产的全过程自始至终都关心。农业的这些生产特点，要求劳动者同经营者统一，要求分散劳动和小组织规模的经营形式，适宜于家庭经营。

联产承包责任制实行几年以来，向我们展示了一幅社会化大生产同家庭经营结合发展的图景。简单说就是这样：首先，在承包农户的生产发展中先出现兼业户和专业户，为达到真正"专"的目的，就必须将若干产、供、销环节独立出去，组织、联合为合作经济组织，为专业化生产服务。再进一步发展，农村直接从事农业生产的农户大量减少，每个农户的经营规模扩大，效益由此而提高。而这种经营规模的扩大反过来又提出发展协作和联合的进一步要求。合作经济组织壮大起来，并进而组成完整的合作经济服务系统，开始反过来从各方面对家庭经营加强指导。最后，每个经营农业生产的家庭事实上都成为整个社会生产链条上的一环，归入社会化大生产的协作或联合体中。

实行了联产承包责任制，我国农业立即出现了奇迹般的飞跃。这正是家庭经营这种形式适合农业生产特点的表现。仅仅三四年工夫，在农业生产大发展的同时，涌现了大批兼业户和专业户，商品率大幅度增长，各种经济联合体，各种为农业生产产前产后服务的植保公司、灌溉公司、农产品加工厂、运销公司等等像雨后春笋应运而生，多少年盼望的农业专业化、社会化正在变成现实。现在已经可以清楚地看到，在坚持土地等基本生产资料公有制的条件下，通过联产承包责任制，通过各种形式的社会化服务，农户的家庭经营可以容纳现代化、社会化的生产力，可以走出一条具有中国特色的社会主义农业现代化的道路来。

第三，实行联产承包责任制，使我国的农村合作经济的实践，继承、发展了列宁在《论合作制》中提出的优先发展流通领域的合作事业的思想。

如前所述，列宁的这一思想是在总结"战时共产主义"和"新经济政策"经验和教训的基础上逐渐形成的。列宁在《论合作制》中指出，"在我国，既然国家政权操在工人阶级手中，既然全部生产资料又属于这个国家政权，我们要解决的任务的确就只有居民的合作化了。……在实行新经济政策时，我们向做买卖的农民让了步，即向私人买卖的原则让了步；正是从这一点（这与人们的想法恰恰相反）产生了合作制的巨大意义"。① 在"战时共产主义"时期，在农村推广农村公社，在全国实行"共产主义的生产和分配"，结果把农民束缚得很死，挫伤了农民的生产积极性，严重阻碍了农业生产力的发展。1921 年废除余粮收集制，改行粮食税，容许农民把缴纳粮食税后的余粮拿到市场上自由出售。实行新经济政策，其目的就是要刺激、鼓励、调动农民的生产积极性，使整个经济活跃起来。因为："正常的社会主义产品交换，又是从带有小农在居民中占优势所造成的特点的社会主义，进到共产主义的一种过渡形式。"② 在粮食税以后，列宁逐步形成的思想要点是：优先发展农民在流通领域的合作，使广大农民与国家的大工业联系起来，促进商品生产的发展，促进社会分工和多种专业化生产的发展，然后再逐步实行在生产方面的合作，把整个合作经济事业的发展，建立在发展商品生产的基础上。列宁说："从个人利益上的关心，能够提高生产，我们无论如何首先要增加生产。批发商业在经济上把千百万小农联合起来，引起他们经营的兴趣，把他们联系起来，把他们引导到更高的阶段：在生产中用各种形式联系和联合起来。"③

正是在商品生产问题上，长期以来，我们受"左"的思想影响，划不清商品生产同资本主义的界限，限制和打击农村的商品生产，实际的结果是打击了生产，窒息了农村经济向前发展的活力，使农村向自然经济逆转，造成了极其严重的后果。国内外的实践都证明，社会主义的计划经济是不可能在自然经济的基础上巩固和发展的。社会要进步，从经济不发达的社会转变到经济发达的社会，商品生产的发展是一个必经的阶段。实践证明，它是不可跳跃的。在商品生产阶段，人们从事商品生产，从商品生产中获得自己的利益，为此，就要努力发展生产，提高产品的质量，降低成本，讲究经济效益，力求用最少的劳动，获得尽可能多和好的产品，使自己在竞争中处于优先的地位，同时他本身也在商品生产的实践中增长聪明才智。商品生产从来就不是一个独立存在的东西，它依附于不同的社会经济形态，受其制约并为其服务。它可以为资本主义服务，也可以为社会主义服务。

① 列宁：《论合作制》，载《列宁选集》第 4 卷，北京：人民出版社，1960 年 4 月，第 681 页。

② 列宁：《论粮食税》，载《列宁选集》第 4 卷，北京：人民出版社，1960 年 4 月，第 516 页。

③ 列宁：《十月革命四周年》，载《列宁选集》第 4 卷，北京：人民出版社，1960 年 4 月，第 572 页。

大规模的商品生产，促进社会分工，促进专业化、社会化的发展，使现有的生产力充分发挥作用，促进新的生产力的诞生和成长，从而为社会主义生产关系充实物质基础。

在原来集中经营时，农民自身只有极少量的家庭副业产品和自留地产品，通过市场同社会交换。实行联产承包责任制以后，农民有了经营自主权，获得了商品生产的独立地位。他是商品的生产者，也是商品的所有者，同时也有了交换的自主权。农民有了商品生产者的地位，使他们能够从事商品生产。一方面他要承担商品生产的风险，要付出辛勤的劳动；另一方面他也能得到商品生产的好处，使权、责、利在新的基础上结合起来。我们说，实行了家庭承包责任制，调动了农民的积极性，说到底，就是调动了农民商品生产的积极性。这是一个巨大的成功，也是对整个社会的一个巨大推动。8 亿农民有了商品生产的积极性，同已有的生产条件结合起来，大量的农副产品就会以令人难以置信的速度生产出来；同时也产生了新的生产力和新的经济形式。大量的兼业农户和专业户的产生，就是这方面的标志。

大量的农副产品生产出来，就要求有大规模的市场来容纳，通过交换实现商品的价值，使辛勤的劳动变为收入。这是我国流通领域面临的重大课题。几年来，各地都出现了农民卖难买难的问题，这是原有的流通体制与农村商品生产发展之间矛盾的表现。一方面，国家的商业体制，要从流通渠道、经营手段、服务方式等方面作根本性的改革，以适应变化了的农村形式；另一方面，1.7 亿农户也要按大规模商品生产的要求，通过各种各样的合作形式组织起来。这就实现了列宁当年在《论合作制》中提出的要优先发展农民在流通领域的合作事业，广泛组织各种各样的供销、运输、加工、仓储，以及信贷、信息等等的合作经济组织，开展产前、产后的服务，使 1.7 亿农户同国营经济联系起来，同社会化大生产联系起来，更加促进农村商品生产的发展，促进我国农村由自给半自给经济向较大规模的商品生产转化。

第四，实行联产承包责任制，发展商品生产，实现有中国特色的社会主义农业现代化的道路，也为我们党改造农民，引导农民走社会主义道路创造了经验。

改造农民是我们党提出的重大历史任务之一，因为"我们预见到小农必然灭亡"①，要引导农民走社会主义道路。至于如何改造农民，马克思主

---

① 恩格斯：《法德农民问题》，载《马克思恩格斯选集》第 4 卷，北京：人民出版社，1972 年 5 月，第 310 页。

义经典作家对此曾有过一系列论述，问题是要创造实现这些原则指示的具体形式。列宁说过："原来那种贫困不堪的农民经济如果不加改变，就谈不到如何巩固地建立社会主义社会。掌握国家政权的工人阶级，只有在事实上向农民表明了公共的、集体的、协作的、劳动组合的耕种制的优越性，只有用协作的、劳动组合的经济帮助了农民，才能真正向农民证明自己正确，才能真正可靠地把千百万农民群众吸引到自己方面来。因此，无论哪一种能够促进协作的、劳动组合的农业的措施，其意义都是难以估价的。"①

相当长期以来，人们把改造农民的历史任务，比较狭窄地理解为是对农民小私有制的改造，所以，把很大的力量放在实现社会主义集体所有制上，以为这就标志着对农民改造的基本完成。所谓自愿原则，也被理解为农民放弃小私有财产的自愿。我们的互助组——初级社——高级社的道路，实际上就是小私有——半公有——公有的改造道路。忽视对农民的改造要同发展生产，特别是同发展商品生产结合起来。所以直到党的十一届三中全会以前，虽然实行了农业社会主义改造，实行了公有制20多年，农业生产还是长期徘徊停滞，农副产品的商品率下降，不能适应整个国民经济发展的要求，农村基本上还处在自给半自给经济阶段。这当然不是我们对农业进行社会主义改造的本意，更不符合广大农民群众的愿望。

实行了联产承包责任制，农民有了自主权，有了积极性，生产发展了，不仅解决了温饱问题，而且有大量农副产品卖给国家，供应市场。商品生产发展起来，农民逐步富裕，除购买生活用品之外，还积累资金，购买生产资料，扩大再生产，使产品更多，农村有自给半自给经济向大规模的商品生产发展。商品生产的发展，推动社会进一步分工，推动专业化发展，专业户、专业组、专业村大量涌现。专业化的生产，必然要求社会化的服务，要求提供信息，要求解决加工问题，解决储藏运输、供销、资金信贷等等的问题。所以，商品生产的发展，一方面是专业化分工，因为专业化利于集中资金，发挥专长，提高生产率；另一方面又要求合作联合，通过各种合作联合的形式来提供社会化服务，解决家庭经营本身解决不了，解决不好的问题。有分工，有协作；有分散，有联合；专业化生产，社会化服务——这是我们农村社会主义经济的基本特征。专业化生产的发展，为社会化服务、社会化联合创造条件，而社会化联合、社会化服务又推动专

---

① 列宁：《在农业公社和农业劳动组合第一次代表大会上的演说》，载《列宁选集》第4卷，北京：人民出版社，1960年4月，第106页。

业化生产的发展，互为条件，互相依存，推动大规模商品生产一步步发展。我们的合作经济，我们的社会主义就是建立在这样一个发展商品生产的基础上，成为广大农民群众的需要。这样的合作化，这样的社会主义就变成了农民群众要求的社会主义，是农民群众需要的社会主义，是从经济运动需要产生的要求。这样的社会主义，同农民切身的利益息息相关，呼吸与共。这样的社会主义，农民同工人阶级一样是生活的主人，是合作社的主人。在这里，农民可以充分发挥劳动的积极性，可以充分发挥自己的聪明才智，最大限度地发展生产，对国家做出贡献，同时也改善自己的生活。农民富裕了，商品生产发展了，市场扩大了，就会创造出新的生产力来。社会化的生产力，就会产生社会化的所有制，就会把农民引导到一个新的境界。邓小平同志说："我们总的方向是发展集体经济。……可以肯定，只要生产发展了，农村的社会分工和商品经济发展了，低水平的集体化就会发展到高水平的集体化，集体经济不巩固的也会巩固起来。关键是发展生产力，要在这方面为集体化的进一步发展创造条件。"① 实行联产承包责任制，开创了一条帮助农民发展商品生产，改变小农经济的地位，摆脱贫困落后，不断富裕起来的社会主义道路。这当然是农民内心所要求的、衷心拥护的。联产承包制，在原来弊病较多的集体经济基础上，开创了一条农民十分乐意接受的、实现农村社会主义现代化的道路，其意义是难以估量的。

实行联产承包责任制，使我国农村发生了一系列根本性的变化，开创了历史的新局面，并由此引起了整个经济体制和上层建筑的一系列改革，引起了思想理论的大变化。实际表明，联产承包制绝不是仅仅解决农民温饱问题的权宜之计，而是在共产党的领导下，中国农民的伟大创造，是整个经济体制的一项具有深远意义的重要改革，并且正在由此走出一条具有中国特色的实现社会主义农业现代化的道路来。8 亿中国农民的这个伟大实践，从多方面丰富了马克思主义合作理论的宝库。

---

① 邓小平：《关于农村政策问题》，载《邓小平文选（1975～1982 年）》，北京：人民出版社，1983 年 7 月，第 275 页。

农村改革的若干基本经验[*]

党的十一届三中全会以来，农村发生了历史性的变化，农村改革取得了巨大的成就。长期使人们焦虑的农业生产蓬勃发展起来了，农村由自给半自给生产向大规模商品生产转化，农业经济开始向专业化、商品化、现代化转变。不少农村也从贫困落后的不得温饱的状况逐步向小康水平转化，大部分解决了温饱问题，1983 年，全国翻番县就有 138 个。但是，我们对农村的好形势，也不能估计得过于乐观。所谓"万元户"只是极少数，大部分农村群众还并不富裕，1984 年全国还有约 10% 的地区，温饱问题尚未完全解决好，四川省人均年收入在 120 元以下的县有 52 个，全国还有约 200 多个这样的县。整个农村现在的大体情况是 20% 比较富裕比较发达，70% 属中等水平，10% 的地区还贫穷落后。中国农村问题，还是个大问题，离真正彻底解决还远，任务还很艰巨。

但是，农村确实变了，确实变好了，我国农村这次改革意义重大，影响深远，举世瞩目。解放以来，我国农村经历了三次大的变革：一次是土改，一次是合作化，再就是这次实行的联产责任制。性质不同的土地改革，资本主义国家搞过，苏联也搞过，我国的合作化基本是照搬苏联的模式。这一次比前两次意义更重大。实行联产责任制，完全是从中国的实际情况出发，是在党的领导下，中国农民独创的，具有中国特色的社会主义的重要组成部分。

总结这次农村大变革的经验，不仅是继续发展农村大好形势的要求，也是城市改革的需要，同时对其他国家的农村改革也是会有影响的。认真

---

[*] 本文源自中国社会科学院哲学研究所培训班编印的《哲学现代化刊授讲义》（上册），1985 年 3 月印制，第 58 ~ 82 页，原稿写于 1984 年 12 月。该文收录于文集《当代中国农村与当代中国农民》（陆学艺著，北京：知识出版社，1991 年 7 月），并以《农村经济体制改革的若干基本经验及其对城市经济体制改革的意义》为题收录于《经济体制改革理论问题探讨》一书（段若非编，北京：北京工业学院出版社，1985 年 5 月）。——编者注

总结我国农村大变革的历史经验，是时代的要求，也是理论工作者一项义不容辞的任务。

一　农村原来的经济体制不适合生产力发展的要求，必须改革，不改革没有出路

我国农村，从中华人民共和国成立到十一届三中全会前的30年间，真正发展得比较好，比较快的是1949年到1956年。这7年是在土改以后，农民分得了土地，激发了生产积极性，解放了生产力，生产一年比一年好。这7年农业生产增长78.83%，每年递增8.66%。1952年以后，在各地推广互助组，试办初级合作社时，贯彻了自愿互利的原则，步子比较稳妥，农民是欢迎拥护的。但从1955年秋季以后，全国掀起了合作化高潮，农民整村整乡地加入高级合作社，多数农民没有经过互助组、初级社，就一步登天进入了高级社。但1956年，很多地方的合作社还只是搭架子，并没有实行集中劳动和集体统一分配，加上即使架子搭起了，农民一是有政治热情听党的话，二是劳动习惯还在，不了解集体化是怎么一回事。所以这一年农业生产虽然有所损失，如大牲畜新中国成立以后是逐年增加的，1956年第一年开始减少；但总的农业生产情况还是发展的，1956年农业生产总值比上年增长5%，低于前6年的平均递增率。1957年就不行了，列入国家统计的21种主要农产品有12种减产，大牲畜下降391万头。1957年农业形势不大好，反映了当时的生产关系不适合生产力的要求，反映了农民对农业合作化的意见，各地出现了农民"拉牛退社"的风潮。当时我们没有强调从生产力水平的实际出发，对合作社进行必要的调整，而是用"两条道路大辩论"、大批"单干风"的办法把农民的意见压了回去，这就酝酿了更大的错误。1958年主要是在利用政治积极性的基础上，用我们党的威信，用群众盼望改变面貌的迫切心情，人为地搞起了"大跃进"和人民公社，提出了所谓"一大二公"，使社队规模越来越大，公有化程度越来越高，刮起了"一平二调"，"共产风"，浮夸风，瞎指挥风，严重损害了群众利益，挫伤了农民群众的生产积极性，加上自然灾害，使生产遭到痛心的破坏，有些地区退到1949年的水平，出现了三年严重经济困难。

1961年党中央提出了"调整、巩固、充实、提高"的方针，在农村提出了"三级所有，队为基础"，划小基本核算单位，重新强调等价交换，按劳分配，实行生产责任制。以队为基础，小队为基本核算单位，这实际上

是退回到 1956 年高级社的体制、初级社的规模。调整时期我们在实践上改掉了许多"左"的做法，但在理论上、思想上并没有解决问题，所以到 1963 年、1964 年经济稍有好转，又发动了"四清"运动，把原来调整时期提出的正确政策批为"右倾"，批为"资本主义复辟"，并提出"重点是整走资本主义道路的当权派"一类的错误口号。十年动乱中，左倾错误达到登峰造极的地步，重新没收自留地，取消家庭副业，关闭集市贸易，以致发展到批判小商品生产，批判按劳分配，"割资本主义的尾巴"，甚至提出要用无产阶级专政的办法搞农业。

回顾这段历史可以看出，十一届三中全会以前，我国农村的一套经济体制基本上是照搬苏联的集体农庄模式，并且是在以"阶级斗争为纲""把无产阶级专政落实到基层"这些错误思想指导下逐步形成的，是在三年经济困难时期和在"文化大革命"这样一些特定历史条件下逐步形成的。久而久之，人们逐渐把"一大二公"，"三级所有，队为基础"，"集中劳动，统一经营管理"，"按工分分配"这一些农业合作经济的具体形式，看成就是社会主义的固定模式，谁要是稍一离开这些体制，就被认为离经叛道，遭到批判和打击。

但是，历史是无情的。在这套管理体制下，农业生产总是搞不好。十一届三中全会前，10 亿人口，8 亿农民搞饭吃，饭还不够吃，衣还不够穿，要靠进口粮食和棉花来弥补。有的地区农民一个劳动日，只有几分钱，不值一个扣子钱。有的农村姑娘，在地里干活，掉了一个有机玻璃扣子，就认为这一天不仅白干了，还亏了本。到 1978 年全国还有四分之一的农民不得温饱，有三分之一以上的农民欠着债。农业搞不好，工业原料就不够，粮食不够，布匹不够，副食不够，只好发各种各样的票证，限制居民的消费，城市也不满意。农业搞不上去，整个国民经济就上不去。

为把农业搞上去，30 多年来，我们想了种种办法。提出过全党办社，全党办农业，各行各业支援农业，提出了城市知识青年上山下乡、"整风整社"、"四清"运动、"农业学大寨"、"基本路线教育"等办法，派工作队、宣传队。可以说，所有能想到的办法都用过了，但都没有解决问题。原因就是我们没有找到问题的症结，没有对症下药。不同质的矛盾只能用不同的办法去解决。农业上不去的症结是合作化以后，我们这套经营管理体制不适合农业生产的特点，不适合农民的要求和愿望，生产关系不适合或不完全适合生产力发展的要求。长期实践证明，不调整生产关系，不改革农村集体经济的经营管理体制，农业就上不去。十一届三中全会拨乱反正，重新确立了马克思主义的正确思想路线，提出了要解放思想，实事求是的方针，提出了农业要进行改革的基本指导思想。十一届三中全会以后，在党中央的领导下，大胆冲破了"左"的思想束缚，改变不适合我国农业生产力发展的体制，全面推行联产承包责任制，发挥了 8 亿农民的巨大生产积极性。从根本上摆脱了束缚农业生产力发展的桎梏，使我国农业经济进入了一个突飞猛进的新阶段，短短 5 年，就使农村改变了面貌。

回顾这 5 年农村大发展的历史，根本的一条就是要解放思想，改革农村原有的那一套僵化的经营管理体制，调整改革生产关系，从而调动亿万农民的积极性，解放生产力，使社会主义的优越性充分显示出来。可以得出这样的结论，原来那一套僵化的经济体制必须改革，早改早主动，晚改就被动，不改就没有希望、就没有出路。这个经验同样适用于城市，适用于工业商业，现在城市经济中有很多弊病，严重束缚着生产力的发展。例如，物价问题、工资问题、住房问题、第三产业的数量和质量问题，这些问题都要从经济体制上进行改革才能有希望解决，才能有出路。

二　实行改革要因地制宜，实事求是，一切从实际出发，坚持分类指导的原则

邓小平同志在党的十二大的开幕词中指出："我们的现代化建设，必须从中国的实际出发。无论是革命还是建设，都要注意学习和借鉴外国经验。但是，照抄照搬别国经验、别国模式，从来不能得到成功。这方面我们有过不少教训。把马克思主义的普遍真理同我国的具体实际结合起来，走自己的道路，建设有中国特色的社会主义，这就是我们总结长期历史经验得出的基本结论。"[①] 在具有 8 亿农民群众的国家，怎么建设有中国特色的社会主义农村呢？农村在改革中怎么贯彻实事求是路线，做到一切从实际出发呢？总结 30 多年来农村工作的实践，有三点是必须经常明确的，一是我们是在一个经济文化相当贫困落后，小生产占绝对优势，商品经济很不发达的大国里搞社会主义，这同在资本主义生产关系已经成熟，商品生产普遍，经济文化发达的国家搞社会主义是不同的；二是在以农业生产为主的农村里搞社会主义，这同在工业生产领域，特别是在社会化的现代工业生产的领域里搞社会主义是不同的；三是我们是在一个人口众多，幅员广阔，东部和西

---

① 邓小平：《建设有中国特色的社会主义》，北京：人民出版社，1984 年 12 月，第 3 页。

部，沿海和内陆，经济文化发展很不平衡，差别很大的大国的农村里搞社会主义，这和经济文化发展水平比较一致的中小国家里搞社会主义也是不同的。第一个特点决定了我国在农村搞社会主义，不能照抄照搬经典，照搬外国的模式，而必须从中国农村的实际出发走自己的路。第二个特点决定了在中国农村搞社会主义要从农业生产本身固有的特点出发，不能照搬管理大工业生产的那套办法。第三个特点决定了我们在同一时期对不同发展水平的地区要采取不同的政策，要采取分类指导的原则，一个政策下去，要允许各地因地制宜地执行，要允许在大方向一致条件下的变通。

这里着重谈谈第三点。我国是一个在政治上、军事上高度统一的国家，但各地经济文化的发展很不平衡，先进和落后差距极大。就全国来说，东部长江三角洲，南部珠江三角洲以及几个大城市的郊区，农业生产水平已经相当高，商品经济也已很发达，可以同世界一些先进发达国家的农业区相媲美。但在我国的西北、西南部分地区，农业生产还相当落后，文化很低，特别在一些山区，至今还有不少乡村不通汽车，不通电，不通广播，处于自给半自给的自然经济状态，个别的至今还有刀耕火种的村落。有的同志提出我国内地也可以划分"三个世界"，这是种形象的提法，不无一点道理。其实我们国家的省也很大，几千万，上亿人口，几十万平方公里面积，同一个省区里，差别也很大。大致情况是，经济发达和经济很落后的都是少数，中间地区占大多数。我们在农村进行改革，制订政策，当然要考虑大多数地区、大多数群众的情况，要从这个实际出发，但也要考虑到少数经济发达地区和少数落后地区的情况。不仅制订政策的时候要考虑到不同的情况，政策下达之后，也要允许在执行上，在实施时间上也可以分别情况，允许变通。十一届三中全会以前，我们往往忽视这个基本国情，在合作化运动等过程中，要求过于集中统一，以致造成了很大失误。1980年中共中央75号文件对此作了科学的总结，文件指出："我国的农业集体化虽然经过一些曲折和发生过一些失误，但总的说来，成就是主要的。我们说的曲折和失误，主要是在指导农业集体化过程中，一则未能始终一贯地严格按照群众自愿互利原则办事，不少地方采用政治强制和行政手段多，示范和吸引的方法少；二则未能始终一贯地执行因地制宜，分类指导，循序渐进的正确方针，搞了一刀切、一锅煮的错误做法。"①

---

① 《关于进一步加强和完善农业生产责任制的几个问题》，载中共中央文献研究室编《三中全会以来重要文献选编》（上），北京：人民出版社，1982年8月，第543页。

这次农村改革，实行联产承包责任制，自始至终贯彻了实事求是，因地制宜，一切从实际出发，坚持分类指导的方针。1978年十一届三中全会关于加速农业发展的决定，就提出了要实行因地制宜，不搞一刀切的原则。1980年，中央召开了各省、市、自治区第一书记会议，专门讨论加强和改善农业生产责任制的问题。座谈会议纪要指出："我国地区辽阔，经济落后，发展又很不平衡，加上农业生产不同于工业生产，一般是手工操作为主，劳动力分散，生产周期较长，多方面受着自然条件的制约。这就要求生产关系必须适应不同地区的生产力水平，要求农业生产的管理有更大的适应性和更多的灵活性。在不同地区、不同社队，以至在同一个生产队，都应从实际需要和实际情况出发，允许有多种经营形式、多种劳动组织、多种计酬办法同时存在。……而不可拘泥于一种模式，搞一刀切。"①还明确指出："对于包产到户应当区别不同地区、不同社队采取不同方针。"② 包产到户，联产承包制的实行，正是在这个分类指导的方针下逐步实现的。联产承包制在全国实施的成功，也正表明了分类指导方针的完全正确。

十一届三中全会，各地的群众根据各自情况进行了各种不同形式的农村改革试验。包产到户、联产承包制最早是在比较贫困落后的农村率先试点，试点取得极大的成功，鼓舞了广大农民群众和干部。包产到户、包干到户的经验不胫而走，1980年、1981年已经普及原来比较贫困落后的地区，1981年、1982年向中等地区发展，1982年下半年开始连原来比较发达的地区都陆续实行。不过这次联产承包制的实行，不是通过自上而下的指令性的推广，而是通过群众自下而上逐步实现的。就全国来说，各地实行的联产承包制，在承包经营联产计酬等基本原则方面是一致的，但具体形式都各有不同。有的是家庭承包（这是大多数），有的是小组承包，有的是专业队承包，有的是完全由家庭经营，有的集体实行几个统一，有的仍由集体实行统一经营，有的实行"先交国家的，留足集体的，剩下都是自己的"（这是大多数），有的仍实行工分制，进行统一分配。所有这些，都是各地的干部和群众，在党的领导下，从各自的实际出发创造选择的适合本地区、

---

① 中共中央文献研究室编《三中全会以来重要文献选编》（上），北京：人民出版社，1982年8月，第545页。

② 中共中央文献研究室编《三中全会以来重要文献选编》（上），北京：人民出版社，1982年8月，第547页。

本队的情况的责任制形式，真正做到了有利于鼓励生产者最大限度地关心集体生产，有利于增加生产、增加商品、增加收入，从而受到了广大干部和群众的极大欢迎，极大地推动了农业生产的迅猛发展。三四年的工夫，全国广大农村就实现了联产承包责任制，这是一场伟大的变革，这是我们党实事求是思想路线的胜利，也证明了在我们这样大的国家里必须实行分类指导原则的正确。

我国目前正在进行经济体制的全面改革，实行城市改革，我们国家的城市也是各个不同的，城市里的工业，商业，交通运输业等等也都有各自不同的特点。农村改革实行分类指导原则取得成功的经验，也完全适用于城市经济改革。

三　改革要抓主要矛盾，把抓主要矛盾作为改革的突破口，实行联产承包制是农村改革成功的关键

如何解决农业问题，解决农民问题，解决农村问题，这是 20 世纪 50 年代初期就提出的问题。第一个五年计划一开始，就感到商品粮不足，工业原料不足，日子长期不好过。农业问题几乎是每年党和国家讨论的国民经济的头等大事。

十一届三中全会专门讨论了农业问题，起草了两个重要的农业文件，提出了发展农业生产力的 25 项政策和措施。政治上平反冤假错案，思想上着重克服长期存在的"左"的错误，经济上放宽政策，给社队自主权，实行各种形式的责任制，发还自留地，开放集市，准许家庭个体经营，允许长途贩运，提高农副产品价格，改变以粮为纲，调整产业结构，提倡多种经营，提倡推广科学种田，从而使农业面貌发生了历史性的变化，由原来的停滞不前变得欣欣向荣。

农村形势大好，是十一届三中全会以来党的一系列政策的综合结果，关键是实行了联产承包责任制。1983 年的中央一号文件指出："党的十一届三中全会以来，我国农村发生了很多重大变化。其中，影响最深远的是，普遍实行了多种形式的农业生产责任制，而联产承包制又越来越成为主要形式。联产承包制采取了统一经营与分散经营相结合的原则，使集体优越性和个人积极性同时得到发挥。这一制度的进一步完善和发展，必将使农业社会主义合作化的具体道路更加符合我国的实际。这是在党的领导下我国

农民的伟大创造，是马克思主义农业合作化理论在我国实践中的新发展。"①

为什么说实行联产承包制是农村改革成功的关键呢？大家知道，为了发展农业，我们国家花了很大力气，大规模兴修水利，进行农田基本建设，实行农业机械化，建立四级科技网，推广科学种田，推广优良品种，施用大量的化肥农药，努力使我国农业现代化。但是大量的农业现代化生产资料投入后，增产效果并不显著，长期处于停滞徘徊的状态。这是因为原来农村那套经济管理体制，僵化、死板，在生产上领导权过于集中，没有解决好群众参加管理的问题，农民主人翁的地位是虚的；在分配上多劳不能多得，大家挤在一起吃大锅饭，广大农民群众实际上处于无责无权无利的状态，严重地压抑了农民群众积极性的发挥。农民没有生产积极性，投入的现代化生产资料，就不能很好地发挥作用。

实行了联产承包制，使统一经营和分散经营结合起来，使集体的优越性同农民群众的积极性充分结合起来。解决了集体经济内部经营管理的问题，调整了国家与集体、国家与农民、集体与农民、农民与农民之间的关系，使国家、集体和个人之间责、权、利分明，使劳动者有责、有权、有利，改变了吃大锅饭的状况，从而完善了生产关系，充分调动了 8 亿农民的积极性，原有的现代化生产资料得到了充分利用，把社会主义公有制的优越性充分发挥出来，生产就突飞猛进了。实行联产承包责任制，抓住了改革集体经济管理体制这个主要矛盾，提纲挈领，把农村经济的全局搞活了。

这个主要矛盾的发现，这个关键一招的提出，不是从书本上来的，也不是从某人的头脑里想出来的，而是从群众中来，从实践中来的。十一届三中全会关于农业的决定，对于如何发展农业提出了 25 条政策措施，其中第三条指出："人民公社各级经济组织必须认真执行各尽所能、按劳分配的原则，多劳多得，少劳少得，男女同工同酬。加强定额管理，按照劳动的数量质量付给报酬，建立必要的奖惩制度，坚决纠正平均主义。可以按定额记工分，可以按时记工分加评议，也可以在生产队统一核算和分配的前提下，包工到作业组，联系产量，计量报酬，实行超产奖励。"② 文件指出了进行改革的原则和方向，但限于历史原因，这里并没有明确提出家庭联产承包责任制的问题。各地干部和群众对于原有集体经济制改革和各种形

---

① 《当前农村经济政策的若干问题》（摘要），《人民日报》1983 年 4 月 10 日第 1 版。
② 中共中央文献研究室编《三中全会以来重要文献选编》（上），北京：人民出版社，1982年 8 月，第 185 页。

式的探索、试点、实践，大大丰富和补充了文件的内容。特别是 1979 年安徽省肥西县、凤阳县关于包产到户和大包干的试点取得极大的成功，为家庭联产承包责任制在全国的发展开辟了道路。

1980 年 4 月在中央长期规划会议上，邓小平、姚依林同志在会议上提出，甘肃、内蒙古、云南、贵州等省及自治区每年要国家调给几亿斤粮食，包袱太重，不如索性实行包产到户。① 同年 9 月，中央召开第一书记座谈会，专门讨论农业生产责任制问题，会上发生了著名的阳关道与独木桥的争论。文件综合了两方面的意见，既肯定了集体经济是我国农业向现代化前进的不可动摇的基础，又指出了在那些贫穷落后远未解决温饱问题的地区和社队，可以包产到户也可以包干到户。从此，包产到户和包干到户就在各地发展起来。

1981 年秋党中央召开农村工作会议，起草了 1982 年一号文件，肯定了包产到户、包干到户和其他生产责任制一样，都是社会主义生产责任制的一种形式。就在这个会上，提出了联产承包责任制这个概念，作为各种联产计酬责任制的总称，以后逐渐得到社会的公认。1982 年一号文件发布之后，联产承包制在全国范围普遍发展，势不可挡，到 1982 年冬，全国基本上都实行了以包干到户为主要形式的家庭联产承包责任制。回顾这个过程，联产承包制这个解决农村问题的关键性措施，是在群众性实践中创造出来的，经过实践的比较、选择、洗练、补充，不断完善，一步步地被认识，终于脱颖而出，成为中国式的集体经济经营管理的一种基本形式。

城市的工业、商业、教育、科技等等体制怎么改，从哪里突破，也还是要抓住主要矛盾，找突破口，找到关键性措施。现在商业上提出了承包责任制，建筑业提出了百元产值工资含量等办法，正在试点。可以预见，只要依靠群众，勇于实践，允许各种试验，允许失败，允许不断改进，像农业上找到联产承包制一样，一定能够找到城市、工业、商业改革的关键性措施。

四 农村改革是一场革命，是生产关系的调整，
调整的结果是使所有权和经营权适当分离，
使社会主义关系更加完善

邓小平同志在 1984 年 11 月 20 日会见挪威首相维洛克时曾经指出："农

---

① 参见《杜润生自述：中国农村体制变革重大决策纪实》，北京：人民出版社，2005 年 8 月，第 115 页；另见《邓小平年谱（1975～1997）》（上），北京：中央文献出版社，2004 年 7 月，第 615～616 页。——编者注

村改革实际上是一场革命，其目的是解放生产力。……农村改革的成功，鼓励了我们，增加了人们对整个国民经济进行全面改革的信心。农村改革的成功，为全面改革创造了条件，也提出了新的要求。"① 相当长的一个时期以来，我们以为实现了生产资料所有制的改造，就意味着社会主义革命的基本完成，以后的任务就是如何在新的生产关系条件下发展生产力。其实，这是一个理论上的错误。生产关系是一个整体，要调整改革生产关系，所有制当然是一个重要问题，同时还要解决好人与人之间的关系，解决好分配问题，还要处理好生产、流通、分配、消费等各个环节中的一系列问题，生产力才能顺利发展。毛泽东同志在 1957 年就曾经指出："社会主义生产关系已经建立起来，它是和生产力的发展相适应的；但是，它又还很不完善，这些不完善的方面和生产力的发展又是相矛盾的。"② 有人把列宁早期曾经设想过的"整个社会将成为一个管理处，成为一个劳动平等、报酬平等的工厂"③ 当作现实，却并不研究列宁当时设想的背景和条件，不研究我们现实社会的具体情况，把理想当现实，用行政办法管理经济、制订计划，企图包揽一切，财政上统收统支，劳动是统一指挥，流通是统购统销，分配是平均主义，把千万个企业统死了，把群众的积极性管没了。我们的农业基本上就是按这种模式管理，名为集体经济，实际是官办农业，种什么？怎样种？由国家下达计划，由县和公社集中指挥，劳动集体化，大兵团作战；分配是先交国家后留集体，剩余多少按人头分配。我国农业生产力水平低，基本是靠天吃饭，自然条件千变万化，再加上农业基本上是自然经济，自给半自给的生产，结果就造成了生产瞎指挥，劳动"大呼隆"，分配平均主义，一大二公三平四穷，人越吃越懒，地越种越薄，家越混越穷。比较起来，哪里的锅越大，效果越差，哪里的百姓就越穷。

怎样才能既坚持社会主义公有制又解决不吃大锅饭的问题，我们作了种种探索。十一届三中全会以后，我们走群众路线，终于找到了联产承包责任制。这在理论和实践上都是大的突破。这个办法可以归纳很多条，但从理论上概括，根本的一条就是把生产资料所有权和管理经营权分开处理，统分结合，两层结构，解决了许多长期未能解决好的问题。广义的所有制

---

① 《中国改革的路子走对了 改革的步伐不会停顿》，《人民日报》1984 年 11 月 21 日第 1 版。

② 毛泽东：《关于正确处理人民内部矛盾的问题》（1957 年 2 月 27 日），载《毛泽东选集》第 5 卷，北京：人民出版社，1977 年 4 月，第 374 页。

③ 列宁：《国家与革命》，载《列宁选集》第 3 卷，北京：人民出版社，1960 年 4 月，第 258 页。

的含义包括占有权（所有权）、使用权和支配权，后两者就是经营管理权。历史经验表明，生产资料所有制和经营管理形式既有联系又有区别。生产资料的所有权和经营权既可以是统一的，如小商品生产者、经营地主、独资经营的资本家，他们既是所有者又是经营者；生产资料的所有权和经营权也可以是分离的。在封建社会，就有这种现象，土地归地主所有，佃农承租土地以后，对土地有使用权和支配权。例如，解放前的江南一带，土地分田面和田底，田底是所有权，归地主；田面是经营管理权，归佃农。田底可以出卖，田面也可以出卖。资本主义股份公司的出现，使资本主义所有权同经营管理权的分离具有了普遍性。马克思说过："股份公司的出现使实际执行职能的资本家转化为单纯的经理，即别人的资本的管理人，而资本的所有者则转化为单纯的所有者，即单纯的货币资本家。"① 这种分离是社会化大生产发展到一定阶段的结果。农业上实行联产承包制，从实践上解决了在社会主义条件下所有权和经营权的分离问题。实行联产承包制，主要生产资料的所有权没有变，还是社会主义集体所有制，这是合作化的积极成果，但通过承包，通过统一经营和分散经营相结合，把经营管理改为统一经营和小组经营或农户经营两个层次，除了部分生产力水平较高，集体经济比较雄厚的个别队还继续以统一经营为主外，大部分都转变为农户家庭经营为主。这样，就便于百万农民能够有机会参加经营管理，有了当家做主的权利和机会。而且由于相应改变了原来的统一分配形式，使经营者同经营效果直接挂钩，使农户有了经营利益，联产联利联心。这种使农民成为既是劳动者又是经营者的责任制，适合农业生产特点，适合我国目前农业生产力的水平，适合农民群众的愿望和要求。农业生产同工业不一样，农业生产的条件是各种因素的综合利用。土壤、阳光、气温、水、肥和生物有机体自己生长发育的规律，这些因素经常变动，农业要丰收，劳动者就要随机应变，对这些变动的条件进行调节，这就要求劳动者既是劳动者又是经营决策者，有随机应变的决定处置权，这样农业才能取得好的经营效果。在目前生产力水平较低的条件下，适宜于小规模的分散经营和农户经营。统一指挥，集中劳动，往往耽误农时，影响经营效果。

实行了联产承包制，把所有权和经营权分开处理，使农民既是集体经济的成员，同时又有了充分的经营决策权，这样就克服了原来集体经济的

---

① 马克思：《资本论》第3卷，载《马克思恩格斯全集》第25卷，北京：人民出版社，1972年9月，第493页。

诸多弊病,解决了一些长期没有解决的问题。第一,解决了劳动者参加管理的问题。农民参加合作社以后,在法律上成为合作社的主人,是集体企业的所有者。但是,在以往集中劳动统一管理的条件下,一般社员只是一个单纯的劳动者,很少有参与经营决策的机会。有的地方人多地少,农闲时,想参加劳动还要抓阄。实行了责任制,社员有了经营决策权,地位就变了。第二,解决了多劳多得,按劳分配的问题。"人民公社六十条"明文规定要实行按劳分配,多劳多得。但实际上评分标准难以确定,实际是平均主义。现在实行了联产计酬,用最终经营成果来实现报酬,使个人的利益和国家集体的利益结合起来。正如列宁在《论合作制》一文中所说:"找到了使私人利益、私人买卖的利益与国家对这种利益的检查监督相结合的尺度,找到了使私人利益服从共同利益的尺度,而这是过去许许多多社会主义者解决不了的难题。"① 第三,使每个承包者获得了独立的商品生产者的地位,直接和社会、市场发生联系,直接参加社会生产交换活动,使农民活跃起来,聪明起来。农民中现在已经涌现了成千上万个企业家,这种人将越来越多。农业实行联产承包,使所有权和经营权适当分离,这个经验对发展工业、商业和第三产业都有普遍意义,有直接的借鉴作用。现在城市中已经出现了国家所有集体经营或者集体所有个人承包经营、自负盈亏等多种形式,实践效果很好。

五　改革要注意调动主体劳动者的积极性

何谓主体劳动者?谁是主体劳动者?主体劳动者是指组成某一部门、行业、单位的主要劳动者,他们是这个部门、行业、单位的主要成分、主力军。例如,农村的主体劳动者是农民,工厂的主体劳动者是车间工人和科技人员,学校的主体劳动者是教员,医院的主体劳动者是医生和护士,科研、设计单位的主体劳动者是研究人员和设计人员。发展生产要依靠主体劳动者,进行改革也要依靠主体劳动者。多年来,由于各种原因,我们各条战线的主体劳动者的经济利益没有得到应有的照顾,他们的政治地位没有得到应有的重视,从而严重地挫伤了他们的积极性,这是我们的农业、工业、科研、教育等等不能较快发展的重要原因之一。在农村,农民的地位是最低的,特别是在大田里干活的农民地位最低。在生产队里,有办法

---

① 列宁:《论合作制》,载《列宁选集》第 4 卷,北京:人民出版社,1960 年 4 月,第 682 页。

的都走了，或是当干部，或是外出当合同工，或是搞副业，或是当车把式，开拖拉机，或是到社队企业，或是到菜园里。真正下地的寥寥无几。只剩下些妇女儿童、老太太，所谓3861尖兵部队，常常是队长领一帮妇女干活。我1979年在京郊调查，有一个生产大队，二百多户人家，近千人，有四百多劳动力，挣工分的有四百多，而真正下地干活的却只有一百多人。因为下地是最累、最苦、最没有油水的，还被人瞧不起。

农业是这样，其他行业也是这种状况。在工厂里，车间工人和科技人员是主体劳动者，但他们的待遇不如政工和后勤人员。在学校，主体劳动者是教员，办好一个学校，主要靠教员，实际上教员在学校的地位最低，不仅不如政工人员，不如后勤人员，在党校等干部学校里，教员的地位还不如学生，很多教员的经济状况不如学生。中央一再强调落实知识分子政策，实际上这些问题远没有解决。在原来集体经济那套管理体制下，虽然对大部分群众不利，对生产不利，但对有些人还是有好处的。大家都吃大锅饭，有的人手长，勺子大，可以多捞一些。要实行联产承包制，有些干部和少数人不同意，加上认识上的原因，所以开始改革时，阻力很大。但这次农村改革，党中央直接倾听广大群众的意见，直接依靠广大农民群众，依靠主体劳动者，考虑他们的利益，满足他们的要求。1980年的75号文件，1982年、1983年、1984年3个一号文件，都是直接为农民说话，支持农村主体劳动者包产到户的要求。十一届三中全会《关于加快农业发展若干问题的决定》明确指出："确定农业政策和农村经济政策的首要出发点，是充分发挥社会主义制度的优越性，充分发挥我国八亿农民的积极性。我们一定要在思想上加强对农民的社会主义教育的同时，在经济上充分关心他们的物质利益，在政治上切实保障他们的民主权利。离开一定的物质利益和政治权利，任何阶级的任何积极性是不可能自然产生的。我们的一切政策是否符合发展生产力的需要，就是要看这种政策能否调动劳动者的生产积极性。"[①] 把调动亿万农民的生产积极性作为一切政策的根本出发点，这是几十年的历史经验。实行了联产承包制，真正把亿万农民的生产积极性调动起来了，这种积极性同已有的农业生产资料一结合，就出现了农村空前未有的欣欣向荣的新局面。

---

① 《中共中央关于加快农业发展若干问题的决定》，载中共中央文献研究室编《三中全会以来重要文献选编》（上），北京：人民出版社，1982年8月，第183～184页。

实行联产承包制，之所以能把亿万农民群众的积极性调动起来，正是贯彻了在经济上充分关心主体劳动者的利益，在政治上切实保障主体劳动者的民主权利这两条原则。也就是我们通常所说的，一是使农民有了自主权，二是使农民得了实惠。过去我们经常提倡社员要有当家做主的思想，要以主人翁的态度对待集体经济，在法律上也承认社员都是人民公社的主人，干部是群众的公仆。事实上，在生产队里，社员并没有主人的地位。在经营管理上，许多事由上级决定，日常事务由队长决定。生产上一切听队长的，分配是统一分配，得了工分不知道工分值是多少；丰收了不一定能多得，多收了不一定能多吃。在生活上，男人赶个集，妇女走趟娘家都要请假批准。存在决定意识。社员没有主人翁的地位，怎么能有主人翁的态度呢？实行联产承包了，在承包地里，经营管理权归社员，种管收都由社员自己支配。不集中劳动了，社员农忙干活，农闲搞副业，也可以经商，成了独立的商品生产者，这无疑是一种解放。农民现在政治热情之高，对党对社会主义感情之深，是解放以来前所未有的。

实行联产承包制，"交够国家的，留足集体的，剩下的都是自己的"。明来明去不拐弯，免除了以前有的干部贪污挪用多吃多占等弊端，社员劳动得好，经营得好，就能多得。经济上确实翻身了，得了实惠。以前讲"藏粮于民"，只是空话，现在很多地区成了现实，家家有粮仓，户户有存款。山东省陵县52万农民，1978年人均集体分配43元，加上自留地等收入共72元，1983年人均纯收入510元，5年增长了6倍，每年递增48%。农村改革确实使主体劳动者得了自主权，得了实惠，受到广大群众的衷心拥护。所以，这个改革的根基很厚，势不可挡，而且将越来越好，这是个经验。

城市和工商企业的改革，应该也可以借鉴这个经验。改革要调动主体劳动者的积极性，他们是改革的主力，要直接依靠他们，要倾听他们的声音，改革要使这些人得到充分的自主权和实惠，要保证他们在政治上和经济上的权利。如果把工厂的工人和科技人员，把商店的采购和销售人员，把学校的教员，把医院的医生、护士等主体劳动者的积极性调动起来，各条战线的事业就会突飞猛进。当然，在改革过程中，也要倾听各条战线各个行业的政工和后勤辅助人员的意见，要照顾到他们的利益，使之同主体劳动者密切结合，真正把事业搞好。现在的问题是喧宾夺主，主次关系安排不当。

六　改革的目的是发展社会生产力，提高经济效益

实践是检验真理的唯一标准。改革是否对头和成功，衡量的标准只有一个，就是看生产力是否发展了、人民群众是否富裕了，发展生产力是改革的出发点和落脚点。社会主义的基本经济规律，就是用在高度技术基础上使社会主义生产不断增长和不断完善的办法，来保证最大限度地满足整个社会经常增长的物质和文化的需要。我们现在还是一个不发达的社会主义国家，所谓不发达，就是商品经济不发达，生产力水平低。这同我们的理想是个矛盾。社会生产不发达，社会主义制度的优越性就不容易显示出来，也不能从根本上消灭剥削。解决这个矛盾的唯一出路就是要尽快发展社会生产力。我们建立了人民政权，实现了生产资料所有制的改造，建立了社会主义公有制。但是由于种种原因，我们目前的经济体制比较僵化，30年来生产力发展不理想，所以要进行经济体制改革。

联产承包制所以能冲破层层阻力，最后在全国普及实现了，就是因为它对发展生产最有利，对农民最有利。农民说得很形象，"政策好不好，就看肚皮饱不饱"。包产到户前后被批判了25年，现在却成了责任制的主要形式。安徽省有许多干部群众，因为1961年搞包产到户，十年动乱被批判为走资派，"走资户"，几十万人受到株连，有的人甚至闹得家破人亡，但包产到户确实能增产，对国家有利，对群众有利。有人说它"成分不好，表现好"，所以虽有种种压力，但明里暗里一直有人支持。从1961年以后在安徽一些地方一直没间断过，一有困难就被请出来。这次包产到户最早在安徽实行不是偶然的，就是因为它确能促进生产力的发展。现在包产到户转化为包干到户、大包干，就因为这种形式更受群众的欢迎，对发展生产更有利。

不仅如此，联产承包责任制还有一个巨大的作用，就是使农民有了经营管理权，对产品有了支配权，成了相对独立的商品生产者。这就大大促进了农村的商品生产，推动整个农村由自给半自给的自然经济向较大规模的商品经济转化。1983年，全国农村的粮食商品率由1978年的20%提高到31%，农业产品的商品率由49%提高到55%；用货币支付的消费品占全部生活消费支出，从1978年的39.7%提高到58.8%，自给性消费由60.3%下降到41.2%，这是一个了不起的变化。联产承包制对发展商品生产有利，对发展生产力有利，所以它具有强大的生命力，能立于不败之地。包产到户开始是在比较发

达地区最先总结出来的。但这次却是从最贫穷落后的地区社队搞起来，与其背包袱，不如"包包"试试，这一包把人们的生产积极性调动起来了，把人们的智慧、知识、经验、技术转化为物质力量，推动了生产力的发展。这在兵法上叫作置之死地而后生，这也是一个经验。看来城市改革，工商业的改革，也可能是在落后亏损的地区厂店搞起，从薄弱环节突破，从而总结出发展生产力，发展有计划的商品经济的好办法好经验。

不过，农业改革，农业生产主要是劳动者和土地打交道，比较简单。城市的工业、商业是社会化的大生产，问题更复杂，涉及面较广，有些对本店本厂生产有利的事，对社会、对国家、对群众不一定有利，破坏资源的掠夺性生产，把亏损嫁给消费者的销售方法，这些都是要防止的。所以，我们这里讲改革的目的是对发展生产有利。这个有利，是指要对整个社会，对整个发展有计划的商品经济有利。

七　在改革中要加强和改善党的领导

社会主义社会能够自觉主动地调整变革那些不适合生产力发展的生产关系，调整变革上层建筑中某些不适应经济基础的环节和方面，这是社会主义制度和其他社会制度相区别的一个重要内容。我国农村经济体制改革的成功，是又一个明证。社会主义社会对生产力生产关系、经济基础和上层建筑的矛盾能够进行自我调整、自我完善，中国共产党的正确领导，起着决定性的作用。联产承包制是农民群众在实践中创造出来的，但是如果没有党中央的正确引导，没有党中央的及时识别，总结推广，因势利导，仅仅 4 年时间，就在全国推广是不可想象的。4 年时间，我们党领导了这场涉及 8 亿农民的生产关系的大变革，社会秩序不仅没有动荡，生产没有受到破坏，而且年年大幅度增产，这是我国历史上的一件大事，是我党历史上完成的一件伟大使命。这是必须很好总结的。这里结合着我国既将进行的全面经济体制改革的实践，谈几点看法。

第一，党中央在改革一开始提出的既要稳定局面，又要解决问题的指导方针完全正确。我们是社会主义国家，我们的改革是在自觉主动的条件下采取的。政治局面的稳定，生产的正常进行，这是改革的必要的前提。在改革中，即使遇到一些阻力，也要照顾大局的条件，耐心等待，待条件成熟了，再解决问题。仅 4 年时间，联产承包制在全国实行了，全局一直是稳定的。团结维护了、生产发展了，没有批判一个人，也没有撤一个干部，问题圆满地解决了，生产关系也调整了。

第二，领导蹲点，深入实际，先走一步，心中有数，非常重要。在8亿农民的农村进行生产关系的调整，这是一件大事，问题复杂，遇到各种阻力很多。但是，在改革一开始，中央领导同志就亲自和最早的试点取得密切联系，有的领导同志还亲自参加蹲点和调查，掌握第一手材料，问题了解得透彻，全局在握，胸有成竹，不被一些传统的谬论所迷惑，不为一些闲言碎语所左右，也不为一时一地的失误挫折而惊恐失措，领导决心不动摇，坚持改革到底，这是这次农村改革成功的一个重要因素。

第三，不断调查新情况，研究新问题，不断总结新经验，步步为营，稳扎稳打，小步前进，水到渠成，自然地解决问题。从运动一开始，党中央就动员指示有关部门的领导和负责同志到农村实际去调查研究，了解情况，以后调查研究队伍逐渐扩大，发展到科研人员、专家、教授和大学生，让他们参加调查研究，一方面是受教育，解放思想，一方面是调查新情况，研究新问题。从1980年开始，每年秋冬召开一次全国性的农村工作会议，广开言路，集思广益，每年有一些新进步、新提法，这对农民是安民告示，起稳定人心的作用（去年宣布承包土地15年不变，农民就说是吃了长效定心丸），也起了动员、鼓励、号召的作用。并且在理论上也有所创新，如联产承包、专业户、联合体等新概念的提出。1984年1号文件提出，今后"农村工作的重点是：……发展商品生产"。商品生产"是发展我国社会主义农村经济不可逾越的必然过程"。[①] 这些都在全国农村起了极好的作用。

第四，密切联系群众，倾听群众呼声，随时总结群众的实践经验，根据形势的发展，不断修正方案和工作部署，使之更切合实际。人民群众是历史的创造者，这是颠扑不破的真理。十一届三中全会提出要加快发展农业，要进行农村经济体制的改革，这些原则都定了。但怎么改，突破口选在哪里，从哪里改起，这些当时并未确定。实践的结果，群众首先在包产到户问题上突破。我们党及时做了调查，专门研究了包产到户责任制的问题，并且修改了原来的设想。有关领导曾经提出落后地区可以包产到户，中间地区实行联产到劳，发达地区搞专业承包。在实践中，群众对此作了批评，认为这是"切三刀"，多数群众都拥护大包干。领导再次做了调查，对原计划作了调整，凡是群众有要求的都实行了家庭联产承包制。

---

① 参见中共中央文献研究室编《十二大以来重要文献选编》（上），北京：中央文献出版社，2011年6月，第362～363页。——编者注

现在我们党开过了十二届三中全会，做出了关于经济体制改革的决定，这是农村改革的继续，这场改革是必然的。有了农村改革的经验和已经造就的物质基础，我们经济体制的全面改革一定会胜利成功，我们国家的前景是非常美好的。

关于农村第二步改革问题[*]

按：五月二十八日至六月七日，陆学艺一行四人，应商丘地委行署的邀请，考察了我区农村第二步改革的情况和问题。六月六日上午在商丘市政府会堂向我区各县（市）和地直机关干部作了关于农村第二步改革的重要报告。行署专员张志平同志主持会议并致词。

同志们！来到商丘一个星期了。这几天，张专员亲自主持会议，向我们介绍了情况，并且专门派了周秘书长、阎主任全程陪同我们考察了民权、永城、夏邑，另外也看了商丘县城，这些都使我们收获很大，对我们商丘地区有了初步了解。总的印象我觉得是很好的，商丘地区正处在一个昌盛发展的时期，工业农业、商品经济蒸蒸日上，可以说到了一个起飞的阶段。原来介绍说我们这里是历史上的老灾区，国务院的"五保户"，在北京不少同志心中是这个印象。商丘地区西部的民权和兰考相邻，都知道这个地方穷，有这个印象。但是这次来一看，全然不是这么回事。我调查过全国很多贫困、落后的地方，有山区，有平原地区，觉得商丘这几年的发展变化很大，同志们的工作取得了很大成绩。历史上这个地区贫困也是事实，但现在不同了，特别是十一届三中全会以来，工农业生产的发展速度、粮食的发展速度、乡镇企业发展的速度、递增速度都超过全国平均水平。从粮食、农业这一块来说，已经达到了全国平均水平，开始进入了一个中等发展阶段。而且我们这个地区林业特别好，不光是民权，在永城、夏邑这一路上，我觉得平原地区绿化得这么好，是全国少见的，所以你们是全国平

---

* 本文源自商丘行署打印稿。该文稿系陆学艺1987年6月6日在商丘地（市）直机关干部大会上所做报告的纪录稿，文中小标题为编者所加。本文涉及的相关地区农村经济社会数据源自作者调查获得的资料。——编者注

原绿化的先进地区，创造了第一流的经验。而且我接触的地直机关和三个县的干部群众，大家干劲十足，团结向上，对前途充满了信心。无论是发展农业、工业、乡镇企业，都有一个向上的、更上一层楼的劲头，这是更加可贵的。我感到，我们这个地方发展前途是美好的，可以说是前途无量。现在打下了一个好的基础，已经到达了经济腾飞的起跑线。过去由于各种原因，温饱问题没有解决，那么，现在已经达到全国中等水平了，有了这么好的基础，经济正在起飞阶段，所以发展前景是很好的。同时，经过我们调查，商丘潜力也很大，无论是农业资源、工业资源等条件都很好，所以远景是非常好的。

我看过历史材料，又到商丘县城看了一下，深深感到，商丘地区是中华民族文化的发源地之一，而且是最早的发源地之一。原来你们这个地方不是第三世界，是第一世界，并且是全国经济文化的中心地区。有据可查的商的后代、盘庚迁殷是不是从这里迁去的，据我所知，还有争论。但是微子封在这里是确信无疑的。宋国的天国、宋襄公的前辈是殷的后代，殷纣王的哥在这个地方，这是确凿的。宋襄公是春秋五霸之一，他能称霸说明那时这个地方经济文化一定是很发达的。孔子的祖先，还有伟大的思想家、文学家庄子都在你们这个地方，据说老子也在附近的亳县。咱们春秋战国时的思想家没有几个，"三大家"都在你们这里。一直到明代中叶、明清两代，这个地方还是很发达的。商丘县明清两代 500 年间就出了 91 个进士，进士比现在的局长还要高一点，一个县就出这么多人才，在当时来说，如果经济不发达、文化不发达、农业不发达是不可能的。有材料讲，商丘一个县城，在明代就出过四个尚书，等于现在的部长，还不是副部长，小小一个县城就出四个部长，而且是国防部部长、财政部部长，这是很了不起的事。所以我说你们这个地方不是第三世界，原来就是第一世界。商丘县在 1506 年建了大成殿，有这么好的建筑，设计那么好，不要说现在的商丘县，连你们地区要盖这样一个大成殿，这样的手艺可能都没有。它 500 年了，现在还不漏雨啊！我这次在民权考察了民权低温厂，一个厂房才盖了五个月就漏了。我看大成殿没有修过，琉璃瓦嘛！当时这个地方的农业一定是很好的。农业不好，工业不会好，文化不会好。现在商丘县还有很好的四合院嘛，在北京也是少见的，这说明当时这个地方的经济文化是相当发达的。据商丘县的同志给我讲，过去商丘县有不少外国银行，说明近几百年农业、商业是发达的，不然外国人不会到这里开银行。总的说，商丘这个地方在历史上是比较富庶的，是经济、文化发达的地区，是第一世界。

据我看，这地方社会经济衰落下来的历史不会超过 300 年，就是近二三百年的事，什么原因？要研究。为什么讲一三几几年黄河决口以后就不行了？不是这么回事。你们从第一世界变成第三世界了嘛，要研究一下原因，使我们尽快跨进先进行列，变成经济文化发达的地区。

过去为什么这个地方经济、文化发达？这几天了解到，之所以宋国在这个地方建都，历史上有一二千年的经济、文化发达时期，是因为历史上这个地方发展农业、商业的条件特别好，这里的土质好、水好、气候好、交通条件好。可以说是得天独厚、"得地独厚"，原来并不都是盐碱地，现在的盐碱地。据我在山东考察，商丘也比德州那里好得多。你们有这么多好酒，证明这地方有好水，没有好水就不可能有好酒，当然要加上传统的工艺技术啦。另外，这里的气候好，我看了你们的区位图，这里属温带季风气候，所以这里的小麦特别好，这里的牲畜、牛皮特别好，虽然价钱比别的地方高，外地也都愿意到你们这里来采购。为什么茴村这个交通很不发达的地方，能够成为全国第二大皮毛市场？这也不是没有原因的。所以你们得天独厚、"得地独厚"，有好条件，将来交通要道京九陇海线在这里交叉，几条大的公路在这里经过，沱河也要延长过来，商丘也有飞机场，将来海陆空都通起来，第二、第三产业再发展起来，我想这里未来的发展是很好的，可以说是前途无量。可以在你们这一代甚至下一代经过几十年不懈的努力，会把这个地方的第一世界地位恢复发展起来的，这是我这几天考察的印象。我觉得，这几年地委、行署，各县委、县政府的同志，我们商丘地区的干部群众，十一届三中全会以来，在党中央精神指导下努力工作创造的经验已经为我们今后的发展奠定了一个好基础，现在已经具备了经济振兴、经济起飞的条件。商丘地区在农村第一步改革中是走在前面的，这几年农业生产、乡镇企业的发展速度、递增的速度是超过全国水平的。农村第一步改革取得了很大的成功，现在要进入第二步改革。今天我给同志们讲一讲农村第二步改革和发展商品经济的问题。

一　农村第二步改革的目标、任务和关键

（一）关于农村第二步改革的几种看法

1978～1984 年，全国农村第一步改革取得了巨大的胜利，实现了预定的目标。这方面的成绩和经验，领导和文件都讲了很多，大家有目共睹，

也是举世瞩目。从 1985 年开始，全国农村进入了第二步改革。第二步改革总的任务和目标是什么？关键突破口在哪？这个问题，中央文件和领导讲话都还没有一个完整的、明确的观点，看法不太一致，不像农村第一步改革关键是责任制、大包干，这个已经明确了。但是第二步改革不是那么明确，现在有各种说法。我向同志们介绍一下。一方面把现在理论界和实际工作中的同志关于农村第二步改革的看法在这里给同志们介绍一下，同时也谈一谈我自己的一些看法。

第一，有的同志讲，农村第二步改革，就是要发展和完善农村的合作经济、完善双重经营。实行联产责任制以后，农村生产以家庭经济为主，很多事情一家一户办不了、办不好，因此，完善合作经济，搞好联合，搞好服务，是农村的当务之急。

第二，有的同志认为，农村下一步改革是进行产业结构的调整。为了促进农村的社会化、商品化、现代化发展，必须建立现代化农村产业结构。农村不仅要第一产业协调发展，也就是农、林、牧、副、渔全面发展，而且要重视发展第二产业、第三产业。因此，持这种观点的同志认为，农村第二步改革是要进行产业结构调整。

第三，有的同志认为，农村第二步改革的重点，应该是流通体制的改革。原来的流通体制是建立在自然经济、产品经济基础上的，同当前农村商品经济大发展的形势很不适应，要把按行政区划、行政干预、统一收购、统一供应的流通体制，改变为开放式、多渠道、少环节的流通体制，建立起城乡畅通、地区畅通、纵横交错的流通网络，以适应商品经济大发展的需要。持这种意见的同志认为，农村第二步改革主要是流通体制的改革，现在的买难卖难问题要彻底解决。

第四，有的同志认为，农村第二步改革，要侧重改革农产品的购销制度，逐步把 30 多年来扭曲的价格体系理顺，加速农村商品经济发展，进一步推动城市经济体制改革，使整个国民经济协调发展。

第五，有的同志认为，农村下一步改革，中心是改革人民公社"三级所有，队为基础"的模式。农村的第一步改革就已经解决了"三级所有，队为基础"的大锅饭问题，解决了集体与农民的关系问题。农村第二步改革的中心，是改革农村的经济体制，首先要改革农副产品的统派购问题，把农产品的价格理顺，解决好国家与农民的关系问题。持这种观点的同志认为：第一步改革是解决集体跟农民的关系，那么这一次改革要解决农产品的价格与购销制度，解决国家和农民的关系问题。

第六，有的同志认为，农村下一步改革，就是要建立新的市场调节机制，形成新的组织机构，发展有计划的商品经济。农村要按发展商品经济的要求，改革目前生产、交换、分配、消费等各个环节，使农村的各环节协调发展，自觉地按价值规律来制定计划，扩大市场调节，把价格理顺，使农民能够按社会需要进行生产，促进农村自然经济解体，使农村实现专业化、商品化、现代化。

第七，有的同志认为，农村下一步改革的重要内容是金融体制改革（指农村银行、信用社、金融体制制度），农村金融体制也要放开搞活，建立农村的资金市场，把农村资金充分利用起来，加速农村商品经济的发展。要扩大农村信用社的职权，充分发挥信用社在农村发展商品经济中的作用。

第八，有的同志认为，农村下一步改革的重点是进行小城镇建设。随着农业的发展，特别是农村第二、第三产业的发展，小城镇的地位越来越重要，要把小城镇建设成当地的政治、经济、文化、科技、交通的中心，使小城镇在农村现代化过程中发挥越来越大的作用。

第九，有的同志认为，农村第二步改革的重点，是进行县级综合体制的改革。认为实行了联产承包责任制以后，农村经济基础发生了变化，因此，上层建筑也要进行相应的改变，村、乡、县三级的政治、经济各种管理制度，要按照经济基础变化以后的情况进行改革。

第十，有一部分同志认为，农村下一步改革的突破口，是发展农村教育事业，进行智力投资；提高农村各级干部和农民群众的素质，这是农村发展商品经济的要求。

还有些其他的说法，就举这么十种。看来这十个方面的问题，可以说都反映了农村实现第一步改革以后，客观上需要改革的各种问题。农村要发展商品经济，这些问题就都提到日程上来了。这十个方面的改革，都是现在农村需要进行的工作。问题是下一步改革应以哪一项为主？关键是什么？现在说法不一。我认为，第二步改革同第一步改革一样，是若干种改革，是一种综合性改革，是一个系统工程。这几种改革都可以是这个系统改革里面的子工程（一个步子）。第二步改革的关键到底是什么？我想，只能通过实践来选择。现在可以根据发展情况进行科学分析，这不是根据某一位领导、某一位同志灵机一动来定的，主要靠群众来定，用实践来定，要有一个过程。大家回顾一下，我们农村的第一步改革，可以说是从十一届三中全会开始的。十一届三中全会的文件《中共中央关于加快农业发展若干问题的决定》是 1978 年 12 月原则通过的，这个《决定》中提出了发展农业的二十五条政策，就是要按劳分配，要评工记分，要恢复自留地，要开创集市贸易，要增加农业投资等等。现在看来，这二十五条和以上十条意见一样，都是第一步改革的内容，我们都实行了，而且效果都很好。但是这个二十五条以外的"两个不许"恰恰是第一次改革的关键。大家知道，在二十五条以外，这个文件上面还有两句话，就是："不许分田单干，不许包产到户"。到 1979 年十一届四中全会正式通过的时候，把"不许"改成"不要"。① 那么后来恰恰是这个"不许"的、"不要"的，农民选择了它，变成第一步改革的关键，势如破竹，势不可挡地实现了。这个选择并不影响十一届三中全会这个文件是一个伟大的文件。当时，全党对知识分子的认识，对包产到户的看法是不行的，这要有一个过程，要有个选择。所以我想，关于第二步改革，我们一面要进行，一面要筛选哪一个改革为主，是关键，是突破口。在座的领导同志们要总结群众经验，为改革找出关键的、突破性的东西。我知道，农村第一步改革是下面创造出来的，党中央及时地总结、发现和推广，而且是在那种情况下，说服了全党同志，克服了阻力，正确地决断了，取得了那样大的胜利。这证明真正的创造还是要从实践中来。我们要根据当地实际情况的研究，提出一些切实可行的方针政策，抓住关键性的一环，将来对我们本地区、本县或本省或整个的农村经济发展都是有好处的。

（二）农村第二步改革的总目标和总任务

这几年，我调查了一些地方，个人认为：农村第二步改革的总目标，应该是发展有计划的商品经济，要改变现在这种自给自足的自然经济。这个问题，1984 年的中央 1 号文件就明确提出来说：1984 年农村工作的重点，是"发展商品生产"。② 发展商品生产，当然不是一年两年的事情，我们今后相当一个时期，农村工作的重点就是发展有计划的商品经济，促进原来小而全、大而全、自给半自给的自然经济的解体。这是我们今后农村工作的重点，我认为一切工作都要围绕着这个目标去做。党的十二届三中全会关于经济体制改革的文件，把这个问题说清楚了。在 20 世纪 60～70 年代是不许提"商品经济"的，只许提"商品生产"，后来连"商品生产"都不

---

① 中共中央文献研究室编《三中全会以来重要文献选编》上，北京：人民出版社，1982 年 8 月，第 185 页。

② 《中共中央关于一九八四年农村工作的通知》，载中共中央文献研究室编《十二大以来重要文献选编》上，北京：人民出版社，1986 年 10 月第 1 版，第 424 页。

好提了。十二届三中全会讲改革的文件，把这个问题说清楚了。明确了社会主义经济就是在公有制条件下有计划的商品经济，这是马克思主义政治经济学的一个突破。现在东欧的一些国家，包括苏联，也在逐渐提商品经济了。资本主义阶段可以跳过去，但是发展商品经济这个阶段不能跳过去。过去搞自然经济、产品经济那一套不行了，事实证明不行。只有通过商品交换、商品流通、商品生产、商品经济这些办法，才可以促进社会生产力的发展。1984年的文件说："由自给半自给经济向较大规模商品生产转化，是发展我国社会主义农村经济不可逾越的必然过程。"① 商品经济这个阶段是不能逾越的，不能跳过的。这是讲总的目标、总的路子。

（三）农村第二步改革的关键

那么，农村第二步改革的关键是什么？怎样发展商品经济？

我个人的看法，农村下一步改革、发展商品经济的关键，或者叫突破口，是发展乡镇企业。农村抓住了这个，对于整个农村经济工作是一个推动。你们商丘地委、行署提的方针是"五要"："农业要稳上，工业要快上，乡镇企业要大上，流通要跟上，人口要下降。"我的想法跟地委提出的这个方针是一致的。为什么要这样提？因为有些地方已经通过乡镇企业的发展解决了农业问题，商品经济发展很快，跟总任务是一致的。下面讲几个原因：

第一，今后发展商品经济，就要分工分业，就要社会分工，就不能现在那样80%（你们商丘地区是90%，有的是90%以上）的人束缚在几亩地上，我们现在8亿人都在收益很低的土地上耕作，要使农民分化出来。现在农村里劳动力过剩，1977年还提过"人心向农，劳力归田"，认为农业搞不好是劳动力不够。那些年夏收夏种时绝对开不了这样的会，县委书记们都忙着下去催种催收，什么"颗粒还仓啊"，"快收快种啊"，一打场就是几个月。现在呢，不要我们发愁，我们一样在这里开会，麦子也都收回来了。

现在看来，我们的劳动力出路在哪儿？农村抽出个30%、50%，甚至60%的农民，农业照样还是这个产量。我们地区270万劳动力，剩余了1/3，80万~90万人。全国3.7亿的劳动力，至少剩余1.2亿，也是1/3。这些劳动力到哪儿去？干什么？由于历史的原因，我国城市经济体制容纳不了城市本身的劳动力，自己的待业青年都解决不了，更不要说农民进城了。农

---

① 《十二大以来重要文献选编》上，北京：人民出版社，1986年10月第1版，第424页。

村劳动力往哪去？国家拿不出钱来转移。最低标准要投资一万元才能吸纳一个劳动力。平均按一万块钱算，商丘地区 90 万人，需要 90 亿元，咱们建国 37 年了，到现在还没有投资 90 亿元呢！全国要投资 1.2 万亿元，才能把这些劳动力转移出去。这些资金哪儿来？我们现在的工业、商业，每年才投资 1000 亿元，照这个速度要多少年？所以，用其他国家的办法不行。中国农民的伟大就在这里，他们创造了一个自己办工业、自己集资、自己投资、自己学技术、自己找原料、自己找工作的乡镇企业（过去叫社队企业）。乡镇企业跟包产到户一样，是中国农民的伟大创造。这个外国没有，哪个国家是这样的？咱们这个地区"农转非"特别困难吧。我们的乡镇干部 90% 是"一头沉"，县直机关的干部家属都转不了，农民当然更转不了。但是，现在农民自我"农转非"，自己办企业转出来了，这是个创造！现在全国已经转出来的人 7600 万，已经接近全国的全民所有制工人数量。有些地区比如江苏、浙江已经超过了全民所有制工人数量，这些人出来就创造了大量的财富。1986 年，乡镇企业创造的财富已经超过了农业产值，在工业总产值里占 20%，有些省、市，乡镇企业的产值已经超过了大工业产值。比如江苏省原来工业很发达的，有南京、无锡、常州等大中型工业城市，但是它的乡镇企业产值已经超过城市工业产值。这次在农村工作会议上，他们讲江苏有"三个四"：工业总产值 400 亿元，乡镇企业总产值 400 亿元，农业总产值 400 亿元，总共 1200 亿元，不得了！江苏乡镇企业可以说在全国是数第一的。我是江苏无锡人，我那个县 100 万人口，去年乡镇企业产值 46 亿元，全县总产值 57 亿元，人均 5700 元收入，算起来已经够小康了，也合 1500 美元了。咱们的目标不是人均 800 美元吗？他们就靠乡镇企业农转非，70% ~80% 的农村劳动力都转移出去了，他们的乡镇也都建起来了，都是楼啦。我几个弟弟妹妹，他们没有上大学，更没有当研究生，都是高、初中毕业，现在都比我强，都住上楼啦！这是第一条理由，劳动力的转化，得靠乡镇企业，得农民自我"农转非"。

发展乡镇企业的第二条理由是要使农民尽快富裕起来，使农民也达到小康水平。人均收入达到 800 美元，算起来还有 13 年，现在全国人均不到 2 亩地，你们这地方 2 亩还不到啊，就算 2 亩地，产 2000 斤粮净收入不够 300 元钱，种经济作物，也不过 400 ~500 元钱。我到民权去调查，他们搞立体农业，农民收入有上千的，2000 元的，但是不能都这么搞。就是人均搞到 500 元钱，换成美元就 125 美元。你就在地里打转，无论如何富不起来，不搞乡镇企业，不搞副业，光搞农业仍然不行。人均 800 美元，就是要人均 3000 元收入，咱们还有 13 年，这个速度是达不到的。8 亿农民达不到，就是我们这些人收入 3000～4000 元也达不到人均 800 美元，因为这个比数小，2∶8 啊！那么全国人均 800 美元就要落空。搞了乡镇企业就可以了。它有两个好处：一是搞乡镇企业的农户富起来了，可以达到人均千元、2000 元；二是他们走了以后，把地转给、包给专门种植的农户，可以扩大耕地面积，实现机械化，收入也可以增加。我们一个人种 10 亩、20 亩、30 亩地不是不能种、不会种，而是我们没有这么多地。所以和第一个问题联系起来，部分农民必须转出去，这是理由之二。

第三，实现农业现代化。光靠毛驴、老牛拉车，不能叫作现代化。农业将来还是要多种经营，要实现机械化、水利化。我们 20 世纪 50～60 年代提出的问题和口号并不错，只是我们的方法不对，靠大锅饭，靠原来那一套绝对实现不了现代化。农业现代化有两个问题：一是土地要适当集中。将来要让大部分农民从土地上转移出来。二是农业要投资，要搞水利、技术、化肥、能源，要有现代化的生产资料，要进行农田基本建设。这些算一下，一亩地至少要投资 400～500 元，按 400 元算，全国要投资 6000 亿，现在我们投不起。这几年国家投资 20 亿～30 亿，40 亿～50 亿，达到 6000 亿得 100 多年，何况还是修修补补。光靠国家投资来搞现代化农业，国家搞不起，农民通过办乡镇企业，自己来搞。乡镇企业发展起来以后，利润有了，经济积累了，就买得起拖拉机、打得起机井、搞得起电气化。现在也有实现现代化的，投资就是通过乡镇企业积累解决的。

第四，要发展小城镇。咱们搞现代化，总不能都住在农村里。商丘现在 600 多万人，住在 4200 个行政村里，这样实现不了现代化。但是也不能都挤到北京去、住到郑州去，将来就是要把小城镇建设起来，把集镇、县城建设起来。这个建设需要投资，全国 9 万个乡镇都建起来，每个乡镇都住上 5000～10000 人，那么 5 亿人就可以到这些地方去住。现在城乡差别太大了，城市人口太多了，北京九点、十点钟就走不动了。上海更糟，光退休的老同志就有 100 万人，地盘小，早起打太极拳都伸不开手，你碰我，我碰你。但就这样你叫他走，他也还不走。现在叫"告老不还乡，解甲不归田"，城乡差别太大。如果把小集镇都改造得好好的，比如你们把芒山一带建设起来，环境优美，有山有水，比商丘好，到那里去过晚年怎么不好。但是现在不行，要电没电，要水没水，要钱没有钱，电视只能看"再见"，那他当然不愿意去。小城镇建设不能靠国家投资，只有靠乡镇企业。到苏南去看，他们乡镇企业阔气啦，比如无锡县 36 个乡镇现在就有 3000 万元利润，要盖什么不行？他们 36 个乡镇都建了高级宾馆、文化中心、交通中心、经济中心，人逐渐地住进去了。

第五，近期来看，农业的发展也要靠乡镇企业。我这次调查了几个村办企业。现在商丘地区村办企业不多，如果办起来，一个村有一个小企业存在，一年能有 3 万 ~ 5 万元利润，那么这个村党支部工作和村委会的工作、服务体系，包括养老院、学校都比较好办。有了经济基础，这样的地方活动就比较正常，社会风气比较好，农业也相对稳定，因为服务得起，水利维护得起，村民组也有威信。永城县芒山镇的夏庄村、民权县顺河乡的流通村就是例证。据我所知，凡是有企业的村，这里的村政权、服务体系、社会治安，包括鳏、寡、孤、独都有人管。如果这些地方一点企业也没有，集体经济就剩下"土地是公有的"这么一句话了，集体经济一点也没有，要办点什么事情都得去排队，就不好办了。现在有些村政权搞摊派，跟我们没有经济实体有关。另外，农业搞不起来，统不起来，想统没有力量，想服务，没有东西服务，开个会也开不起来。毛主席在世时讲，你唤鸡还要有把米哩，这些地方连把米也没有了。从两个文明建设讲，也得办乡镇企业、村办企业。

从以上几点讲，办乡镇企业是振兴农村经济的一条必由之路。这点中央文件上讲了，可以说是建设有中国特色的社会主义的重要内容。为什么说这条路是关键、是突破口？因为我看到许多地方发展乡镇企业这条路已经走通了，目标实现了。比如苏南、胶东烟台青岛地区，大城市周围凡是办了乡镇企业、乡镇企业发达的地方，都比较富裕，工业、农业都搞得好，社会治安、精神文明也好，人均收入上升，老百姓家里富裕起来。我们不是讲有几个模式吗？苏南模式、温州模式、阜阳模式。阜阳离我们比较近，跟你们这里差不多，他们已经走出来了，典型已经有了，我们可以去参观学习。夏邑的领导同志到常熟、沙州去参观，就在那里开县委常委会来研究解决这个问题，这个方法不错。他们走通了，我们同样也走得通！我们有的乡镇也走通了嘛！夏邑县李集的产值已经超过 1000 万元了嘛！大概一个乡镇的产值超过 1000 万元至 2000 万元，一个县有 3 ~ 5 亿元产值（我说是乡镇办、集体办的这一块），那么这个县就可以实现良性循环，就站住了。现在我们还处于起步阶段。如果说农村第一步改革是调动八亿农民积极性的话，那么农村第二步改革的重要任务就是要使剩余劳动力转移出去，使他们充分发挥作用。创造财富，使农村发展大规模的商品经济，发展乡镇企业是个关键。农村第二步改革的总任务是发展商品经济，关键是抓乡镇企业（特别是我们这个地区），抓住了这个，就能够带动其他各项事业的发展，推动农村各项工作。现在凡是乡镇企业比较发达的地方，各项工作都比较好，就是这个道理。这是我讲的第一个问题——农村第二步改革的任务和关键。

二 关于如何发展农村商品经济

（一）农业要稳上，工业要快上，乡镇企业要大上

第二个问题：关于如何发展农村商品经济。我到商丘来 8 天了，到几个县调查，看了些材料，总的感觉商丘有了经济振兴的好条件和基础。农业已经达到了全国平均水平，或平均水平以上，比如粮食超过了人均 800 斤，有的县都到人均 900 斤，已达到 2000 年全国的标准。棉花、大牲畜、油料都超过了全国平均水平，我们农业可以说已经进入了中等发达地区。要说我们穷、落后，我说就落后在工业上。我算了算，我们的工业、乡镇企业占全国平均水平的一半，全国是 3300 亿元，人均 330 元，而我们这里仅 15 亿元，人均不到 200 元。就集体工业讲，按乡村两级算，还不到 100 元，全国工业产值 11000 亿元，人均 1000 元，我们是 15 亿，人均只占全国人均水平的 1/4，乡镇企业占 1/2。大家知道，农业的财政、税务收入比较少，工业、乡镇企业的财政税收比较大，我们困难就在这儿，无工不富，要解决这个问题，下一步就是要抓工业。地区提出来"农业要稳上，工业要快上，乡镇企业要大上"的方针是完全正确的。下一步要抓工业，同时农业要稳上。农业这个基础不能掉下去，我们要在全国中上水平这个基础上往上上。抓工业有两条：一条就是张专员讲的，要争取上项目、争取些大工业到我们这里来办，有的地方说要"跑部钱进"，我们国家的体制是由上面分指标、上面分投资，钱都在部里，你不跑，钱不到你这里来，所以叫"跑部钱进"，这几年我们跑回来些项目。我们这几年背了一个"老灾区""五保户""吃救济"的包袱。据我推算，中央、省投到我们这里来的钱不多（名称还不好听，叫"救济款""照顾"），可是有些发达地区拿的钱比我们多得多，这很不公平。我在山东蹲了几年点，山东的情况是"省府大门朝东开"，意思是胶东那个地方比较好，投资基本上是投到了胶东，那边几千万几千万的投。据说山东省里面，处以上的干部大都是胶东的。投到鲁西南的叫"救济"。山东的棉花都在鲁西北、西南，可他的棉织厂偏偏建在青

岛、烟台，我说太不公平了。我们不要"救济"，你就给我应该给我的那个平均数。因为咱们交公粮是一致的，你给我平均数，我不要你救济，不要那些不好的名声，老是"照顾啊""救济啊""扶贫啊"。这是一方面，就是要争取上些大工业。但是办一个大企业、大工业要若干年，我们现在同样要两条腿走路。另一方面，就整个农村这一块来说，我们的乡镇、县，主要的力量还是要放在发展乡镇企业上，不可能每个县、每个乡都到部里去跑啊，而乡镇企业恰恰是我们自己可以办的。所以第二步的突破口和关键还是要发展乡镇企业。

（二）发展乡镇企业的八个问题

下面谈谈如何发展乡镇企业问题。发展乡镇企业有八个问题需要注意：

第一，关于乡镇企业的组织形式问题。现在乡镇企业有五种（也叫五级），即乡、村、组、联户、户。我们这个地区，应以联户办、户办为主，因为这种形式好管理、好调头。同时，也要有计划有重点地发展一些乡办、村办企业，有条件的，可办一些带头的厂，如民权的发酵站、芒山的陶瓷厂。有的厂靠户办和联户办是不行的，只有一定的经济实力，一定的规模才行，靠联户困难比较大，比如要办水泥厂等。最近我去芒山看他们要办陶瓷厂，民权的发酵站这类厂，没有一定的规模不行，而且将来要办一批大中型的乡镇企业没有一定规模更不行。这里，我给大家介绍一下全国的情况，无锡跟苏州是以乡、村办为主，山东的胶东，烟台青岛以村办为主，温州就是以家庭办为主，当然，现在也有联合的势头。搞工业与搞农业不一样，不说有一定的势头，可以采取各种形式的联合。

另外一种模式，是火车模式，以乡办、村办为龙头，带动户办、联户办，这个办法就是我们可以考虑的。我们现在是以户办、联户办为主，但是要办一批骨干厂，有些厂必须是集体办的要集体办，要办一些带头的厂，有了它能够带动千家万户。有条件的，要配备力量，集体出资金来办。刚才讲了，我们从整个的工作着想，从两个文明建设着想，要在全区 4000 多个村，有选择地每年办它个 10%～20% 的集体工业，扶助它办起来。一是使它能够带动千家万户，另外，使村里有些集体工业，要选择支部书记、村民委员会里办事公正的、有能力的人去办，不然投资就完了。这样有利于整个农业的发展，有利于社会福利、文化产业的发展。

将来的趋势是要发展一批规模比较大的厂，老是小打小闹不行，老是搞农闲干、农忙停不行。这个问题有关方面要研究，有计划地、有重点地、选择有条件的地方，办一些集体企业。这对我们整个的社会发展有好处。去年，河北省衡水地委提了一句话，很有道理："四个轮子一齐转，因地制宜抓重点，横向联合促发展。"地区也要开展横向联合，夏邑县跟苏南、苏北、山东等地进行联合，办起了一些厂，促进了发展，这个很好。我想，这句话是可以借鉴的。除了乡办、村办、户办、联户办这四个轮子以外，还有一种形式，我们也要有数，在一定的范围里要支持其发展，这就是五号文件里讲到的私人企业、股东企业、七八个人以上的企业。现在我们处于社会主义初级阶段，这种企业是可以存在的，它有利于我们农村经济的发展。所以我们在政策上要按照中央的精神，允许它存在。我做了些调查，无论农业、工业，特别是工业，发展小工业，要有一定的规模，搞副业也是这样，磨豆腐每户最少也得三个劳动力，光靠一家一户不行。可是，现在农村里出现的新情况恰恰相反，家庭越来越小，三代四代同堂的逐渐没了。经济的发展需要相当的规模，所以发展乡镇企业、发展工业，发展家庭工业农村工业就遇到了矛盾。解决这个矛盾只有两个出路：一个出路就是办联合体，一个就是雇工。

办联合体跟我们的责任制可不一样，这种联合体的形式1981年就出现了，但就是联不起来。联合体的发展趋势是多样性的，为什么呢？你要发展商品经济要有一定的规模，一个人干不了，要搞联合，但是一联合就遇上了问题，遇上我们合作化的老问题。一个是经营管理问题，谁是重点，谁说了算？有集体，有三个人就要有个"头"，这就产生了谁当头，谁说了算这类问题。另一个是分配问题，过去我们的生产队，反正有上面管着呢，一点弯都不能走，你要走，我就整你，这样维持着，最后还是没有维持下来，垮了，包产到户。联合体是完全自愿结合的，合得拢就在一起干，合不拢就散了。这里有两个原因，一个是管理问题，一个是分配问题。我调查的是小的，四个人在一起，一个人很能。三个人就要有个头，总有一个人说了算，大家也都听他的。但是，这样的联合体也为期不长，为什么？就是个分配问题。他这个人里里外外都是行的，这个人分得多，其他人就不干，所以只能平分，赚了一万元钱给他二千五。今年这样可以，明年再这样，他自己还可以接受，他老婆就不干了，说你怎么和他们一样！这样就散了，这是第一。第二种情况，散得更快，四个大能人在一起，那就要争领导权了。你也说了算，他也说了算，三头叫驴栓不到一块，也得散。全国联合体还维持了几十万，但这个，看样子还不是办法，因为遇到了我们合作化遇到的问题。

第二个出路是雇工。雇工有好多争论，就我调查的实际效果来说，雇工的效果还是比较好的（这是讲真话，给你们作个参考，怎么个决定法，你们自己定），因为他改变了关系。比如刚才讲的，这四个人都是行的，一人当家了，那三个人听他的，赔本也是他的，那三个人更好处了。改变了这种关系以后，一般逐步要好一点，效果都是不错的。因为我们中国毕竟跟资本主义国家雇工不一样（跟旧社会的雇工也不一样——春伟书记插话），就是说他们的工资福利都不一样。受雇者的工资不能低于他包产的收入，他种地的收入，如果低于种地的收入，他就回去种地了。因为这些人不是无产者，家里有责任田在那。所以现在中央的文件说，7个人以内的雇工还是叫个体企业。我们不否认7个人以上的，现在有雇几十的、几百的，全国个别企业有雇上千的，那么这个问题就大了。今年的五号文件，提到这个（我参加了这几年的中央农村工作会议，参加了讨论，文件起草我没参与），讲雇工在7个人以上的，叫私人企业。中央的总方针是允许存在，存利去弊，把它好的方面留下来，把弊端减少，加强规划，逐步引导。因为在现阶段来说，它还是必要的，那等于是资金、劳动力、技术、市场、信息这些生产要素的一种结合形式，我们允许它存在，它对发展商品经济还起一定作用。有这样的企业，我们要采取允许存在的、保护的政策。据调查，全国这样的企业有50万，50万个户主，大概四五百万被雇的工人。效益还是好的，每年至少要交几个亿元的税，这对财政还是有好处的。特别是现在我们还处于社会主义初级阶段，搞得纯而又纯是不可能的，所以要采取允许存在这么个政策。这是第一个问题。

第二，关于资金问题。办任何企业，包括办乡镇企业，一定要有本钱，没有相当的本钱，办不起企业来。这个钱，国家不给，国家没有投资。咱们现在全国乡镇企业3300亿元的产值，7500万人，国家没拿一分钱（当前虽不能说这么绝对，大部分或绝大部分都是农民自己筹集起来的）。去年文件上写"以工补农"，我说，实际上在开始的时候，是"以农补工"，用农业上的积累，拿去建厂嘛！我们这个地区，现在还处于这个阶段，主要是靠农民自己筹集资金。各地创造了很多办法，我们的乡镇企业就是靠自己想办法，自己集资。这里需要明确的是，发展乡镇企业，要国家投资，银行贷款是不行的。我们地区也想了很多办法，办了这么多企业。我主要介绍几种：第一种办法是农民自己集资，带资入厂。比如我办一个窑厂，你投资5000元就可带一个工人，有些乡办工业都这么干。我在山东陵县蹲点，陵县办一个纱厂，你投资3000元，可以带一个工人，交满3000元你就进来。乡镇企业也可这么办，这就叫个人入股，或者叫集资办厂，这都可以。第二个办法，就是要利用我们的信用社，利用农业银行。五号文件讲了，要把农村信用社搞活，把资金搞活，这是一大笔资金。所有资本主义经济发达国家的发展，没有不利用银行的。我们要想办法通过银行，通过信用社，把农民的钱存起来，把这笔钱投资到办乡镇企业上。据银行的行长说，我们现在全地区存款两亿多元，但是比例还是小的，看来还可以再大。农民现在怕"冒富"也好，怕麻烦也好，农民的沉淀资金，据我调查是很多的，家里存几千块钱，上万块钱，不存银行。这个要想办法，通过政策的宣传，通过增加储蓄点来解决这个问题。有了这笔钱，两亿元的投资就相当大了，当然不能完全投资在这方面，但是可以用，多用一点。要用好这笔闲散的钱，这是个普通的办法。第三个办法就是发股票。现在全国不少地方，如辽宁、广东已经用了，我不知道我们这里用了吗？过去认为股票是资本主义的，现在看来，社会主义也可发股票，发了股票那个地方也没变资本主义。发股票是个集中资金的好办法。我去年到广东三水县去调查，他们要办一个织布厂，投资 2000 万元，他们一百块钱一张，卖了二十万张，两千万，只用两个月就凑起来了。他们由县银行、县工商银行跟县政府给他担保。还有一种办法是用现有的好企业，有信誉的企业，赚钱的企业来发。例如像你们这里，民权酒厂发个 1000 万元，我看肯定有人买。他是有红利的，肯定能赚钱的企业。那么你可以拿这笔钱去办个厂，办国营的啊，集体的也可以。经济发达的国家，他们是一个钱当三个钱花，我们三个钱当一个钱花。所以，我们经济发展慢就是这个原因。我们要办一个厂，如果等到把什么资金都准备好，连流动资金都准备好了才能开工是不行的。我在荣毅仁家办的中学读过书，所以知道荣家的发家历史。荣毅仁的父亲是个学徒，没有钱的，他们就靠第一次世界大战十几年工夫发起来的。他们那时办厂，只有一个买地皮的钱就办起了一个纱厂，怎么办的呢？他们在上海、无锡或某一个地方买下个 30 亩、50 亩地，拿了地契就可以向银行抵押借款，30 万，抵 30 万贷款就可以跟建筑公司订合同，到我这里来建厂房，这不就有了吗？建厂房时，牌子就挂起来了，他们家的厂都叫"申新某厂"。这一挂上牌子，一注册，他马上就发股票，例如说 30 万元，他可以发 80 万元股票。因为有地皮啊，有房子啊，这 80 万元股票就发出去了，他的钱就进来了，他就拿这个钱到美国去买机器，这个厂就办起来了，这里就靠他买地皮的钱。我们现在地皮也要钱，咱是五个钱当一个钱花，人家一个钱当五个钱花，所以我们也得想点办法。发股票可以采取点办法。

另外，我再介绍一种办法，就是利用银行的资金，闲散资金。山东省诸城县（就是出四人帮那个地方），这个县受到了中央农村工作机构表扬。这个县这几年大气候总的政策都没有变，但县委、县政府进行了调查研究，采取了方法，发展乡镇企业，利用资金。他们有一种办法，使他们搞活了，这几年乡镇企业、出口企业发展得很快，把闲散资金利用起来（昨天给刘主任介绍了）。咱们的同志不太会做经济工作，咱这个钱（商丘—周口），国家投资了 80 万元，盖房子的钱 2 月就拨过来了，这个钱都在银行里存着呢，你一个月都不用，零零碎碎的买点砖、买点瓦在那里等着，建筑队八九月来了，你才开始造，这就有六个月的时间差。有的盖招待所、盖宾馆 30 万元，省里给了钱，钱来了，但是你要等材料、等建筑队，这个钱存在那儿，或者有些秋后投资要等到明夏来用，中间有十个月的时间。但我们过去有一条政策就是："打酱油的钱不能打醋""买盐的钱不能买油、买米"，所以这些钱都在那里死等着。给你造林的钱，你得造林，这样就把整个经济给捆死了。诸城县研究后采取了一个办法：它主要是发展养殖业，加工出口到日本，通过青岛港。他们知道了有办养殖业加工出口的钱以后，把银行行长叫来，请诸城县县委出面，叫外贸局长、银行给予担保。你比如三个月以后还不了的话，财政给你包。把这个钱提出来，借给专业户，专业户要生产肉鸡的话，买良种鸡加饲料，三个月就回笼过来了，这个钱就用活了。银行单位都得到利息了，专业户也得利了，外贸也有了东西了，财政上也有收入了，这是五方得利。他们总结了几句话，一个叫利用"时间差"，不是差那么几个月吗？咱们的钱不要几个月以后，民权葡萄酒厂一年周转几次嘛，不就几个月时间吗？一个叫"行业差"，你教育上的钱，回到我外贸上；你基建上的钱用到我酒厂的扩建上，你这个行业的钱那里用，这叫"行业差"。还有一个叫"地区差"，你这儿到临沂去借上三五百万元的，从这个公社借到那个公社，这个叫"地区差"。诸城县是个大县，县里利用将近 1 亿元资金。这个方法我们也可以用，关键是要县委出面做好协调，使得那边提出来的钱，不至于没了！我听说咱们这里专业户的信誉很好。如果集体的信誉不好，叫"敢借、敢花、敢不还"！这就不行了，所以要政府来担保，县委书记、县长、专员出来担保，这样就放心了。

还有一条，就是我们目前还处于创业阶段，处于农业向工业过渡阶段，处于原始积累阶段，叫作"养鸡"阶段，所以各方面，包括税务部门、工商部门，对乡镇企业要高抬贵手。不要企业赚了 10 万元，呼一下子把 5 万~6 万元拿走了！那这个鸡就飞不起来，明年就不下蛋了。咱们县委、县政府的楼晚点盖，汽车晚点买，把这个鸡养起来，要养到我们无锡那样，那别说买"豪华"车，买"超豪华"车，买"奔驰"都可以。乡政府的招待所都有空调，都有庭院，人家是 46 亿元嘛！现在我们是养鸡阶段，管理费要少一点，税也少要一点。去年夏邑这么一个县已经收 451 万元税，不得了啊！咱没有投资啊！咱给农民什么了？给乡镇企业投啥了？不要说少收 450 万元，哪怕一半，200 多万元，十几个企业就活起来了。茴村是全国第二大皮毛市场，就是没有资金，办不起贸易货栈来，办不起加工厂来。农业银行给点"时间差"的贷款，收上几个月的皮张就赚回来了。咱们得算大账，算上三年、五年的账，不要一年一年地算。三年、五年肯定比现在收的多，当然我们地区财政比较紧张了。苏南的利息三厘，没有尽量花开就解决了，南方人事办事灵活得多（志平专员插话：咱们这儿一直讲要养鸡下蛋，下蛋孵鸡，良性循环，越多越好，可是有的地方弄两个鸡蛋光想炒着吃。我们准备派工作组查几个乡，有的乡盖的楼相当高级，有的买小汽车，有的买上海车，这非查不行。钱从哪里来的？乡镇企业的提款，税后利润只能提 20%，钱从哪里来的？拿企业的钱，要退回去。现在刚有两个钱就烧得不得了了，盖大楼，买汽车）。这是说我们要千方百计地积累资金，办企业没钱，明摆着可以办的事情办不了。一个乡有一两千万元产值、百把万元的利润，一个县有四五亿元产值、两三千万元的利润，这样工业转起来可以良性循环了。现在还不行，现在有个风吹草动就不行了。目前还是脆弱的。这是第二。

第三，关于技术、人才问题。发展乡镇企业，发展工业要有技术，要有人才。我们这儿有好水、好地，好气候，有丰富的农业资源，有好的小麦，好水好酒，将来大量的桐木，好的皮毛、皮革，还有煤，都是工业生产的好原料。光有好原料还不行，还要有技术，有技术，对原料进行加工才能变成好的产品。你加工不出来，就不能变成产品，也不能变成财富。即便变成产品了，也卖不出好价钱。牛皮皮革加工不好，只能卖一半的价钱，国内国外都是这样，加工好的卖到国外产值要增加好几倍，你们这里的钱被发达地区赚去了。就我们国家来说，被发达国家赚去了。咱们现在还处于第三世界，叫"殖民地经济"。现在关键的问题就是技术，有了技术，你的原料就可以变产品；有了技术，比如葡萄，就能卖好价钱，一两斤葡萄能变七、八块钱。（志平专员插话：比如木材，咱这个地区是桐木多，卖原木是 380 元一方，高点的 400 元。最近咱们从成武请来几个老师傅，在民权办个木材加工厂，商丘县办个木材加工厂，第一道简单的工序变成拼板，两方可以搞一方，甲级卖到 1900 多元，最低的一级还卖到 700 ~ 800 元。再进一步加工，变成高档家具、艺术品。做那个首饰盒，出口日本，算了一个账，一个首饰盒可卖 10 美元，等于人民币 70 多元了。这一加工，可以把 400 元变成 1900 元，把 1900 元变成 3000 多元。无非就是花点人力，加点技术，从成武请的老师傅，一个月给他 200 ~ 300 元又能怎样？能花几个钱？）所以关键是技术问题，现在它是发展乡镇企业和整个工业的一个拦路虎。技术问题，说到底是个人才问题，技术是人掌握的。我给大家讲点国家的情况，比如我们买日本的电视机，开始不知道，只买整机，后来算过账，吃亏了，不再买你的机器，而是买生产线，买成套设备，然后进行组装，这要便宜得多，这是第二步。买成套设备，很简单的东西都带来了，这就贵得多了，买成套设备不行，太贵，只买关键设备就行了，比如只买电视机的显像管就行了，这就又省一些。买管子不就是技术吗？买图纸、技术专利就行，照着做，一样做出来，那么图纸是人绘的，还不如到日本、到荷兰学技术，我自己去绘。不光搞这个，还可以搞别的。还有个办法是请进来，请进来不如派出去。就这么几个阶段。实际上自己培养出人才来，这些东西都有了。咱们国家花了很多的学费，慢慢就学会了，懂得了这一套。我们这里，也要想办法，一是引进人才，二是派出去，选拔、培养，解决发展商品经济所需的这么一支队伍，这是振兴商丘经济的一个很重要的方面。这里包括要重视人才，而且要办教育。我建议在"农业要稳上，工业要快上，乡镇企业要大上"以外，再加上两句："技术要紧上，教育要提高"。教育发达了，有了人才，地区就会立于不败之地。历史上第二次世界大战以后，为什么日本、西德一片废墟，现在变成世界上两个经济大国？现在日本，它要赶超美国，它是世界上最大的债权国，它靠什么？日本被炸得一片废墟，但是它的人才没有动，它的教育比较完整。西德也是这样，虽然一些尖端人才，搞导弹、原子弹、氢弹的人才被美国拉走了一批；但它的工程师、技术人才，技术工人大量的还留在那里，所以它发展得快。我们地区要把经济搞上去，把工业、商业搞上去，要解决相当的人才，要建立一支人才队伍。

讲人才无非是三部分：各类知识分子，各类大学生，当然是人才了！大部分大学毕业生肯定有一定的专长，肯定是人才。另外，各地方要培养一支有技术、有经验、有纪律的技术工人队伍、骨干队伍，种田能手也是人才。我两次到日本，接触到的同类知识分子。我们的知识分子无论从能力也好，知识范围也好，不比人家差。可是我看有个问题，大家都有感觉，他们20多岁的副教授，有的到我们这儿来拜我们的讲师为师。学术上的东西，我们的人才程度不低，出去的都有突破。但经过这十几年，我们这支工人队伍基本训练较差。就大学来说，水平是不差的，但我们中间缺少职业教育，就是现在讲的不培训熟练工人，我们的技术工人不行。图纸设计出来了，造不出来，没有技术工人决不行，所以要培养一批技术过硬的专业队伍。

三是要有有经验的经营管理干部。光有技术人员，光有工人，没有厂长，没有训练有素的厂长，有智有魄的厂长，管理经营人员，那就不行。一个厂要有一个训练有素的领导层。我们有些有经验的老干部，我认为是宝贵的人才。

四是我们要在农村发现一些能人，他们现在都出来了（当然其中搞邪门歪道是有的，但也有一批政治上、业务上、经济上都是相当不错的）。咱们一个厂几十万元的资金，几百人，一年能给财政上交几个钱？办若干年，又有党委、又有工会，脱产干部好几十。我们一个县里好几个厂好多年不交一分钱，就是不亏本，没有赤字。我们的专业户白手起家，没有本领能够赚几万、十几万？有些搞歪门邪道，是少数，有些确有本事。山西有个县的同志给我讲，现在报上有些不公平，说专业户、万元户都是不义之财，他说他改了一个字，叫"不易之财"，不信让你当个万元户试试！要处理各方面的关系。汽车团伙，我调查过他们，这些人中确有一些能人，选拔出来当厂长、当经理，政治上好的，选他当干部、当乡党委书记，乡长，让他们去抓乡镇企业我看是行的，可以试试看。我觉得我们干部政策上有个问题：我们土改靠贫雇农是对的，消灭了封建势力。我们合作社就有点问题，别的不说干部路线相当有问题，我们这些人都干过，当时有一条叫："土改靠贫农，生产靠中农"，我们说这话不对，当时批判了，土改以后，还是依靠贫雇农。山东的李洪斌是个劳动模范，跟一个记者谈了一番话，很有道理。说你到农村调查好了，到哪家去，先看他的家和先看他的地是一样。他家里桌是桌的地方，凳是凳的地方，井井有条，一看这个家，他的地、他的庄稼一定是好的，而且这个家一般是中农和上中农。他说你看那些乱七八糟的家，一般是贫农和下中农。他一个家都管不好，如果他当队长，当支部书记，他能干好吗？咱这个干部路线，我看要考虑。搞生产建设、以经济为中心，不用有经济头脑的人，那咱靠谁！还靠那些连算盘子也不懂、一二三四也不懂的能搞经济吗？这样的人才为什么不用啊？！你们商丘历史上能出财政部部长，能出国防部部长，办乡镇企业这样的人会没有？比无锡人差？不会的！我看你们办起来，把这些人选出来，肯定会有。

取得人才可以有几种方式。人才是我们的宝贝，是我们发展商品经济的重要力量。我这里给大家介绍几个材料。湖北省借"文化大革命"之机，发展了两个卫星城市，一所明星大学，靠什么？就靠引进人才。一个是沙市，一个是襄樊市。这两个地方不比你们好，这几年发展起来了。一个是靠三线建设在那里搞，更主要的是他们市委抓住了"文革"的机会，到北京、上海搜集几百名专业人才（800 名工程师）。他们在北京办个联络处，这边是组织部的人，那边是公安局的，就在北京等着，到北大找人才，提供好的条件，这是一种。第二种是欢迎投诚者，你来了就解决农转非。就这样搞了 800 名，一个市要有 800 名工程师，你看会怎么样？你们要有 800 名工程师，看看乡镇企业、工业会怎么样？（志平专员插话：市委常委、政研室主任都是北京去的）这是一种办法。第二个明星城市沙市，采取的办法不一样，市委副书记是上海人，上海"文革"中退休的老工人没安排，特别是子女要下乡，他就派人去，凡知道哪个纺织厂、服装厂退休的，他们就派人请到他家去谈，给他安排子女，讲一年给多少优待，到沙市指点指点。他们搞了一大批工人到沙市，沙市现在的被单厂、纺织厂在全国都是有名的，他们训练出了一批技术工人来。一所明星大学是华中工学院。华中工学院的党委书记兼院长是一个老干部，他一上来就抓干部，一个大学光讲师以上的人有四五百，一个大学增加了四五百个讲师、教授（现在有的是教授了），这个学校在工科院校来说，大概仅次于清华，人才重要啊！现在我听说大学毕业没人要，培养一个人才要花几千块钱，人家不要的时候，你就要，三五年以后就行了。这是请进来的一种办法。

还有一种请进来的办法，无锡、苏南一带叫"星期六工程师"。他们怎么办呢？他们（星期五下午）用汽车到上海等着接下班的同志，星期日晚上吃完饭，工作完了再送他们回上海去。这样，技术也来了，销路也来了，另外好多原材料也来了。现在这个经验已推广到上海郊区、北京郊区和其他大城市郊区。你们这里远，可以想想别的办法嘛！你们请进一个人救活一个厂，创办出一个行业来。夏邑从胶东请进来 13 个绣花姑娘。我在德州办一个学校，只要 100 个户口指标，我说这是最便宜的了，无非是要一个商品粮，粮食又吃不完。有的一家来两个大学生，我看这个是最便宜的了！有些人将"农转非"看得太重。还有一个办法是派出去，咱们派人到大学去，学回来一样。另外专门安排些参观也可以，外行看热闹，内行看门道，一看就知道了，就这么回事。

另外，还要注意选拔本地人才，更主要的是要以这个为基础（立足于培养本地人才）。选拔人才有的是大学毕业生，有的不一定是大学毕业生，要不拘一格，采取点特殊政策，有的是千里马。现有的本地人才要把他们的问题解决了，困难解决了，千万不要引进女婿把亲儿子挤跑了，那就吃亏了，亲儿子毕竟还是亲儿子，本地人才还是为主。

还有"三五牌"的老干部，50年代参加工作，50多岁，50多块钱，"三五牌"。这是一批老干部，是宝贵财富，这些同志退休了，有的安排了，有的没安排。这些同志搞商品经济，搞乡镇企业，我看是支重要力量。根据他们不同的特点，当顾问，当指导，搞建设，甚至有的可以当领导。过去，中国（的人才）在特殊条件下，农村、城市只有一条路：当干部。夏邑县成立了一个以老干部为主体的"乡镇企业指导委员会"，这个办法我看很好，把这批老同志利用起来，比在家里待着强。100多人，每人每年办一件事，办一个厂，那就很可观了。这也是我们的财富，要利用起来。

还有个办法，就是办学校，办训练班。我们搞商品经济，做买卖经验不足。我们国家与日本打交道老吃亏，我们地区与人家发达地区做买卖也老吃亏。为什么？就是咱们没有经验，咱们要通过学校来培养人才。一要培养年轻人，另外就是培养我们这些人，搞乡镇企业也要经过培养。我觉得我们现在的教育体制有毛病，就是县以下不办专业学校，都是走一条路：上小学、中学（初中、高中），考大学。考上了登天，考不上落地，回去没有一点专业。现在好一点，办了个农业中专、技工学校、职业学校、会计学校、卫生学校，像一个大县七八十万人，这类学校没有，就靠中学，这个办法我看不行，但是我们解决不了。我们可以办点训练班，在一定的基础条件下，办一定的学校训练班总还是可以的，专门培养行政管理人才。这个我们利用当前有利条件，增加点经济方面、管理方面的知识，理论方面的知识，围绕发展商品经济，发展乡镇企业。在我蹲点的陵县那个地方，就办了"乡镇企业厂长训练班"，我觉得这个办法很好。农村有了人才，有了技术，这个地方乡镇企业发展速度就快了。这是第三方面人才问题。

第四，关于市场、流通和信息问题。办了工厂，有了技术、资金，有了产品，要卖出去，要有市场，有销路，这才能有产值、收入和利润。不能像有的大厂，不管需要不需要，生产出产品，产值也报了，利润也报了，但是东西压在仓库里，这是不行的，我们一定要有市场。市场也有两方面，这里重点讲一个，就是有条件要打进外部大市场，打到上海、深圳去，扩大我们的市场。要瞄准那个市场，提高我们的出口能力。但是我们这里更主要的，特别是乡镇企业，眼睛主要是对准农村市场，为8亿农民（服务），为苏、鲁、豫、皖边区这个几千万人服务。考虑农民的需要、农民的市场，这样，你们产品就有销路了。咱们一下子搞几个高精尖的产品，这个不现实。我看这一条，包括我们的书记、经理，都要眼睛看着农村。农村的发展将来也需要电气化的呀！他的家具、用品也得商品化，那么我们给他提供商品，这样我们的销路也就有了。我们搞乡镇企业，一定要建立一支相当大的购销队伍。过去只知道办厂，不知道买卖的重要，东西卖不出去，你这厂就要关门。一个推销员在一定意义上，比厂长还厉害。昨天我听说某县的一个厂的推销员被别的县挖走了，这个厂就麻烦了。苏南对这项（推销员的）工作有几句话："千山万水走路子，千言万语去动员，千方百计挖原料"，不容易啊！一个县没有成千上万的购销队伍不行。搞乡镇企业，当然要有几百个厂长，但是更要有购销队伍，县委书记要亲手抓。要有计划地训练购销人员，在经济上，政治上给他一定的支援，要信任他们，一定的时候还要保护他们。无锡对购销队伍有一条特殊政策。江苏乡镇企业就是靠市场调剂搞起来的。没有原材料，没有计划，没有资金。咱们国家整个国民经济是以计划经济为主、市场调剂为辅嘛，我们乡镇企业就是以市场调剂为主！这一条必须明确。乡镇企业在国家计划里没有，原材料国家不管，销路不管。但其困难在这里，其优点也在这里。有些乡镇企业局长说：我们乡镇企业不行，不管财，不管物，不管人，要争取人、财、物、权，这个想法是不现实的。如果给你投资、原材料、钢材，那就管起你来了！就和那些办不好的大厂一样了。为什么现在国营不如集体，大厂不如小厂，集体不如个体？问题就在这里。那个条条框框，那个绳子，比你多得多。我们的主管领导，不要去争人、财、物、权，不能用那些管国营工业的办法来管乡镇企业。要学民权酒厂那个厂长，就是搞好服务。帮助乡镇企业，从计划上、质量上、供销上、培训干部上搞好服务，把乡镇企业扶起来，搞到五六亿产值，那么乡镇企业局就比别的局阔气多了。

其次，就是流通。流通体制要进行改革，这里不讲了。

还有个信息问题，现在是信息时代，搞商品经济一定得信息灵通，一条信息可以办一个厂，可以救活一个厂。你的信息灵，信息早，那就可以赚钱。你们这里出了个老子，"老子不争天下先"。前几年的政治风浪都经过了，中央一个指令下来，过几天又变了，一变又得七八位、八九位领导表态，形成"一看、二慢、三通过"。搞商品经济不行，你要有争第一的思想，争了第一，就赚了钱。山东的棉花就赚了，河南没有赚钱。为了加强信息服务，有的地方搞了信息公司、信息供应站，不知我们这里搞了没有。乡镇企业局、供销社、商业系统要建立这些单位。全国需要什么，什么行，什么不行，产品要有信息。搞信息、搞流通，一定要有基础，这就是交通、邮电，信息就靠电波、电报飞来了。我记得1979年邓小平会见日本大财团头头土光敏夫时，邓小平问他搞现代化、搞工业有什么经验，他说了两点：你们搞"四化"，一是办交通，二是办邮电。这个话是有道理的。

第五，关于经营管理问题。同样的资金、设备、原料，管理不好会赔本，管理好了企业就会兴隆。所以说三分技术、七分管理。我们发展乡镇企业一开始就抓这个重要问题。我们国家就缺乏管理经验，越是大厂，管理越乱。东西丢了，公安局去问他，他还不知道。有人说："外国有个加拿大，中国有个大家拿"，同样的机器、生产线，管理得好与不好，效果差几倍。我参观过日本一个生产线，也不是像电视里看的那样都那么机械化，我看大部分跟我们的生产线是一样的，大部分靠手工劳动。我们在工业发展的初级阶段，就要注意经济管理问题。我们这里也有经营管理好的企业。民权酒厂在全国都是先进的企业，我看了他们的经营管理，的确是全国第一流的。据介绍，潘厂长到这个厂以前也是乱糟糟的，现在我觉得又干净、又舒服，所以才有那么好的利润和效益啊！我们商丘现有的企业，如果都达到他们厂的水平，那么我们的财政收入就不是现在这个样子了。我们的乡镇企业从开办，就应该向科学管理看齐，不要搞得乡镇企业土里土气、马马虎虎的，你们去看了南方那些厂，那跟国营工厂一样，管理得很好，关键是要选好厂长，选好经理。地委、行署应派第一流的人才去搞经济，因为中心工作是经济了嘛！另外要动员一批机关干部，派到乡镇企业去抓，这是个好办法。特别是青年，更应该下去。永城的白县长跟我讲，现在是各种人都往党政机关挤啊，乡里的要往城里跑，城里的要往商丘跑，都往两个大院里挤，两大院还都往组织部、人事局挤，这不是办法。我对我们那里的研究生、大学生说，你们第一年就下去，留在北京害你们。搞科研、搞工业、农业，你不懂科学，不懂工业，不知道老百姓是怎么回事，怎么能行?! 我们的干部就是应该从底下选拔上来，县的干部地区的干部应该从大队干部、支部书记那里选。中国有句古话讲："宰相不取于州府"，当总理的、当部长的必须是县委书记出身，你们不信去查查。咱们现在机关那么挤、那么庞大，吃那点财政拨款，这样要亡国的！办厂的钱都吃没了，都是一张报纸、一支烟、一杯茶，这么混干部能成长嘛！小青年到下面去，三年、二年办成了厂，办成乡镇企业了，再调上来不晚。不管大学生也好，研究生也好，还得从基层来。北京有个办法，就是政府局跟乡镇联合，帮助乡镇办企业，这个经验也可以借鉴。商业局、工业局、水利局等，你有经验，可以帮助办，特别要帮助贫困落后的地方来办，给它培养摇钱树嘛！帮它办个企业，办好了，这个地方就富起来了。北京是挂钩，这个部跟那个县，这个厂跟那个县挂钩。另外，经营管理要研究些对乡镇企业的政策。夏邑建立了七科一室，我觉得还应有个政策研究室，负责政策研究，专门研究乡镇企业的政策、管理、分配，等等。最近我买了一本书叫《艾柯卡自传》，他是福特公司的总经理，干了 33 年被老板解雇了。美国的第三大工厂克莱斯勒把他挖走了，他弊了那口气，把亏本几十亿元即将倒闭的那个公司挽救起来了，这个人现在成了美国的英雄人物。建议你们看看这本书，他是怎么挽救倒闭企业的。

第六，就是要搞小城镇建设。高明的棋手下棋至少得看三步，咱们第一步改革是包产到户；第二步改革是发展商品经济、搞乡镇企业；我看第三步，一个很重要的方面，就是要搞乡镇、集镇、小城镇的建设。这个问题现在就要看到，发展商品经济，发展乡镇企业，需要小城镇，而且正因为商品经济和乡镇企业发展起来了，小城镇也发展起来了。现在正在筹办的时候，建议大家对小城镇的发展进行规划。我看了几个地方，是乱透了，没有规划，房子、工厂、学校挤在一起，将来怎么办？建议不用油不用电的厂，可以放到居民家里去办；用油、用电、用水、有一定污染的厂，一定要相对的集中，不要过于分散。现在就应该搞好规划，将来乡镇企业有了钱，规划的事情就搞起来了。李集已经规划，街道正在铺路。这就是一要规划，二要适当集中，三要制定政策，允许农民进城。中央已经有政策了，可以到集镇安家、落户嘛！自带口粮。要制定一些政策，这样工商业得到发展，使小城镇也繁荣起来。另外，将来中央政策是控制大城市的发展，适当发展中等城市，大力发展小城市。我们（商丘）的人分散在 4000 多个村不行，集中到 201 个乡镇所在地，必须要进行规划。

第七，要处理好工农业的关系。发展乡镇企业是突破口，是关键，但是一定要稳住农业，农业要稳上。全国这几年农业并不好（商丘是好的，是继续稳住）。全国从 1985 年开始，农业停滞了，这两年在徘徊，粮食、棉花减产得厉害，特别是棉花。1984 年粮食达到 8100 亿斤，那年叫得不得了，吃不了了，采取了砍的政策，1985 年就大减产，减了 566 亿斤。1986 年想尽了办法，上了 200 亿斤。今年不一定能达到 8100 亿斤，中央计划是要达到，即使达到，也徘徊了 3 年，可是人口增加了 4000 来万。那个时候吃不了，现在可是不够了，所以中央今年决定又进口粮食了，这可不是好事。今年的夏粮据说是平产，秋粮要增产 300 亿斤才能完成目标，也不一定行。棉花前年减产，去年又减产，完全是政策上的问题，现在部长着急了。我们跟国外的合同签了 1400 万担，今年如果达不到 8500 万担，明年就得买棉花来完成合同。我建议你们大力发展棉花，现在到时候了，棉花生产转一圈以后，肯定你的财政好。具体的来不及讲了。总的说农业要稳，农业上不去，要调粮食吃，那么我们的乡镇企业是站不住的。我们今天之所以能够办工业、办乡镇企业，就是我们农业有这个基础，如果没有这个基础，前几年许多大学、工厂到你这里办，都不敢叫办，因为没有商品粮啊！我们的农业前几年有些同志估计得太乐观了，认为一个包产到户就过关了，农业好得不得了，农民富得不能行了！农业所以能够增产，不完全是包产到户。据我知道，全国农业增长靠三条：第一，包产到户调动了积极性，这个不能否定。第二，那几年农产品涨价，搞农产品有利，种棉花有利，调动了农民的积极性。但是，仅有积极性也不行。30 年来，我们搞了大规模的机械化，搞了化肥、农药、优良品种，这些现代化的生产资料，都是合作化以来辛辛苦苦积累起来的，由于我们的管理不好，农村搞大锅饭，不干活，这个生产资料没用，有水也浇不了。但是这个现实的生产力存在那里。这样，农民跟现代化的生产资料一结合，就产生了从 1980～1984 年的年年大丰收。如果没有 30 年的水利建设，没有那么多化肥、优良品种，再有积极性也不行。靠大包干调动的这个积极性还没有超过单干吧！单干的时候棉花才二三十斤啊！棉办的同志讲，1962 年、1963 年咱们的棉花亩产八斤八两，怎么回事？现在随便种种也得八九十斤啊。这个生产力哪里来的？不光是包产到户，这是我们 30 年来辛辛苦苦的劳动积累，没有白费。前几年，有些同志"文革"中把坏帽子都戴到包产到户头上，不是"资本主义"，就是"富农路线"，等等。现在又把什么好处都戴到包产到户头上，好像"包产到户"是灵丹妙药。其实，不是那么回事。贫困山区不也是包产到户了吗，怎么没有饭吃？甘肃定西一年下不了 100 毫米的雨，他们包得比我们早，但还是吃不上饭，为什么？就是他没有水利，自然条件太差。把一切都搞到大包干头上，也不要投入了、投资了，补贴也没有了，优待政策也没有了，棉花压级压价，都是农民不好。有的农民气得说：我下辈子都不种棉花了！这样，棉花就下去了，现在又着急。去年报上说 8200 万担，实际上只有 7000 多万担，库里的棉花到今年八月份就用完了。全国农业现在的局面，原因是我们忽视了水利，忽视了投资，忽视了对农民的优惠，对农民拿得太多，现在全国水利还没有恢复起来。农业要稳上，这个决策是完全正确的，不能掉下去，只能上。商丘的农业，我看产业结构不尽合理，粮食作物大了一些，全区种到 78%，有些地方达 80%，这个结构对搞商品经济，对农民的收入来说都显得很低。山东那边产业结构比我们好。种棉花，财政转几个圈，肯定富，农民富了我们肯定富。第二，种了棉花，粮食不仅掉不下来，反而可以上去。棉花秸秆可以烧，下地，可以形成良性循环。来不及讲了。

第八，关于领导的决策问题。既然搞乡镇企业是突破口、是关键，地委、行署、县委、县政府就应当作重要工作来抓。但是发展乡镇企业，会遇到各种各样的问题。领导的指导思想是关键，只有领导重视了，乡镇企业才能上去。光靠农民和乡镇企业局干，也会上，但是慢，因为涉及面太大了，没有地委、县委在那作主，是办不了的。永城的皮毛市场，没有地委、县委的支持，不可能办到这样。尤其是政策问题，一定要注意，地委要下力量，要把皮毛市场办起来，这是个大财富，全国第二大皮毛市场啊！这里有好多政策问题要进行研究。把它管起来，建设好，所以领导是关键，决策非常重要。夏邑组织"乡镇指导委员会"是个好办法。县委书记、县长亲自过问，当然搞得起来了。民权葡萄酒厂也是这样。

还有一点是要完整、正确地执行中央和有关部门指示。对乡镇企业，到现在为止，认识上还不是全党统一的，一有风吹草动就会有阻滞。在这些问题上，我们一定要看到它的生命力，看到它在农村发展中的作用。不然现在中央文件为什么肯定呢？说是"振兴乡村经济的必由之路"，前几年就没有这样的文件。1979、1980 年计经委有些同志对乡镇企业骂得厉害，你们可能知道得很少，什么"以小挤大""重复建厂""浪费能源""污染环境"，那罪可大了！后来 1984 年又说它是"不正之风的根源，跟大工业争原料、争市场""他们走后门，搞名堂"，等等，可多了。这个问题领导要看准。举个例子，20 世纪 70 年代，山东、江苏两个省乡镇企业条件基本上差不多，都是 80 亿元。1979 年底、1980 年初，计委有个文件，说乡镇企业要控制，光以小挤大不行。帽子一扣，山东执行指示比较坚决，压了下去，好多厂关了。江苏厉害，经过研究论证，提出个理论，说没有以小挤大，是"以小补大"，改了一个字，不光不能下，还要上。这一个下、一个上，就差 100 多亿元！这几年山东（乡镇企业产值）近 300 亿元，可江苏已经 400 亿元上去了，差距就拉开了。所以领导决策还得实事求是，灵活掌握。在一些问题的处理上得为乡镇企业撑腰，还要撑一撑乡镇企业干部和购销人员的腰杆，不然一来运动就受不了。咱们都是办好事，帮助农民富起来，把商丘经济振兴起来。这些问题解决好了，乡镇企业就可以健康顺利地发展。我们这里条件很好，潜力很大，得天独厚。交通方便，历史悠久，有人才。我相信，我们商丘经济在农村第二步改革，发展商品经济中一定能大大地跨进一步，走到全国的前面去，使商丘经济繁荣昌盛。

农村第二步改革和诸城经验[*]

这次到诸城来，听了有关同志的介绍和参观了外贸公司和供销社的基地，有了一些看法。诸城的同志，在这几年做出了巨大成绩。诸城的经验很有价值，很有推广的必要。特别是在全国各地农村改革要求进一步深化，农业出现徘徊的情况下，诸城提供了很有价值的经验。因此，把它和农村第二步改革结合起来认识，具有十分重要的意义。

第二步改革的总任务和目标是什么？关键的突破口在哪？现在有各种看法，理论界和实际工作部门的同志看法也还不一致。到目前为止，我看主要有以下十几种观点：

第一，有的同志认为，农村第二步改革，就是要完善农村合作经济，完善双重经营，搞好联合，搞好服务。

第二，有的同志认为，农村第二步改革，是要进行产业结构的调整。为了促进农村向社会化、商品化、现代化发展，必须建立现代化农村产业结构的新概念。农村不仅要协调发展第一产业，还要重视发展农村第二、第三产业。

第三，有的同志认为，农村第二步改革，要侧重于农产品购销制度改革，逐步把30多年来被扭曲的价格关系理顺，加速农村商品经济的发展，进一步推动城市经济体制的改革，使整个国民经济协调发展。

第四，有的同志认为，农村第二步改革的重点，是流通体制的改革，要把行政区划、行政干预、统一收购、统一供应的流通体制改变为开放式、多渠道、少环节的流通体制，建立城乡畅通、地区畅通、纵横交错的流通网络，以适应商品经济大发展的需要。

---

* 本文源自非正式出版刊物《山东经济战略研究》1987 年增刊第 2 期，诸城商品经济"大合唱"理论研讨会专辑，原稿写于 1987 年 9 月 26 日。——编者注

第五，有的同志认为，农村第二步改革的重点，是要改革农村经济体制，首先要改革农副产品的统派购制度，理顺农产品价格关系，解决好国家与农民的关系问题。

第六，有的同志认为，农村第二步改革，就是要建立新的市场调节机制，创新组织，发展有计划的商品经济，促进农村自然经济的解体，实现农村专业化、商品化、现代化。

第七，有的同志认为，农村第二步改革的重要内容，是农村金融体制改革。农村金融体制也要放开搞活，建立农村资金市场，把农村的资金充分利用起来，加速农村商品经济的发展。扩大农村信用社的权力，充分发挥它在农村商品经济中的作用。

第八，有的同志认为，农村第二步改革的重点，是要进行小城镇建设。要把农村小城镇建设成为当地的政治、经济、文化、教育、科技、交通中心。

第九，有的同志认为，农村第二步改革的重点，是进行县级综合体制改革。在实行了家庭承包责任制以后，农村的经济基础发生了变化，村、乡、县三级的政治、经济等各种管理制度，要按经济基础变化后的情况进行改革。

第十，有的同志认为，农村第二步改革的突破口，是发展农村教育事业，进行智力投资，提高农村各级干部和农民群众的素质。

还有一种观点认为，发展乡镇企业，把农业剩余的几亿劳动力转移到二、三产业去，是农村第二步改革的突破口。

所有这些看法，我认为都从某一方面揭示了农村第二步改革的内容，表明了农村第二步改革是一个系统工程，但是第二步改革的关键到底是什么的问题，只有通过实践来探索，由群众实践来选择，而且有一个选择的过程，最后由群众来定，由实践来定。我调查研究了一些地方，结合诸城的经验，谈一点自己的看法。

我认为，农村第二步改革的总目标，应该是发展有计划的商品经济，实现农村的现代化。1984 年中央一号文件明确提出："今年农村工作的重点是：……发展商品生产。"[①] 我认为，它也是我们今后相当一个时期农村工作的重点，一切工作都要围绕着这个目标去做。

---

① 中共中央文献研究室编：《中共中央关于一九八四年农村工作的通知》，《十二大以来重要文献选编》（上），北京：人民出版社，1986 年 10 月第 1 版，第 424 页。

农村的第一步改革，建立了农民的财产权和身份自由，农民开始成为独立的商品生产者。因而，发展有计划的商品经济的前提和条件已经具备，所以农村的第一步改革在这种意义上讲是为发展商品经济作了准备，反过来，发展有计划的商品经济也是第一步改革的必然结果，它是农村经济发展的有力杠杆。抓住商品经济发展也就抓住了农村第二步改革的中心环节。

诸城的经验从本质上说是组织和领导农民发展有计划的商品经济，加速生产力的发展，加速社会主义建设事业发展的经验。诸城在农村第一步改革的基础上，成功地领导了商品生产"大合唱"，为农村第二步改革创立了一个榜样，为农村进一步发展走出了一条新路。这在全国具有普遍意义，诸城的经验值得很好的研究、总结、学习和推广。

向诸城学习什么？也就是诸城经验的基本内容是什么？根据个人的体会和认识，是否可以概括为以下几点。

第一，有一个正确的指导思想。这就是以"富民兴鲁""富民兴密"（诸城古称密州）为目的，发展有计划的商品经济，使农民富裕起来，改变诸城的面貌，实现农村的专业化、社会化和现代化。

诸城县委在第一步改革之后，在具备了条件和可能的情况下，创造新的组织形式，领导农民发展商品经济，顺乎民心，顺乎潮流。农民是发展商品经济的主体，是商品生产大合唱的演员，外贸、供销、物资、商业等部门是领唱，还有一些部门是乐队、后勤工作等。县委、县政府是大合唱的组织者和指挥。因此，在"富民兴鲁""富民兴密"这种指导思想下，在实践中提出了"农民发展我发展，我与农民共兴衰"的口号，反映了诸城的客观事实和诸城全面发展的进程。它是诸城经验的核心。

"农民发展我发展，我与农民共兴衰"，我理解有两层含义。第一层含义是：指明了部门和农民的关系。在现阶段，外贸、物资、供销、商业等部门的宗旨应该是为农民发展商品生产服务。只有商品生产发展，各方面的利益才能有所保障和发展。因此，这个口号指明了农民和部门之间利益的一致性。

在某一个阶段，某一些地区，某一些部门模糊了这个根本的宗旨，有的只求完成国家和上级的任务，忽略了对上级负责和对人民负责一致性的原则，忽略了对农民的责任性，有的甚至只从本部门的利益着眼，做出坑农、伤农等有损于农民利益的事，农民的意见很大，在一定程度上影响了农民生产的积极性，破坏了农民和部门之间的协调关系，长远的后果是各个部门利益的提高受到严重的阻滞。因此，树立"农业发展我发展，我与农民共兴衰"的思想，是有助于商品经济的发展和各方利益的协调。在这种指导思想下，诸城的各个部门，帮农、扶农、支农，同农民建立平等的贸易伙伴关系。结果农村的经济发展了，农民的收入提高了，外贸等各个部门也得到所需要的商品和支持，各部门的事业也都发展了。

这个口号的第二层含义是正确处理了国家和农民之间的关系。我国是一个农业大国，农民富不了，中国富不了，农村现代化不了，中国现代化不了。三十多年的历史经验告诉我们：什么时侯国家与农民的关系处理好了，农民的积极性就高涨，农业生产就会发展，整个国民经济就会发展，国家的日子就好过。什么时侯农民和国家的关系处理得不好，农民的积极性受到损伤，农业就下来，国民经济就困难，国家的日子就难过。十一届三中全会以来，农村改革提高了农民的积极性，农业生产超常规发展，农村发生了历史性变化。但是，近几年农业又出现了徘徊的局面，我们对农民该给的没有给，但不该拿的拿了，该引导的没有引导，不该干涉却干涉了。但在诸城，在"农业发展我发展、我与农民共兴衰"的口号下，诸城在国家和农民之间的关系方面处理得好，农民积极性提高，农业生产继续稳定发展。

第二，运用政治、经济手段，按经济发展规律，调节各部门之间的利益关系，调动各方面的积极性，把各个部门都引导来参加商品生产大合唱，为发展有计划的商品经济服务。如何把农民的积极性调动起来，发展有计划的商品经济，县委、县政府不可能直接指导 20 万农民，这就需要一系列中间组织形成网络。这就需要在发展商品经济的过程中，创造、建立一些新的经济组织形式，在小生产和大市场之间架起桥梁，而这需要一个过程。在现阶段，最直接、最有效的办法，就是利用现有各经济部门来为发展商品经济服务，在服务过程中得到发展和改造。在这方面，诸城的经验有以下几个方面：

1. 有一个统一的正确的指导思想。各个部门都树立起"富民兴鲁""富民兴密""农业发展我发展，我与农民共兴衰"的思想。市委采取各种形式让各部门了解本市发展商品经济的规划和目标，让他们了解本地商品经济发展的重点和设想，使他们自觉地参加大合唱。

2. 调节好条块之间、部门之间的关系，找到他们彼此都能接受的调节点。补充一点：处理条块关系，实质上还是处理国家和农民的关系。"条条"往往更多地代表国家，"块块"更多地代表农民的利益。因此，解决的方法应着眼发展社会生产力，在有利于社会主义建设事业的基础上，把农民和国家的利益统一起来。

3. 把各部门组织起来参加大合唱，诸城还有一条重要的经验，就是条块之间的交流，从而有助于他们之间相互了解。这是培养干部、提高干部素质的好办法。

第三，根据经济发展规律，正确处理一、二、三产业之间的关系，确定本地区产业结构的调整方向，实现经济的协调稳定发展。诸城县委提出强化农业基础，做好"三篇文章"即畜牧业、加工业、创汇产业的方针。实践证明，经济效益比较好。特别要指出的是，诸城县委在发展二、三产业的同时，农业的基础并没有动摇。在全国农业投入下降，农业后劲不足的宏观环境下，诸城这几年还投入 1000 万元和 1100 多万个工，兴修水利，增加了灌溉面积 6 万多亩，改善灌溉面积 30 多万亩。这是难能可贵的，这样的水利工程是很少见的。

关于产业政策。未来农村的发展，随着商品经济的发展，必然会实现农业的工业化，农村的城市化和农民的工人化。在发展商品经济的过程中，中国农村解决剩余劳动力转移问题，重要的是靠发展乡镇企业。发展乡镇企业是振兴农村经济的必由之路。近几年诸城的乡镇企业发展势头比较好，近 3 年递增 44.9%。另外，诸城的流通搞得好，诸城原来就是外贸方面的先进县，这几年发展得更好。"六大财团"（外贸、物资、粮食、供销、商业、烟草）在商品生产大合唱中起了很大作用，又创造了新的经验。因此，就产业政策来说，一面要抓好农业，另一面要抓好乡镇企业，搞好流通，实行"一个基础，两个拳头"的方针，农业是基础，乡镇企业和流通服务是两个拳头。农业这个基础稳了，打出的拳头才有力。

第四，从诸城本地的实际出发，完整正确地贯彻党中央和上级的方针政策，灵活变通地协调各方关系，创造有利于本地区商品经济发展的小气候。县级经济是中观经济，它是国家的缩影。县领导在发展商品经济中可以有所作为，也应该有所作为。诸城县为我们创造了一个良好的典型。在发展商品经济中，诸城同样也遇到了问题和困难，但不是坐等，而是从实际出发，积极探索，以开拓者的精神，创造了一个商品经济发展的小气候。这几年，在全国农业出现徘徊的时候，诸城农业仍以 9.8% 的速度递增。水利建设也逐年发展，粮食生产还稳定增长，全国的生猪减少，这里却还有增加。不少农村买难卖难的问题解决不了，这县却解决得很好。这是诸城在市委市府领导下的各部门协同工作的结果。

第五，培养和造就了一支具有社会主义高度觉悟、有较强的商品经济头脑、训练有素，业务水平比较高的队伍。这是诸城商品经济发展的一个重要条件。在诸城，不仅市委、市政府指挥得好，而且有一批较强的中层骨干力量和很多基层干部，他们之间协调配合，思想一致，共同组织、领导和参与商品生产大合唱。

上面我谈到的五个方面是诸城经验的基本内容。它们很值得各地区在深化和完善农村经济改革中学习。诸城通过这几年的工作，有了一个好的发展基础，将来还会继续发展，前途是广阔的。诸城这几年的工作，创造了一个组织领导商品经济的典型，对全国农村第二步经济改革将起推动作用，对全国商品经济的大发展也将起推动作用。

农业农村发展形势

当前农村形势和农业调整的几个问题[*]

一 十一届三中全会后农村形势好得很快

1979 年[①]，我们到苏、皖、浙、沪等省市农村调查，从 4 月 20 日到 7 月 8 日，历时 80 天，实地调查了无锡、滨海、肥西、岳西、宣城、绍兴、嘉定等 7 个县、11 个公社、13 个大队的情况。听了各省、地、县农办同志的介绍，在公社大队请基层干部和社员座谈，参观了试验田、水利工程、社队企业以及各类农民家庭，所得材料很多。总的印象是，十一届三中全会后，形势好得很快。农民普遍热烈欢迎两个农业文件，称赞文件说出了农民的心里话，是促进农业大干快上的好文件。现在农民已经不是说政策不对头，而是怕这个好政策再变，怕是"黄瓜敲锣——一锤子"。现在各地的干部、农民都在总结农业的经验和教训，制定如何把农业迅速搞上去的计划。

在农村，1978 年实际是大辩论的一年。农村工作的重心要不要转移？农村的生产关系是要"穷过渡"，还是要稳定"三级所有，队为基础"的制度？生产队的自主权要不要尊重和保障？按劳分配的原则要不要贯彻？自留地、家庭副业可不可以经营？集市贸易准不准开放？农产品价格要不要提高？农民的负担应不应该减轻？这一系列问题提了出来，全国开展了热烈的争论，其实质是沿用"四人帮"强令推行的那一套办法还是恢复党在农村的经济政策？是继续批判"右"还是要批判左？是用行政甚至是军事

* 本文原载于中国社会科学院内部刊物《未定稿》1979 年第 40 期，发表时间：1979 年 9 月 30 日，作者：陆学艺、贾信德、李兰亭。该文还收录于《当代中国农村与当代中国农民》（陆学艺著，北京：知识出版社，1991 年 7 月），第 18 ~ 32 页。本文涉及的相关地区农村经济社会数据源自作者调查过程中获得的资料。——编者注

① 原文为"最近"，现根据《当代中国农村与当代中国农民》收录文修改。——编者注

的手段还是要用经济的方法来发展农业？三中全会正确地解决了这些问题。所以，两个农业文件得到了 8 亿农民热烈的欢迎是理所当然的。

安徽、江苏、浙江、上海几个省市对这些问题解决得比较早一些。如安徽省在年初就发布了"农村六条"，对按劳分配、减轻社队负担等作了规定。浙江省在春耕前宣布了粮食增产后，农民可以多吃的规定。江苏和上海也做了类似的规定。实践证明，这些都符合三中全会的基本精神，这几个省市的思想先解放一步，农村经济政策先落实一步，形势也就先好一步。

江苏省 1978 年获得空前丰收，粮、棉、油、猪四超历史最高水平。粮食增产 80 亿斤，达到 454 亿斤，棉 948 万担，油料 668 万担，猪 2100 万头。社员分配收入每人平均 85.4 元，比 1977 年增加 18.6 元。口粮每人平均 499 斤，比 1977 年增加 37 斤。我们在无锡调查时，当地正在上映戏曲片《三笑》，当地的同志风趣地对我们说，现在农村形势也可以说是"三笑"：一笑三中全会为农民规定了好政策；二笑农业大丰收，1978 年分配兑现，社员分配每人平均 124.4 元，比 1977 年增加 20.6 元；三笑今年[①]夏季丰收在望（当时是 1979 年 5 月）。

安徽省 1978 年遭到大旱，预计要减产 50 亿斤，由于省委抗旱坚决，政策对头，结果只减产 1 亿斤，粮食总产达 296 亿斤，有的杂粮油料作物还超过了历史最高水平。如芝麻，一般每年收购 1200 万斤，1978 年收购了 8000 万斤。年终社员分配，全省每人平均 65 元，比 1977 年增加 5.5 元。我们在安徽走访了三个专区，看到社员群众安居乐业，兴高采烈，看不到大灾之后的迹象。

浙江省 1978 年除蚕茧外，粮食和各种农产品都超过了历史最高水平。粮食总产 282 亿斤，比 1977 年增加 47 亿斤。全省平均亩产达 1260 斤，恢复了千斤省的称号。社员分配每人平均 102 元，比 1977 年增加 18 元；口粮平均 567 斤，比 1977 年增加 85 斤。省农办的同志告诉我们，现在浙江省是"三库"紧张，即粮库、肉库、蛋库都满了，而农民还在踊跃交售，商业部门遇到了新问题，东西没有地方放，也使人着急。

上海市，1978 年粮食总产 51 亿斤，平均亩产 1606 斤，过了"双纲"。棉花总产 240 万担，平均亩产 169 斤。社员分配每人平均 230 元，比 1977年增加 54 元。有 320 个队，社员平均收入超过 300 元。一般的农业劳动力收入相当于城市 3~4 级工的水平，好的生产队里的强劳动力，则相当于 6~7 级工的收入水平（每月合 80~90 元）。1979 年农产品提价后，初步估

---

① 此处指 1979 年。——编者注

算，全郊区每人可增加 38 元的收入。

农村形势好的另一表现，是集市贸易繁荣，经济活跃。我们每到一地，都要去看集市。这四个省市的集市都很兴旺，管理也比较好。开放集市贸易的结果，使农民之间、社队之间，可以互通有无，调剂余缺，增加流通渠道，补充国营商业的不足。社会财富大量增加，许多多年不见的商品又上市了，如各种蔬菜、鲜活的鱼、虾、鳝、鳖、鸡、鸭、鹅、兔，以及各种传统的手工艺品。各种农副产品的集市价格也在逐渐下降，比刚开集时便宜多了。如安徽宣城集上，籼米才 0.26 元一斤，粳米 0.22 元一斤。农民收入增加。据我们调查，一般农户通过出卖自留地和家庭副业产品，每年可以有 50~100 元的收入，善于经营和离集近的农户，收入还要多一些。

但发展是不平衡的。1978 年江苏省平均收入在 40 元以下的生产队还有 22937 个（约 250 万人口）。平均口粮在 400 斤原粮以下的有 39945 个队（约 500 万人口）。当年和历年的超支户共计 3387500 户，占总户数的 27.7%，超支金额 38122 万元，平均每户欠债 112 元。安徽省分配平均在 40 元以下的生产队占 24%，平均口粮在 300 斤原粮以下的生产队占 15.8%。江苏省分配最高的是太仓县，每人平均 176 元；最低的是泗洪县，每人平均 44 元，相差 3 倍。浙江分配最高的嘉兴县，每人平均 185 元；最低的青田县，每人平均 29 元，相差 5 倍。生产队之间相比，差距更大。上海嘉定县唐行公社唐行大队，每人平均分配收入 323 元；江苏省滨海县坎北公社惠农六队，1978 年每劳动日值是 8 厘 8 毫，加上分救济款、抗旱经费，每人平均收入才 24.8 元，相差 12 倍。以上是分配收入，至于农户之间的实际生活水平差距那就更大了。江苏省的太仓县，11 万农户平均每户存款 381 元，半数以上的户有自行车、缝纫机、收音机，有的还有电视机。多数户住三间一侧厢的瓦房，有的还盖了楼房。同省的滨海县，有的户还住着不到 10 平方米的窝棚，有的户一家 5 口，只有 4 个饭碗，有的户一家 7 口，只有 1 床破被子，有的户全部家当，卖不了 10 元钱。安徽岳西县，吃穿住困难的占 30%，1978 年发棉被 3000 多条、棉衣 1 万多件、救济款 21 万元。

二　调整农业内部结构，适当降低粮食征购的高指标，有利于开展多种经营

前些年片面地执行"以粮为纲"的方针，结果把经济作物、多种经营挤少了，挤光了。这个问题，现在大家已经认识了，但在实际政策中还未

完全改变过来，所以问题还没有完全解决。如江苏省1978年农林牧副渔各业总产值为88.2亿元，其中农业占77%，林、牧、副、渔一共才占23%[①]；安徽省农林牧副渔各业总产值中，农业占82%，而农业收入中，又以种粮食为主，其他经济作物少。无锡县1978年粮食总产比1949年增长了2.86倍，亩产过了"双纲"。但传统的主要副业蚕茧，却只有6.2万担，低于抗战前的水平。其他如大麻、苎麻、蜂蜜、鲜蛋、大白菜、西瓜、香瓜、金花菜、苇席、草绳、兔毛等副业产品，都比历史最好水平低80%以上，多种经营受到挤压，客观原因是粮食紧张。我们在调查中发现，不仅山区、低产区缺粮，而且像上海郊区、无锡县这些高产区也缺粮。一般农户要缺2~3个月的口粮。每到春季，相当多的农户要借粮或买高价粮吃。国家征购任务不能少，社员口粮又不多。结果，只好挤经济作物，挤各种副业，出现了毁桑种粮，毁林种粮，围湖造田，开山种粮，引起水土流失，生态平衡破坏等严重问题。农业内部比例失调，成了单一的粮食经济。粮食成本也越种越高，增产不增收，出现了"喜人的产量，吓人的成本，愁人的分配"的情况。

无锡县1978年粮食总产12.3亿斤，比1963年的7亿斤增产75%，但同期农业成本从2329万元增加到8035万元，增加了5706万元。也就是说，每增产一斤粮食要增加0.108元的成本（活劳动还不算）。在提价前，每斤粮的收购价是0.096元，每增加一斤粮，农民要亏0.012元。农民增产要亏本赔钱，哪里来增产的积极性。无锡县1978年每人平均收入124.4元中，来自农业收入的只有59元，比1963年还少2元，全靠工业赚的钱来贴补。现在工业要调整，无锡县领导和群众，心情都很紧张，怕工业利润调少了，农业的高产就维持不了。

我们在无锡县调查，总的感到这里的弦绷得太紧，上面卡得太死，县一级的自主权也很少，动弹不了，影响当地干部和群众的积极性的发挥。1978年无锡县征超购粮食为3.3亿斤，占总产的26.8%，压得很重。无锡县想恢复蚕桑、发展养猪、发展各种副业，都因粮食问题解决不了，所以也发展不了。

地处大别山区的岳西县，34万人口，356万亩面积，只有23万亩耕地。这里盛产木材、茶叶、油茶、乌桕、茯苓、桐油、生漆等，是发展林业的好地方。但由于1958年大炼钢铁，森林受到严重破坏，前些年又推行"以

---

① 原文13.3%，现根据《当代中国农村与当代中国农民》收录文校订。——编者注

粮为纲"的方针，木竹价格又低，致使农民毁林开荒，越开越穷，桐油、生漆、乌臼等林副产品严重减产，有的只有最高年产量二分之一、三分之一。

要调整农业内部结构，必须坚决贯彻因地制宜的原则，宜林则林，宜牧则牧，不能一律要求粮食自给。要把粮食的高指标、高征购任务压下来，减少各地的粮食压力。这个弦不松，各地单打一种粮的状况不容易改变，农林牧副渔并举的局面很难实现。从一些先进单位的经验看，搞粮食，同时又搞多种经营，多种经营上去了，粮食也上去了。而单搞粮食，把多种经营挤了，代价太大，结果是多种经营收入少了，粮食也上不去。从农业要全面发展的角度看，1985年要实现8000亿斤粮食的指标，似可适当调整，一些地区的征购任务，也可考虑适当降低，国家不妨采取议价收购的办法，补征购任务之不足。这样把弦松一点，以减轻各地的压力，让各地有更多的自主权，调整农业内部结构，使农林牧副渔协调发展。在军事上，一个堡垒，硬攻，直攻，攻不下来，有时改用迂回战术，绕一下，则容易攻下来。现在农业上的粮食问题，也有类似的情况。

解决粮食问题也还有别的办法。上海嘉定的同志提出，只要给他外贸自主权，种10万亩大蒜可换回5亿斤小麦，一季大蒜相当于亩产5千斤粮食。无锡也算了一笔账，一亩地种桑养蚕所产生丝可换回小麦4千多斤。这样农业上活动余地就大了。

三 农业调整了，工业、商业要作相应的调整

十一届三中全会两个农业文件，威力巨大，农村活跃了，农业上来了。农产品大量增加，要求商业部门、工业部门也要作相应的调整，才能适应这种形势。

从目前说，农副产品大幅度增产，要求商业部门及时收购。五、六月间，我们在江苏、安徽时，就看到、听到有些商业部门拒收生猪、禽蛋等的问题，现在又发生了粮食部门拒收超购粮的问题。以前农民没有猪，有些部门逼着农民买高价猪来交售，现在农民有猪了，商业部门又拒收。农民不得不求情、央告、送礼，才把猪、粮卖出去！一方面，我国的外贸部门要从外国进口粮食，另一方面却拒收农民的粮食。所以产生这种咄咄怪事的原因，固然有仓库不足等问题，但据我们在安庆、无锡等地了解，这主要还是个经济政策、物质利益的问题。因为收购价格提高了，但销价未

变，因此产生了购销倒挂的现象。现在食品公司每收购、宰杀、出售一头猪，平均要赔 29.27 元，每收购、出售 100 斤鲜蛋，要赔 22 元（安庆专区 1979 年计划收购 60 万头猪、1000 万斤蛋，要赔 2000 万元）。越是收购、出售得多，赔得就越多。领导部门统计各企业单位的成绩，还是以盈利多少为标准，职工的奖金还依此提成。这样，在食品、粮食部门的职工，工作越做得多，"成绩越少"，奖金越少，吃力不讨好，于是他们就想出各种花样，不肯收购了。建议有关部门研究解决这些经济政策问题，同时解决仓库、运输等实际问题，使农民增产的粮食和农副产品能及时收购上来，否则还会打击农民的积极性。

农业增产，农民收入增加，购买力上升，要求购买工业品。1978 年苏南大丰收，年终分配后，农民纷纷进城买东西。据无锡市统计，1979 年一季度商品零售额比 1978 年同期增加 18.82%，许多原来滞销的商品，也销掉了，如库存 2467 只国产手表，2 月份全部卖光。原来要削价处理的半导体收音机，也卖出很多。百货公司 9000 个品种商品，有 1000 多个品种脱销，全部库存一季度减少了 35000 万元，约为 10%。安庆市也有类似的情况。农产品提价，加上丰收，农民的购买力会成倍增加，这对市场是一个巨大的推动力量。要求商业、工业部门作相应调整，满足农民的需求。农业发展了，不仅要求更多的轻工业品，而且要求更多的农用工业品。

有的同志算了一笔账。我们现在[①]是 8 亿农民，1.6 亿城市人口。大体平均四户农民养一户城市职工。照三中全会的政策，三两年后，每个农户一年养 1 头猪，卖半头；一年养 5 只鸡，卖 2 只，卖 24 斤鸡蛋。农民做到这一步不困难，结果会怎样呢？因为是 4 个农户养一户城市职工，这家职工一年就可以购买 2 头猪（160 斤肉），8 只鸡，96 斤蛋。需要多少钱呢？按北京现在的价格计，160 斤肉，每斤 0.90 元，共 144 元；8 只鸡，每只 3 元，共 24 元；96 斤蛋，每斤 0.90 元，共 86.4 元，合计 254.4 元，每月 21.2 元。1978 年职工平均工资为 644 元，每月 53.7 元。均以双职工计，每月一家的工资是 107.4 元。而肉禽蛋的开支 21.2 元，占工资的 20%，太多了，买不起这么多。现在，职工的生活水平，平均在肉禽蛋方面的开支约为 10 元左右，即工资的 10%。所以，农业发展后，会遇到城市购买力不足，交换不能实现的问题。

农业发展了，对整个国民经济会起良好的推动作用，会起连锁反应，

---

① 此处指 1978 年。——编者注

促进工业、交通、财贸各个部门的发展。我们要估计到这种形势，各行各业要做出适当的调整和安排，迎接这个形势，国家也要在政策上予以调整，加速轻工业、农用工业的发展，提高职工工资等，以适应这种形势，促进农业发展。

从长远看，农业要大上，还必须得到工业的物质支持和技术支持，要得到先进的技术装备，单靠农民本身的物质力量和积极性是不能实现农业现代化的。对此，三中全会文件已经明确阐明了。现在的问题是，由于工业结构本身的问题，还起不了它应该起的支持、改造农业的作用。有些同志总认为我们的农业落后，拖了工业和城市的后腿。我们的看法与此不同，可以说，现在是工业、交通、财贸等本身的问题解决不好，影响了农业的发展，其表现主要有这样一些方面。

第一，工农业产品的剪刀差太大，农产品有很大一部分价值转到工业、商业中去实现了，不利于农业发展。1978 年有关部门计算，农产品价格低于价值约 25% ～ 30%，工业品价格高于价值 15% ～ 20%，剪刀差的差幅为40% ～ 50%（有同志估算，差幅约为 100% ～ 120%），农民由此要少得 217亿元（一年）。现在农产品提价后，农民可多得 65 亿 ～ 80 亿元，只有上述数字的三分之一，而农用工业品还未降价。但现在有些同志却已经认为农产品提价的步子迈得太大了。他们不懂得等价交换的道理。从农业方面拿走太多的结果，使农业本身没有扩大再生产的能力（有的连维持简单再生产也不行），农民生活过于困苦，就没有生产的积极性，农业就不能发展。"将欲取之，必先予之"，国家拿出一部分资金还给农业，农民有了积极性，农业上去了，社会财富大量增加，国民经济的全局就活了，国家会从各个渠道得到更多的资金。实践已经证明，三中全会关于农业的决策是完全正确的。

第二，农用工业发展缓慢，不能供应农业需要的先进装备。20 多年了，还只能年产 12 万台拖拉机，32 万台手扶拖拉机。水利机械严重不足。在安徽宣城，排队买小水泵的，当时已发到 700 多号。要实现机械化，靠这点生产能力不行，而且配套的农机具少，机器又质次价高。现有的 50 多万台拖拉机，有很大一个数量是跑运输，还有相当一个数量是在修理点趴窝的。维修用的零件，多年来就是解决不了，农民买一个齿轮，要跑几个省市。柴油和机油，长期供不上，有的地方农民用香油擦机器，国家的农用工业上不去，农业怎能实现机械化？在这方面，笼统地批判等、靠、要是不对的，农民等、靠国家的农用工业创造出先进的机器去武装是应该的，农民自己干、创、造，往往是不经济的。

第三，农业科学研究屡遭破坏，长期落后。例如，不能提供优良的种子、种畜，很多农作物产量就上不去，棉花的品种还是 20 世纪 40 年代的岱字棉系，蚕桑品种也还是解放前的。苏州地区迫切要求提供高产稳产的优良稻种，变三熟制为两熟制。

第四，工业、商业系统与民争利。国家决定，要把一部分农产品的加工工业放给农村，可以节省运输、减少损耗，这部分利润要留给农民。但这个决定迟迟落实不了，主要原因是工商部门不肯让出这部分利润。安庆 1978 年收购的毛茶价格平均每斤 1.06 元，国家茶厂稍经筛选、加工，就卖 3 ~ 5 元一斤。茶农要求自己就地加工，商业部门明文规定不许，只收毛茶。据岳西县匡算，仅此一项，本县茶农每年就少收入 30 万元。中央已多次指示，要试办农工商联合企业，各地也有办的积极性，但由于与工业、财贸系统的利益有矛盾，解决不了，至今进展缓慢。

第五，农民要求工业办的厂得不到支援。岳西县有大量的树枝、丫杈运不出来，要求工业部门去办纤维板厂、纸浆厂。岳西山里，有的是香草、香花、香根，可以办香精、香料厂，但工业部门至今无人去，大好资源，只好烂在山里。办这些厂，不是技术上、设备上的问题解决不了，而是没有适当的经济政策造成的。

第六，城市、工业容纳不了农村剩余的劳动力。已经实现农业现代化的国家，一般都是大量的农机投入农村，同时吸收大量的农业劳动力到城市中来，这是合乎规律的。但我们的经济结构，连城市本身的劳动力还容纳不了，而不解决农业过剩劳动力的出路问题，农业现代化是实现不了的。现在已有不少社队，社员要抽签或轮流出工。有个生产队长对我们说，国家把农产品提价 20%，不如抽出 20% 的劳动力，对我们农民好处大。问其所以然，他说："生产队 100 个劳动力，年分配 10000 元，每个劳动力 100 元。提价 20%，并不能使每个劳动力都分得 120 元（因商品率不同），但若抽走 20% 的人，农业不会减产减收，这样 1 万元 80 人分，每个劳动力就有 125 元的收入。走的这 20 个劳动力，都是本村人，家属在这里，他赚的钱，还不都汇到队里，不就可以增加本村 50% 的收入了吗？"

所有这些问题，都有待于国家的经济结构、工业结构的调整。工业真正上了轨道，起到了以工业为主导的作用，农业的问题才能逐步解决，农业自身是解决不了的。从这个意义上讲，工业、交通、财贸各部门的改革，是何等的重要和迫在眉睫了！

四　要解决农民问题，而不仅是农业问题

有的同志说，这些年来，我国农业发展缓慢，根本的一条，是我们同农民的关系没有处理好。我们在岳西县听到，有些群众批评一些领导同志，进城之后，把他们忘记了（岳西县是 1928 年的苏区）。这些意见和群众的声音，很值得我们深思。农民问题，始终是革命和建设的首要问题。毛泽东说："中国的主要人口是农民，革命靠了农民的援助才取得了胜利，国家工业化又要靠农民的援助才能成功"①。这些年来，我们对于农民的政策，对于工农联盟的政策，是不是应该总结一下呢？

1955 年，我国每个农业劳动力的年产值为 298 元，1978 年是 456 元。但这 23 年中，农产品收购价格提高了 68.8%，所以如按不变价格计算，1978 年每个农业劳动力的年产值只有 270 元。同 1955 年相比，1978 年农业劳动生产率下降了 10%。而正是这 23 年中，我们实现了合作化、公社化，进行了大规模的农田基本建设，增加了大量的农机、化肥、农药等现代化农业生产资料，但农业劳动生产率反而降低了，这不是很发人深思的吗？这些年来，我国的农业劳动力越来越多，从 1.86 亿增加到 3.2 亿；地越种越少，从 16.5 亿亩减到 14.8 亿亩，每个劳动力原来种 8.8 亩，1978 年才种 4.6 亩；劳动时间越来越长，合作化后变冬闲为冬忙，农民整年在田里干，"干到腊月廿九，吃完年饭就动手"；农业商品率越来越低。1955 年，征购原粮 1070 亿斤，折合商品粮 880 亿斤，粮食商品率为 29.4%。1978 年度征购粮食 940 亿斤，商品率为 18.7%。1955 年我国净出口粮食 40 亿斤，食油 6.3 亿斤，猪 388 万头，而 1978 年净进口粮食 155 亿斤，加上棉花、油料等，共花费 21 亿美元。这说明我们农业经济的效率是大大降低了。原因何在呢？根本的一条，是农民没有生产积极性。安徽的群众说："是大家泡，泡穷了。"

农民之所以缺乏积极性，是农民在政治上、经济上、文化上的利益受到损害的结果。合作化后，农民在政治上的权利得不到保障，政治地位下降，城乡差别、工农差别越来越大。从 20 世纪 50 年代起，有谁反映一点农村真实情况，说农民生活苦，工农产品剪刀差大，就要被戴上右倾的帽子，

---

① 毛泽东：《做一个完全的革命派》（在中国人民政治协商会议第一届全国委员会第二次会议上的闭幕词），载《毛泽东选集》第 5 卷，北京：人民出版社，1977 年 4 月，第 26 页。

甚至被打成右派。听不到真话，只有一片歌颂之声。"文化大革命"后，连工农联盟也不提了，在报上也很少见了。农村的政治运动不断，1956 年批"小脚女人"，1957 年社会主义大辩论，1958 年"拔白旗"，1960 年反"五风"，1964 年"四清"，一直到"文化大革命"抓"走资派"，每次运动都有大批干部和群众挨整，冤、错、假案很多。而每经一次运动，对农民的限制就严一层，以致农民出个门也要批准，有的还要打路条。至于要迁个户口，例如到城里去，那就比登天还难！在"文化大革命"中，林彪、"四人帮"公开提出要"用无产阶级专政的办法搞农业"，"在农村刮十二级台风"，"学大寨要武上"，赤裸裸地对农民实行封建法西斯专政。生产队的集体所有制随便被破坏，有的地方县、社干部成了土霸王，欺凌压迫农民，有的基层干部和农民动不动就被扣上"搞资本主义"的帽子。有的因为搞副业被打成"暴发户"、新生资产阶级分子，至今没有落实政策。至于农民是小生产，小生产是产生资本主义的温床的土壤，这好像是公认的定论，这次安徽有的同志提出，现在对知识分子、对资产阶级都落实了政策，我们的农民，集体化 23 年了，也该把小生产的帽子摘掉了，对农民也该落实政策了。毛主席在 1958、1959 年曾经说过，斯大林"不信任农民群众，……对农民控制得要死"，"对农民总是不放心"。[①] 我们有些同志，至今不相信农民，总怕农民搞资本主义，动不动就要"堵资本主义的路""割资本主义尾巴"。安徽有的农民诚恳地对干部说："有些年，我们口粮不够，公粮还是照样交的嘛！我们一两年不吃肉，猪还是先卖给国家，一年一口人超过一斤油的，就交征购嘛！为什么你们总是不相信我们，总怕我们走资本主义路呢？"这位农民的话，很值得我们反省。新中国成立 30 年了，合作化也 23 年了，对我们的集体农民，要有一个正确的认识和正确的评价，这是我们解决农民问题、制定农民政策的基础。

在经济上，农民负担过重，相当多的农民生活还很困苦。据统计，全国有 1.4 亿农民口粮不足，1977 年有四分之一的生产队年分配收入在 40 元以下，有三分之一农户欠着生产队的债（超支户），有上亿人口的地区缺柴烧，他们既缺锅上的，也缺锅下的。1978 年全国农民平均分配收入是 74元，每人每天的收入是 2 角钱，还有不小一部分是在这个水平线以下的，其

---

① 《读斯大林〈苏联社会主义经济问题〉谈话记录》（1958 年 11 月 9～10 日），《读苏联〈政治经济学教科书〉下册谈话记录稿》（1959 年 12 月～1960 年 2 月），载中华人民共和国国史学会编《毛泽东读社会主义政治经济学批注和谈话（国史研究学习资料·清样本）》（上），1997 年 7 月，第 68～69、197 页。

生活的艰苦是可以想见的。据我们在农村了解，当前农民的经济问题，首先还是个吃饱肚子的问题。现在有相当一部分农民吃不饱（不仅低产区缺粮，有的高产区也缺粮。买高价粮吃的，主要是农民。农民种粮食，但要以2角、3角、4角一斤的高价买粮吃，生产怎能有积极性）；有一部分农民是够吃了，但主粮是薯类，这里的农民盼望能吃上净粮食就好了；有一部分农民能有粮食吃了，但主要是玉米、高粱，他们盼望能吃上一部分大米白面；能够吃上细粮的，只是一部分。8亿农民中，前三部分大致是各占五分之一。一定要采取坚决措施，解决农民的吃粮问题。

在文化上，农民的正当权利也受到歧视和损害。1978年统计，全国有1亿多文盲，其中90%以上在农村。"文化大革命"中，陈伯达、"四人帮"搞所谓的贫下中农管理学校，实际是把国家应该负担的国民教育费用转移到农民身上。现在农民子女上学，基本上是农民自己负担。安徽的中小学教员，60%以上是民办教师，在生产队记工分。20世纪60年代初以来，教育部门规定农村青年不能到城市中学读书（这是很错误的，歧视农民的规定），城乡之间的文化、教育差距扩大了。中国这么大农村，不乏优秀人才，但农村青年不能进城市中学，得不到好的教育，也就难以考进大学学习了。现在北大、清华这些重点大学中，农民子女比20世纪50年代大大减少了。

这些年来，城乡之间、工农之间的差距，不是缩小，而是扩大了。城乡之间，现在有一条人为的沟，由于种种原因，弄得壁垒森严，泾渭分明。从长远讲，这种分隔、差距的存在，对我们国家民族的发展，是极为不利的。就在目前，也已产生了很多问题。例如军队，城市出身的和农村出身的战士，思想很不相同，学生也是这样，相互间共同语言少。知青问题闹得如此严重，一个重要原因，还不是因为城乡差别太大吗！我们讲了多年的农业是国民经济的基础，要把农业放在第一位，但为什么我们的农业院校去考的人很少，分配到农村去的干部不愿意去呢？宣城有个公社党委书记对我们说："我们15个干部，七对半都想进城去！"究其原因，也是因为城乡差别太大。这位公社书记还说："现在的政策，是鼓励你向城里跑。"干部可以调动，我们的农民是动不了的。我们的政策，应该有利于贯彻以农业为基础的方针，也应该替这些动不了的农民着想。

要迅速发展农业，离开了8亿农民的积极性，肯定是搞不上去的。而能否把农民的积极性充分调动起来，就要看我们对严重的农民问题解决的程度而定。我们要总结新中国成立30年来处理同农民关系上的经验和教训，从经济体制、工农关系、城乡关系、经济政策等方面，来研究如何加强工农联盟，如何改善农民在政治上、经济上、文化上的地位，逐步解决那些存在的严重问题。

十一届三中全会提出，"要在思想上加强对农民的社会主义教育的同时，在经济上充分关心他们的物质利益，在政治上切实保障他们的民主权利"，以发挥 8 亿农民的积极性，这是"确定农业政策和农村经济政策的首要出发点"。[①] 文件下达后，立见成效，解决了一批问题，立即得到了农民的欢迎，很快农业就欣欣向荣了。但应该说，这还只是个良好的开端，还有一大批问题，要继续进一步解决。"冰冻三尺，非一日之寒"，解冻也要有一个过程。我们要在三中全会所取得的成就的基础上，继续调查研究，继续解决极左路线所造成的那些老问题，也解决现代化过程中出现的新问题，真正把 8 亿农民的积极性调动起来，把蕴藏着的无限潜力发挥出来。这样，我们的农业现代化就有希望了，中国的社会主义现代化也就有希望了。

---

① 中共中央文献研究室编《三中全会以来重要文献选编》（上），北京：人民出版社，1982年8月，第 183 页。

农业调整了，商业也要作相应的调整[*]

十一届三中全会两个农业文件，威力巨大，调动了 8 亿农民的积极性，农业形势好得很快。去年①，三中全会后的第一年，粮食和各种农副产品大幅度增产，加上农副产品提价，农民的收入也大幅度提高了。这些都极其有力地促进和推动了我国财贸、商业战线的发展。现在城乡市场繁荣、购销两旺，多年来肉类、禽蛋、水果、蔬菜等副食品供应紧张的问题一下子解决了；某些滞销积压的工业品，由于农民的购买力提高，很快就成为畅销的了。随着两个农业文件精神的进一步贯彻执行，农村的形势会越来越好，会更有力地推动财贸商业战线的发展。

但是，三中全会两个农业文件，调整了农业政策，农业发展了，而财贸、商业的体制、政策还未作相应的调整，未适应农业大发展的形势，所以去年夏季以来就出现了一系列农商关系的矛盾。据我们去年在华东和东北农村的调查，具体表现在这样一些方面。

第一，指导思想不适应。鉴于工农业产品的剪刀差太大不利于发展农业生产和改善农民生活的问题，三中全会决定提高农副产品的收购价格，降低农用工业品的销价，并明确提出要把实惠给农民，要使农民逐渐富裕起来。这是一项深思远虑的战略决策。财贸和商业部门应该体会这个精神，做助农民富、促农民富的工作。但是在去年，粮食和商业部门的有关领导，并没有按这个精神做，而是趁机下达了不少使本部门扭亏增盈的新办法，如粮食部门下达了提高饲料销售价格 28.7% 的指示，下达了提高粮食收购等级标准的指令（黑龙江历来收购玉米的含水量为 21% 以上，这次提高到

---

* 本文源自作者手稿，原稿写于 1980 年 1 月 8 日。本文涉及的相关地区农村经济社会数据源自作者调查过程中获得的资料。——编者注

① 本文中指 1979 年。

只能含 18% ）；商业部门下达了收购生猪按出肉率等论价的指令；财政部门下达了农业税按现价结算的指示（等于使多年来未动的农业税一下提高了 20% ）；辽宁的财政部门还下达了取消对磷肥补贴的决定。这样七折八扣的结果，使国家原来决定给农民的好处，相当一部分转到了业务部门手里。据辽宁锦州匡算，粮棉油猪等主要农副产品提价后，加价总额大约为 5000万元，平均每个农民可增加收入 15 ~ 16 元。但由于粮食、商业、供销、税务等部门的折扣，农民真正得到的还剩不到 3000 万元，平均每人只增收约 10 元钱。农村基层干部和农民对此事是很不满意的，他们批评这是 "红眼主义"，这是国家用一只手给我们，另一只手又拿回去了不少。

第二，商业的体制和结构不适应。以往农副产品少，商业部门习惯于搞派购、统购。现在农业政策一改变，农民积极性大高涨，农副产品像泉水般地涌出来，商业供销部门的收购机构和设施应付不了，各地普遍反映粮库、冷库、仓库紧张。去年夏季以来，各地就发生了商业部门限收、拒收生猪、禽蛋的现象，发生了粮食部门拒收超产粮的现象。例如我们最近在辽宁看到，供销部门拒收鸡、鸭、鹅、兔，拒收松蘑（仅此一项，阜新县农民就要减少收入 150 万元），拒收次等的苹果，等等。商业部门对生猪实行限购，凭票交售等新办法。以前生猪不够，商业部门以国家任务对农民实行派购，农民没有猪，要买了高价猪来 "交售"。现在农民有猪了，商业部门拒收，农民又得靠说情、央告、送礼，才能把猪卖出去！有些省的粮食部门对农民的统购粮以外的超产粮，实行购七留三。现在粮食多了，有些粮食部门又规定，统购粮以外的超购部分只收 70% ，如果超出了，不给 50% 的加价款。

一方面，我们的外贸部门万里迢迢，从国外进口粮食，另一方面我们却又拒收农民的粮食；一方面我们的城市、工矿企业的副食（特别是禽蛋）供应不足，另一方面我们的商业部门又拒收农民的肉类和副食品。所以产生这种咄咄怪事的原因，自然有仓库不足等客观原因，但据我们在农村基层了解，这主要还是商业方面经济政策和商业职工物质利益的问题。因为收购价格提高了，但粮食的销价未变，产生了购销倒挂的现象。肉类的销价提高了，但食品公司还是赔本的（如阜新市，每收购、屠宰、销售一头猪，还要赔 3 ~ 5 元），这样，商业系统越是收购、供给得多，赔得就越多。但领导部门统计各企业单位的成绩，是以赢利多少为标准，职工的奖金还是依此提成。这样在商业、粮食部门的职工工作做得越多，"成绩越少"，奖金福利也越少，吃力不讨好，于是他们就要想各种办法，或是压级压价，或是限收拒收了。

第三，商业的经营方针、供应渠道不适应。农业增产，农民收入增加，购买力提高，要求购买大量的工业品。1978年苏南大丰收，年终分配后，农民纷纷进城买东西，据无锡市统计，1979年一季度商品零售额比1978年同期增加18.8%，许多原来滞销的商品也畅销了，如库存2467只国产手表，2月份全部卖光，原来要削价处理的半导体收音机也卖光了。无锡百货公司9000个品种商品，脱销的有1000多个，全部库存一季度减少了5000万元，约为10%。各地也都有类似的情况。1979年农业普遍丰收，秋后政策兑现，8亿农民从粮食和农副产品的提价增加的收入总额在90多亿元，加上集市贸易等渠道的收入，农民总的购买力会比往年增加百亿元以上。这对我国市场是一个巨大的推动力量，要求工业、商业部门作相应的调整和发展，满足农民的需求。农业发展了，不仅要求更多的农用工业品，而且要求更多的轻工业品。

农业发展了，对农用工业提出了更多的要求，要求能供应质高价廉的农业机械、水利排灌设施，要求供应化肥、农药，特别是磷肥。在安徽宣城，去年排队买小水泵的，夏天就发到700多号。农民还要求商业部门能改变供应渠道，如在黑龙江省，农民打一眼机（电）井，要跑10家公司购买各种机器设备，才能配成套，用上水。买水泥要到物资局批，买铁钉是五金公司，买橡胶管要到生产资料公司，买机器设备要到机电公司，还要到电业局办用电手续等等，农民批评这种不顾支援农业生产的办事办法说："支农支农，支得老农满地跑。"

农业发展了，农民的收入增加，农民的购买力大大提高，农民的消费结构也正在发生变化，特别是一些先富起来的地区，农民购买的商品也在向中高档发展。据辽宁金县统计，这个县55万人口，近几年每年销售自行车2000辆，缝纫机600台，手表2000块，都是凭票供应，市场上见不到货，供不应求。距县商业局在大孤山公社红星大队登记，这个大队今年要求买日本电视机的有30家。中央文件曾经规定，副食品应该优先供应城市，工业品则应该优先供应农村，在实际执行过程中，这后一条原则并没有实现。以前农村购买力低，矛盾并不突出，现在农民购买力大提高之后，这个矛盾就突出了。

第四，商业原有的一些规章制度不适应。两个农业文件决定，要把宜于农村加工的农副产品，逐步由社队企业加工。这样可以节省运输，减少损耗，把这部分好处留给农民。但这个决定迟迟落实不了。主要原因是工商部门不肯让出这部分利润。安庆专区 1978 年收购的毛茶，平均价格每斤才 1.06 元，茶厂稍经筛选加工，就卖 3～5 元一斤。茶农要求就地加工，商业部门明文规定不许，只收毛茶。据岳西县匡算，仅此一项，该县茶农每年就少收入 30 万元。中央已经多次指示，可以办农工商联合企业，各地农业部门和农民有办的积极性，但由于与商贸部门的利益有矛盾，解决不了，至今进展缓慢。有些农村社队办了自产自销的商业、旅店、饭店等服务业。这样一方面是补充了国营商业服务行业的不足，另一方面也有了对立面，有了竞争的对象。这本来是好事，大部分地区的商业系统能正确对待，但也有一些地区的商业供销部门却不是这样，他们以垄断者自居，动用行政力量和行政手段限制和挤压农村社队办的这些企业。农民说，党中央让我们富，我们也想富，但就是关卡太多了！

　　总的说来，由于农村政策调整，农业形势好得很快，但商业财贸的政策还未作相应的调整，由此产生了一些新矛盾、新问题。黑龙江省供销部门的一位负责同志说："现在我们的商业工作出现了新形势，遇到了新问题。我们过去习惯于做独家买卖，现在有了竞争的对手，就不适应了；我们过去习惯于做东西少，搞限购，凭票供应的买卖，现在东西多了，就不适应了；我们过去习惯于用行政手段，下收上调，上拨下卖，现在要用经济办法，要出去采购，出去推销，就不适应了。"这位同志的意见是很有见地的。我们商业供销工作的体制、结构是到了调整、改革的时候了，否则不仅不能适应当前农业发展的形势，不能起工业、农业之间，城乡之间的桥梁作用，不能起促进工农业生产的作用，而且也阻碍了商业、供销工作自身的发展。我们在各地，听到基层干部和社员以及商业财贸的工作人员反映，他们盼望，商业财贸系统也要有像两个农业文件那样的决定就好了。

　　商业财贸系统要把为农业服务、支援农业发展的工作放到首要地位。中国是个有 8 亿农民的社会主义大国，"农民的情况如何，对于我国经济的发展和政权的巩固，关系极大"[①]。中央两个农业文件，把农民的积极性调动起来了，农业形势好得很快。但从长远看，农业要大上，还必须得到工业、商业、财贸等部门的物质、技术、资金等的支持，单靠农民本身的物质力量和积极性，实现不了农业现代化，农民要富也富不了。对此，十一届三中全会的文件，已经明确阐明了。现在的问题是，由于商业财贸本身

---

① 毛泽东：《关于正确处理人民内部矛盾的问题》，载《毛泽东选集》第 5 卷，北京：人民出版社，1977 年 4 月，第 379 页。

的体制、结构问题，还起不了它应该起的支持农业、促进农业的作用。这种状况急需改变。商业、供销系统要牢固树立为农业服务的思想，要在使我国8亿农民能够比较快地陆续富裕起来的过程中，起助农民富、促农民富的作用。这样，商业本身也就能获得充分的发展。中国农村市场是个广阔天地，商业工作在这方面可以大有作为。

要通过对商业系统的体制、结构的调整改革，解决商业的动力问题，使商业系统真正起工农之间、城乡之间，以及国家和农民之间的桥梁作用，起到生产和消费之间的流通作用。我们还是个商品生产很不发达的国家，农副产品的商品率很低。农民的购买力也不高。随着农业的发展，农副产品会大量增加，农民的购买力会极大提高。现在的商业、供销部门的收购、销售的机构、网点以及经营的方式、方法都是极不适应的。去年是三中全会农业文件颁布后的第一年，还只是初见成效，就已经是矛盾百出，往后大见成效，问题就更多了。这一年已经说明，我们商业这个流通环节并不畅通。有些地方已经提出，商业是卡农还是支农？商业是流通还是卡脖？有的地区的农业部门批评供销合作社已经实际上成了国家的第二商业局。他们要求重新组织农民集体所有的供销合作社，这些都是值得研究的。要加强流通环节，使物畅其流，使农民生产出来的东西及时得到收购，农民需要的生产生活资料得到及时的供应。否则还会打击农民的积极性，使农业生产受到挫折。

国家对于商业的基本建设也要予以足够的重视。由于以往重积累轻消费，重视生产性建设，不重视非生产性建设，致使"骨头和肉"的关系紧张。城镇工矿的商业网点少，营业面积小，三库紧张，商业职工的待遇低、福利少；农村的商业更要重视。供销社系统中有1/3的职工还是农村籍的临时工，他们有的已干了几十年，至今转不了正。这些问题都应该有计划地逐步予以解决。

国民经济是一个统一的整体，农商关系的协调，需要国家对整个经济体制结构进行调整，进行综合平衡后才能实现。例如目前已经出现或正在出现由于农民交售的猪禽多，而城市购买力有限的矛盾。我们现在是8.1亿农民，1.5亿城镇居民，大体平均4户农民养1户城市居民。按三中全会政策，三两年后，每个农户一年养一头猪、卖半头，一年养5只鸡、卖2只，卖24斤蛋。农民做到这一步，不困难。结果会怎么样呢？4个农户养1户职工，这个职工一年就可以购买：2头猪（160斤肉），8只鸡，96斤蛋。需要多少钱？按北京牌价计，160斤肉，每斤1.29元，共206.4元；8只鸡每只 4 元，共 32 元；96 斤鸡蛋，每斤 1.2～1.4 元，共 115.2 元；三项合计共 353.6 元，每月要 29.4 元。1978 年职工平均工资 644 元，每月 53.7 元，以双职工计，每月一家工资是 107.4 元，加上国家副食补贴 10 元，才 117.4 元。而肉禽蛋的开支要 29.4 元，占工资收入的 25%，这太多了，要一般职工家庭拿 1/4 的收入去吃肉、吃蛋，这不可能。现在的职工生活水平，平均在肉禽蛋方面的开支约为 10 元左右，计工资的 10%。所以自肉类涨价之后，有的城市肉类销售量骤降约一半，国家对职工的 5 元钱副食补助，并没有完全用到吃的方面来。这样，农业发展了，农民养猪多了，会遇到城市购买力不足的问题，交换不能实现的问题。从目前的趋势看，近几年内如果不采取经济措施，会出现猪肉相对过剩的问题。职工普遍反映，肉不是吃不了，而是吃不起。这类问题自然不是商业本身能够解决的问题。

农业发展了，对整个国民经济会起到良好的推动作用，会起好的连锁反应，促进工业、交通、商业、财贸各个部门的发展。我们要估计到这种形势。各行各业要作出适当的调整和安排，迎接这个形势。国家也要在总的经济政策上予以调整，加速轻工业、农用工业和商业的发展，包括提高职工工资等，以适应这种新形势，促进农业的继续发展。

当前农村形势和值得注意的几个问题[*]

1983 年 4、5 月间，我们就农村实现责任制后的新情况、新经验和农村发展商品生产等问题，调查了四川新都、浙江温州和绍兴、江苏无锡、上海等省市地区的农村。9 月，为中国社会科学院建立农村发展研究基地到山东省去选点，顺路调查了济宁地区邹县和德州地区陵县的农村。9 月下旬，参加山东省委召开的农村政策座谈会，听了 10 多个县的情况介绍。所得材料甚丰，现将对当前农村形势的估计和值得注意的几个问题，提出来，供大家参考。

一　关于当前农村形势的估计

当前农村形势大好，确是新中国成立以来最好的发展时期。三中全会的路线，日益深入人心，党的一系列农村政策，广大干部群众衷心拥护，开始有点思想不通的，受了实践的教育，现在也耳顺心顺，口服心服。农业联产承包责任制已经普遍实行，包干到户，家庭经营已成为农村生产责任制的主要形式，并且正在稳定中不断得到完善。农业生产大幅度地持续增长，农民生活有了很大的改善，农村社会秩序安定，出现了生动活泼的政治局面，出现了学文化、学科学的热潮，出现了商品生产发展的新形势。我国农村正在走出一条具有中国特色的实现社会主义现代化的道路。但是，据我们在几个省农村调查，我们感到有些农村的领导干部，对当前农村的大好形势缺乏实事求是的分析态度，农业以外的一些部门的领导同志，对

---

* 本文源自《解放日报》理论宣传部、文学艺术部编《新论（未定稿）》1983 年第 80 期（1983 年 11 月 9 日），第 1～8 页，作者：陆学艺、李兰亭、张晓明。该文收录于文集《当代中国农村与当代中国农民》（陆学艺著，北京：知识出版社，1991 年 7 月）。——编者注

农村的大好形势的认识比较抽象。因此，正确估计，正确认识，正确宣传农村形势仍是当前农村工作继续前进的一个关键。

十一届三中全会以来，曾经最使人发愁的农村问题，首创新局面，发生了历史性的变化，形势很好，原来争论最多最大的包产到户、包干到户实行之后，起死回生，威力很大，这都是确凿的事实。但正如邓小平同志指出："农村有些事还没有破题，应该办的事情还没有提出来，有的破了题，还没有成文。"① 农村实行了联产承包责任制，打开了新局面，只是开了个好头，还有大量的工作要做，不能说农村问题已经解决了。

第一，这几年农业的好形势，具有恢复的性质，所谓大好，是同过去长期停滞，长期徘徊比，是纵向比较的结果。如果同国外比，作横的比较，那我们的农业还很落后，还处于以人力、畜力为主要动力，基本上是手工操作的阶段，还处于商品率很低、自给半自给的自然经济阶段。我国的农业还不能满足国民经济发展的需要，不能满足仅占总人口 17% 的城市人口的生活需要，我们还不得不进口大量的粮食，弥补自己农业生产的不足。

第二，联产承包制在全国普遍实行仅仅才两、三年工夫，有不少地方才实行一年，稳定、完善还需要做大量的工作。实行联产承包责任制这样一项大的政策后，交换、流通、财政、信贷，以至政治、文化、教育、科技等领域，有的有了新的相应的政策，但大部分还是依然故我，使联产承包责任制的威力不能充分发挥。

第三，由自给半自给的自然经济向大规模的商品生产转化要经历一个相当长的历史时期。三中全会以来，实行了联产承包制以后，农村出现了社会主义商品生产大发展的趋向，这个势头很好。但是，商品生产是一种生产方式，同自给性生产即自然经济是相对立的。从自给半自给经济向大规模的社会主义商品生产转化，这不仅是商品生产量的变化，而且要发生质的变化，整个经济机制要发生相应的变化。农村实行了联产承包责任制以后，只是在有限的范围内扩大了农民在生产经营等方面的自主权，促进了农业生产，为发展商品生产准备了条件，要向大规模的商品生产转化，还需要在生产、交换、分配、消费等各方面，以至上层建筑领域作相应的改革，要经过一系列的中间发展阶段和过渡环节。可以这样说：实行联产

---

① 参见《中央办公厅 国务院办公厅关于省级农村工作机构设置问题的补充通知》（1983 年 4 月 19 日），载劳动人事部政策研究室编《人事工作重要文件选编》（六），第 294～295 页。——编者注

承包责任制，使农村发生了历史性的变化，使广大农民解决了生产生活问题，但要使广大农民真正富裕起来，彻底解决农村问题，实现农村的现代化，就必须靠发展社会主义大规模的商品生产。这是摆在我们全党面前的一项艰巨任务。

第四，农村整个形势是好的，但发展很不平衡。表现在地区之间很不平衡，行业之间很不平衡，农户之间也很不平衡。还有一部分地区，或者因自然条件太恶劣，或者由于工作上的原因，群众的生产生活都还有很大的困难，例如在我国西北和西南少数困难地区，至今群众的温饱问题还没有基本解决。

联产承包责任制是先从农业生产搞起的，现在农业上已经有一套比较成熟的行之有效的承包办法，而林、牧、副、渔各业，有的还没有承包，有的虽然承包了，但办法还不行，特别是林业生产责任制，上下都很关心，提出了种种方案，不过效果都不理想，可以说还没有摸到门道。

至于承包农户之间的不平衡，则是各地区、各社队都是普遍存在的问题。据实地调查，各地区、各社队一般多有10%～15%的困难户，他们虽然比原来也有不同程度的好转，但生产生活还有困难。有的则比原来还困难（在集体经济时，基本口粮等的分配还是有的，承包之后，这部分分配就没有了）。

第五，我们这次实行联产承包责任制，是在三中全会的路线感召下，广大农民群众和干部自下而上实行起来的，运动来势猛，发展比较快，相当一部分干部思想准备不足。有的形容他们好像是延安山区的小毛驴上山，党中央在前面拉，广大群众在后面赶，现在虽然上了山，但思想问题并没有完全解决。不懂（对这场变革的伟大意义）、不通（对现行政策想不通）、不会（在新形势新政策下如何做好工作）的状况，在各地不同程度地存在着。另外，群众中怕政策变的心理还是比较普遍，这一方面是对原来"左"的政策还心有余悸的表现，再一方面，就是干部不懂、不通、不会状况存在的本身，使群众自然就会有不安怕变的心理。

第六，实行联产承包责任制，实行大包干初期，曾经提出："责任越明确越好，利益越直接越好，办法越简单越好。"这套做法在当时起了很好的作用，但经济工作应该越做越细。责任明确，利益直接的原则还要坚持，而承包的方式方法，则要逐步完善，例如合同签订，执行的监督，提留款项的规定，使用的权限；出包者（集体）与承包者之间的权利与义务的规定等等，都应该制定比较合理、详细的规则，这方面还有很多工作要做。

二　重点是要加强承包农户家庭经营这个基本层次

实行联产承包制，实行包干到户以后，农业基本核算单位的大部分经营职能，实际上已由生产队转到了农户，承包农户成为实际组织生产、经营管理的基本单位。这是一个深刻重要的变化。这就要求我们的政治、经济工作，都要适应这个转变，从过去面向 600 万个生产队，转为面向 1.7 亿多农户。第一要稳定它、完善它，贯彻中央 1982 年、1983 年两个文件所宣布的两个长期不变和一系列政策，充分发挥 1.7 亿农户的生产潜力；第二要加强它，提高它，从人力、物力、财力各方面帮助它。提高、发展承包农户家庭经济的生产力，这是当前使农业持续增产，使农村商品生产大规模发展的基本环节。

据我们调查，山东鲁西北地区。一个五口之家耕种 10～15 亩农田（5亩棉花，5～10 亩粮田），按照目前的生产条件，要使承包土地达到平均以上产量的水平（粮食亩产 800～1000 斤，棉花亩产 100～120 斤），每个承包农户大约需要有 1000 元的生产资金（牛或驴 1 头，地排车 1 辆，犁、耙、锄等中小农具备全，饲养猪羊若干头，此外还要有购买化肥、农药、良种等的现金）。1000 元生产资金，是个平均数。各地生产情况不同，所需的生产资金也不同，高于或低于这个水平，但总要有一个相当数量的生产资金，才能把承包田种好。实行承包责任制的时候，生产队只把耕地包给了农户，牲口几户才分有 1 头，其他生产资料寥寥。经过这几年分户经营，社员家庭自己添置，农户家庭经济的生产力正在逐渐形成。但是，据抽样测算，现在各地达到或基本达到当地平均生产条件的（即拥有上述约 1000 元生产资金的），只有 50% 左右的农户，除了承包的土地以外，生产资料和生产资金是不足的。这就妨碍了这些承包农户的劳动力和承包土地的潜力的发挥，影响着农业生产更好地发展。根据山东省高密县调查，该县康庄公社康四大队有困难户 15 户，包地 108 亩，占大队总耕地 7%，由于这些户缺乏必要的生产资料和资金（有些户劳动力不足），对承包土地投资比一般水平要低 50%，因此产量也比一般水平低得很多（1982 年粮田平均亩产比平均产量低 57%；棉花平均产量低 43%）。所以，如果我们从各方面努力，通过投资、贷款、出售、转让、租赁等等的多种形式，在短期内，使这 50% 的农户都能得到足够种好承包田的生产资料和生产资金，那么，我国的农业生产就又能从现有基础上大大发展一步。

三　建立多种形式的为农业生产服务的体系

实行家庭联产承包责任制以后，"三级所有，队为基础"时那一套指挥生产、管理生产的程式已经不适应了。生产队组织生产、经营管理的职能已经大部分转到农户，但是，现在的农业生产，已经不同于20世纪50年代合作化前的状况，现在的农业生产力已经有了很大的提高，单靠一家一户"单干"不行，有些事情一家一户办不了，有些事情办不好，有些事情一家一户经营效益不好，经济上不合算。例如水利灌溉、机耕机播、良种培育、农作物病虫害防治、禽畜防病防疫、饲料配制，以及生产资料供应、农产品加工、储运、推销，等等；这些都是农户一家一户办不了或办不好的。1981年虽经提出，这些项目都仍由生产大队、生产队统一经营，并提出了统和分的概念，统一经营以发挥集体经济的优越性，分散经营以发挥社员群众的积极性。

现在看来，这是个经济机制转化的问题，农业现代化的发展，社会分工越来越细，社会协作越来越广，生产越来越专业化，原来由农业生产单位进行的许多工作，逐渐分化出专门由社会其他的行业来承担，社会化的程度越来越高。统一的农业生产逐步分化为产前、产中、产后三个部分，而产前、产后的服务在农业生产中越来越占重要地位。在原来的集体经济中，产前、产中、产后全部都是由集体经济单位统一安排的，内部蕴藏着矛盾，但并不突出。实行家庭承包联产责任制后，大部分生产经营的职能转到了农户，矛盾产生了，出现了良种、化肥供不上，有机井浇不上，有拖拉机耕不了地，生产出粮食交售难等问题，强调了原有社队还要进行部分的统一经营，这些矛盾有所缓和。随着近几年生产的发展，特别是商品生产的发展，新的矛盾产生了、突出了，买（工业品）难、卖（农产品）难的问题日益尖锐，植保、防疫、饲料配制，以及农产品加工、储运、信贷、经济信息等产前、产后服务行业不发达，限制着农业生产，特别是专业户、兼业户的商品生产的发展。而所有这些产前产后的服务行业，单靠原有社队的集体经济系统已经远远不能适应生产发展的需要。因为这是农业由自给生产向着农业专业化、社会化、商品化转变过程中产生的必然要求，需要通过整个经济机制的改变，通过逐步实现农业的专业化、社会化来解决。现在各地逐步建立各种形式生产服务的体系，是实现农业生产专业化、社会化的重要步骤。看来，今后发展农业生产，一方面要继续稳定、完善、支持、发展承包农户的家庭经营，这是基础；另一方面，则要从整个社会经济机制的高度来建立为农业生产产前、产后的服务体系，以逐步实现农业生产的专业化、社会化。

由于种种原因，我国农业的专业化、社会化水平还比较低。农业生产的专业化、社会化是互为条件的。专业化不发展，社会化就发展不起来；而农业的社会化事业不发展，也就限制专业生产的发展。实行联产承包责任制之后，农业生产有了很大发展，农村的兼业户、专业户大量涌现，当务之急是发展农业生产的社会化事业，要求建立各种形式的为农业生产产前产后服务的体系。山东德州地区实行统一的包干到户责任制，在生产队、生产大队实行统一种植计划、统一机耕、统一灌溉、统一兴建、购置和管理、使用大型水利设施和大型农业机械的基础上，近几年又出现了三种社会化的服务形式：一种是为农业生产服务的专业户，如植保专业户，农机专业户，育种专业户，饲料加工专业户，等等；另一种是农户之间成立的经济联合体，购买了农业机械为社员进行机耕、灌溉、加工农副产商品；还有一种是以原国营农技、农机、水利、供销部门和原公社的企事业单位为依托，建立各种为农业生产服务的公司，如植保公司、农机公司，等等。这多种形式服务组织开展了各种产前产后的服务活动，在更大的范围内组织了生产力，进行生产协作，促进了农业生产，效果是比较好的。

从各地目前的情况看，由于农业生产的社会化事业不发展，阻碍着农业生产的发展，阻碍着专业户、兼业户的发展，阻碍着农村商品生产的发展。要说农业生产中的主要矛盾，这是目前要解决的主要矛盾。例如交通运输，信息传递，供销流通体系、良种培育和推广体系、机械化、电气化体系、大面积的植保体系、大型水利工程、饲料加工和供应体系，等等，所有这些都不是上述社队集体经济进行统一经营所能解决的，甚至也不是一个县、几个县所能办的。而应从全国、全省、全地区的范围来着眼建设，而这需要投入相应的人力、物力和财力。

四 各个部门都要做完善生产责任制的工作

应该说，实行联产承包责任制，鼓励发展承包农户的家庭经营，经过几年的工作，在微观经济方面已经调整得比较合理了。现在的问题在宏观的计划、宏观的控制、服务和宏观的协调方面。公社、特别是县以上的各级领导机关，各个职能业务部门，他们领导农村，联系农村，支援农业的领导思想、领导作风、领导方法以及联系服务的方式，有的作了一些改变，有的则基本上没有改变，这就同已经变化了的农村，同承包农户的家庭经营形式，产生种种矛盾。农村现在的许多问题，就是这些矛盾的反映。因此，要稳定、完善生产责任制，除了要继续完善承包农户的家庭经营形式以外，还必须提出各级领导机关，各个部门都有调整、完善的任务，要使本机关本部门的工作适应农村实行联产承包责任制后的新形势。现在总的情况是领导机关落后于基层工作；交换、流通落后于生产的发展；思想、理论落后于实践；上层建筑落后于经济基础。这些问题，都是需要改变的。最近，山东聊城地区的同志，提出了大完善的观点，即认为完善生产责任制不仅是生产队、农户的事，各级领导机关，各个部门，各个行业都有完善的任务。聊城地区的同志提出的这个观点是正确的、适时的。

五　要因势利导，警惕"趁热打铁" "揠苗助长"一类错误再生

我们感到现在有不少在农村工作的领导同志，急于求成的思想比较普遍，他们总觉得现在包产到户、包干到户是权宜之计，他们总想变一变，但往哪里变又不很清楚，所以往往就不能实事求是，而是赶时髦。前几年讲统分结合、又统又分，他们就强调搞统，有的地方搞到九统一、十统一，好像统得越多越好。近几年报上宣传"两户"，又专又联，他们就强调搞"两户"，搞联合体。现在专业户、重点户的统计数字直线上升，好像"两户"越多越好，所以开一次会"两户"就猛增一次，相当多的地区的统计，"两户"已超过总农户的20%，有的地区报告说，"两户"已占总农户的38%，经济联合体的数字也报了很多。其实，在社会化服务还相当低的条件下，真正的专业户是极少数。我们在下面发现，很多地区的专业户标准是自己定的，标准经常改，专业户的数量越报越多。有的地区还向下面硬派任务，规定发展"两户"的指标。很多经济联合体是拼凑起来的，往往有名无实。不少地区的领导总以为经济形式越高级越好，不顾本地的实际情况，不从实际需要出发，总想向高级形式"过渡"。

所以出现这种状况，一方面是因为这些同志对实行包产到户、包干到户责任制的历史意义认识不足，对承包农户的家庭经营将长期存在下去这个问题认识不足；另一方面是他们不懂得我们马克思主义者，既是不断革命论者，又是革命的发展阶段论者。当生产关系不适应生产力发展的要求

时，应该调整，改革生产关系。但是生产关系有相对的稳定性，不能经常处于变动之中。一旦调整得比较适合生产力发展的要求，就应该稳定下来，这样才能使生产力健康发展。应该说，目前，以包干到户、包产到户为主要形式的联产承包、家庭经营的方式基本适应我国农业生产力的发展要求，在一个相当长的时期内，要相对稳定下来，让包干农户，各种承包农户放心、放手地发展生产，包产到户、包干到户的潜力还大得很。

要摒除原来那种"一年一个新套套"的观念，使包干到户、包产到户这种形式稳定若干年，干部要安下心来搞稳定、完善。

现在还有相当多数的农民怕我们政策变，特别是一些正在富起来和已经富裕的农民怕政策变，他们还心有余悸。所以，我们的政策就应该稳定，即使在做联产责任制的完善工作时，也要考虑到群众怕变这个重要因素。例如承包地块的调整、撤销生产队、重订经济合同等，都是应该完善的内容。对这类事，我们也宁慢勿快，要等到大多数群众确实感到要调整了，再因势利导去调整也不迟，切不要在条件还不成熟，大多数群众还无要求时，就越俎代庖，匆促行事，这样反而会引起群众不安，把好事办坏。我们既不要给群众划这不准那不准的框框（如调整地块），也不要赶时髦，不断出新花样。要相信群众的实践，相信群众的创造。生产的发展过程，是一个自然历史的过程。许多问题会在发展中解决，许多新事物会在实践中诞生出来，因为目前的生产关系是基本适合生产力发展要求的，千万再不要重犯不断过渡、揠苗助长一类的错误。

关于棉花政策的若干问题[*]

1983 年棉花获得空前的大丰收，总产达到 8780 万担，超过美国和苏联，名列世界第一，结束了中国长期进口棉花的历史。棉花丰收了，农民欢天喜地，但也有种种议论，商业部门的同志说，棉花最多只要 6500 万～7000 万担，现在过剩了。财政部门同志说："棉花越丰收，财政越困难。"现在棉花收购下来了，有 4000 万～5000 万担压在各级供销社的临时仓库里，每月要支付银行利息 4000 多万元，对地方财政是一大负担。总之，棉花丰收了，出现了新的情况、新的问题。我们最近在山东德州地区就棉花问题作了调查，认为棉花的形势已经起了根本的变化，有关棉花政策也要作相应的调整。现在，已临近春耕，希望有关部门及时研究，作出决定，早出安民告示，否则将对 1984 年棉花生产产生不利影响。

一 棉花连年大幅度增产的奥秘何在

1949 年我国棉花总产只有 889 万担，1951 年突破 2000 万担（2061 万担），1955 年突破 3000 万担（3037 万担），1965 年突破 4000 万担（4196

* 本文源自《当代中国农村与当代中国农民》（陆学艺著，北京：知识出版社，1991 年 7 月），第 185～198 页，作者：陆学艺、张晓山，原稿写于 1984 年 1 月 31 日。该文曾摘要刊发于以下内部刊物：中国社会科学院《要报》1984 年 17～20 期（分四期连载），发表时间为 1984 年 2 月 17、19、21、23 日；《调查和研究》（中共中央宣传部理论局、中共中央书记处研究室理论组编）第 183 期（1984 年 3 月 7 日印）；《农村发展研究——调查报告汇编》（中国社会科学院陵县农村发展研究组编）1984 年第 1 期（6 月 4 日）；《经济研究参考资料》1984 年第 92 期（6 月 18 日）。该文还收录于《马克思主义合作制理论的新发展》（北京：中共中央党校出版社，1985 年 4 月）、《陆学艺文集》（陆学艺著，上海：上海辞书出版社，2005 年 5 月）。本文涉及的相关地区农村经济社会数据源自作者调查过程中获得的资料。——编者注

万担）。十年动乱，十年徘徊，直到 1978 年还只有 4334 万担。中共十一届三中全会后，农村实行了生产责任制，1980 年国家调整了棉花政策，从此棉花形势发生了历史性的变化，5 年跨了五大步：1980 年为 5413 万担，1981 年 5935 万担，1982 年 7196 万担，[①] 1983 年 8780 万担。平均每年增产 889 万担。这 5 年全国棉花增产最多的是山东省。1978 年山东省棉花总产只有 330 万担，1983 年达到 2400 万担，平均每年增产 414 万担。山东全省棉花增产最多的是德州地区。1978 年德州地区棉花产量只有 39 万担，1983 年达到 650 万担，平均每年增产 122 万担，5 年增长 15.7 倍，平均每年递增 75.5%。在德州地区中，陵县和平原两县棉花增产最多。陵县 51.8 万农民，1978 年棉花总产才 3.8 万担，1983 年达到 90.2 万担，五年增长 22.7 倍，平均每年递增 88.4%。

这样大幅度的连年增产，在中国历史上没有过，在世界历史上也是罕见的。我国原来棉花单产比较低，在世界属中下水平。这几年北方棉区的棉花单产大幅度增长，跃入了世界先进行列。如德州地区 1983 年植棉 437 万亩，总产 650 万担，亩产 148.7 斤；陵县植棉 54 万亩，亩产 167 斤。而 1978 年世界生产棉花最多的苏联，亩产只有 116 斤，美国亩产仅 63 斤。1980 年危地马拉棉花亩产 163 斤，名列世界第一，但其收获面积仅 183 万亩。棉花为什么能这样大幅度地连续增产？在较短时期达到世界先进水平的奥秘何在？根据我们在陵县蹲点调查，根本原因有两个。

第一，30 年来，特别是合作化以来，进行了大规模的农田基本建设，推广了科学种田，农业机械化也有了很大发展。但是，由于过去的集体经济经营管理过于集中，存在着瞎指挥、大呼隆、平均主义等的弊病，严重压抑了农民群众的生产积极性，致使上述生产条件没有发挥应有的作用。实行了家庭经营形式的联产承包责任制，农民的积极性极大地调动起来，使多年积累的新的物质技术条件得到了充分利用，蕴藏着的巨大潜力发掘出来，于是就出现了一个又一个出人意料的大丰收。

第二，我国现有的种棉花的物质技术条件已达到世界先进水平。这种先进新技术同我国的农业劳动力充足，劳动者勤劳、积极的特性结合起来，就有了超过苏联、美国等植棉先进国家的产量。在北方棉区，棉花品种是鲁棉 1 号、中棉所 10 号、渤海 1 号等优良品种，栽培上采用的是世界先进的地膜覆盖技术，可以保温、保水、早育、早发苗，国家对棉区的化肥有

---

① 国家统计局编《中国统计年鉴，1983》，北京：中国统计出版社，1983 年 10 月，第 163 页。

特殊供应，除了有优质尿素，还有磷酸二氨和磷酸二氢钾等先进的复合肥，棉区使用的是高效低毒的菊酯类农药，治虫效果极好。近几年棉区还推广使用缩节安、矮壮素、乙烯利等植物激素，试验使用了硼、锌等微量元素。所有这些，都是目前世界上苏美等植棉发达国家所使用的最先进的物质技术手段，但他们人少地多，普遍采用机械化操作，而棉花是费工费时、技术要求高的作物，一个劳动力要种几百亩上千亩，田间管理必然相对粗放。例如治虫，他们是使用机器或飞机喷洒，不容易治得普遍、彻底；棉花要打顶、抹芽，他们人手少做不到；收获了，他们一般先喷激素，催熟脱叶，然后用机器一次采摘。这些都会影响棉花的产量。我国棉区劳动力多，一个劳动力种4～5亩棉花，手工操作，积极性高，棉苗出土不久，易遭蚜虫之害，鲁西北棉农用木棍醮药液，一棵棵涂抹；打顶抹芽，一般要进行好几次；棉桃开一茬，摘一茬，最后连僵桃也收回剥开利用了。世界先进的植棉技术，同我国的集约型劳动和棉农的勤劳积极结合起来，就创造出了超过植棉发达国家产量的奇迹。

棉花生产近几年大幅度连续增产给我们一个启示，我们在粮食和其他农作物的生产方面，只要继续贯彻一靠政策，二靠科学的方针，继续改善生产条件，使之达到比较先进的水平，同我国极丰富的劳动力结合起来，就能够促进粮食和其他农作物的生产继续以更高的速度发展。

二 棉花生产的发展趋势

我们在德州地区调查，关于棉花生产的前景，有两种说法。干部说，1983年棉花这样大丰收，老天有60%的功劳。天旱、气温高、光照好，有利棉花生长。能浇水的棉区，天越旱，增产越大。1984年会不会有这样好的天气，很难说，老天一翻脸，雨多了，减100万、200万担很容易。但群众普遍认为棉花继续增产有把握。陵县袁桥一个老棉农说，只要没有大涝灾，棉花还会增产。他讲了三条理由：其一，前几年刚搞责任制，怕政策变，心里不踏实，现在中央文件说土地可以承包15年以上，心就定了，种田的积极性会更高；其二，前几年家底薄，增产主要靠多下力气，现在有家底了，有钱买化肥、农药、良种，生产资料充足，地也越种越肥；其三，以前虽说这里是棉区，但真正懂科学植棉的不多，近几年分开干了，大家钻研新技术，不断总结经验，科学种田水平普遍提高，各种先进的生产技术措施正在逐步推行。还有一条理由他没讲，这就是现在的棉花价格对棉农有利。1980 年中央规定,北方棉区在价外补贴基础上提价 20%,在这基础上以 3 年产量为包购基数,超基数加价 30%。这一政策极大地推动了北方棉区的棉花生产。1983 年山东取消包购基数,实行比例加价(三七开),比原来收购价约降 3%,群众反映不大。有的地区(如德州地区)实行户交户结,加价款当场二次兑现,群众分外高兴,种棉积极性更高了。1984 年取消北方棉区 5% 的价外补贴,比例加价改为二八开,两项相抵又要降价约 2%,宣布之后,群众意见也不多。所以总的说来,棉花还是继续增长的趋势。德州地区 1984 年提出的生产方针是:"保棉上粮"。植棉的指导思想是:"稳定面积,主攻单产,增加总产,改进品质,提高经济效益。"计划种春播棉 400 万亩,麦播棉 100 万亩(棉麦两熟)。一般年景,将产 700~750 万担棉花。从全国看,棉花总产也是上的形势,特别是北方棉区(鲁、冀、豫、晋),还会以较大幅度增产。

三　棉花是过剩了,还是仍有继续发展的余地

1983 年,棉花特大丰收,第一次超过 8000 万担。商业部门有的同志说,按目前的需要看,有 6500 万~7000 万担就够了。这是说,现在棉花已经太多了、过剩了。这个说法很值得商榷。

8780 万担棉花,10 亿人口,人均只有 8 斤多棉花,这在世界上并不是高水平。美国 1937 年就生产 8150 万担皮棉,当年出口 2923 万担,那时美国只有 12882 万人,人均消费 40 斤。二次大战后,化学纤维增多,棉花消费量减少,1970 年,美国人均年消费棉花 17.8 斤,加上化学纤维共消费各种纤维 42 斤。苏联 1970 年人均年消费棉纤维 14.4 斤,加上化学纤维,每人年消费各种纤维 26.6 斤。日本不生产棉花,1970 年人均消费棉纤维 12 斤,每人年消费各种纤维 30.2 斤。我国 1970 年人均年消费各种纤维不到 6 斤,近几年有了较大幅度的增长,1983 年人均产棉 8 斤多。但我国化学纤维产量少,只有 53 万吨,人均 1 斤 1 两,加上毛麻丝等各种纤维,人均消费还不到 10 斤,比起发达国家人均消费量要低得多,也低于世界总人口的平均消费量(1971 年世界人均消费各种纤维 14.3 斤)。

我国原来是个缺棉的国家,解放前就长期进口原棉,新中国成立以来,也是年年进口棉花。1950~1979 年共进口 9109 万担,平均每年进口 303 万担。其中 1970~1979 年共进口 5705 万担,平均每年进口 570 万担。近几年每年进口超过 1000 万担。现在棉花生产的形势变了,我们的外贸部门应该

改买为卖，为我国的棉花寻找市场出口。世界上苏美两个主要产棉国都是棉花的主要出口国，我国现在成了世界第一产棉国，也应该成为棉花的主要出口国。

我们的棉花生产技术先进，劳动力丰富，劳动力工资低，只要针对国际棉花市场的需求，相应采取措施，我国的棉花在国际市场上是会有竞争力的。日本每年要进口1000多万担棉花，东南亚诸国每年也要进口几百万担，西欧各国几乎都是进口棉花，这些市场我们都可以设法打进去。

我国因为长期缺棉，从1954年就对棉花实行计划收购，不久又实行棉布和絮棉的计划供应。30多年来，我们对各种棉纺织工业一直是控制发展的，对人民群众的棉花、棉布的需求一直是通过发布票、棉花票限量消费的，所以国内的生产、生活对棉花的需求，长期受到严重压抑，人民群众对棉花和棉织品的需要，长期没有得到满足，消费力是萎缩的，不正常的。现在，布票棉花票终于取消了，但因为购买力不足，消费习惯一时还未改变，花色品种又不能满足群众要求，还有流通环节不畅等因素的限制，国内对棉织品的需求增长并不理想。不过随着整个经济的发展，人民群众购买力将会提高，消费习惯也会随之变化，人民群众对棉织品的需求将会逐年增加，这是可以预计的。特别需要指出的是，长期以来，国家对于城市和非产棉区的絮棉供应不足，而且质量极次，一般是利用再生棉花或短绒，就是这种絮棉，也是限量的。我们到西北的甘肃、陇东一带的高寒山区调查过，那里许多农户的被褥不足。其实就是北京、天津这些大城市，多数家庭的棉被的质量也是不很好的，如果能有好的絮棉供应，那将受到广大居民群众的极大欢迎。所以国家只要改善流通渠道，充分满足人民群众对于絮棉的需要，仅此一项，每年就会有几百万担棉花销售，开始几年，可能还会更多。

从这几个方面看，说我国目前棉花已经够了还为时尚早，年产8780万担棉花不是太多了，而是还有发展的余地。

四　一面限制消费，一面限制生产，这是最下策

我国1982年生产23684万担油料，折合成食油，人均占有8斤多，只有当年世界植物油脂人均22斤的1/3强。但是由于种种原因，有关部门没有从扩大消费等方面来支持发展生产，而是一面继续严格限制消费（食油定量发票供应），一面用降低收购价格等办法打击生产。1983年全国油料生

产就骤然降到 2 亿担，减产 15.38%。

棉花生产现在也遇到了类似油料生产的问题。棉花生产发展很快，而对棉花的消费需求没有相应跟上来，出现了大量积压等现象。怎么来处置棉花问题？最简单的办法就是套用对待油菜籽的办法，一面继续限制消费，一面用大幅度降价收购的办法打击生产，这是最下策。如果用大幅度降低棉花的收购价格，棉花生产当年就会骤降，棉花积压等问题是可以解决了，不过由此会引起一系列严重后果，希望有关方面一定要慎重考虑。

第一，棉花生产是鲁西北地区（惠民、德州、聊城、菏泽）、河北黑龙港地区、河南豫东等地区的 5000 万农民由穷变富的经济支柱。这三大片长期贫穷落后的地区，从 1958 年受到"五风"的严重打击之后一蹶不振。粮食不够了，就少种棉花；棉花少了，经济收入减少，无钱投资，粮食产量就更少；粮食少了，就更要以粮为纲，压缩棉田；最后只好大种地瓜。田越种越薄，人越混越穷，"地瓜干子成主粮，鸡屁股是银行"。20 多年来，国家对这片"三靠"地区投入了大量的人、财、物力，但久不见效。中共十一届三中全会以后，实行大包干责任制，又扩种棉花。主要靠了这两条，使这些地区发生了历史性的变化。棉花丰收了，农民收入增加了，有钱买化肥，买良种，买农具了，虽然粮食种植面积减少，但粮食单产、总产都是大幅度猛增。有粮有钱了，农村的工业商业也发展了，各种经济文化事业都活跃起来，出现了一年比一年好的良性循环。但是，这些地区穷了几十年，集体和农民家底都很薄，所谓形势好，也还是初步的，比原来富裕发达的地区还差得很远，而且本地经济还很脆弱，经不起风吹雨打。棉花一降价，棉花产量当年就会下来，棉花这个经济支柱一倒，各行各业都会跟着下来，其后果将是极其严重的。以前我们千方百计想解决这几大片的问题，每年花钱也不少，问题总解决不了，现在只是用了些棉花收购补贴，补出了这么个繁荣向上的大好形势，投入很少、效果很好，我们何乐而不为呢？

第二，棉花生产降下来，对农民不利，对国家更不利。财政部门的同志说："棉花越丰收，国家财政越困难。"这里财政部门的同志只算收购棉花补贴的财政开支账，而没有算棉花加工，销售过程中，国家可得大笔税利的财政收入的账。不算进，只算出，看来财政补贴很大，事实上，国家从棉花加工销售过程中得到的收入要大大高于补贴的支出，收大于支。可见，棉花是国家的一大财源。

据我们在德州地区的调查，国家在收购棉花时，对山东棉区 70% 的棉花给以 30% 的加价补贴，以标准棉（三级，27 厘米长）每百斤 153.1 元为例，要加价 32.15 元，另外在从棉花二级站向纺织厂调拨时，每百斤还要补贴 7.6 元。两项共计补贴 39.75 元。但是国家收购棉花以后，就有一系列的税利收入。

（1）棉花收购站向农民收购籽棉，折算成皮棉，以每百斤标准棉 153.1 元的价格收购，另外加价的 32.15 元由财政直接补贴。所以，农民交售棉花时，每百斤实得 185.25 元。

（2）棉厂。棉花收购站把籽棉送到棉厂，棉厂付给收购站每百斤 5 元的手续费。棉厂经轧花加工成皮棉，打包成捆，向棉花二级采购供应站交，仍以每百斤标准棉 153.1 元结算。棉厂加工成捆的皮棉算一次工业产值，国家收一次工商业税，税率 3%，每百斤皮棉可得税 4.59 元。棉厂把轧下来的棉籽，脱毒、榨油，把棉油、棉饼、棉籽皮返还给农民，棉厂从农民那里可得一笔加工费，一般以短绒折价抵交。

（3）棉花二级采购供应站。棉厂把成捆皮棉运交二级站，二级站付给棉厂每百斤 17.9 元的加工手续费，实际以 171 元（153.1 元 + 17.9 元）收进。经过储运，向省内外的纺织厂及其他部门调拨。调拨时，每百斤以 171 元结算，另外加 7.6 元的财政补贴。二级站就得每百斤 7.6 元的补贴。

（4）棉纺织厂。以每百斤 178.6 元购进，每百斤棉可纺成 90.72 斤纱，值 229.9 元，按 5% 纳税，为 11.50 元。每 29.74 斤纱可织 100 米布，100 斤皮棉的纱可织 21×21 的平布 305 米，每百米出厂价为 92.3 元，共值 281.52 元，纳税 3%，8.45 元。在纺织厂算一次工业产值，纳二次税，共 19.94 元。

（5）印染厂。以每百米 21×21 平布 92.3 元购进，染成硫化蓝色等平布，出厂价为每百米 112 元，305 米共为 341.6 元，算一次工业值，纳一次 8% 的税，为 27.32 元。

（6）纺织品站。以每百米 112 元购进，储运调拨加价 8%，以每百米 120.96 元批发卖出，305 米共值 368.93 元，纳 3% 的营业税，共为 11.07 元。

（7）服装厂。以每百米有色平布 120.96 元购进（现在也可从印染厂直接采购，享受出厂价格），305 米布可加工成 153 件棉布男衬衣，以每件出厂价 4 元卖出，可得款 612 元。算一次工业产值，纳 3% 的税，18.36 元。

（8）百货公司。以每件衬衣 4 元购进，加价 14%，零售 4.56 元一件。153 件衬衣可卖得 697.68 元。纳税 3%，为 20.93 元。

国家从棉农收购棉花，经过 5 次加工，算 4 次工业产值，棉花本身还要算一次农业产值，经过 3 个商业环节，每百斤皮棉由 153.1 元增值为 697.68 元，可以收 7 次税，共得税款 102.22 元，仅此一项就比棉花补贴 39.75 元要多 62.47 元的财政收入。何况这 8 个工业和商业机构，都还有相当可观的利润。如德州纺织厂，5 万纱锭，2000 台布机，5000 工人，每年用棉 17 万担（还用 3 万多担化纤），1983 年这个厂纳税 648 万元，实现利润 549 万元。以纺织厂税利的比例 100∶85 计，国家从每百斤皮棉取得 102.22 元税收的同时，还可得到 87.34 元的利润，两项合计共为 189.56 元，扣去 39.75 元的财政补贴，可以有 149.81 元的收入。国家每收购 1 元钱棉花，可以创造 4 元的工业产值（只算最后的一次），可以有 4.56 元的社会零售收入，可以有 0.98 元的税利收入。

可见，棉花的收购、加工、销售是我国的一大财源。前几年国家采取财政价格补贴的办法，鼓励支持了棉花生产的发展。这个政策措施是成功的，现在棉花生产上来了，比原来预计发展要快得多、好得多，这是大好事。现在我们有些同志却为此忧心忡忡，这是不必要的。好事来得太快了，有点不知所措，这可以理解，但切不可惊慌失措，采取不当的政策，把棉花生产打下去。实践的经验证明，某项生产搞上去往往要花很大气力，而下去却十分容易。财政部门的同志应该继续支持棉花生产稳步发展。同时，要把重点转到支持发展棉花和棉纺织品的加工、销售和消费上来，从而使整个国民经济活跃繁荣起来

五　关于解决目前棉花问题的几点建议

棉花生产的形势发生了根本变化，关于棉花的加工、收购、销售等一系列政策也应随着作相应的改革。建议有关部门能够召集各方面的同志讨论棉花新形势的对策，逐项研究，逐项解决。下面提几点建议，供研究对策参考。

第一，改变棉花作为特殊商品的地位，使之能正常流通。过去我国棉花太少，需要进口，所以采取了种种限制生产、限制消费的政策。现在棉花生产上来了，上述政策应该相应改变。现在棉花是作为特殊商品，由国家统一收购、统一储运、统一调拨的，其严格程度超过了粮食，这是造成棉花大量积压的一个重要原因。一方面棉花大量积压在棉产区的仓库里，棉产区本身又无权处理；另一方面大量需要皮棉和絮棉的地区和企业却又不能根据自身需要到棉产区去采购调运。这一条要先改，第一步可以按照

计划经济为主，市场调节为辅的原则，使棉花的购销政策调整到同目前粮食购销政策大致相同，即国家可以给产棉地区下达统调的计划指标，这是必须完成的。棉产区在完成国家计划之外，可以自找门路，进行议销，也可以通过口岸出口，允许棉花上市，集市上可以进行棉花交易。

第二，支持和鼓励各种棉纺棉织加工工业的发展。过去在这方面限制过严，现在应该开放。我国现有 2000 万纱锭，平均每 50 人才有一锭，低于世界平均水平。特别是花色品种少，不能满足 10 亿人民多样化的需要，今后应鼓励发展各种类型的棉纺织加工企业，特别要鼓励棉产区多发展棉纺棉织工业。德州地区 600 万人口，年产 650 万担棉花，但至今只有 10 万纱锭，连 50 万担棉花也用不了。本地区想发展纺织工业，多方申请，有关方面却用种种理由不许发展，目前的这些规定应在国家统一计划的前提下，作相应的改动。

从世界纺织品发展的趋势看，二次大战以后，化学纤维广泛发展，但是因为棉纤维织品有柔软、透气、吸湿等化纤不能比的优点，现在一些发达国家纯棉织品又有发展的趋势，如内衣和袜子又逐渐变为纯棉纤维的了。国外近来又发展了纯棉织品用树脂处理等的新技术，加工出来的成衣在不少方面超过化纤。根据国外这种发展趋势，根据我国棉花生产大发展的特点，应该研究制定我国使用纤维织品的新战略。研究和引进加工纯棉织品的新技术，鼓励发展纯棉织品加工工业，鼓励群众消费纯棉织品。

第三，在非棉产区，特别是在西北、东北、华北等非产棉区和购买力强的京、津、沪、宁等大中城市建立销售絮棉的系统，向这些地区的城市居民和农民供应好的絮棉，满足他们长期没有得到满足的对于絮棉的需求，更新他们的被褥。这一方面可以改善这几亿人口的铺、盖和棉衣的条件，使他们穿得暖和，睡得舒适，另一方面可以推销一部分现在大量积压的皮棉。初步估计，仅此一项，可以使几千万担皮棉找到销路。

第四，要适当调整皮棉的内部调拨价格，实行季节差价、地区差价等政策，利用价格、贷款等经济杠杆，改善棉花的储运状况。现在，绝大部分的棉花（约 5000 多万担）积压在棉花二级站和各产棉区的棉厂里，大部分棉纺织厂的仓库却空着或半空着。以前棉花少时，纺织厂怕停工待料，往往在新棉一上市，就四处采购调运，把棉花调足存足，有的厂一存就存一年以上的用棉。现在棉花多了，他们有恃无恐，往往是随用随调。纺织厂为什么不存棉花？重要原因是内部调拨价格有问题。现在的棉价体制，没有季价差价的规定，纺纱厂从棉花二级站调棉，常年一个价。纺纱厂少储甚至不储棉花，既可不负担棉价贷款的利息（少储万担棉花，一个月可少付 1 万元利息），又可不负担储存过程中的损耗，也不承担储存的风险。现在棉花贷款的利息、保管费用、存储风险都压在各级棉花采购站和棉厂身上。棉站的仓库不够，而纺织厂的仓库却空着，这很不合理。更严重的是棉花压着现有的仓库，新棉上市就没法收购了。德州地区 650 万担棉花，按现在的调运速度，到 1984 年 8 月全地区还将有 300 万担棉花积压，各库都满了，新棉上市，怎么收购呢？要制定合理的季节差价，使贷款利息、保管费用和保管风险合理负担，以调动各纺织厂储棉的积极性，充分利用纺纱厂现有的仓储能力。

第五，要从各方面设法鼓励城乡居民消费棉纺织品，提高群众的购买力。而现在增建仓库储存棉花只是被动消极的应付办法，从长远来看不能解决根本问题。德州地区棉花加工厂为储存棉花，现已租地 2000 亩，每亩租金一年 600 元。现国家准备在德州地区再投资建 4 万平方米的储棉仓库，按规定的标准计算，每万平方米储 18 万担棉花，4 万平方米也仅能储 72 万担，对大局无补。盖仓库，投资大，占地多，还要付利息和保管费。解决棉花问题的根本办法，是要用发展商品生产的观点，处理好生产和消费、积累和消费的关系，从各方面设法提高人民群众的购买力，扩大棉纺织品的销路，从而增加财政部门和商业部门的收入，推动棉花生产。

第六，调整各省的植棉计划，鼓励"南棉北移"。现在看来，黄淮海地区、华北平原，沙质土壤、四季分明、光照充足、积温高、水利条件好，群众又有植棉传统，所以这一带适宜发展棉花。近几年扩种了棉花，棉产量几倍地增长，粮食也大幅度增长了。投入少，产出多，经济效益好。这一带可以成为我国的主要产棉区。1982 年，全国皮棉单产平均 82 斤/亩，而辽宁、广西、贵州、云南等省区平均单产都远在全国平均数之下，总产之和仅占全国总产量的 1%。四川、上海、浙江等地，虽然单产水平较高，但由于当地气候不适于棉花生产，为获较高产量所付的代价要比黄淮海地区大得多。所以上述地区种棉并不合算，可以逐渐少种一些，以便腾出耕地，发展粮食和其他经济作物，而黄淮海地区则可以在保证粮食自给有余的基础上进一步适当地发展棉花生产。

第七，目前北方的棉价，对棉农有利。20 世纪 50 年代规定的粮棉比价是 1∶8，现在约为 1∶10.5，这个棉价对发展棉花有利，特别是对促进改变黄淮海大片长期贫穷落后地区的面貌有利，短期内不要改变。再经过一个时期，可以通过逐步提高粮价或逐步降低棉价来解决。但调价一定要微调，而不要骤提骤降，否则就会打击生产。山东棉价这两年的调整，群众意见并不大，这也证明价格微调好，猛调不好。

今后收购棉花应该按科学定级标准实行优质优价。现在是按光泽、长度、衣分率来定级定价的，不尽合理。鲁棉1号产量高，光泽好，长度长，衣分率高，但纤维粗，强度不够，只能纺21支以下的中低纱。按现在的定级标准，鲁棉1号70%以上是一级、二级棉，收购价格高，而纺纱厂则需要70%以上的三级以下的棉。现在的定价标准没有强度这项，纺纱厂收进一、二级棉，由于强度不够，也纺不出高支纱，纺中低纱成本又高，这也是造成山东棉花调不出去的一个原因。现在出口（去香港、印尼），对方也要五、六级棉，不要一、二级棉。今后要按"细、长、强"的标准来定级，鼓励生产优质棉，发展高档纺织品，满足群众更多层次的需要。同时也要根据国内棉纺厂与国际市场的需求发展棉花生产，做到产销对路。

必须指出，棉花问题绝不是一个孤立的问题。随着农业生产力的进一步发展，许多农副产品都在由产品不足变为产品充足，今后会出现一系列的产品"过剩"问题。但这种"过剩"在很多情况下是现行的政策体制不适应新的形势，群众的消费需求长期被压抑的结果。因而新的形势要求我们正确估计国内和国际市场，认真研究人们的需求，改革不适应新形势的政策措施。鼓励消费、推进生产、疏通流通环节，使消费者能得到符合自己需要的产品，生产者能从发展生产上获得更多的物质利益，财政部门和商业部门也得到更多的收入，从而使整个经济繁荣发展起来。

关于农村发展商品生产的几个问题[*]

衡水地委的领导要我来讲讲农村发展商品生产的问题，我在这方面没有专门研究，不一定能讲好。我们现在在山东德州陵县长期蹲点，作调查研究，衡水和德州是近邻，经济和社会的条件差不多，有这个机会，建立一点联系，以后增加一个调查、学习的场所，所以冒昧地来了。讲得不对的地方，请同志们批评指正。

地委为了贯彻中央一号文件，召开商品生产理论讨论会，这是一个很重要的决定，祝会议开得成功。

我今天具体讲两个问题，一是发展商品生产是当前我们农村工作的重点；二是发展农村商品生产要解决的几个问题。重点讲后一个，现在讲第一个问题。

一　发展商品生产是我们当前农村工作的重点

1984 年中央一号文件第二条指出："今年农村工作的重点是：在稳定和完善生产责任制的基础上，提高生产力水平，疏理流通渠道，发展商品生产。"[①] 据我体会，这四句话的中心意思，就是要大力发展商品生产。第一句话，稳定和完善生产责任制，从全国来看，生产责任制已经普及了。上

---

[*] 本文源自"衡水地区商品生产理论讨论会"秘书处印发的发言录音整理稿（已经本人审阅）。该稿系陆学艺 1984 年 4 月 26 日在衡水地区商品生产理论讨论会上所作的报告，收录于文集《当代中国农村与当代中国农民》（陆学艺著，北京：知识出版社，1991），收录时有删节。本文涉及的相关地区农村经济社会数据源自作者调查过程中获得的资料。——编者注

[①] 参见中共中央文献研究室编《十二大以来重要文献选编》上，北京：中央文献出版社，2011 年 5 月第 2 版，第 362 页。——编者注

午我听你们政研室的同志介绍，你们全区大包干已达到了99％，全国也是90％以上。因此，这个问题已基本上解决了。现在的问题就是要完善、提高。怎样来完善和提高，当然还要做许多工作。但是，要在发展商品生产的过程中，在提高生产力的过程中来稳定和完善生产责任制。所以，现在的稳定、完善生产责任制，也要和发展商品生产联系起来。

第二句话，提高生产力水平。现在我们讲提高农村生产力水平，就是要提高农村商品生产的水平。要通过发展商品生产，来提高农村的生产力。

第三句话，就更明确了，疏理流通渠道。要发展商品生产，必须搞好商品交换，搞好流通，而现在我们的流通过程中还有一些问题，要解决这一系列的问题。所以说，疏理流通渠道也是为了发展商品生产。

今年①一号文件的重点、中心是讲发展商品生产。因此我说，我们当前农村工作的重点，就是要大力发展农村的商品生产。

仔细研究一下今年中央一号文件，这个文件讲了十条。这十条的中心就是研究、解决发展农村商品生产问题。大家知道，第一条重申了1983年一号文件。第二条如上述，明确地提出今年农村工作的重点是发展商品生产。第三条讲完善生产责任制的问题，而完善责任制的问题也是从发展商品生产这个角度来讲的。如把土地承包期延长到十五年，允许土地转包，这是为了集中土地，便于粮食专业户、经济作物专业户发展，另一部分人则从事其他方面的商品生产。发展重点户、专业户是当前发展商品生产的主要形式、重要形式。

第四条讲加强社会服务，明确讲促进商品生产。第五条讲改革流通渠道，也是讲商品生产问题。第六条讲减轻农民负担。从这个内容来体会：其一是说要保证农村生产的资金，不至于由于乱摊派而分散；其二是说要禁止和制止不合理的摊派，目的是为了鼓励重点户、专业户和先富起来的农户放胆地去发展商品生产，鼓励一部分人先富起来。

第七条讲小城镇问题，要发展商品生产必须要发展小城镇，发展工业、商业都需要小城镇为依托。这一条还规定了允许一部分农民离开土地，转到集镇上去落户。第八条讲综合发展林牧副渔，这当然是发展商品生产的内容。第九条、第十条是讲干部、人才和政治思想工作的。要发展商品生产，必须要注意培养人才，而且要培养我们的干部，学会领导发展商品生产。所以，可以讲：中央1984年的一号文件，中心内容是强调发展农村商

---

① 本文中指1984年。——编者注

品生产，这是关键。我们宣传、贯彻、落实一号文件，中心要抓住发展商品生产。万里同志在"报告"里讲到的八条，要解决的八个问题，集中起来说，也是讲要解决好发展商品生产的问题。我个人体会，是否可以这样说，我们前一阶段，就是在十一届三中全会以后，1983 年以前，就农村工作来说，我们的重点是贯彻实行农业生产责任制。大家可以回顾一下前几年的情况，从 1980 年的 75 号文件，到 1982 年的一号文件，1983 年的一号文件，这几个文件重点都是讲责任制问题。但是，从 1983 年一号文件开始，已经提到了商品生产问题，已经提到"联产承包责任制和各项农村政策的推行，打破了我国农业生产长期停滞不前的局面，促进农业从自给半自给经济向着较大规模的商品生产转化"① 这样一个命题。这在 1983 年一号文件中提出来了，今年一号文件专门讲这个问题。因为责任制的问题在全国已基本解决了，所以，今后农村工作的重点，据我体会，今后相当长的时期里面，我们农村工作的重点就是大力发展商品生产。当前来说，要发展农村的商品生产，是一篇大的文章，是一个总的题目，从而要求我们各级领导、各个部门，大家要围绕这个总题目来做文章。可以这样说，在 1983 年以前，我们农村工作，如果说在责任制问题上，大家能够解放思想、跟得上、跟得快、抓得好、抓得紧，那么农村的其他工作都能比较容易搞上去。全国的经验都是这样。哪个省、哪个地区、哪个县在责任制问题上比较含糊、犹豫不决，或跟群众想不到一起去，或在某些地方还是顶着的，那么农业就减产，各种工作就搞不上去，工作就被动。而现在，1984 年一号文件之后，就转到发展商品生产问题上来了，我们大家就应该根据中央一号文件精神，来理解、来认识，从思想上跟上，在行动上抓得紧、抓得好，那么我们农村的各项工作就能比较好的搞上去，农村的生产、工作就能搞上去，农民也能更快地富裕起来。所以，发展商品生产，就是今后农村工作的一个重点。我在山东调查，听农村的老农这样说："三中全会政策是个宝，谁先执行谁先好"。在责任制问题上，这几年确实是这样，谁先认识得好，落实得好，那个地方就好得快。今后，我个人体会，要在农村贯彻十一届三中全会以来的中央精神，就是发展商品生产。按那位老农的意思，就是说，谁在这个问题上抓得好，谁就好得快，早抓，早主动。

为什么说发展商品生产是今后我们农村工作的重点呢？今年中央一号

---

① 参见中共中央文献研究室编《十一届三中全会以来重要文献选读》下册，北京：人民出版社，1987 年 5 月第 1 版，第 616 页。——编者注

文件第二条中专门有几句话是这样讲的："只有发展商品生产，才能进一步促进社会分工，把生产力提高到一个新的水平，才能使农村繁荣富裕起来，才能使我们的干部学会利用商品货币关系，利用价值规律为计划经济服务，才能加速实现我国社会主义农业的现代化。"[①] 讲了"四个才能"，也就是四个方面的理由。为什么要把发展商品生产列为农村工作的重点，一号文件讲了这四个方面的道理。第一句话是"才能进一步促进社会分工，把生产力提高到一个新的水平。"政治经济学告诉我们：社会要进步，生产要发展，一定要发展社会分工，不能搞"小而全"，"大而全""小而全"都不行。农村责任制后，确实有些"小而全"，一家一户什么都种一点，干一点，这样的生产当然比原来的"大呼隆"好，比磨洋工好，比吃大锅饭好，但是要发展社会化大生产，要搞现代化农业，这还是不行的。还必须发展分工，中央文件和领导同志都讲了，将来我们的前景就是要改变"八亿农民搞饭吃"的状况，农民不能都挤在农村、挤在十五亿亩土地上面，要使一部分人离开土地，离开农村，去搞工业、副业、商业，使得土地集中到种田能手手里。事实证明，要发展生产力，使农民富裕起来，必须发展社会分工，搞专业化，专门养猪、专门养鸡、专门做工等，这样社会才能发展起来，什么都搞一点，什么都搞不好。所以文件讲，要发展社会分工。

第二句话"才能使农村繁荣富裕起来"，发展了社会分工，分工分业了，农民便富裕得快了，发展了商业生产，就富得快。这几年我们调查研究的结果，你们的政研室、宣传部也做了大量的调查研究，我也看了你们会上的一些材料，都证明了这一点，凡是专业户、重点户，凡是比较富的户，他的商品率比较高，达到60%、70%、80%，甚至是90%。如果说他种的地，只够他自己吃的，卖不了多少东西，卖不了多少余粮，卖不了多少棉花，那么他无论如何是富不起来的。你们的统计材料也说明了这个问题。1983年，衡水全地区卖的农副产品是53900万元，比1978年增加了5倍多。也就是说，1978年只卖了1亿多元的农副产品。我们全区300多万人口，平均每人30多块钱，那是富不起来的。1978年，你们这里是比较穷困的。1983年有了特大发展，比1982年卖的农副产品增加了55%。所以，必须搞商品生产才能富，如果仅自给自足，那是富不起来的。全国的调查也说明这个问题，凡是人均收入在300元以上的，一般的商品率均在60%

---

① 参见中共中央文献研究室编《十二大以来重要文献选编》上，北京：中央文献出版社，2011年5月第2版，第363页。——编者注

以上，即他所生产的东西有60%以上是卖出去的。而人均收入在150元以下的，比较穷的地方，商品率在20%以下，到各地调查都可以得到这样的结论。道理很简单，你要富，就必须卖出去的东西多，或者至少是出去挣钱的劳动力多，否则是不行的。

第三句话"才能使我们的干部利用商品货币关系、利用价值规律，为计划经济服务。"毛泽东同志生前曾讲过，价值规律是一所伟大的学校，要使我们全国的干部、全国的群众都能在这个学校里学到一些东西。[①] 要发展商品生产，就不能用原来的那一套办法。不能用原来"三级所有，队为基础"的办法，要用新的办法，新的眼光，新的理论，新的观点，来对待新的问题。中央领导同志讲，我们的县委书记不能光当农业书记，而要学会搞工业、搞商业，学会总揽经济全局，学会用最小的投入来取得最大的经济效果。总的来说，通过发展商品生产使我们的干部、群众都能够适应大的潮流，大的形势。最近，田纪云副总理在报纸上发表了一篇文章，讲商品生产的发展是历史的必然，也是历史的进步。由原来自给半自给的经济转到较大规模的商品生产上来，这是一个历史进步，也是一个历史的潮流，这一点我们一定要认识。我们的干部要适应这个潮流，要适应这个转变。

第四句话"才能加速实现我国农业的社会主义现代化。"要实现农业现代化，必然要发展商品生产。现在我们一般讲农业现代化，是讲专业化、社会化、商品化，有比较高的商品率才是现代化农业，像我们原来只能卖点余粮，十亿人口，八亿农民搞饭吃，饭还不够吃，吃进口粮，用进口棉花，这无论如何是说不上农业现代化。前面讲了，农村责任制的实行，促进了生产力的解放，推动了商品生产的发展，由自给半自给经济向较大规模商品生产的转化是我国农村社会主义经济发展不可逾越的必然过程。这个阶段，发展商品生产，是我们从现在这个状况转到现代化大农业、实现四个现代化所不可逾越的必然过程。现在理论界讨论、中央领导同志也讲，在我们这个农民占大多数、小生产占大多数的国家搞社会主义，搞现代化，从经济不发达的国家变成经济发达的国家，国际的和我们国内前几年的实践证明，资本主义这个阶段可以跳过去，可以从解放前半封建半殖民地社会跳过资本主义社会进入社会主义社会，但是，商品生产，商品交换，这个阶段不能跳过去。这在第二部分还要专门讲。而我们有些同志却把这些

①　参见《建国以来毛泽东文稿》第8册，北京：中央文献出版社，1993年1月，第172页。——编者注

东西等同起来，把搞商品生产和资本主义等同起来，只要带个"商"字，便认为等于资本主义，这个观点是糊涂的。国际国内的经验都证明：像我们这样一个农民占大多数的国家，经济不发达的国家，实现了社会主义革命，实现了无产阶级革命，要进入社会主义、共产主义去，资本主义阶段可以跳过去，但商品生产阶段不能跳过。中央一号文件已明确地讲了："……商品生产的发展。由自给半自给经济向较大规模商品生产转化，是发展我国社会主义农村经济不可逾越的必然过程。"①

1983 年、1984 年两个一号文件都强调了这样一个观点：即实行了农业生产责任制，带来了农村发展商品生产的大好形势。1983 年一号文件是这样讲的："联产承包责任制和各项农村政策的推行，打破了我国农业生产长期停滞不前的局面，促进农业从自给半自给经济向着较大规模的商品生产转化，从传统农业向着现代化农业转化。这种趋势，预示着我国农村经济的振兴将更快到来，从而为实现党的十二大的战略目标提供更有利的条件。"② 1984 年一号文件强调了"农业生产责任制的普遍实行，带来了生产力的解放和商品生产的发展。由自给半自给经济向较大规模商品生产转化"。③

这里顺便讲几句责任制的历史作用，农村前一阶段实行了生产责任制，应该说是一场伟大的变革，解决了一批农业合作化以来长期没有解决的问题，使得长期停滞的农业欣欣向荣。在座的都是长期从事农村工作的同志，大家可以回顾一下这几年的变化：实行了三中全会以来一系列方针政策，其中关键的是实行了生产责任制，解决了吃"大锅饭"问题，八亿农民的积极性调动起来了，现在的农村生产一天比一天好，出现了发展商品生产的大好形势。中央文件的精神正是根据农村这几年的状况，也可以说是根据农民的要求提出来的。前几年"三级所有，队为基础"，吃"大锅饭"的时候，生产"大呼隆"的时候，生产的粮食还不够吃，生产的棉花卖不了多少，其他的商品没有，也不让种。那样一种情况，如我在的德州地区那样，"生产靠贷款，吃粮靠返销，花钱靠救济"。这样一种状况谈不上商品生产，因为他生产的东西不够自己用，不够自己吃，提供不了商品，也没什么可交换的，要交换就是

---

① 参见中共中央文献研究室编《十二大以来重要文献选编》上，北京：中央文献出版社，2011 年 5 月第 2 版，第 363 页。——编者注
② 参见中共中央文献研究室编《十一届三中全会以来重要文献选读》下册，北京：人民出版社，1987 年 5 月第 1 版，第 616 ~ 617 页。——编者注
③ 参见中共中央文献研究室编《十二大以来重要文献选编》上，北京：中央文献出版社，2011 年 5 月第 2 版，第 363 页。——编者注

农民拿几个鸡蛋去换盐或灯油。因此，是无从谈发展商品生产的。现在不一样了，责任制之后农村的经济面貌、精神面貌完全改变了。农村的东西越来越多，生产的粮食多了，自己吃不完，生产的棉花完全要卖。现在，农村出现了卖难买难的问题，生产的东西卖不出去，要买的东西买不着，就是说，农村商品生产的问题已提到议事日程上来了。因此，党中央关于我们在农村工作的重点是发展商品生产的决策，是符合我们当前农村的实际的。一是要解决现在的问题，二是将来要发展，要为将来农村商品生产大发展开辟道路，指明方向。我们希望农村的各项生产越搞越好，商品越来越多，我们要引导农民在社会主义道路上更加富裕起来。

关于发展商品生产的意义、作用，我看了你们大会提供的论文，有不少也讲了这个方面的问题。最近，报上也讲得很多了，我今天对于为什么要发展商品生产，就补充这几个方面。

下面从我们的历史经验，分三个方面来论证，为什么说发展商品生产是我们今后农村工作的重点。

第一，从新中国成立到十一届三中全会 30 年的历史经验和教训证明：抓了商品生产，农村就上得快，农村就发展得快，农民就富裕得快，农村、农民为国家提供的商品就多，贡献也大。而不抓商品生产，限制、打击商品生产，农业就停滞、徘徊，农民就贫困，农村的各项事业就衰退、凋敝，路子就越走越窄，农村向国家提供的商品如粮食、棉花等就越来越少，贡献也就越来越小。最后就走到了十亿人口，八亿农民搞饭吃，饭还不够吃，要吃进口粮，要用进口棉花。我们从 1961 年以后，那一段时间，每年要进口粮食，最多达 1000 多万吨，进口棉花 1000 多万担，糖也要进口，连石油也要进口。

回顾一下历史，从 1949 年到 1957 年这个阶段，我们总的是按照经济发展规律，按发展商品生产的路子走的，当然其他各方面的政策也正确，实行了土改，互助组，初级社，合作化初期，总的搞得比较好。那几年商品生产是发展的，农民向国家提供的商品一年比一年多，1957 年和 1952 年相比，农副产品的收购量增加 54%，每年递增 9%，农村零售的商品总额增长 56%，每年递增 9.3%。收购的粮棉也每年增加，1952 年，粮食的商品率是 20.3%，到 1957 年，粮食商品率达到 24.6%。第一个五年计划提前一年实现了。农业以每年 4.5% 的平均速度向前发展，那一段可以说是我国农业发展最好的一个阶段。现在五十来岁的农民回忆起来，最怀念的是这一段。当然他们对现在最信赖，认为最好了。1979 年，我们下乡调查的时候，农民这样说："不想前，不想后，就想土改以后高级社前那一段"。20世纪50年代初期是我国农业发展最好的时期，当然现在可以说，十一届三中全会以来的这5年，又超过了那一段。

1958年搞了"大跃进"，人民公社，吃饭不要钱，吃公共食堂，没收自留地，不准搞家庭副业，关闭集市贸易，"一平二调"，"刮共产风"，现在看来这都是打击商品生产的。当然还有其他原因，结果使农业生产一落千丈，出现了三年经济困难。我们从商品生产角度来总结经验教训，1958年是限制、打击了商品生产，以致想完全取缔商品生产，连等价交换、按劳分配也不要了，结果打击了农民的积极性，打击了生产，破坏了生产力。从理论上说，那年陈伯达提出来，要取消商品生产，取消货币，实行供给制，搞得非常混乱。大家知道，1958年本来是很好的形势，生产确实很好，但由于我们没能正确对待，头脑发热，结果丰产了没有丰收，大量成熟了的庄稼，在地里没人收。秋后又实行了一系列平均主义的违背商品生产规律的方针，打击了农民的积极性，最后就不行了。1958年的问题发现得比较早，毛主席在郑州连续开了两次会议，批评了取消商品生产的理论，肯定了人民公社的集体所有制，提出了"三级所有，队为基础"的概念，重新强调按劳分配，搞责任制，把局面扭转一下。1958年冬，1959年上半年批评了"左"的东西，情况有点好转，但由于1959年下半年又搞反右倾，"左"的东西越来越厉害，最后出现了三年困难。对此我们一般是讲天灾加人祸。但打击商品生产，人为的一些错误是很重要的原因，结果造成了全国性的经济困难，国家大伤了元气。尤其是1961年，商品生产降低到了极点，几乎没有了。不光粮食降下来了，棉花和其他作物也降下来了。有的降到解放初的水平。1958年这次大折腾是很厉害的。后来，经过1961年，1962年贯彻农村工作六十条，搞了"三级所有，队为基础"，恢复自留地，家庭副业和集市贸易，准许搞商品生产，所以，那几年经济恢复得很快。但是，接着又搞"四清"，搞"文化大革命"。"文化大革命"打击商品生产更加严重，最后连老太太卖几个鸡蛋也成了资本主义，自留地收了，集市贸易也关了，重搞1958年那一套。现在回顾起来，这是用小生产、自然经济那一套来领导社会主义经济建设，那是不行的。从商品生产角度来说，凡是打击了商品生产，必然的结果是打击农业生产破坏了农村的生产力，违背了经济规律，实践证明是不行的。

全国是这样，一个地区也是这样。我们考察了德州的历史，从中可以看出商品生产和当地经济兴衰的关系来。德州有550万人口，13个县市。

20 世纪 50 年代是小康之家，有饭吃，有衣穿，对国家还有点贡献。粮棉生产比较协调，粮食 20 多亿斤，棉花 100 多万担，搞得还可以。1958 年大折腾之后，粮食由 24 亿斤下降到 11 亿斤，不够吃了；棉花由 100 万担下降到 9 万担。结果粮食不够吃了，就压缩棉花。以为播种了粮田，就能上粮食，结果，适得其反。棉花减少了，便卖不了钱了；没有钱了，便没有了投资；没有投资，粮食没有肥料、农药，结果是广种薄收。虽然面积扩大了，总产量反而减少。所以德州地区自 1958 年伤了元气之后，陷入了恶性循环，粮食少了，砍棉花；棉花少了，粮食就更少；粮食少了，就更砍棉花，粮食就更少。最后，地愈种愈薄，人越混越穷。变成一个穷出了名的"三靠"地区。1976 年德州地区人均分配收入 38.6 元，人均口粮 295 斤。十一届三中全会以后，德州地区发生巨大变化，一是实行了责任制，二是扩种了棉花，扩大了商品生产，从此就翻身了，这个我下面还要讲。所以，从我国的情况来看，这些年来凡是在商品生产政策上比较明确，那么我们的农业发展就快，农村就繁荣，农民就高兴。凡是在商品生产政策上有了问题，那么农业就发展得慢，农村就不行。

第二，从十一届三中全会以来的经验看，农村抓了商品生产以后，农业就上得快，农村就富得快，农村就百业兴旺，蒸蒸日上。十一届三中全会以来，党中央在农村实行了一系列顺应民心的政策。这些政策概括起来，是不是可以这样说，叫作：放宽政策，搞活经济。总的意思是：放手发动群众，发展商品生产。第一步是解决温饱问题。放宽政策，就是破除原来"左"的东西，破除束缚发展商品生产的东西。从十一届三中全会以来，党在农村的各项政策，就是为了搞活经济。准许搞家庭副业，开放集市贸易，准许长途贩运，准许个体工商户，提倡搞责任制，这一系列政策可以说是把原来"左"的条条框框去了，束缚商品生产的东西给去了，开辟了一条道路，鼓励农民搞商品生产。搞活经济就是搞活商品生产，这完全符合人民的要求，符合农村的实际情况，符合我们的国情。所以农村这 5 年，实现了历史性的转变。这 5 年比第一个五年计划的 5 年还要好，统计数字完全可以证明这个结论。衡水地区也是这样，这 5 年的发展是历史上最好的。我这里讲一下全国农业发展的数字，供大家了解这方面的情况。①

粮食：1952 年全国粮食总产 3278.3 亿斤，1978 年达到 6095.3 亿斤，

---

① 国家统计局编《中国统计年鉴·1984》，北京：中国统计出版社，1984 年，第 145～146 页，第 160 页。

平均每年增加 108 亿斤，每年增长 2.4%。1983 年达到 7745.5 亿斤，这五年每年增加 330 亿斤，5 年增长了 27%，平均每年递增 4.9%。现在由于外贸上的一些原因，我们还在进口一点粮食，实际上我们的粮食已经够吃够用的了。

棉花：1952 年全国产量 2608 万担，1978 年 4334 万担，平均每年增产66 万担，每年递增 1.97%。1983 年产量达 9274 万担，这 5 年每年增加 988万担，5 年增加了 114%，平均每年递增 16.4%。从 1983 年起，我国结束了用进口棉的历史。解放 30 年来，棉花是年年进口的，解放前也进口，而到1983 年，我们变成了世界上产棉花最多的国家，产粮最多的国家。过去我们人口多，但是粮棉第一的都不是中国。从 1983 年开始，粮棉的绝对产量都是我们第一了。棉花我们不仅不进口了，还可以出口。生产棉花多了，不仅有经济意义，而且有政治意义，在国际交往上也有意义。

油料：1952 年全国产量 8386 万担，1978 年是 10436 万担，平均每年增加79 万担，增加了 24.4%，平均每年递增 0.84%。1983 年总产量达 21100 万担，平均每年增加 2133 万担，这 5 年增长了 102%，平均每年递增 15.1%。

肉类（猪牛羊肉）：1952 年全国是 67.7 亿斤，1978 年 171.26 亿斤，总共增加 103.56 亿斤，每年增加 3.98 亿斤，平均每年递增 3.6%。1983 年是280.4 亿斤，这 5 年增加 109 亿斤，每年增加 21.8 亿斤，5 年总增长63.7%，平均每年递增 10.36%。

下面再讲一下农民生活，1978 年全国农民人均纯收入 133.6 元，1979年是 160.7 元，1980 年是 191.3 元，1981 年是 223.4 元，1982 年是 270.1元，1983 年是 309.8 元（这里不是分配收入，而是纯收入）。5 年增加了132%，翻了一番多。[①] 所以，农民的生活大大改善了。我看了你们的统计报表，全区农民 1983 年的纯收入人均 304 元，略低于全国的平均数。

农副产品的收购，也就是农村提供的商品量。近几年增加得很快，1978年全国收购农副产品总额是 460 亿元，1982 年达到 855.6 亿元，扣除物价因素，平均每年增长 8.46%。我们这几年的粮棉收购，都大大超过国家计划，现在农民是卖粮难，卖棉难，过去收购粮、棉非常困难，现在倒过来了。特别是在你们这些地区，棉花增长这么快，这么多，所以出现了售棉难，排长队，有的甚至排几天几夜，觉得很成问题。但我到陵县看了一下，

---

① 参见国家统计局国民经济综合统计司编《新中国五十年统计资料汇编》，北京：中国统计出版社，1999 年 11 月，第 22 页。——编者注

觉得供销社的同志非常辛苦。供销部门的同志能够把这么多棉花收购起来，也确实不容易。拿陵县来说，原来只有 3 万多担棉花，现在到 90 万担棉花。要收起来，运出去，真不得了。陵县近几年每年增加 20 多万担。光是放棉花的场地，就增加了 800 多亩，工作量实在很大。所以说，这里遇到了新问题。

农村的这些数字表明，5 年来农村是发展了，农民是富了，农村繁荣起来了，由于实行了责任制，由于商品生产的发展，农村的经济活了。农民卖给国家的东西越来越多，商品越来越多，农民也开始富了。

据杜润生同志在农村工作会议上讲，农村的商品率已由 1978 年的 51.5% 提高到 1982 年的 59.4%。农民向国家卖得多，国家向农民也卖得多，国家在农村的零售总额达到 1480 亿元，比 1978 年增加 82.7%，农民之间集市贸易的交换比 20 世纪 50 年代增加了，现在全国有 45000 多个集，农民之间的交换比 1978 年增长 1.39 倍。[①] 农村的形势说明了，我们搞活经济，发展商品的政策是完全正确的。

我再讲一下德州地区。前面讲了德州地区 1978 年以前农村生产的恶性循环。这几年德州的变化很大：1983 年生产 650 万担棉花，45 亿斤粮食，人均分配 390 元。德州农村大变的原因有三个。

第一个是实行了责任制，这和衡水是一样的。1978 年试点，1979 年搞，1980 年大面积推开，在 1981 年基本实行了包干到户责任制。农民积极性高了，生产就搞起来了。

第二个是德州调整了农业生产结构，抓了棉花。这一招可能比衡水早。1978 年德州才产棉花 39 万担，1979 年恢复到 47 万担，1980 年棉花扩种了一倍，总产量达到 200 万担，增长 4 倍多。1981 年又扩种，产量达 310 万担，1982 年则达到了 440 万担，1983 年扩种到 477 万亩，产量达 650 万担，比 1978 年增长 15.7 倍，平均每年递增 75.5%。同时德州的粮食也上去了，头两年粮食生产徘徊，1978 年粮食产量 30 亿斤，1979 年 31 亿斤，1980 年下降到 27 亿斤，1981 年恢复到 30 亿斤，1982 年开始大上，达 39 亿斤，1983 年则达到 45 亿斤，比 1978 年增长 50%。调查结果表明，扩种棉花，使粮田减少了，但由于棉花多了，就有了钱，有了投资，又有了奖励的化肥，有了棉籽饼，加到粮食生产上，单产猛增，总产也增加了。从发

---

① 国家统计局编《中国统计年鉴·1983》，北京：中国统计出版社，1983 年 10 月，第 367、386 页。

展商品生产的角度来总结：德州地区调整了商品生产的结构，改变了少种棉花、以粮为纲那一套东西，结果是粮棉双丰收。"粮食保着棉花上，棉花促着粮食增"。互相促进，良性循环，使德州地区发生了历史性的变化。大增产，棉花成了德州地区的经济支柱，不仅使农民富起来了，供销社发展起来了，商业部门发展起来了，工业部门也发展起来了，各行各业都上去了。从德州的经验也可以看出，抓了商品生产不仅可以使农民富裕，而且可以使农村经济实现良性循环。

第三个，从农村发展的前景看，沿着十一届三中全会开辟的路线发展下去，农村发展商品生产的路子会越走越宽广。商品生产发展起来，农村实现党的十二大提出的工农业总产值翻两番的战略目标就可以达到。

今后农村商品生产的路子怎么走？实行了联产责任制之后的路子怎么走？也就是今后农村商品生产采取什么样的组织形式？将来农村到底会怎样变化，怎样发展，这是大家普遍关心的，对这个问题，我们从事农村工作的干部也好，农民也好，心里还没有底。因为心里没有底，所以，不少群众怕变，农民怕变，干部怕变，特别是已经富起来的万元户、几千元户怕变。怕变这种心理在相当一部分干部和群众中存在。中央 1984 年一号文件下达后，有一个基本问题解决了，文件指出，土地承包期可以延长到十五年以上。① 前一段农民还怕把地收回去，因此担心。农民同土地息息相关，土地政策定了，农民的心就定了。农民知道不变了，就敢于向土地投资，就积极发展生产了。但农民尤其是重点户、专业户和富裕起来的户还是怕变，原因是各种各样的。

前些日子，我乘 13 次车从北京回德州，在车上遇到了一个家在你们景县农村的工人，谈起来，他家也是万元户。一家 8 口人，他是老大。父母、兄弟、妹妹在家，他是铁路工人。家中种了 27 亩地，开个熟肉铺，还有拖拉机搞运输。他自己讲，一年收入 2 万多元。他讲了两个问题：一是他多次劝他爹收摊子，不要再干了。他父亲也想收，觉得有 2 万多块钱存入银行，日子也好过了。二是他自己在铁路上干木工，挣 50、60 元钱，还不如家里最小的妹妹挣得多，因此觉得在那里干实在没出息。十一届三中全会以前，他的工资是家里现金收入的主要来源，而现在他在家里是挣钱最少的了。有人劝他回来，他自己也动过这种念头，不如回农村干好。但他又怕。他

---

① 参见中共中央文献研究室编《十二大以来重要文献选编》上，北京：中央文献出版社，2011 年 5 月第 2 版，第 363 页。——编者注

说："我要回来非得让人们笑话我，说我没出息，有铁饭碗不捧，回来端泥饭碗。所以，觉得还是在城里捧铁饭碗保险。"这些问题都可说明，农村当前怕变的问题并没有完全解决。而要解决怕变的问题，需要从各方面做工作。开展关于实行责任制后，农村发展前景的讨论，让干部和群众弄清楚我们的农村将来怎样发展，前景如何，使干部群众心里有个底，这是解决怕变问题的一个重要方面。开展这方面讨论，对干部和农民进行这方面的教育，是非常必要的。我们合作化初期时，农民没有产生变不变的问题，没有怕变的；后来实行了"三级所有，队为基础"之后，也没有多少人怕变。那个时候设想，从小队所有过渡到大队所有，从大队所有过渡到公社所有，再从公社所有过渡到全民所有。这个路子现在看来是不切实际的。但当时还是讲出一套道理来了，被大部分人接受了。那时怕变的问题没有现在严重。现在我们通过对农村发展前景的讨论，进行这方面的教育，对于稳定农民的情绪，解决怕变的问题，以便更好地发展商品生产，我看很有必要。

1983 年第二号中央文件的第五节专门讲了农村经济的发展趋势，对今后中国农村的发展的轮廓大致画了一下。将来农村会怎样发展呢？讲点个人看法。我们调查过安徽、甘肃、山东等省区的农村，跟那里的干部、群众进行过这方面的讨论。将来农村大致会经过这么几个阶段：

第一阶段是包产到户阶段，也可以叫大包干阶段，这个阶段的特点是：户户分田，家家种地，而且都是"小而全"，什么都种一点。这个阶段是从原来的"大呼隆""平均主义"过渡到将来社会化、专业化之间的必经阶段，这个过程是必需的。将来的实践可以证明，这个转变是历史性的转变。联产承包责任制，是我国 8 亿农民的伟大创造。从历史上，从国际上看，搞合作化、集体化以后，农业一般都没有搞好，而我国农民在党的领导下，创造了大包干。大包干的事实证明可以解决那个问题，可以不像某些国家那样，解散合作化，推倒重来。而在现有的基础上，搞两层结构，有统有分，集体经济统，农户分散经营，既能发挥集体经济的优越性，又能发挥家庭的灵活性。据我所知，现在有不少国家也在搞联产承包责任制。现在看来，我们这一招是从原来长期搞不好的集体经济转到比较完善的合作经济的必经之路，转过来以后，开始是"小而全"，什么都搞，先解决温饱问题，接着就会发展商品生产。总的来说，现在"小而全"的阶段，基本上是小商品生产。但是，这个过程不要很久。现在看来，有的地方需要 2 ~ 3 年，有的地方多一点，要 3 ~ 5 年，但温饱问题解决了，接着就转到第二阶段。

第二阶段就是兼业农户阶段，跟外国的兼业农户不一样。兼业农户就是一方面承包着土地，一方面又做工，搞各种副业等。这个阶段已经到来了，像你们地区，我看了一些材料也说明，大量的农民在种地以外去搞工副业，搞商业收入。现在很多地方，特别是靠近城市郊区的，靠近小集镇的，单一种地的人不多了，有的地方是50%，有的地方60%~70%的人，种地之外还去兼营别业。我们这点地不够种，很多劳动力就去搞多种经营。这个兼业阶段会比较长，严格地讲，现在的重点户、专业户都是兼业户。因为真正将土地交出来，跟土地脱离关系的还是极少数，大量的是既种田，又干别的专业。这个兼业农户阶段是我们商品生产广为发展的阶段，光靠土地发展商品生产是有限的，当然这几年调整了农作物结构，扩种了棉花、花生等，农产品的商品率有了很大提高。但仅靠种地发展商品生产是不够的。农户有了剩余劳动力、资金以及充分的社会条件，便可以大量地去兼搞别的行业，这是富起来的一大途径。我们国家经历的这个兼业农户阶段，我估计要经过20年左右的时间。因为在这期间还要做很多事情，达到一定程度，便转到第三阶段。

第三阶段叫作专业户阶段，或叫专业户和专业农户阶段。1984年中央一号文件讲，要发展社会分工。兼业农户阶段还是要在家庭里面分工，而社会分工到此还不行，进一步发展便是专业户和专业农户阶段。是什么意思呢？就是说，农户的兼业经营搞得很有利，很有经验，很有把握了，而且兼业经营收入超过了他承包土地的收入，产、供、销有保障，再经营土地就成了他的兼业经营的负担了，那时，他承包的土地便会交还给生产队或者转包给别人，这些人便脱离土地，可以成为真正意义上的专业户。而现在的专业户则还是怕变，不放松土地，尤其不肯交还给生产队，交还给生产队的极少，大多是转交给亲属、朋友等。这表明他们对现在的政策还是不了解、不放心，只有到了一部分农户专门从事工业、副业、商业、服务业或专门做教师、医生等等，他们将土地还给生产队，生产队又转交到种田大户手里，这时种田大户种的地就增多了。可以种植几百亩上千亩的土地，这种户现在个别的已经有了。黑龙江有一个农户就经营1000多亩地，他们那里地多，又有拖拉机。我所在的陵县有一户已经耕种400亩土地，不仅种粮食，还种经济作物。这样种田的专业户今后会逐渐增多。这样一来，在我国的农村里，做工的专门做工，经商的专门经商，还有专门从事修理业、服务业的，土地由少数种田能手耕种，这样分工以后，商品率又提高了，商品生产极大地发展，到了那时，农业的专业化、社会化、现代化才能实现。杜润生同志讲过这个意见，一个人平均种 1 亩地，商品率几乎是零，只能维持自己的吃穿，如果一个人平均种 6 亩地，商品率可达 60% ~ 80%，只有到那时，农村才真正实现了分工。

实行责任制以后，农村的发展将大致经过这样三个阶段："小而全"阶段、兼业户阶段、专业户和专业农户阶段。农村今后二三十年的发展可能会出现这样三种经营内容和形式的变化。但是联产承包责任制本身不变，家庭经营形式不变，承包还是承包，集体经济还有，只是家庭经营的内容要发生变化。当然，经营形式也会发生一些相应的变化，不过联产、承包充分结合的原则不变。"小而全"阶段是自给半自给状态，往前发展为兼业农户阶段，这时商品生产扩大，商品率提高，交换增多。到了专业户和专业农户阶段，就转化为较大规模的商品生产了。

经过这三个阶段，农村便发展到专业化、社会化、商品化的现代化农村的阶段。所以，三个阶段的发展，也就是商品生产不同阶段的发展，组织形式的变化。因此，从发展前景来看，我们将来的农村是从现在自给半自给经济转变到大规模的社会化的商品生产的路上去。所以，党中央把发展商品生产列为农村工作的重点，完全符合农村发展的客观实际，符合农民的要求，符合经济发展规律，是完全正确的。

二　目前发展商品生产要解决的几个问题

从自给半自给经济转变到大规模的商品生产，这是一个历史的转变，是历史性的进步，这样的大转变要影响到我们的整个政治工作、经济工作，影响到经济基础和上层建筑的变革，影响到人们之间的经济利益关系、活动方式、思想方法、工作方法的变化。因此，它遇到的问题、遇到的阻力将是很多的，这些问题都要逐步解决。这些问题归纳起来，在目前主要表现在两个方面：一是认识问题，二是实际问题。下面我分别讲讲这些当前要解决的问题。

第一个问题要解决发展商品生产的认识问题。现在有不少同志对发展商品生产的重要意义认识不足，有些同志对发展商品生产还有疑虑，这要通过各方面的工作来解决。我们有同志认为这几年农业生产发展得很快，前些年不够吃、不够用，现在农村富了、温饱问题解决了，也有了一些贡献，工作差不了。包括农民自身也有这种认识，感觉这几年挺不错了，特别是 40 岁以上的农民，只希望政策不要变，维持这种现状就行了。如果认为我们进行社会主义革命只要解决温饱问题就行，那这个目标实在太低了。这种满足现状的思想，是农民小生产观点的反映，当然应该克服。还有一个认识问题，就是发展商品生产同发展资本主义到底有什么区别？有些同志由于受"左"的思想影响，往往把商品生产同资本主义等同起来，划不清这两者的界限。因此，对我们提倡大力发展商品生产的政策，还有疑虑，他们总有点怕。在社会主义条件下，发展商品生产和商品交换，这是一个重大的理论和实践问题。我在这里讲一下关于社会主义商品生产的理论和历史，帮助大家了解这方面的情况。

关于社会主义条件下的商品生产，不光在我国，就是在国际上争论这个问题已有好几十年了。马克思、恩格斯在论述无产阶级革命和设计未来的社会主义新社会时，依据的是英国等资本主义国家的情况。英国是当时资本主义最发达的国家，商品生产已普遍化了。马克思、恩格斯当时设想，无产阶级革命将首先在这些资本主义最发达的国家取得胜利。无产阶级掌握政权之后，社会主义就会占有全部生产资料，那时商品生产可以不要，货币可以不要，商品交换可以不要，马克思在《哥达纲领批判》中指出："在一个集体的、以共同占有生产资料为基础的社会里，生产者并不交换自己的产品；耗费在产品生产上的劳动，在这里也不表现为这些产品的价值，不表现为它们所具有的某种物的属性"①。恩格斯在《反杜林论》中指出："一旦社会占有了生产资料，商品生产就将被消除，而产品对生产者的统治也将随之消除。"② 这样的论述很多，他们当时对社会主义社会是这样设想的。但是，后来无产阶级革命的进程并不是像马恩原来设想的首先在欧洲，在发达的资本主义国家取得成功，而是 1917 年首先在俄国取得了胜利。当时俄国是一个小农经济占绝对优势的国家，它的商品生产很不发达。在这样的国家里，无产阶级革命胜利后，怎样来组织生产、生活，怎么搞社会主义建设，是个很大问题。年轻的苏维埃政权首先遇到的是外国武装干涉和国内沙皇的残余势力反扑的战争。在这种条件下，一开始实行的是军事共产主义，对农村实行"余粮收集制"，农民生产的粮食，除了自己吃的，要全部交给国家。通过合作社进行粮食的分配，全国过的是军事共产主义生活。战争结束之后，工厂、农村怎么恢复生产？社会生活怎么组织？一

---

① 《马克思恩格斯选集》第 3 卷，北京：人民出版社，1972 年 5 月第 1 版，第 10 页。

② 《马克思恩格斯选集》第 3 卷，北京：人民出版社，1972 年 5 月第 1 版，第 441 页。

系列问题便摆在面前。列宁的伟大之处在于，他能实事求是地面对现实，能够用马克思主义的基本立场、观点来处理实际问题，而不是照搬照抄。根据头几年的实践，他清楚地看到，在这样一个小农经济占优势的国家里，进行社会主义建设，没有货币，没有商品生产和交换是不行的。在 1919 年，列宁就明确指出："在从资本主义向共产主义过渡的初期，立即消灭货币是不可能的。"① 后来，列宁用很大的精力说服了全党，果断地实行了"新经济政策"，从余粮收集制改为粮食税，农民交完粮食税后，剩下的粮食和农产品可以到市场自由交换，允许商品生产和交换、流通。列宁指出："我们通过商品交换，可以直接地过渡到社会主义建设。现在我们清楚地看到，在这方面还需要通过商业这条更加迂回的道路。"② 苏联实行了新经济政策之后，使工业、商业、农业恢复发展得很快。实践的结果证明，列宁的这些政策是完全正确的。1921 年，列宁在纪念十月革命四周年时写了一篇文章，总结了社会主义革命和建设的经验和教训，他指出："我们为热情的浪潮所激励，我们首先激发了人民的普遍的政治热情，然后又激发了他们的军事热情，我们曾打算用这种热情直接实现与一般政治任务以及军事任务同样伟大的经济任务。我们原来打算直接用无产阶级国家的法令，在一个小农国家里，按共产主义原则来调整国家的生产和产品分配。现实生活说明，我们犯了错误。准备向共产主义过渡，需要经过国家资本主义和社会主义一系列过渡阶段，不是直接依靠热情，而是借助于伟大的革命所产生的热情，依靠个人兴趣，依靠个人利益上的关心，依靠经济核算，在这个小农国家里先建立起牢固的桥梁，通过国家资本主义走向社会主义；否则，你们就不能到达共产主义，否则，你们就不能把千百万人引向共产主义。"③ 这是革命的经验总结。在这样的国家里，组织国家的生产和产品分配，要依靠经济核算，要建立牢固的桥梁，这就是要通过商品生产和商品交换，要利用商品生产、商品交换来建设社会主义。列宁在他的晚年，口授了一篇《论合作制》的著名文章。我们 20 世纪 50 年代学习时，这篇文章是合作化的指导文件。现在看来，我们当时学习对它的内容、背景认识得不够。

---

① 列宁：《俄国无产阶级专政的基本任务》，载《列宁选集》第 3 卷，北京：人民出版社，1972 年 10 月第 2 版，第 750 页。

② 列宁：《莫斯科省第七次党代表会议论新经济政策》，载《列宁全集》第 33 卷，北京：人民出版社，1957 年 8 月第 1 版，第 79 页。

③ 列宁：《十月革命四周年》，载《列宁选集》第 4 卷，北京：人民出版社，1972 年 10 月第 2 版，571～572 页。

现在重新学习，可以看到，列宁这篇著作的中心思想是通过商品交换，商品生产来组织农民，团结农民，引导农民建设社会主义。列宁在文章中强调的是优先发展流通领域里的合作，在这个基础上发展商品生产，然后组织生产合作。列宁对待社会主义社会存在商品生产、商品交换的问题是从苏联的实际情况出发，正确地对待马克思恩格斯原来的结论，实事求是地提出方针、政策。新经济政策就是主张利用商品生产和商品交换来进行社会主义的经济建设，所以社会主义条件下的商品生产、商品交换问题从实践到理论，列宁在世时已经提出来了，也初步解决了。斯大林继承了列宁的事业。他在 1925 年十四次党代表大会上强调说："问题不在于商业和货币制度是'资本主义经济'的方法。问题在于我国经济的社会主义成分在同资本主义经济成分做斗争时，掌握着资产阶级的这些方法和武器来克服资本主义成分，在于社会主义成分成功地利用它们来反对资本主义，成功地利用它们来建成我国的社会主义基础。"① 斯大林也是主张通过货币，通过商品生产和交换，来建设社会主义。当然，这里斯大林把货币、商品生产和交换视为资产阶级的东西的说法是不对的，因为货币、商品、商品生产等概念和范畴并不是资产阶级所特有的。由于历史的原因，关于商品生产、商品交换的问题，在苏联并没有因为列宁、斯大林讲了，问题就解决了。在关于社会主义存在商品生产理论应用于实践的过程中，还是发生了这样或那样的问题，而一直没有解决好，在理论上还不断有人提出问题，所以关于社会主义社会的商品生产问题，在苏联，断断续续地争论了好几年，直到 1952 年，斯大林写《苏联社会主义经济问题》时，总结了这个争论。

斯大林的这部著作具有重要的理论和实践意义，总结了苏联 35 年社会主义建设的历史经验，阐明了一些重要的理论问题。他在这部著作中第一次明确论述了社会主义条件下存在商品生产的原因和作用，论述了社会主义制度下价值规律的作用，批评了取消商品生产的观点。斯大林认为，两种所有制存在，必然要有商品生产和商品交换。他指出："除了经过商品的联系，除了通过买卖的交换以外，与城市的其他经济联系，都是集体农庄所不接受的。因此，商品生产和商品流通，目前在我国，也像大约三十年

---

① 斯大林：《联共（布）第十四次代表大会中央委员会的政治报告》，载《斯大林全集》第 7 卷，北京：人民出版社，1958 年 6 月第 1 版，第 307 页。

以前当列宁宣布必须以全力扩展商品流通时一样，仍然是必要的东西。"①
这样解释社会主义存在商品生产的原因，一方面我们要肯定斯大林的功绩；
另一方面，也要看到斯大林光讲这个原因还不够。马克思讲："这种分工是
商品生产存在的条件，虽然不能反过来说商品生产是社会分工的条件。"②
恩格斯讲：社会"发生了第二次大分工：手工业和农业分离了。……随着
生产分为农业和手工业这两大主要部门，便出现了直接以交换为目的的生
产，即商品生产"。③ 所以，关于商品生产的原因，光讲一个还不全面。正
因为斯大林在论述原因时有缺点，所以接着产生第二个缺点，就是：所谓
商品交换，就是生活资料的交换，生产资料不是商品，而是产品。由于这
个原因，一直影响着商品生产的发展，影响着苏联经济的发展。事实上，
生产资料也可以是商品，也要交换。这些都是理论问题。我讲一点历史，
也是为了要说明这个问题，就是说关于社会主义要发展商品生产、商品交
换问题，并不是党的十一届三中全会提出来的。虽然当时马克思、恩格斯
设想未来的社会主义时，曾经认为社会主义不再存在商品生产和商品交换，
而列宁从十月革命后苏联的实际情况出发，在实践上已经解决了这个问题，
认为在小农经济占主要地位的国家里建设社会主义，必须有商品生产和商
品交换。斯大林在理论和实践上做了进一步解决。

我们国家在 20 世纪 50 年代、60 年代时，对社会主义条件下是否存在
商品生产和商品交换的问题，讨论了好几次，但看法并不一致。而且这个
讨论主要是在学术界、理论界和一部分领导干部中进行，基层的同志知道
的比较少。20 世纪 60 年代初的讨论，由于中央领导的重视，讨论比较深
入，但也一直没有一致的、统一的看法。理论上不彻底，在实践上、政策
上摇摆，发生了前面我们讲到的那些问题，影响了、妨碍了我国社会主义
建设的健康发展。

十一届三中全会拨乱反正，逐步解决了这个问题。十一届三中全会以
后，我国又展开了社会主义商品生产问题热烈的讨论。理论上大大前进了，
对这个问题认识深刻了。大家认为必须大力发展社会主义商品生产，在我
们这样一个经济不发达的国家，要建设社会主义现代化，只有发展商品生

---

① 斯大林：《苏联社会主义经济问题》，北京：人民出版社，1961 年 7 月第 4 版，第 11~12 页。
② 马克思：《资本论》第 1 卷，载《马克思恩格斯全集》第 23 卷，北京：人民出版社，1972
年 9 月，第 55 页。
③ 恩格斯：《家庭、私有制和国家的起源》，载《马克思恩格斯选集》第 4 卷，北京：人民出
版社，1972 年 5 月，第 159 页。

产才能达到。不仅消费资料是商品，生产资料也是商品。我们这样的经济不发达国家建设社会主义，资本主义阶段可以跳过去，商品生产、商品交换则不可能跳过去。

这方面讨论的成果，充分反映在今年党中央的一号文件里。一号文件把发展商品生产列为农村工作重点，而且明确地讲："由自给半自给经济向较大规模商品生产转化，是发展我国社会主义农村经济不可逾越的必然过程"①，也就是必经之路。这个结论是完全正确的。历史的发展将证明，中央一号文件关于社会主义的商品生产的这个论断，在理论、实践上，都有十分深远的意义。农村是这样，城市也是这样。要从不发达经济发展到经济发达的国家，发展商品生产是非经过不可的。这个阶段是跃不过去的。当然我们的商品生产，是社会主义制度下的商品生产，是公有制占主导地位条件下的商品生产。历史的经验证明社会主义不可能在自给经济的基础上巩固和发展起来。商品生产的发展是一个必经过程，它是不可逾越的。商品生产本身不是一个独立存在的东西，它依附于不同社会经济形态受其制约并为其服务，它可以为资本主义服务，也可以为社会主义服务。只有大规模的商品生产，才能促进生产力的发展，从而为社会主义生产关系充实物质基础。我们要从思想上、理论上充分认识这个问题，使我们更自觉地执行十一届三中全会的路线，执行中央一号文件，进一步解放思想，放手发展农村商品生产，把农村经济工作的重点转到大力发展商品生产上来，为繁荣农村经济，建设有中国特色的社会主义现代化农村作出贡献。

第二个问题是体制问题。农村发展商品生产涉及各行各业，要发展商品生产必须要搞体制改革，工业、商业、国家机关的体制都应相应改革，以适应农村发展的大好形势。农村商品生产发展起来以后，首先遇到的问题就是流通领域的问题，所以流通体制的改革，商业体制的改革就提到日程上来了。中央领导同志已讲了几次，供销社的体制要改革，商品流通渠道要增加，这方面已讲了很多。过去农村里商品很少，问题还不突出。现在这个问题突出了，买难卖难的问题已存在好几年，不好解决。从农业改革的经验看，不改革商业流通的体制，买难卖难的问题解决不了。这几年商业、供销部门的同志做了大量工作，但还是受了不少批评。客观实际是现行的商业流通体制不能适应商品生产的要求。说句公道话，光是指责商

---

① 参见中共中央文献研究室编《十二大以来重要文献选编》上，北京：中央文献出版社，2011 年 5 月第 2 版，第 363 页。——编者注

业、供销部门还是不够的，现在主要是工业体制问题，工业不能适应农村的需要，发展缓慢，农村需要的工业品生产不出来，农业提供的原料也加工不了。原来棉花不够用是个问题，现在棉花产出来了，工业又加工不了，棉副产品也加工不了，如棉籽油加工不了，榨出油来不会精炼，不会去毒，不光国外销不出去，国内也销不出去，大量的油积压。我们在陵县农村看到棉籽油大缸大缸地存在那里，这东西一两年要坏的。另外，农村需要的商品、生产资料、生活资料满足不了供应。所以光指责商业部门也不行，工业体制要改革。当然商业部门本身要改，但巧妇难为无米之炊，没有适销对路的工业品和农民交换，流通再好也不行。所以现在工业的改革、商品的改革都迫在眉睫。

还有国家机关的改革。现在农民不吃大锅饭了，但工业、商业、国家机关还没有改革，还吃"大锅饭"，所以矛盾重重。将来工业、商业也不吃"大锅饭"了，我们国家机关如果还吃大锅饭，还是搞不好。因为，我国的工业、商业、交通、科技、文教等等是政府直接领导的，国家机关体制不改，商品生产还是发展不了，所以这个改革也提到日程上来了。现在提出要把农村的改革引向城市，城市的改革主要指三方面：工业、商业、国家机关的改革。这个改革一般不能照搬农村的改法。前几年有照搬的，显然不行。有些地方不但工厂包，学校也包，医院也包，研究机关也包，这就不行了。因为它们的内容不一样。我认为工业、商业、国家机关的改革应总结农村的基本经验，农村这几年改好了，基本经验到底是什么，有几方面。关键是农村通过搞责任制做到了一通百通，解决了问题。城市的改革也应找到这样一个关键，摸索出一套经验来。这也要靠基层先改起来，解放思想，勇于改革，像农村搞包产到户那样搞起来。要搞一些试点，使之适应农村商品生产发展的需要。

第三个问题，发展社会分工，农村要分工分业。我们组织整个社会，人要分成各行各业，这是发展商品生产的前提条件。不能像以前那样搞自给自足，男耕女织，中国几千年来的贫困就与这种自给自足的自然经济有关。要富就必须发展商品生产，发展商品生产的一个基本条件就是发展社会分工。现在农村实行责任制后，是一家一户的"小而全"，基本上什么都搞一点，在这种状况下生产力是提不高的，当然比前几年是好了，但要大规模发展商品生产不行。8亿农民要分工分业。原来我们是一家一户的"小而全"，后来合作化了，把人合起来，地也合起来，原来一家3口人种10亩地，现在300人种1000亩地，想通过这个方法促进社会分工，提高生产力，实践证明是不行的，是从"小而全"变成"大而全"。由于各种原因，人们在一起管理得不好，反而降低了生产力，农产品的商品率反而降低了。责任制以后又分开了，当然还有统一经营，现已初步解决了温饱问题，但要发展大规模的商品生产必须进行社会分工，社会要进步就要搞分工，经济发展规律说明人类进步是在不断分工的，越分越细。由于一些历史原因，我国农村从1961年以后，农民就不能农转非了，还有大批城里人"下放"到农村，农村的人越来越多。原来"大呼隆"时觉得劳动力不够，现在分开干，农业劳动力过剩了。事实说明，不需要8亿人去种田。责任制造成了农村可以分工分业的条件。

首先，要分的是农业内部，农、林、牧、副、渔全面发展。不光农村内部要分，而且要把相当多的人转移到各行各业上去，去从事工业、商业、服务业、建筑业、饮食业，还有人要从事教育、文化、科学技术事业。现在大多是兼业的，慢慢就走向专业了。工业也要分工，分为机械工业、化学工业、食品工业、服装工业，等等。到了服装工业中还要分，有的专加工男式衣服，有的专加工女式衣服，有的专门做某种衬衫。我这次到德州一个服装厂调查，它专门生产衬衣，里面还要分，有的专门剪裁，有的专做领子，有的专做袖子，有的专钉扣子，有的专管熨烫，有的专门包装。这个厂的设备还不齐全，分工也并不很细，但每人一天平均能加工6件衬衫。家庭妇女自裁自做，一天一件也不一定做好，有缝纫机的可能快一点。分工能提高劳动生产率，所以要发展商品生产，就必须实行分工。

我们原来在这方面的政策有问题，与社会分工这个规律是不符合的。原来总认为农村中的人越多，农产品就越多，不仅不让农民进城，城里的人还得上山下乡，干部、知识分子也到农村办五七干校。现在看来不需要这样，只要农民不吃大锅饭，农民真有了生产积极性，这点地是不够农民种的。原来提出"人心向农，劳力归田，"如果都搞农业，我们国家无论如何是发展不起来的。如果能把8亿农民的一半分出去干别的，我国就会发展得快。现在看来，以前的一些口号也有问题，社队工业的工人叫"亦工亦农"，当了工人还是农民。劳动人事部门搞统计都成问题。我们共产党讲成分，我们以前土改有一条，三年改变成分，可我们农村现在有些社队工业的工人已干了十来年了，填表还是农民，有些教师干了十来年，还是农民，叫"亦教亦农"。还有"亦医亦农"，当了医生还得赤脚，叫"赤脚医生"。人的本事没那么大，社会分工是越来越细，只搞一项才能成为专门人才，"万金油"样样都懂，实是样样都不懂。大学里要分科，医院要分内、外科、皮肤科、五官科，五官科又分眼科、鼻科。他这个医生就专会看鼻子，他这个医生就专会看眼睛。你看《人到中年》里的陆文婷，她的本事就是大，能在眼睛上开刀，如果让她样样都搞，又要种地，又要做衣服，又要管家务，到了医院又得什么病都治，她就不可能有在眼睛上动手术的本事。我们原来的政策是你当了工人还得种田，当了教师还得种田，当了医生还得种田，结果是地种不好，医生也当不好，教员也当不好。我们现在农业逐渐过关了，可以让教师专门去教书，把书教好，当医生的专门看病，不要赤脚，穿袜子可以，穿皮鞋也可以嘛。原来的办法真是笨。这几年这些人出来了，地反而种得好了。我们在农村要采取一点开放政策，把农民从土地上解放出来，让他离土离乡，当然不是都挤到北京来，挤到石家庄来，而是到小城镇上去。

我们原来是限制农民出门，你出去搞副业要批准，要交多少钱，不然就罚款，这是笨办法。现在，聪明的队干部不这样干了。我在陵县调查了一个李鸣岗大队，这里的支部书记思想解放。他们每人2亩多地，可以说不少了。他懂得搞商品生产，在支委会决定，想方设法鼓励社员离开本队到大队以外去挣钱。一个八九十户人家的大队，今年有19户离开大队去谋职业，这样，别人种的地就多了，生产率提高，收入也增加了。会干的队干部是鼓励农民出去，而不是限制他们。我在1979年十一届三中全会刚结束时，听了内部传达后到北京郊区大兴县一个村去，给支部透了个消息，我说："告诉你个好消息，（十一届）三中全会已开过了，会上有几条决定，其中一条是农产品收购价格提高20%～30%。"他说："这一条对我们好处不大"。我说提高价格不是能增加收入吗？他说你要提高20%的粮价，不如把我生产队调去20%的劳动力好。我说你讲个道理。他说这很简单，我现在是三套锣鼓唱一台戏。什么意思呢？北京郊区农业机械化搞得好，他这个队较富，有拖拉机、汽车，电也有，牲口也不敢卖，大骡子、大马、牛都养着。我说你这牲口不卖掉一点？他说哪敢卖，上面说不给油就不给油，零件坏了我买不着，没有零件它就不走，马我抽一鞭子它走了，拖拉机你抽不动，正要用时就不灵了，我敢卖牛卖马吗？这就两套锣鼓了。再一个是人也调不走，人都在我这个大队，你能把20%的劳动力调去，我能增加50%的收入，你涨20%的价我最多能增加5%～10%的收入，因为我的农产品并不是百分之百的商品，百分之七八十是我自己吃的，你涨价我反正也要吃，我能卖出的农产品只百分之二三十，你涨20%，我也只能得百分之几的好处啊。你要调去我20%的劳动力呢，我这个地亩产1000斤照样亩产

1000 斤，不会减产，不减少总收入。原来我 10000 元收入，100 个劳动力分，人均 100 元，你调走 20% 的劳动力，10000 元只有 80 个人分了，每人 125 元，人均收入增加 25%。第二，这 20% 的劳动力到北京市去干活，吃了、喝了，还挣了钱。他老婆、孩子还在这儿，他赚的钱还得寄回大队来，这个收入不就超过 50% 了吗？我觉得这个支书很有水平，他在 1979 年就想出这一套来了。所以他鼓励劳动力外出，没有路费给路费，家里老婆、孩子也养着，给平价粮。我们应采取这种鼓励的政策。现在有些生产队干部算不过账来，想方设法不让人出去，这是很笨的。现在有些农民出去了，把地交给生产队，或者转包给别人了，他只有一个要求，就是供给平价口粮。有的农民把地交给生产队不放心，交给邻居或交给相好的，两人私下谈判订合同，第一年是一亩地，一口人给 400 斤口粮，按平价给钱的办法，到了秋后称粮食时，就出现了粮食好、粮食差，等等的问题。第二年就说你干脆称给我多少粮食算了，我也不给钱了，比如一亩地 100 斤或 200 斤，这是一种办法，或者你给我多少钱算了。这样，种田的人觉得还是合算的，两家谈判还是谈成了的。有的觉得我给你种田了，还得给你多少粮食，给你多少钱，这不是变成地租了？这在理论界也有这个讨论，一种观点说这不行，显然是剥削，转包就是出租土地；一种认为不能那么说，他这个地是转过来的口粮田，口粮存在着两种价格，一是牌价，一是市价。如无市价的存在，他不会要这部分粮或钱，这个田是口粮田，等于城市的铁户口、口粮本。城里人有城市户口，现在布票没有了，每月有三十来斤粮票，粮票 1 毛多钱 1 斤，30 斤粮票也就是四五块钱，一年五六十块钱。他这个地就是口粮，因为市价和牌价有差别，所以要补给他。所以有种观点认为这是合理的，补给他的这个利益是应该的，这不叫剥削。1982 年、1983 年的文件还有不准转让这一条，1984 年文件就不讲了，不准买卖还要讲，不准转让显然不行，因为转让是一种进步。现在土地可以转包，条件可以协商。转包土地给一些合理的代价我看没有什么不可以，因为粮食还有两种价格。从另一方面讲，土地是生产资料，在集体里面有他一份，他让出这份生产资料，你给他一点代价，我看没什么不可以，所以我们应给以鼓励，让农民出去搞商品生产。

原来"弃农经商"，是要批判的，现在不仅要提倡弃农经商，还要提倡弃农经副，弃农经工。我国商业不发达，工业也不发达，服务业更不发达。现代化的结构是将来种田不需要多少人，工业也不需要多少人，而是商业、服务业要占很大比重，如若干年后 8 亿农民变成 4 亿农民了，我国进步的步伐就要快得多。有材料说明，世界上发达国家城市人口占 60%、70% 以上，甚至 90% 以上，世界平均水平是农村人口占 60% 多，而我国是 80% 以上，我们衡水地区在 90% 以上。这种状况不改变，我们的商品生产发展不了。现在要发展商品生产，就首先要提倡分工分业，把人分出去搞商品生产，搞工业、服务业，这是个进步，是发展商品生产的必经之路。

第四个问题，发展什么样的商品。发展商品生产要有商品。现在看得很清楚了，一个地区、一个县、一个乡、一个村，一个户要富起来，就要卖得多，商品率高，经济效益高，就富的快。德州原来商品生产的水平和你们差不多，这几年棉花比你们多，达到 650 万担，商品率有 60% 多，所以他们人均收入达到 390 元钱，比你们多 80 多块。我家是江苏无锡，无锡市有三个县，一个市，土地有 400 多万亩，人均耕地只 1 亩，1982 年工农业总产值超过 100 亿元。你们地区和无锡市人口相仿，你们的工业总产值还不到 20 亿元，那就差五倍。他们主要是搞商品生产。他们那里跟你们一样，没什么资源，原材料全靠外面来，但有技术、有人才，能生产出大量商品来，所以富得快。

发展什么样的商品，这是很重要的问题，要根据各地、县、乡的资源优势、市场优势、人才优势、传统优势来定，没有固定的方案。要使资源优势变成产品，产品变成商品。商品变为收入，我们要放开手脚。中央一号文件强调农村举办食品工业、饲料工业，建材业和小能源工业，我们这里除小能源外，其他三方面都可发展。各地除了搞这三种以外，还要根据本地特殊情况发展本地工业。我看了你们会上的材料，你们饶阳县的鞭炮，阜城县的灯具、测温器，安平县的罗网，枣强县的皮毛，故城县的钢丝绳都是优势，都已具有一定规模，有了一定市场，是你们的拳头产品，都应发展。到底你们衡水搞哪几种商品，这很难说出一个公式，我随便提几条，如你们可考虑发展服装行业。这个行业在全世界，在全国发展很快。原来农民自己织布、做衣服、做鞋子，现在一搞商品生产，她们无时间去干这事了。一种棉花，小姑娘们也都变成了主要劳动力。经济好了，农民也要穿城市服装了。我在陵县的时候去赶集，观察了一下，农村里衣服换的最早的、跟"现代化"跟得最快的是小姑娘和年轻媳妇，这是第一；第二讲究是儿童；第三是男青年；第四是中年妇女；第五是老太太，她们也在变，也穿化纤的了；最不变的就是六七十岁的老头啦。鲁西北的老头还穿几十年以前的服装，他还可以穿着那样的服装去赶集，到县城来，土布棉袄，大裆棉裤，下边扎起来，大棉鞋，头上包块白毛巾。要找典型的鲁西北农民照相就得找他们了。我调查了供销社和百货公司，现在成衣的销售越来越大，供不应求。现在经营服装的摊贩最多，从北京、天津、上海，从南方弄来卖，大概收入最多的也是他们。这是个趋势，商品生产发展以后，分工发达以后，比自己买布自己做衣服便宜，样式要好。将来不光小姑娘和青年媳妇讲究穿，男青年也是要赶时髦的，中年人还是要打扮的。还有一条，现在我们要到北京、天津、上海去买衣服。从世界的变化来看，经济发达国家的大城市都在把这个行业让出来，美国、法国、英国原来是出洋布的地方，现在反过来大量进口纺织品，进口成衣。现在中国香港、台湾地区、南朝鲜都大量生产服装，向美国出口。据我所知，最讲究穿时装的是巴黎，而它的时装很多都是从香港运去的，香港不像我们打包外运，而是专门租用波音707，把衣服弄好挂在飞机里往法国运。这给我们一个启示，将来上海、北京、天津要把力量转到尖端工业上去，我们这些地方可以大量地发展服装行业，因为我们的劳动力便宜。我们最缺的是技术，只要请师傅来，弄到一些样品，就可以搞。

我再讲个材料，日本1亿多人口，有60675家服装厂，服装工人、技术人员有73.8万，平均每1万人就有五个半左右服装厂，平均每1000人中有7个裁缝。发展服装行业我看是条出路，它要求的东西比较简单，就是要大量的劳动力和技师。

我只是随便讲这么一点，发展什么样的商品无具体的公式，这要靠信息、靠技术，靠各种因素来定。但有一条，千万不能搞一窝蜂，别人上什么，你也上什么，那你肯定吃亏。前几年有些地方搞手表赚了钱，就都去搞手表，搞自行车，搞洗衣机，结果竞争不过人家，别人赚了钱了，你赔了。所以在这个问题上一定要走新路，要像专业户们总结的那样，做到"人无我有，人有我好，人好我新，人新我早"。搞商品生产一定要有商品生产的观念。还有，你们现在也要看到有些产品正在滞销，你们不能赶人家的尾巴，要赶在前头。另外我们一方面要看到城市的需要，更重要的是要看到农村的需要。你们329万农民，每人一件衣服就是329万件，10块钱一件就搞3290万块钱，还不用说到外地去，如果扩而大之，扩到邻近的地区，如邢台、德州，那就更可观了。要研究农村的需要，研究农民的需要，研究发展农业的需要。在这个问题上，我们的工业、商业、包括科研、文艺做得是很不够的。高扬同志最近关于宣传工作的讲话很好，他指出的问题有普遍意义，对我们搞工业、商业等工作的同志都有价值，我们要研究8亿农民，研究他们的需要，我们现在真正为农民设计的东西有多少？供农民穿的、用的有多少？我们工业部门的领导，商业部门的领导要把眼睛放到农村去，要为农民服务。8 亿农民是个大头，给他们服务好了，你的行业就起来了。不要把眼睛光盯着出口，盯着北京等大城市，我看农村需要的东西太多了，农村也有购买力，现在他们买不到东西，钱用不出去。陵县这几年富了，农民有钱了，也想尝尝鲜，茅台酒卖到 39 块钱一瓶。现在农民买的自行车，都是"社员牌"的，名牌没有，电视机没有，电不够，农民买了电视机也看不成，6 点停电了，10 点才来电，农村能源问题多少年才能解决？工业部门能否考虑造点蓄电瓶之类的东西，农民一定会买的。有见地的厂长应考虑农村需要。科研面对农村不够，文艺亦如此，现在多数剧目是对着城市，对着 2 亿人，对 8 亿人的片子很少，农村这么大的变革无人去反映，至少是反映的人不多，包产到户这么大的事情，电影、小说还不多嘛。《咱们的牛百岁》得了一等奖，还是讲的包产到组。高扬同志指出的问题很重要，搞商品生产要为农民服务，买卖是有得做的。我在陵县见一个青年干了这样一件事，他在城里买点废铁皮，卷成圆筒，锉几个刺，把玉米插在里面一转，粒就都下来了，很简单，一天做上百十个没问题，但农民需要，农民捻玉米是个讨厌的活。他在市场上一摆，拿玉米表演，一个卖 4 毛钱，一二百个一会就卖光了。我看这个青年很懂生财之道，他的产品符合农民需要。

搞什么样的商品没有一定的程式，各地要根据实际情况，根据优势、特点，然后根据信息来搞，商品千千万万，关键是去发展、创新。只要我们下决心搞，善于搞，用商品生产的观念去搞，就一定能生产出适销对路的产品来。

第五个问题，发展商品生产的组织形式。农村发展商品生产的组织形式，现在最好的、大量存在的是兼业户、专业户。所谓兼业户、专业户实际上是商品生产户。事实证明，这种形式是很好的。关于这个问题，你们会上的材料很多，你们也搞了千户调查，中央文件也有。我要讲的是，要考虑专业户以后怎么办。要发展大规模的商品生产，总靠专业户是不够的，就是说专业户普遍发展起来以后，商品生产采取何种形式才能发展得更快。我在这几年的调查中发现，凡是专业户，他们的劳动力都很强很多，都是大户，一般在 5 口人以上，劳动力在三五个以上。你们阜城的张连祥连年收入超过 2 万元，他家 11 口人，7 个劳动力，不然他搞不过来。做个豆腐也得 3 个劳动力，何况还得卖呢。陵县最近开了个专业户代表会议，表彰的250 个专业户中，平均每户 5.56 人，劳动力 2.66 个，一般地说是大户。搞商品生产要有个经营规模，有个规模效益，小了不行，人少了不行。可我们现在的农村家庭正向小家庭发展，越来越小，三代同堂、四代同堂的少，住不到一起去，特别是不能和儿媳妇住在一起，讨了儿媳妇就得分家，丈母娘可以和女婿住在一起，婆婆跟儿媳就住不到一起。现在的家庭是两口人带两个小孩，将来是一个小孩。从经济发展讲，搞专业户，就得要大，十口八口人在一起，种几十亩地，再搞点副业，万元户、几万元户就出来了。这是个矛盾，怎么办？从经济发展规律看，规模肯定要大，不因为儿子要分家，将来两个人三个人就行，所以趋势有两个：一是联合，二是雇工。自愿联合，互利联合，你们这里叫"新经济联合体"。但又有问题，我在1980年做过调查，提出包产到户以后可能出现兼业户、专业户，联合体这样一个设想。从长远讲，将来要联合，要社会化。但现在的联合体遇到了问题，这不只因工商局、税务局等部门没有开绿灯，主要不是这个原因，我看了几个省的材料，联合体的发展是波浪形的，一会儿多了，一会儿又下去了。原因是联合体内部经营管理遇到了我们合作化后遇到的问题。合作化按我们原来的设想应该是搞得很好的，但结果80%没有搞好，合作化以来，我们搞得好的生产队只占10%～20%。现在的联合体又遇到了我们合作化没有解决好的内部管理问题。比如说4个人相好，合起来办一个厂，搞起来了。假如这4个人都很强，有能力，时间长了就出问题了。原来我们的合作化还有领导，有政治思想工作，也还有矛盾，联合体没有这些，加上利益分配不好等问题，时间长了就散了。农村的俗话说："一个槽上拴不住三个叫驴"。1个强的、3个弱的在一起行不行呢？强的里里外外一把手，三个弱的都听他的，时间长了也有问题。咱四家是合起来干的，利益平摊，赚1万，一家2500。当头的就有意见了，我操心费力，主要事情全靠我，我应多得。即使他自己不计较，他媳妇也不干，时间长了也不行。另外还有，管理上有的记账马虎，管钱的人总觉得管东西的人把东西弄家去了，管东西的人总觉得管钱的人把东西卖了钱没拿回来。陵县有个父子联合体，两人为钱的事就经常吵架，老子说你小子把东西卖了钱没拿回来，儿子就认为你老头子把东西弄你家去了。现在的联合体当然有搞得好的，因为需要，但合作化遇到的问题并未解决好，发展会遇到些困难，所以联合体的发展是波动的。一方面我们要提倡联合，加强领导，支持联合，把商品生产搞上去；另一方面要看到它确实有问题，光靠这种形式不行。

现在看来，专业户不够，联合体也有问题，还有什么办法呢？还有一种办法，就是雇工。据我们调查，1个强的、3个弱的；或4个都强，为首的强的就出来挑头，我来当头，你们听我的，当工人，拿工资。3 个弱的当然听话，强的也如此，只要你给他改变关系，就管得起来。据我调查，凡这样搞的，经济效益都很好，被雇的人也愿意，因为他们不担风险，工资稳拿，还比国营的高，如不合算，他可以回家种包产田。所以，雇工与雇主的关系同资本主义国家不一样，资本主义国家的工人只好受雇于资本家，我们这个不同，我愿受雇就受雇，不愿受雇可以回家种田，与一无所有的无产者不同。

雇工现在遇到两个问题，一是理论上的问题，理论界有些同志认为雇工是剥削。马克思在《资本论》里讲了剩余价值问题，你雇工不就是赚剩余价值？搞实际工作的同志看到这个东西对生产、对社会有利，现阶段需要。报纸上最早提出来的是广东省的一个农民，包了生产队荒废的鱼塘，一共 100 多亩，1981 年就雇了十几个人，收入好几万元；还有福建的一个农民，他在 1979 年包了生产队的 1000 多亩荒山，雇了二十几个人造林。有些同志认为这不能算剥削，原来水荒着，年年不养鱼，包了以后不但长鱼了，还长了鸡头米，出口到香港很值钱。他上交生产队 6 万到 12 万元，生产队得了大头，工人每年工资 1000 元，还吃他的饭，他自己 1981 年收入 2 万多元。原来荒着，现在国家有了鱼了，鸡头米出口，赚了外汇，生产队得了钱了，有什么不好？荒着是社会主义，用起来就是资本主义，这也说不通。对这个争论，中央领导同志比较慎重，1983 年一号文件说要看看再说，既不提倡也不禁止。理论上有争论，实践中对生产有利，如何解决呢？我们要遵照中央文件的精神办。要用新的观点、新的认识来对待新的问题，小平同志、耀邦同志指出，评判一个事物，要看是否有利于建设有中国特色的社会主义，是否有利于我们国家的兴旺发达，是否有利于我们人民生活的富裕。毛主席生前也讲过这个意思，我们看一项政策是进步的还是落后的，就是要看它对于我们社会的生产力是促进的还是促退的，对发展生产力有没有好处。这是历史唯物主义的观点。我们不能拘泥于我们原来的想法，现实中会遇到大量的新问题，用老的尺子、老的框框解决不了，必须用新的眼光、新的认识、新的观点去解决它。你们地区的领导同志采取了一些变通的办法，是可取的，我看只要符合"三个有利于"就可以干，不然的话，遇到新问题就无法解决，马克思、恩格斯没有讲过，列宁没有讲过，毛主席没有讲过，你怎么办？如包产到户问题，你查马克思的书肯定找不到，那里面没有。如果是经典里有的才能干，经典作家没有说过的就不能干，那我们今天的大好形势就来不了。所以，遇到这类问题，要按照马克思主义基本原理，要坚持马克思主义的原则性，但也要有灵活性，不能只有条条上有的才能办，那就死板了。我们应当坚持马克思主义、毛泽东思想的基本精神，实事求是地处理新的矛盾，新的问题。

雇工遇到的第二个问题是雇工规模问题。马克思在《资本论》中讲了，从一个小业主变为资本家，至少要雇8个工人，不然，充其量也只能是个小业主。南斯拉夫规定可以雇8个人，不能超过。国务院规定，农村的个体工商户和种养业能手，可以参照对城镇个体经济户的政策，可以请帮工和学徒3到5个。现在看来，雇1至3个的是大量的，雇5个、8个、10个的较少。我看到的极个别有雇上百人的。我想，在我国这样的条件下，一人雇几十、上百人的估计不会太多，一般没这个胆量，所以不必担心雇多少人，不可能一个人雇上千人，他来当老板，也许我想的不对。商品生产光靠专业户、联合体不行，那还是小打小闹，中央文件说要转向较大规模的商品生产，三个五个人怎么行，十个八个人怎么行？商品生产还是要大中小结合，要有大规模的，光靠联合体，光靠雇工还不够。商品生产的组织形式，除了专业户、联合体和允许一定量的雇工以外，还应大力提倡国家、集体来搞，所以现在农村工作的一个方面，除了支持专业户、联合体以外，还要考虑发展国家的工业和集体的企业，我们原来社队企业的底子还在，基础还在，我们要用这个基础来发展，所以将来要发展几百人的企业，上千人的企业，还应提倡地方国营，县办、乡办。我们要采取新的方法来搞，不能用原来的大锅饭方法，当然也可以创造新的形式。你们的材料上也有新的形式，如你们的鞭炮专业公司，灯具专业公司，这就把国家、集体、个人串起来了。要提倡国家、集体、个人一起上，尤其是在经济实力较差的地方。只搞专业户不行，大的社会服务组织恐怕还要靠集体、靠社会来解决。问题不是说我们过去办这些东西不对，而是管理得不好，有些地方的社队企业办成了干部吃喝的窝子、安排子女的地方、用钱的小金库。但不要因为有这些问题就不办了，还是要办，但办法要改变。有些地方现在只抓专业户、联合体，不抓县办、乡办企业是不对的。

第六个问题，关于技术和人才。在我们这个地区，发展商品生产，有资源，有市场，有资金，有劳动力，交通条件也较好。据我观察，我们这个地区发展商品生产最大的问题是缺技术、缺人才，缺技术也就是缺人才。有了好的原料加工不了好的产品，有大的市场拿不出好的商品来。你们的棉花发展起来了，有200万担皮棉，这是一个很大的资源，要加工成产品，收入就大了。春节前我在德州搞了个棉花调查，算了一笔账，收1斤棉花国家要补贴 4 毛钱，你们 2 亿斤棉花，国家要补 8000 万元，财政部门算起账来觉得很大了。但棉花是我国的一大财源。拿 3 级、27 毫米长的标准棉来说，山东的收价是每百斤 153 元，加上补贴共 190 多元，100 斤皮棉，经过纺纱、织布、印染，再加工成装（以衬衫为例），到百货公司能卖 697 元。国家从收购棉花，经过加工到百货公司卖出，能收七道税，共 102 元。我对财政部的同志讲了，他们整了简报，财政部派人把我们的调查复查了一遍，查的结果说收六道税，但税率比我们调查的要高，税收共 114 元，比我们调查的还多 12 元。衡水的大批皮棉往外调，自己加工的很少，所以得的税利就不多。

现在有大量的棉花压在那儿，但地委、省委无权调用。原来我们进口棉花的时候管严些还有得说，现在不需进口还可出口了，还管这么严，这个制度就应该改。在未改之前，棉花我们用不了，但棉副产品可以用。棉柴烧不完，可以加工成纸、纸板，但我们没有技术，搞不了，棉籽可以榨油，100 斤棉籽可以出 13 斤油，衡水 2 亿斤皮棉，有 2.5 亿斤至 3 亿斤棉籽，可榨 3000 多万斤棉油，不知你们是否都能加工出来？德州 650 万担棉花，10 亿斤棉籽，他们自己榨出油来的超不过 7 亿斤，有三四亿斤轧一轧就下地了，大量的油浪费了。另外，加工出来的饼，因不会去毒，不敢喂牲口，很好的蛋白质只好下地。棉籽皮可以生蘑菇，没有技术、用不起来。棉籽油渣也不会利用。如果能把棉副产品利用起来，据有关部门计算，有与皮棉同样的收入。衡水 2 亿斤皮棉，4 亿元收入，副产品加工好了，还可有 4 亿元的收入。但现在没有技术，搞不了。

我们现在粮食过关了，有白面，有油，糖也敞开供应，但我们加工不了好的糕点，酱油，醋也不行。这是个技术问题，技术不解决，资源变不成产品，变成产品也卖不出去，卖了也没有好价钱。所以我们这里发展商品生产问题就是缺技术、缺人才，万事俱备，只欠东风，"东风"就是技术和人才。我看你们地委定的"开发智力，发展经济，振兴衡水"的方针，是很好的。就是要造就人才，集结人才。技术问题说到底是个人才问题，有了人才就有技术了。我国所以发展缓慢，还是个技术问题，人才问题。我们学习国外的东西，大概经历了这么几个阶段。我们看日本的电子产品好，大量地买他的。买多了才觉得不合算，就把他的生产线，把成套设备买进来，这要便宜一点，这是第二步。成套设备里是什么都有，连最简单的机器也在里面，有几件尖端的东西要搭配一般的东西，这也不合算。现在我们进步了，只买他的尖端，如电视机，只买他的显像管生产线。再进一步，我不进口你的整个生产线，只进口你的显像管生产线中最尖端的那几样机器。再进一步，你的机器无非是根据图纸造的，那我就买你的图纸，拿回来照图纸造，这就是买技术了。技术是人搞的，派我们自己的人到他的大学里、工厂里学习，将来我不光会造这样的显像管，还会造别的。所以最合算的就是培养人，或者是把他们的人请过来、挖过来。一个地区300多万人，像个小国家，要发展经济，不能走我国走过的这么长的路，最好的办法就是培养自己的人才。为什么日本、西德战后发展得这么快？很大的原因是工厂的工人、技术人员，和经营管理班子没散，加上两个国家的教育是发达的。工厂炸平了，但战后很快就发展起来了。

你们到浙江、江苏、广东去参观了，那个地方发展得快，就是因为技术人才多，教育水平高。我是无锡人，知道那个地方是怎么搞起来的。那里一个公社每年考取大学的就好几十人。所以要搞好经济，把商品生产发展起来，就得抓技术，抓技术就必须抓人才。要聚集人才，一是要培养得起来，二是还要能在衡水住得下去，所以要落实知识分子政策。

当然，讲人才不光是指知识分子，它至少有三个部分：一是大量的技术工人，农村的能工巧匠，种田能手。不能说他们没有学历就不是人才；二是各类专业知识分子，这当然是人才；三是经营管理干部，没有好的管理人才也不行，不要以为有了技术就一定能领导工厂，有了文凭就一定能把企业办好。当然，由学过经营管理、又在工厂干了多年的人来当厂长很好。但我们有些老干部经过了若干年的实践，他们也是经营管理人才的一个重要组成部分。我国经济上不去，当然缺很多方面的东西，但一个重要的问题是缺一批有经营管理才干的人。怎样来培养、造就、聚集一批我们地区的人才？在我看有四个方面：一是请进来，用各种方法，包括用各种优待去请，长期的、临时的都欢迎。你们有个好条件，离北京、天津近，可以通过各种关系请师傅，知识分子、技术人才。各地的事实证明，请进一个技术人才，就可以办一个厂，一个行业；可以办好一个厂，救活一个厂。陵县有个磁厂快关门了，产品质次价高，县里从唐山请来一个师傅，这几年生产搞得相当好。请人要不惜代价，想尽一些办法去请一些来。河北历史上有两个有名的人物，一个是保定涿县的刘备，一个是你们冀县的袁绍。袁绍是名门望族，势力很大，但心胸狭窄，嫉贤妒能，不会用人，他的那些谋士都跑到曹操那边去了，最后在官渡之战中全军覆没。刘备自己本事不大，但会请人用人，礼贤下士，出了三顾茅庐的佳话，最后总算三分天下有其一。我们地区要发展商品生产，应采取一点办法，多请一些人来。"文化大革命"中湖北起来两个明星城市，一个是沙市，一个是襄樊（现襄阳）。这两个地方原来跟衡水一样是个普通的小城市，可他们趁"文化大革命"的机会招了一大批人。那时上海有大批退休工人，他们就派组织部、人事局的干部到上海去请老工人，主要是轻工方面的。这个市没过几年工业就起来了，现在沙市很出名，很多产品畅销全国，有的还进入国际市场。再一个是襄樊市，原来也很穷，"文化大革命"中市委派组织部的人去北京，到科研机关，大学去挖知识分子，口袋里一边装着准迁证，一边装着调令。你不是老婆在农村吗？你去我襄樊落户，家属农转非；你老婆在外地，那我就发调令，你们牛郎织女到我襄樊去相会。他们招了几百知识分子，这几年工业连续翻番，上去了。请来的办法较快，但现在晚一点了，要请就得代价高一点。

第二是派出去学习、进修，当学徒。知道哪个地方有这个技术，派人去学。上海郊区已有几千人在上海各大学进修，你学校没房子住，我就给你盖房子，或者给你投资。还有一个办法就是到外地去参观学习，甚至去旅游。光在这个地区不行，要出去看看，全国怎么样。深圳不容易去，可以到广东、江苏、浙江，那里富得快，可以到那里去取经。出去接受新的事物，在家里不知道搞什么新项目、新产品，出去看看就知道了。

第三是发掘本地的人才，现有的人才，这是最主要、最可靠、最有利的。由于各种原因，现在有很多人还未用起来，这很可惜。领导同志们可以研究，在本单位用不起来的可以换个单位嘛。叫千里马推磨，当驴使，它不见得推得好，你还觉得它调皮捣蛋。因为它是马的才，当小驴用，老转圈子头晕了，它就不干。这样的人才有啊，黑龙江省现任副省长安振东，原来在一个小厂"劳改"，发现了，用上了，领导黑龙江的工业改革，起了大作用。从长远看，我国提出干部"四化"的决策是完全正确的，干部老化不行。但也不要一刀切，有些老干部干经营管理多少年了，有经验，有社会关系，有知识，年龄虽然大了些，但身体还好，还是要用。长远地讲，还是要讲老中青三结合。

还有一条，要在专业户中发现人才。他们之所以能冒尖，是在政治、经济上有才干的，十一届三中全会以来，他们响应党的号召最早，确实有办法。成个万元户确实不容易啊，原来一个生产队一年能弄多少钱？要搞万元、几万元是要有点本事的。专业户中有一部分人不光有技术、有专长，政治上也是好的，有胆有识，我们不光在经济上要开绿灯，组织部门，人事部门也应发现、培养他们，该入党的入党，该提干的提干，委托他办一个厂，办一个企业，这些人搞商品生产肯定是行的。当然这不是指全部的。我们以前有些生产队长期搞不好，除了其他原因以外，我们的干部政策上有问题，农村基层干部的政策上有问题。我们搞土改是依靠贫农，团结中农，这是完全正确的，但是我们搞了合作化，要搞生产了，还强调这个口号就有问题了。你到农村去看好了，凡家里干净利落，地种得好的，一般是中农户，或是土改以后的新中农，他们土改后上去了。可有一些贫农，地也不会种，家也不会治，家里乱糟糟的，进屋一看就不是过日子的样子。我们过去的政策规定要依靠贫下中农来领导生产队。有些贫下中农连一个家都管不好，管一个生产队还能不糟吗？我不是说所有的生产队长都不行，但上面讲的那种生产队长确实有。我们挑选企业管理人才要会挑，我看专业户中可挑出一部分来。

聚集人才的第四个办法是自己办学校培养人才，这是根本途径。一个国家、一个地区要兴旺发达，没有自己的一整套教育体系是不行的。日本、西德、美国、苏联这些经济发达国家都有一套好的教育体系，我国经济发达地区也是如此。经济要繁荣，就必须在智力投资上下力量，要把职工学校办好，要在可能的情况下办一两所大学，300多万人的地区建立高等教育体系，从长远看是完全必要的。听说我们这里的中小学教育搞得不错，我昨天和你们宣传部的同志讲，你们办得越好，考出去的人越多，你们吃亏越大。当然我这是就你们衡水一个地区的利益来讲的。我在德州调查，13个县、市，一年考取大学的有八九百人，分回来的仅80人，有些还不来报到，因为这里还穷，他们不肯回家。

现在的教育制度是有问题的，作为一个地区、一个县来说，可以做点改革。陵县54万人的县，没有技术学校，没有专业学校，办完中学就完事。用的人，护士、会计、售货员等都不经过培训。县里只搞基础教育，不搞职业教育，学生考不上大学就回家种田，回家后又得不到教育，不进则退，不学习，知识就负增长。有人调查后指出，回农村种地的学生知识水平每两年降一级，高中毕业两年就成高一了，5~6年以后就成初中了。县里要办一些中等技术学校来解决这个问题。再就是要办大学。德州地委下了很大决心，准备今年办两所大学。一个是依靠山东农业大学在德州办一个"德州农业大学"，今年开始招两个班。一个是"德州农村发展学院"，培养农村的经济管理干部。国家没有投资，全靠自己想办法，全地区550万人，每人交1元，550万元搞一个2万平方米的基本建设，自己建1个学院。这个学院打算办6个专业：农村行政、企业管理、劳动人事、社会调查、统计信息、法律。农村行政培养乡、镇长和县级部局长；企业管理培养工厂的厂长、供销社经理；社会调查为农工部、调研室培养秘书；统计信息培养经济情报和财会人员；法律培养政法干部，充实政法部门。每个专业每年招 50 人。要招聘 40 个大专以上水平的教员，我们帮他们在北京请些兼职教师。这些学校学制两年，在本地区承认大专学历，在本地区分配。我们这些地区，大学还得自己办，要靠教育部、教育厅到这里来办大学大概不容易，排不上号。你们全地区每人摊两块钱，有五六百万元也就搞起来了，如果发动一个讨论，群众一定能通得过。

当然，除了办大学以外，还可以办些业余大学、电大、职工大学，等等，要广开学路，多种形式办学。从经验来看，还是要有正规训练，这个钱还是省不得。

第七个问题，关于市场和信息。商品是要卖的，卖商品就要有市场，商品能适应市场的需要，有买的人，商品才能销出去，商品的价值才能实现，工厂才能有收入，所以搞商品生产就一定要研究市场。那么你们衡水的商品市场在哪里呢？我认为主要应是你们 350 万人的本地区和你们相邻的几千万人口，如果能占领本地和周围的农村市场，有几种拳头产品，你们的商品就能立住脚，工业、商业就能活跃起来。现在我们有一种倾向，一搞商品就盯着大城市，盯着国外，不研究农村的需要，我认为这种做法不切合实际。你跟北京、上海以及沿海一带竞争，显然不行。搞商品生产也得有点战略，用当年打仗的办法，你打你的，我打我的，你搞你的机电产品，我搞我农村需要的产品。农村吃的用的穿的常在更新换代。我们在陵县调查，把 200 户农民家里的东西全部登记了一遍。十几年以后，这是极好的科研材料，因为这些东西以后就见不着了，一切都在变，那土房子、草房子、家里的旧式家具、土布衣服都在逐步消失。在更新换代的时候你们如能适应这个市场，就肯定是行的，靠这个市场，你们的工业、商业，等等都能兴起来。你们衡水机械厂，适应农村需要，搞棉花打包机，眼光是准的。我们先要提倡眼睛盯着农村市场，当然，有条件的还是要提倡面向全国、全世界。

要满足农村市场的需要就要靠信息。所谓信息就是消息情报，农村需要什么，什么东西对路，要通过信息来确定。海盐衬衫厂的厂长步鑫生派出的业务员，每天要往厂里打回一个长途电话，报告各地市场的消息。他搞一个衬衫厂就要掌握这么多信息，我们整个地区建立信息机构更是必要。当然信息的来源不光靠电话，还可订阅各种报刊收集信息，分析各地市场的需要。

要搞信息，就要有一定的基础设施，要使电话、电报、邮电畅通。日本有个大资本家，经济联合会长土光敏夫 1979 年到中国来，他对我国搞现代化提了两条：第一要搞交通，第二要搞邮电。这是很有道理的。日本三十来万平方公里，号称"一日国"，不论什么地方，一天就能到达。我们现在达不到，邮电就更落后了。德州那里的电话还是手摇的，摇不通，听不清，"电话不如骑车快"，这些都要改造。商品生产起来后，这几年邮电部门的工作量大增，投资、人员均应该增加。从北京到陵县不过五六个钟点的车，可一封信要走 6～9 天，最快 3 天，有时人到了信还没到，这就不行。搞商品生产还要有许多基础设施，包括交通、邮电、信息机构、仓库。科研机关也要同时建立起来。

第八个问题，资金和劳动力。发展商品生产，需要资金，劳动力、原料、市场，你们这里原料、市场、劳动力都不缺。好多国家发展商品生产遇到的一大问题就是劳动力不足，日本、美国、苏联都不足。但我国的情况特殊，劳动力太多，不好办。前些年积累下来的城市人口，打倒"四人帮"后已安排了 4000 万人就业，但农村这一头还未解决，三亿几千万劳动力种十多亿亩地，可以大量转移出去。我们的劳动力丰富，但不是说有了劳动力就可以搞商品生产。我们劳动力的优点是工资水平低、福利待遇要求不高，而且一般的农村青年听话，吃苦耐劳，缺点是文化技术水平较低，组织纪律性较差，商品知识少，我们要想办法进行训练。

现在讲讲资金问题，这是发展商品生产的必要条件，在我们这些地方原来只能靠国家投资，现在看来这是很少的，要靠自力更生，靠农民集资。农民这几年种了棉花，手里有了钱，陵县 54 万人，银行存款 5000 多万元，人均 100 元，据测算还有八九千万元沉淀在那里，如何用起来是个大问题，我们一定要冲破一些条条框框，把本地资金利用起来。你们这次会上的材料表明有一些新办法，通过农民集资，农民带款入厂当工人。我们也可以向农民借一些，当然要给一些利息。现在农村还不能说已经很富，但确实有资金剩余，可以通过各种办法筹集起来，发展商品生产。

第九个问题，关于建设小城镇。高明的棋手下棋，走一步，能看下三步。商品生产这盘棋如何下？要搞活农村经济，第一步棋是搞联产承包责任制，这着棋已经走了，全局活了；第二是提出发展商品生产是农村工作的重点，这步棋现在也下了，文件定了，农村也在进行；第三步是什么呢？我个人认为就是建设小城镇。发展商品生产需要城镇，也会创造城镇。一号文件已经定了，允许农民自带口粮进城自谋职业、落户，这是英明的。前几年我们的政策不行，把本来是城镇的居民赶下去，口号是："我们也有两只手，不在城里吃闲饭"，认为做生意、搞服务是吃闲饭，这是极"左"的口号。农业人口向城镇流动是个趋势，不光我们中国是这样。将来的大城市人口不需要发展那么多，当然，你们衡水市和各县城还是要发展的，特别是那 200 多个乡镇都要发展，将来一半的人住进去，才能搞较大规模的商品生产，办学校、工厂、商店就得在集镇上面。我们原来把大学、工厂搬到山沟去，搞"三线"建设，现在看来不行，那是个浪费，经济上不合算。你们办工厂、企业不要太分散，要考虑集镇建设，将来集镇人口要有一个大发展，8 亿人口到哪里去？就是要到小集镇上去。如果全国 2000 多个县，每个县城住 5 万人，就可住 1 亿；5 万多个公社，每个公社所在地住 5000 至 10000 人，四五亿人口就到小集镇上来了。农村将来不需要住那么多人，这步棋要看到。到集镇上来的人，户口你不用给他农转非，他赚了钱住得下去就住，住不下去就回乡种田。国家不负担他们的口粮。要搞商品生产就必须搞小集镇，乡镇的领导现在就要搞些规划，哪里是工业区，哪里是商业区，哪里是文教区。将来的小集镇是乡村和城市之间的纽带，是农村的政治、文化、科技、经济中心，又是交通枢纽。当然，服务事业也要搞起来，让人们能够安心住下去。我们把小城镇生活搞好了，子女教育也搞好了，空气比大城市好，就留得住人了，他何必往北京挤呢。

第十个问题，要制定适合本地实际情况的商品生产发展战略。十一届三中全会以后，我国已重新认识了国情、制定了发展战略，提出了战略目标，就是要在 20 世纪末翻两番，全国达到小康水平。头十年主要是调整，搞重点建设，打基础，后十年全面发展。我们还搞出了各方面的发展战略，农业上提出来在不放松粮食生产的同时，积极发展多种经营，提出了农村发展商品生产这样一个战略方针。现在各个省，市、县也在讨论关于本地经济发展战略的问题，各地区和各县都要根据本地情况制定本地商品生产的发展战略。前几年我们也搞了，可那是填数字，这恐怕不行。要讨论，要研究发展何种商品，采取什么样的措施具体落实，使本地区、本县的发展能走上更顺利的轨道，使经济效益更好。

以上所讲算是参加你们讨论会的发言，仅供参考。

再论棉花政策问题[*]

1982 年全国棉花总产 7196 万担，国家纯收购 6993 万担，当年国内各项用棉 6814 万担，在国内第一次实现了产大于销的新形势，结束了我国近百年来靠进口棉花弥补供需缺口的局面。1983 年全国棉花总产 9274 万担，收购 9168 万担，当年国内各种用棉仅 6500 万担。[①] 进出口相抵，纯出口 100 多万担。纯出口这么多原棉，也是新中国成立以来第一次。1983 年度结余 2000 多万担，现在都积压在各地仓库里，这也是中国历史上从未有过的事。1984 年全国播棉约 9800 万亩，北方棉区雨水充足，长势极好，估计棉花总产将超过 1.1 亿担。有关部门按目前水平估算。1984 ~ 1985 年度国内各项用棉 7000 万担，尽最大努力安排出口 1000 万担，还会结余 2000 万担，加上原来的积压，1985 年将超储 4000 多万担。

过去我们年年为缺棉发愁，现在农村形势好，棉花多了怎么办？在这个突如其来的新问题面前，有各种意见，众说纷纭。我们到底应该怎样看待这个问题，采取什么样的对策呢？本文就这些问题谈一些意见。

一 造成棉花积压的原因

为了解决问题，首先要搞清造成棉花大量积压的原因。据我们调查研

---

* 本文源自《当代中国农村与当代中国农民》（陆学艺著，北京：知识出版社，1991 年 7 月）第 199 ~ 213 页，作者：陆学艺、冉隆清、张晓山，原稿题为《再论关于棉花政策问题》，写于 1984 年 10 月 11 日。该文首次刊发于内部刊物《经济研究参考资料》1985 年第 43 期（1985 年 3 月 16 日），第 31 ~ 39 页。后收录于中国社会科学院陵县农村发展研究组编的《农村发展研究——调查报告汇编》1985 年第 1 期，第 176 ~ 184 页，标题改为现题。本文涉及的相关地区农村经济社会数据源自作者调查过程中获得的资料。——编者注
① 国家统计局编《中国统计年鉴（1984）》，北京：中国统计出版社，1984 年 8 月，第 142 页，第 367 页。

究，造成棉花过剩的原因是多方面的，主要有以下几点。

第一，对棉花连年持续大增产估计不足，缺乏相应的政策与措施。中共十一届三中全会以后，党的农村政策促使棉花生产持续大丰收。1978 年全国产棉 4334 万担①，到 1983 年增长为 9274 万担，5 年增长了 114%，平均每年递增 16.43%。这种大面积、大幅度的连年大增产，不仅在中国历史上没有过，在世界棉花发展史上也是仅见的，因而群众也出乎意料，领导机关也没有预料到，致使在宏观管理上缺乏相应的政策措施，出现了纺织工业生产跟不上，商业流通交换跟不上，生活消费也跟不上的被动局面。又由于一些部门还采用了一些"火上加油"的措施，致使问题愈加严重。据调查，湖北、河南、山东、江苏、山西、四川六省，1979 ~ 1983 年，棉花增产一倍多，但纺织品生产只增长了 39%，而社会销售只增长 12% ~ 14%。这六个省的情况，大致反映了全国的情况，棉花大量增产，棉纺织生产发展跟不上，棉纺织品销售困难，这是造成目前棉花"过剩"的主要原因。

第二，化纤数量大量增加，排挤了棉纺织品的生产。过去相当长的时期内，认为我国人多地少，曾经设想，把土地主要用于解决吃饭问题，穿衣和其他纺织用品，则主要依靠发展化纤生产。所以，在 1970 年代逐年扩大进口合成纤维的同时，引进了十多套大型的生产化学纤维的成套设备，现在这些工厂陆续建成投产。1978 年全国生产化学纤维 28.46 万吨，1983 年生产 54.1 万吨，5 年增长 90.09%，平均每年递增 13.7%。同期，化纤进口也增长很快，1978 年进口 20.44 万吨，1981 年最多时进口 37.47 万吨，3 年增长 83.32%。② 从长远发展看，我们这样的大国发展化纤工业是必要的，我们现在的化纤工业并不算发达。问题是，在同一个 5 年内，棉花增长这么多，而化纤生产和进口化纤均成倍增加，导致棉花的积压更加突出。

第三，国内消费正处在用纯棉织品转向追求化纤织品的阶段，棉织品的优点没被人们认识。从世界纤维发展的历史看，最初人们用纯棉和天然纤维，自涤纶、锦纶等化学纤维问世以后，由于它们具有坚固耐用、挺括美观，价格相对便宜等优点，一时风靡世界市场，后来人们在使用中认识到纯棉和其他天然纤维织品有柔软、透气、吸湿、着身舒适等优点，于是，消费者又

---

① 国家统计局编《中国统计年鉴（1984）》，北京：中国统计出版社，1984 年 8 月，第 142 页。

② 国家统计局编《中国统计年鉴（1984）》《中国统计年鉴（1981）》，北京：中国统计出版社，1984 年 8 月，第 220 页；1982 年 8 月，第 392 页。

逐渐转向喜欢购用纯棉和其他天然纤维织品。在天然纤维织品——化纤织品——天然纤维织品和化纤维织品并重——天然纤维织品的历史发展过程中，我国正处在由纯棉织品向化纤织品的转化阶段。1978 年社会消费各种棉布 76.9 亿米，其中化纤布 13.2 亿米，仅占 17.16%。1983 年社会消费各种棉布 105.4 亿米，其中化纤布销售 43.13 亿米，占 40.92%。从 1962 年到 1983 年，21 年间社会消费纯棉布增长 48.6%，平均每年递增 2%，而同期化纤布消费增长 17.25 倍，平均每年递增 14.5%。从 1978 年到 1983 年，5 年间社会消费纯棉布从 63.7 亿米，下降为 62.27 亿米，下降 2.2%；而同期化纤布增长 226.7%，平均每年递增 26.7%。[①]

近几年来，棉花大量增产，而纯棉布的社会消费反而下降，化纤布消费大量上升，同时毛料织品也有发展的趋势，这些都是造成棉花积压的原因。所以，国家必须从总的纤维战略设计上，考虑到我国棉花生产的优势和石油资源近期不足，以及化纤工业还不发达等条件，研究制定我国的纤维战略，缩短化纤向纯棉织品回复过渡的时间，让群众多消费纯棉织品。

第四，纤维织品调价和取消布票亦有一定影响。正当群众消费习惯向化学纤维转化和棉花逐年大量增产的过程中，1981 年 1 月 20 日化纤布平均降价 25%，纯棉布平均涨价 18.8%。调价的结果，一部分化纤积压的问题解决了，加速了群众消费习惯向化纤布转化，而占棉布 70% 以上的纯棉布，原来已畅销的，有部分短缺，涨价后则造成普遍滞销，销量大大下降。同时，纯棉布涨价后，财政部门取消了棉花原料的补贴，使工厂生产纯棉布得不到多少好处，有的只能保本或仅得微利，所以生产积极性仍然不高，纯棉布的质量和花色品种上不去，这两年销售量逐年下降。1982 年全国销售纯棉布 67 万米[②]，下降 9%，直到 1984 年还在继续下降。

自 20 世纪 60 年代以后，年年发布票，群众的心理是，有票证的东西总是便宜的，所以一到布票作废前，群众即使借钱也要把布买回来。1984 年取消布票是件好事，开始以为棉布敞开后，可以增加销售，结果相反，1984 年反而少销售纯棉布好几亿米。

第五，棉花的购销价格不尽合理，棉花作为特殊商品的地位还未完全改变。一方面是棉花大量积压，另一方面，需要棉花的地区和群众还不容易买到棉花，有许多关于棉花流通交换的问题需要解决。例如，1983 年国

---

①　国家统计局编《中国统计年鉴（1984）》，北京：中国统计出版社，1984 年 8 月，第 355 页。

②　国家统计局编《中国统计年鉴（1984）》，北京：中国统计出版社，1984 年 8 月，第 355 页。

家决定对一部分地区的困难户实行絮棉赊销，银行给无息贷款，但因为絮棉的购销价格是倒挂的，经营单位销一担絮棉，要亏损 10 多元，销得越多亏损得越多，所以经营单位不积极。国家原计划赊销 74.6 万担，结果只卖出一半多一点，有些省区，连一点都未卖，虽然他们那里的困难户、五保户很需要絮棉。

第六，纤维织品的消费在人民消费结构中的比重还很低。毫无疑问，自中共十一届三中全会以来，人民群众的收入有了较大幅度的增加，生活水平普遍地提高了。但是，人民群众在穿着消费方面的增长却并不太快。1978 年全国农民平均收入 134 元，1983 年达到 309.8 元，增加了 131.2%，每年递增 18.24%。1978 年全国职工平均每人可用于生活费的收入为 316元，1983 年增加到 526 元，增长 66.46%，每年递增 10.73%。[①] 而据对全国农民家庭抽样调查，1978 年农民人均消费各种纤维 21.87 尺，1982 年为29.3 尺，只增加 34%，其中化纤布增长 2.7 倍，毛料增加 0.6 倍，绸缎增加 1.6 倍，而纯棉布反而从每年消费 16.97 尺下降到了 11.83 尺。可以看出，这几年人民的穿着质量是提高了，但数量增加不太多。而且由于纤维消费结构从棉纤维转向化纤和毛料绸缎，这就使棉布销售更加困难，影响纯棉布的生产，使棉花积压问题更加严重。

二　棉花问题采取"综合治理"的方针

棉花突然积压这么多，棉纺织业又不景气，棉布滞销，到 1984 年底累计将超储 34 亿米。棉花仓库、棉布仓库都是满满的，压着资金达 100 多亿元，一年要支付近 10 亿元的利息，仓储保管费用也非常大。原来积压棉花的利息和保管费用都由供销社单位负担，今年国家财政负担一部分利息，矛盾缓和一些。但棉花棉布大量积压的问题并没有解决。最近我们走访了商业、纺织、农业、财政和计委等部门，他们对目前棉花遇到的收不了、调不出、销不起的状况都感到忧虑，怎么办呢？我们认为，造成棉花"过剩"的原因是多方面的，是一种"综合症"。因此，解决棉花问题，也要采取"综合治理"的方针，而不是用几个简单的方法就能奏效的。

我们认为，棉花大量增产，粮食大量增产，这是中共十一届三中全会以来实行农村改革的必然产物，它本身是件大好事，也是我们多年为之奋

---

① 国家统计局编《中国统计年鉴（1984）》，北京：中国统计出版社，1984 年 8 月，第 453 页。

斗，梦寐以求的好形势。现在由于种种原因，出现了大量积压，出现了
"过剩"现象，这是新形势下出现的新情况、新问题。对待新问题，要用新
观点、新认识、新思想、新方法和新方针去解决。粮食问题、棉花问题，
这是关系国计民生的大问题，是全局性的问题，一定要用总揽经济全局的
观点、历史发展的观点和国家长治久安的观点来郑重对待处理这一类问题，
而不能只从某一时期、某一地区、某一部门的局部利益出发来处理这类大
问题。某些一时的应急措施，权宜之计在不得已的时候是可以用的，但一
定要符合全局发展的整体利益，否则是会贻误大事的。

我们的国家，目前正处在历史大变革、经济大发展的兴旺发达的转变
时期，各方面的情况变化很快，一些老的体制、老的框框、老的习惯正在
不断地被突破，新的体制、新的秩序正在逐步建立起来。老的基础、老的
运转体制变化了，老的平衡打破了，就应在新的基础、新的体制运转条件
下，建立新的平衡。

马克思主义认为，生产、消费、分配、交换是一个整体。"一定的生产
决定一定的消费、分配、交换和这些不同要素相互间的一定关系。"[1] 我国
原来的棉花生产是低水平的，棉纺织工业的生产是低水平的，人民群众对
棉纤维织品的消费也是低水平的，棉纤维织品的分配和交换是通过发票证
和有专门机构经营的，带有很大的供给制性质。20世纪60年代以来，相当
长一个时期里，我们一年生产4000多万担棉花，70多亿米布，每人每年发
10多尺布票，几两絮棉票。即使这样低水平的凭票供应，棉花还有缺口，
要靠进口一部分棉花和化纤来维持这个低水平的平衡。1980年，全世界人
均消费各种纤维品14斤（一些经济发达国家人均年消费各种纤维品为30~
40斤），而1980年我国人均消费各种纤维才8.1斤，水平是很低的。近几
年棉花产量大增，化学纤维产量上得也很快，1984年人均拥有棉纤维10
斤，加上国产化纤和进口化纤，人均拥有各种纤维将达到11斤多，还低于
世界的平均水平。但即使是这样的低水平，由于消费习惯、消费水平和流
通渠道不畅通等原因，棉布卖不出去，造成棉花大量积压。面对这种状况，
我们是通过降价限产等措施，把已经发展起来的棉花生产打回去，维持原
来的低水平的平衡呢？还是在棉花生产已经大幅度提高的基础上，想法促
进棉纺织生产，改革分配和交换体制，大力促进群众消费水平的提高，以
便在新的基础上建立新的平衡呢？我们认为，正确的决策，应该是后者，

---

① 《马克思恩格斯选集》第2卷，北京：人民出版社，1972年5月，第102页。

即努力去建立新的平衡。切忌只在限产上做文章、打主意。为此，当务之急是要尽快采取积极的政策措施，把纺织工业搞上去，把人民群众对棉纤维织品的消费刺激上去。

棉花问题要采取"综合治理"的另一个理由是，现在农产品是普遍"过剩"。不仅棉花"多了"，粮食也是"多了"，大豆、油料、烟叶、茶叶、黄麻、红麻、药材，等等，几乎没有几样是不"多"的。这种所谓的"过剩"，其实并不是真正的过剩，而是因为交换、分配、消费的体制跟不上生产发展而出现的暂时现象，我们决不能为这种假象所迷惑。设若我们的政策得当，减产 2000 万 ~ 3000 万担棉花并不太困难（如 1983 年用大幅度降价、限产的办法，一年就使油菜籽减少 2000 多万担）。但是，限掉了棉花，同样的这些耕地，这些农民，即使生产别的东西，也是"过剩"的，并不能卖出去。而减产了 2000 万 ~ 3000 万担，农业就减产 40 亿 ~ 60 亿元产值，棉农就减少 40 亿 ~ 60 亿元的收入，这对广大棉农不利，怎样补偿棉区农民的这种损失，我们要多想些办法。

有的同志提出，这几年冀、鲁、豫的棉花发展太快，增产太多，质量太次，所以限产就要限冀、鲁、豫的棉花。这个意见要郑重研究。1978 年冀、鲁、豫三省只产 800 多万担棉花，1983 年 5110 万担，1984 年将达到 6200 多万担。原来冀、鲁、豫三省的棉花只占全国总产量的 20% 左右，现在占到全国总产量的 60%，成了全国棉花的主产区。冀、鲁、豫三省的棉花从 1979 年以来，6 年增长 6.75 倍，平均每年递增 40%。生产发展确实很快，增产确实很多，这充分说明三中全会的政策好、威力大，仅三五年工夫，就建成这样一个世界罕有的棉花生产区，这是我国农业发展史上和棉花生产发展史上的一次奇迹，是一件值得大书特书的大事件。这三省棉花大增产地区，据了解都是原来的盐碱、沙害很重的地区，种棉花比种其他作物更适合。这些沙质土壤地区的气候四季分明，光照充足，积温条件好。合作化以后，兴修了大量水利，群众亦有传统的种棉技术。加之地处平原，交通方便，在这里建设棉花主产区，是因地制宜，因人制宜，最好不过。冀、鲁、豫三省种植的棉花品种比较少，鲁棉一号占多数。鲁棉一号虽然产量高，但内在质量不太好，主要是成熟度偏低，纤维强度不够，不受纺织部门的欢迎。对于这个问题，三省的干部和群众已经有了认识，近一两年正在逐渐改用优良品种（1984 年山东的鲁棉一号只占 50%）。可见只要政策得当（如棉花收购采取优质优价）、生产技术措施跟上去，有几年工夫，质量问题是可以解决的。

研究解决一个问题，不仅要考虑到一个地区、一个部门、一个行业、一个时期的发展需要，更重要的是要从国家长远的、历史的、以及整个政治经济文化发展的根本利益的要求来考虑。据我们调查，冀、鲁、豫三省棉花大增产，主要是山东鲁西北的惠民、德州、聊城、菏泽四个地区，河北黑龙港地区，沧州、衡水、保定、廊坊等地区，河南的开封、周口、商丘、驻马店地区等十多个专区。这些地区，原来都是全国穷出了名的，生产不发达，经济贫困，文化落后，长期困难。近几年靠党的政策，靠种棉花，经济才发展起来。由于棉花多了，粮食也多了，结束了长期靠吃国家返销粮和供应粮的历史，现在粮食绰绰有余。同时，农村的工业、商业已逐渐发展起来，各种经济文化事业也跟着发展起来了，出现了前所未有的繁荣兴旺局面。例如，我们蹲点所在的山东德州地区的陵县，有 54 万人口，历来是个穷地方。在"土改"以后，好了几年。自 1958 年刮"五风"，加上自然灾害，生产生活都垮了下来，年年靠贷款、救济，吃国家的返销粮、供应粮。中共十一届三中全会后，实行了大包干，并扩种了棉花，整个经济生活的面貌根本改观了。1978 年只产棉花 3.8 万担，1983 年达到 90.2 万担，粮食增加到 5.6 亿斤。农业总产值从 1978 年的 1.2 亿元，增加到 1983 年的 5.28 亿元。工厂原来寥寥无几，1983 年工业年产值也达到 1.9 亿元。全县财政收入 1978 年只有 240 万元，1983 年达到 917 万元。生产发展了，社员生活也较大地改善了，1978 年集体人均分配只有 43 元，加上其他收入也只有 70 元，1983 年达到 510 元。1978 年前 20 年，人均口粮每年都只有 300 斤左右，现在人均 800 多斤，而且都是吃细粮。住了几千年的土房，近几年已有 2/3 的社员盖了砖瓦房。过去多数户背债欠贷款，1978 年全县农村只有存款 191 万元，1983 年达到 5918 万元，人均储蓄 109.6 元。1984 年陵县风调雨顺，棉花可望超过 100 万担，粮食将超过 6 亿斤，形势更好于往年。我们可以清楚地看到，诸如德州、陵县这些地方，棉花是经济支柱，是经济生活飞跃的起点，是眼前发展经济的命根。这类地区，过去穷了几千年，家底都很薄，这几年靠棉花支柱取得较大发展，但还只是起步，比起经济发达地区，差距还很远。鉴于这些地方的经济还很脆弱落后，经不起风吹雨打，如果棉花这根经济支柱一倒，不仅农业生产和人民生活会下来，而且各行各业都会跟着下来，其后果将是极其严重的。

从更广阔的角度看，冀、鲁、豫三省，地处华北平原，就在我国首都这个政治文化中心的周围，是我国的心腹之地。这块心腹之地，在历史上曾经是富裕发达的经济地区，但从东汉末年以后，经济就逐渐衰落，并逐渐落后于南方。其主要原因是，1700 多年来，这块地方的灾害频繁，战乱连绵，破坏了人们休养生息的条件，百姓长期生活困苦，"南粮北运"从南北朝时期就开始了。由于经济不发达，带来文化落后，曾经是中华民族文化发祥地的中原地带的冀、豫两省加上鲁西北地区，尽管拥有一亿几千万人口，但连个像样的重点大学都没有。今天，存在于我国首都周围这大片的经济落后的地区，对我们国家的政治、军事、经济、文化的发展是很不利的，尽快使冀、鲁、豫三省的经济、文化繁荣发达起来，是我们当前一个重大战略任务。

历代的志士仁人，也都出过不少好的意见，要振兴这里的经济，解决这里的经济落后的问题，但都失败了。中华人民共和国建立以后，首都就设在北京，这些年京、津两市的经济文化发展是很快的，对于冀、鲁、豫三省的经济、文化发展也曾花过大的力气，这三个省的面貌有了很大改变。但因为这一带的经济底子太薄，总的发展速度并不太快，尤其是商品生产，低于南方几个原来经济较发达的地区（如江、浙、鄂、粤），现在找到了发展棉花这个使经济文化起飞的点，棉花发展起来，粮食也发展起来，其他工业、商业、交通、运输，以及科技、文化、教育事业也都跟着发展起来。一荣百荣，冀鲁豫近几年的经济发展就是循着这条路子逐步上去的。全国的工农业翻番县大部分在这三个省，特别是在上述十几个原来贫困落后的地区。这是个好兆头、好消息。只要我们以后的政策对头，引导得当，看来，有希望在这些地方通过发展棉花建成商品棉的主产区，从而发展轻纺工业，发展商品生产，使这里的经济发展得更快些，更将改变这里的长期贫困落后的面貌。这样做对京、津的发展是有利的，对全国的发展也是有利的。实现这样大的一个战略目标，花一点补贴是很值得的。

最后，我们所以主张对棉花问题要采取"综合治理"的方针，还在于我们对棉花发展的前景要有一个恰当的估计。1984 年全国棉花产量可能达到 1.1 亿担，还有多少发展余地？冀、鲁、豫三省 1984 年将产 6200 万担，今后还能每年以 40% 的速度递增吗？据我们在山东调查，今年总产 3000 多万担，受到耕地面积、劳动力、种植结构和市场等方面的限制，今后主要是向种优质棉转化，有的地方准备种质优而产量稍低的棉花。何况这几年的气候对北方棉花的生长特别有利，也是棉花获得丰收的因素之一。一旦这种天时改变，涝、阴雨，减产几千万担也是可能的。对于这些情况，我们事先也应该有所估计。

从以上情况出发考虑，我们认为当前棉花生产的主要任务，是通过实行优质优价、劣质劣价的棉花收购政策，推广纺织部门欢迎的优良品种，使棉花生产向优质方面发展。

三 解决棉花、棉布积压问题的建议

造成棉花、棉布大量积压的原因是多方面因素综合的结果，所以，解决问题也必须采取综合治理、综合解决的方针。今年春天，我在《关于棉花政策的若干问题》一文中，曾经就解决棉花问题提出了七点建议。这些建议，有些被有关部门采纳了，有些虽然同意，但并未能付诸实现，因为涉及的部门、单位多，问题比较复杂，也不是某几个部门想解决就能解决的。我们经过半年多来的进一步调查研究，深感棉花积压的问题，并不是一个孤立的问题，它牵涉到农村改革以后，如何正确处理在新条件下出现的城乡之间、工农之间，积累和消费之间的新矛盾。农业生产发展起来之后，现在是工业跟不上，商业流通跟不上，社会消费也跟不上，对于这些问题要求有一个总体的解决。棉花问题是其中一个比较突出的问题，下功夫研究它、解决它，很有典型意义。如何解决棉花问题，我们补充如下建议，供有关部门和领导参考。

第一，建议国务院领导同志召开棉花消费问题的会议，统筹安排协调各方面的力量来解这个问题。周恩来总理在世时，鉴于棉花短缺，有好几年他都亲自主持召开棉花工作会议，解决如何增产棉花等问题。现在棉花生产形势发生了根本的变化。棉花多了，加工、销售、消费问题突出了，出现了大量积压，要解决这个问题，涉及国家、集体、个人三者的关系，涉及计委、经委、财政部、银行、商业部、供销总社、纺织部、农业部、交通部和外贸部等单位的关系和利益，而要解决棉花问题就必须统一步调，协同安排。现在有些部门和单位作的规定和措施，主要考虑本部门的利益和方便，有些部门的规定和措施，还是为了对付和限制别的部门的，结果使力量互相抵消，互相扯皮，使问题复杂化，久拖不决。棉花问题，是关于国计民生的大事，需要由国务院领导同志专门召开研究如何扩大棉花消费的工作会议，协调各部门的关系，统一制定政策和措施，从总体上研究解决棉花的出路问题。

第二，要研究制定适合我国国情的具有中国特色的纤维发展战略。前面讲过，一些经济发达国家，社会消费纤维品的历程，经历过爱用化学纤维的阶段，现在又转向爱用纯棉、纯毛等天然纤维品的阶段了。而我国社会消费习惯，现在正处于由纯棉织品转向爱用化学合成纤维的阶段。而恰在这个阶段，我国的棉花特大幅度地增产，一方面是棉花大量积压，一方面还在继续大力兴建和发展化纤生产，同时还大量进口化纤原料，这是一个矛盾。考虑到世界纤维品消费的发展趋向，考虑到我国棉花和其他天然纤维的原料丰富，石油资源相对短缺和化纤工业技术还很薄弱，建议各方面深入研究，深思熟虑地制定出我国的纤维发展的战略。从价格政策、投资、社会舆论等方面鼓励人们多消费天然纤维，特别是多消费纯棉织品。

第三，要重新调整和审定纤维织品的价格政策，利用价格等经济杠杆，疏通理顺棉花及其制品的流通渠道，以实现正确的纤维战略。在棉花收购价格上，近几年可以继续小幅度地降些价，但一定要保护棉农利益，不要大幅度地降价，适当保护棉农的积极性。除了继续实行季节差价和地区差价外，同时实行棉花优质优价、劣质劣价，鼓励棉农生产优质棉，适应纺织部门的需要，以解决优质棉花原料不能满足纺织工业生产畅销高档产品的矛盾。要制定合理的棉花流通中的调拨价，财政部门可以让税让利，鼓励纺织部门多生产棉织品，把质量搞上去，把花色品种搞上去。要调整化学纤维、丝毛纤维织品、纯棉织品的合理比价，鼓励群众多消费纯棉织品。

第四，当务之急是要从一切方面鼓励群众多消费各种纤维纺织制品，特别是纯棉纤维的制品，促进原来的纤维制品的低生产、低消费向中生产、中消费过渡，使10亿人民穿着更好一些，更讲究一些。我们现在已经有改善人民衣着的条件了。与其限产，把已经有的生产能力压回到地里去，白白地浪费掉，不如让人们穿得好一点，用得舒服一点。马克思说，没有生产，就没有消费，但是没有消费，也就没有生产，因为如果没有消费，生产就没有目的。棉花生产出来了，因为种种原因，消费不了，反过来妨碍生产，现在是要重点抓棉花及其纺织品消费的时候了。因为需要创造出新的生产的需要，因而创造出生产的观念上的内在动机，后者是生产的前提，消费创造出生产的动力。从这个意义上说，只有提高人民群众对纤维品的消费，才能推动纤维原料和纺织业的发展。

不可忽视10亿人民的消费潜力是很大的，每人多穿一套纯棉衣服，多用一斤棉花，就是2000多万担。这几年城乡人民的收入水平、消费水平确实提高了，但是由于政治、社会的原因，当然也有经济的原因，人们在穿着上花的钱增加不多。据国家统计局统计，1982年同1978年相比，全国农民收入平均增加101.5%，职工收入平均增加30%，每年可用于生活消费的收入增加58.2%。全国城乡居民消费水平从每人每年175元增加到266元，平均增加 52%，^① 但是城乡居民对棉布的消费只从 24.1 尺增加到 30 尺，只增加 24.5%，仅相当于 1959 年的水平（人均 29.17 尺），^② 而那时却是纯棉布，现在的 30 尺中却有 40% 是化纤布，纯棉布的消费量是大大下降了（见表 1）。

表 1　近几年全国城乡居民的消费结构表

单位：%

年份	吃	穿	用	烧
1979 年	50.2	23.7	22.1	4.0
1980 年	51.2	23.0	22.0	3.8
1981 年	51.1	23.1	22.2	3.6
1982 年	52.9	21.3	22.4	3.4
1983 年	54.2	20.0	22.6	3.2

近几年全国居民消费结构的变化，同恩格尔定律认为居民生活消费水平越高，穿的吃的支出占的比重越小的说法是不符的，这个现象很值得研究。特别是穿的比重下降了，更值得研究。这说明在穿着上，在纤维品的消费上，还大有潜力，这要我们做工作，从各方面挖掘纺织品消费的潜力。

为把纺织工业搞上去，必须发展中、高档产品，增加花色品种，疏通纺织品和服装等商品的流通渠道，充分满足国内外市场的各种需求。政治上要继续肃清"左"的流毒，解除人们怕冒富、怕冒尖的思想顾虑，改变曾经流行的穿"运动"服的风气。提倡穿戴整齐，讲究文明礼貌。"衣、食、住、行"，衣着放在首位是有道理的。衣着是文明的一个标志，是国家经济状况和人民精神面貌的反映，我们应该提倡服装多样一些，尽可能穿好一些，穿得漂亮一些。要根据经济状况的改变，相应改变宣传的口号和舆论。例如，现在有些报刊在批判铺张浪费时，不注意与人民的生活提高相区别，混淆铺张与正当消费的界限。浪费当然是要反对的，但不铺不张，就值得研究，要根据不同的条件来对待。北方农村，一条炕席，春夏秋冬都是它，要用很多年，窗户用纸糊或用薄膜挡，不挂窗帘，夏天不张蚊帐，桌子上不用桌布。这样不铺不张、不挂不垫，纺织品怎么能销得出去？许

---

① 国家统计局编《中国统计年鉴（1983）》，北京：中国统计出版社，1983 年 10 月，第 483 ~ 484 页。

② 国家统计局编《中国统计年鉴（1984）》，北京：中国统计出版社，1984 年 8 月，第 477 页。

多北方农民群众，一套衣服穿四季（冬天是棉的，春天去掉棉花是夹的，夏天拆掉里子是单的），脱光身子睡觉。这些都是过去穷形成的风尚和习惯，现在则要在各方面来引导，改变这种习惯。据统计，国外经济发达国家装饰用布（指铺和张的窗帘、沙发套、桌布，等等）要占日用纺织品的30%，而我国只占7%，如果我们提高到15%、20%，一年也是好几亿米布，要耗用 1500 万~2000 万担棉花。

第五，解决棉花问题，关键在于大力发展纺织工业，它是消费棉花的最大头。现在纺织行业受到几方面的压力，处于相当困难的境地。有不少工厂处于停产、半停产状态，产品销不出去，负债累累，有的连工资也发不起。要从增加投资，进行技术改造，调整原料和产品价格，调整税率，调整工、商关系等方面来支持它，资助它，使之渡过难关。从而使棉花变为棉纱、棉布和各类服装，成为最终产品，供给人民群众消费。

我国现在是棉花大国，总产量占世界三分之一，理应也成为世界的棉纺织大国。但目前却很不相称，1982 年我国拥有棉纺锭 2019 万锭，比印度1980 年拥有约 2108 万锭还少。尤其是新设备、新技术、新产品方面，我国就更落后。1980 年全世界有气流纺纱设备 359.9 万头，而我国仅有 5 万头，只有苏联 117 万头的零头，比台湾地区、香港地区都少。1980 年全世界拥有无梭织机 23 万台，我国 1982 年才有 5400 台。经济发达国家针织品生产已占整个纺织业的 40%~60%，而我国还只占 27%。发达国家在纯棉织品的生产方面，现已发展了树脂整理、防缩整理、轧光整理等后整理的新技术，使纯棉织品又受到消费者的欢迎。这方面，我国还刚起步，有待于加紧跟上去。我们不仅要在数量上成为纺织大国，而且要在质量上、在新技术、新产品方面也要成为纺织大国。

目前我国纺织工业的困难是暂时的，一定要看到国内市场不久就有大量需求，特别是 8 亿农民的需求。农民在解决了吃饱、吃好和住房、用具等问题之后，不久就会转移到穿着上来，转到要铺要张上来，那时纺织工业的黄金时代就来到了。对此我们要有所准备，特别是纺织行业要有所准备。

关于德州地区发展战略及
其实现途径问题[*]

参加这次发展战略讨论会，没有准备。李专员、侯主任硬要我讲一讲，好在咱们是老朋友了，也因为是讨论会嘛，就发个言，讲讲个人的意见。

这两天参加了小组会，昨天又听了大会发言，很受启发。我今天作点补充发言。我们这次会是德州地区经济和社会发展战略研究委员会第一次会议，讨论和部署全区的经济和社会发展战略的研究工作。所谓经济和社会发展的战略，是套用军事上的术语。战略目标、战略方针、战略措施、战略重点，这是打仗用的东西，现在咱们引用过来，讲这个地区的经济和社会发展战略，也就是说，在一个时期内，或者是到20世纪末，我们德州地区对一些重大问题、全局性的问题，带根本性的问题，长远的问题，做一个总的决策，决策应该包括两个部分。

第一部分是战略目标，我们在这个世纪里面，需要完成什么样的任务。当然，战略任务要定好，目标要定准，这是讨论发展战略的一个重要方面，要根据本地实际情况，客观存在的条件，外部的环境，将来可能发展到什么样子，要进行可行性研究。如果目标定高了，像1956年我们定的农业发展《纲要》，12年完成"四、五、八"的指标。可是到了1967年，甚至到现在，居然还没有完成，《纲要》定的400斤、500斤、800斤，按照当时的计算，全国到1967年要达到1万亿斤粮食。今年^①已经是1984年了，咱们实际上还没有达到，今年丰收了，特大丰收了，只有8000亿斤。所以，目标的选择，目标的制定，一定要根据实际可能，不然的话就是空的。当

---

* 本文源自打印稿《陆学艺同志在德州地区经济和社会发展战略研究委员会第一次会议上的发言》（根据录音整理）。该文系陆学艺1984年底在德州地区经济和社会发展战略研究委员会第一次会议上的发言。原稿无题，现标题为本书编者根据发言内容拟定。——编者注

① 本文中指1984年。——编者注

然，也不能定低了，定低了也会带来另外一些问题。

第二部分是要把我们实现战略目标的基本方针、途径、措施定好。我们发展战略研究委员会要在开始的时候，就把这个问题研究好、制定好。要通过充分的讨论、充分的调查和研究、充分的论证把它制定好。我们地区经过这几年的酝酿、讨论、研究、实践，地委和行署在这两方面基本的东西定下来了。从战略目标来讲，我们定了：到 20 世纪末，我们在 1980 年的基础上翻两番半，实现工农业产值 145 亿，到那时人口要达到 600 万，人均产值达到 2400 元左右，约合 1000 美元，实现这个战略目标的方针和道路也基本上定下来了。今年 7 月召开的经济工作会议上，王书记的报告提出："提高农业，大上工业，重点发展乡（镇）村企业，振兴德州经济。"这个战略目标和战略措施，从基本方面来讲是很正确的。现在的问题是我们如何把它具体化，如何来付诸实现。因为我们讲翻两番半，搞 145 亿，这是个数字的表现，实际上到 2000 年，我们社会经济的变化是很丰富、很具体的。物质文明、精神文明方面都会有很大的变化。所以，作为我们经济研究中心、作为发展战略研究委员会，就有责任把地委提出的翻两番半的战略目标具体化，把战略措施具体化。要讨论我们地区的发展战略，要把它具体化，就离不开全国的经济和社会发展战略，离不开省的经济和社会发展战略，因为我们是全省、全国的一部分。同时，我们这个地区到现在为止，基本上是个农业地区。我们 560 万人口，有 530 万在农村，非农业人口大约也就是 30 万吧，就是说 95% 的人口是农民。所以我们现在来讨论发展战略，主要是农村的发展战略。因此，我们对于全国农村发展的前景、发展趋势是什么，作一个全面了解是有必要的。

农业实现了责任制以后，农村将怎样发展？农村的发展前景是什么样子？我想今天谈一下这方面的问题。

一　农村发展的前景

我们实行了责任制以后，农业取得了突破性地飞跃。完全出乎我们的意料。不光群众出乎意料，干部、领导，包括中央的领导，包括国际上一些人，对于我们农村有这么大的发展都没有想象到。如棉花、粮食，原来都不够用，现在相对的都有过剩了。原来我们焦虑的农业问题，现在得到了解决。

那么，农村发展的前景是什么样子呢？原来农业合作化后那种"三级所有、队为基础"，逐渐过渡的模式是不行了。现在实行责任制后走出一条新路来，而且，轮廓已逐渐清楚了。

1. 目前农村的改革还在继续发展，农村经济开始向专业化、商品化、现代化转变。一方面农业大幅度增产，另一方面，从事农业生产的劳动力还在减少。农业劳动生产率提高以后，就出现了社会分工。今年7月份，我在全区经济工作会议上讲过这个意思。农业实行责任制后，将会出现这样三个阶段：

第一阶段是"小而全"阶段，像前几年那样，什么都种一点，粮棉油，养鸡养猪等等都搞一点。发展到第二阶段（我们地区现在已发展到这一阶段），兼业农户阶段。就是说，农户除种地以外，还从事一点工副业，但是，地不丢。一是怕政策变，二是其他方面的收入还不稳定。兼业是在农闲时搞一点；发展到第三阶段，就逐渐专业化，变成专业户了。像无锡、广州郊区那里，福建一些地方，商品经济，工副业发达了，工副业的收入大大超过了农业收入。农民感到花在地里的工夫和收入相比不合算了，他愿意无偿地、甚至出点代价把地让人家去种。因为他想把地缴还生产队，生产队还不收呢。像无锡那里，如果你在家里光种那点包产地，当地人认为是没有出息，连老婆也娶不着。现在那里出现了土地向种田能手集中的现象，那里的土地分为口粮田责任田，责任田是要缴公粮的。第一步是把分散的责任田集中到一部分种田能手手里。他种田比较内行，也愿意种地，他种田面积扩大了，收入也不低于从事工副业人的收入。有些地方连口粮田也在集中，最后，一个村子里种田的人只有百分之二十到百分之十几了，这样就逐渐地专业化了。同时，那些养鸡、养猪、工业、商业等专业户也就形成了。而种地专业户的农机、植保等专业又由相应的专业户服务，这也就社会化、商品化了。在那里，这个前景已经很清楚了，我们这个地区刚开始有专业农户，土地集中的现象也有了，这种转让土地、农民离开土地的现象，应该看作是进步的现象。我们可以通过专业化、社会化来实现农村的现代化，这表明我们的农业，也不需要那么多人来种。中国人也不比美国人差，同样可以一人种几百亩、上千亩或者几千亩地。东北有一些地区，已有一户农民种三千亩地的了。

2. 农村自给和半自给的自然经济向大规模的商品经济转化，实行责任制以后出现了专业化、社会化，现在的农业商品率也大大提高了，目前已达到50%～60%。农民通过商品生产进入社会市场，变成商品生产的一员。他与社会的联系变成多方面的了，打破了原来那种闭塞落后状况，再不是小生产、小经济了，而是变成社会大生产中的一个部分。

3. 农村的产业结构，要发生根本性的变化，农业在整个产业中的比重要逐渐减少。如果按照现在这种农村和城市户口制度不变的话，那么将来农村一定要实现工业化。关于农村产业结构的变化，今年杜润生同志在一个报告中讲得比较清楚了。就是在现行户口制度之下，农村的产业结构要变成三层：第一个层次是种植业，即粮食棉花和其他经济作物的农业；第二个层次是农林牧副渔，把林业、牧业、渔业发展上去；第三个层次就是农村里要办工业、商业、交通运输业，要办邮电业，建筑业、服务业、全面发展。实际上，要像城市一样全面发展，所以，下一步就是乡镇企业大发展的趋势，商业、服务业大发展的趋势。

4. 经济贫困、文化落后、封闭的农村，将会变成开放型的、繁荣富裕的农村。通过专业化、商品化、社会化，农村会真正富裕起来。

5. 农村要城市化、农业人口将逐步地、大量地转化为非农业人口。这一点，马克思早年就说过：现在的历史就是乡村城市化的历史。从世界发展史来看：是从农业到工业，到第三产业，再到第四产业（信息）。从人来讲就是从农民，大量的农民，有百分之九十几的农民变为大量的工人，再变为职员。现在有一本书，叫《第三次浪潮》，我们已经翻译过来了。当然，我们要有批判地来看，它讲的许多东西我们可以借鉴。实际上，世界历史就是走了这么一条路：农民—工人—职员。现在我们就处于如何让大量农民变为大量工人的阶段，事实证明农业根本不需要那么多的人。美国现在是 5% 的农业劳动力，工业劳动力占 20% ~25% 。机器人的大量应用，自动化、数控、电子计算机的大量应用，估计 30 年后，美国的工业劳动者也只有 5% ~10% 。就是说，真正从事物质生产的劳动力不会超过 20% ，而 70% 的劳动力在从事第三产业（非物质生产部门）。所以，我们的农业发展起来以后，专业化、社会化以后，也不需要那么多人。我们现在 95% 的农业劳动力，大部分可以逐渐地转到别的产业上来，真正从事农业的农民会越来越少。所以，农村的城市化也是个社会趋势。现在全世界平均农村人口占 60% 不到，一些经济发达的国家，农村人口只占百分之十几。而我们是 80% 的人口住在农村，像这样的国家世界上也不多了，不会超过 10 个，连印度的城市人口也占 36% 了。而现在我们农业的负担能力已经可以负担 30% ~40% 的城市人口了。所以，我们的规划里面、发展战略里面要把这一条考虑进去。如果不考虑进去，将来会有很多问题出来的。昨天计委的领导同志讲，到 2000 年，我们地区的工业产值为 73 亿元。估算一下，若现在平均劳动生产率为 10000 元，那么，就需要 73 万产业工人。同时，商业、交通运输、文教卫生都要跟上去。估计到 2000 年实现 145 亿元的产值，就需要 200 万~250 万城镇人口。现在德州市也就 13 万~14 万人吧？将来要发展成 40 万~50 万人口恐怕也是必要的。一般县城发展到 3 万~5 万人，250 个乡镇每个发展到 5000~10000 人。这样估算下来，差不多容纳 250 万人，约占全部人口的 40%，比印度现在的比例还高一点。这是一个历史趋势，农民要变成工人，农民要进城。所以，我们应当采取一些相应的政策，采取一些积极办法。在我们的战略设计、规划里面，要考虑到这一因素。在现在城乡人口不变的情况下，我们如何采取一些变通的办法。国务院已有文件，农民可以到城镇落户，但不管他的商品粮，不管他别的方面。具体到我们地区怎么样实行？我们考虑得早、安排得早，对我们的整个发展是有好处的。

这是我讲的第一个问题，农村发展的前景。我们要翻两番半。"两番半"是个数字的表达，要把它具体化。在农村发展方面的具体化，我看可以考虑这么几个方面的问题。当然，还有城市发展方面的问题，也要具体研究。

二 关于怎样实现战略目标的几个问题，具体讲就是实现战略目标的途径

这次会上，地区经济研究中心、地区经济和社会发展战略研究委员会提出了 8 个研究课题。我初步看了一下，设想比较全面，也比较具体。体现了地委、行署的战略方针，我看是很好的。这几天我听了一些会，也想了一下，如何实现翻两番半？如何实现农村的现代化？如何实现我们德州地区的现代化？我想再补充下面几点意见，供经济研究中心和发展战略研究委员会的同志们参考。

1. 继续重点研究如何调整生产关系，进行经济体制的全面改革，特别是要研究工业、商业的生产关系如何调整，工业怎样管理？工业、商业的经营形式怎么搞？根据农村改革的经验，真正要解决工业、商业的问题，解决城市经济里的问题，要把工业、商业搞上去，我看还是要从生产关系的调整来解决。农业上，以前我们想了很多招，花了很多力气，我们全力以赴抓农业，由于生产关系没有调整好，就是上不去。这几年，主要依靠调整生产关系，改变经营方式，实行了责任制，实行了大包干，从全国来

说主要是调整了农业的生产关系。这个经验要运用到经济发展战略的研究方面来。我看 8 个课题里面，讲生产力方面的题目多一点，讲生产关系方面的相对少一点。我们讲农业之所以上去，一靠政策，二靠科学。这个话运用到工业、商业的改革上来还是可用的，现在的关键问题还是个政策问题，还是个体制问题。不是没有人才，不是我们的厂长、经理不行，不是我们的工人不会干，而是我们的这一套体制不行。以前，我们老想从领导上来解决问题，认为有了好领导就解决问题了。当时有这么一句话："村看村，户看户，社员看干部。"好像干部好了这个大队就好了。可是有的大队年年换干部，可就是搞不好，甚至越换越不行。30 年来，我们用了很多办法：整党的办法，反"五风"的办法，"四清"的办法，搞毛泽东思想宣传队的方法，等等。搞来搞去只有有数的几个好支部书记，而且，有的后来又变坏了。这次是从生产关系的调整入手，实行生产责任制，实行大包干。用政策来调动群众，只靠几个人不行，还是毛泽东同志讲的那句话："政治路线确定之后，干部就是决定的因素。"我看了一个材料，上面有这么一句话："现在的工厂什么人都可以当厂长。但是，现在那套制度不变的话，什么样的天才，什么样有本事的人当厂长也搞不好。"所以，我们要解决工业、商业的问题，还是要调整生产关系，改革它的经营管理制度，改变它的经营方式，实行各种形式的经济责任制。我有个体会：新中国成立以来，我们在经济问题上有两大错误，一个是用管工业、管社会化大生产、厂长管工厂的办法来管农业。队长敲钟下地，队长安排农活。有的地方瞎指挥得厉害，什么时候种，什么时候收，什么时候管都由县委书记对全县下命令。这个错误不光我们犯了，苏联犯了，我们是学来犯了。资产阶级也犯过，犯得最早、最厉害的是英国，英国到现在这个问题还没解决好。它仍然用工厂化的办法管农业，管大农场、大牧场。它从 19 世纪以后，一直吃的是殖民地的粮食。还有一个典型就是苏联，苏联搞大集体农庄、大集体畜牧场。原来它是欧洲的粮仓，今年要进口粮食 5000 万吨。社会主义吃资本主义的粮食，这个滋味不太好受。现在它还不觉悟，还要坚持他那一套。我们吃过这个亏。现在，我们用责任制的办法，包产到户的办法，用所有制跟经营管理分开的办法。这样符合农业生产的规律，所以，我们的农业突飞猛进地上去了，农业的问题算解决了。但是还有个问题没解决，就是第二个错误：我们用管理农业的办法，小生产的办法来管工业、管商业，不讲科学，不讲经营管理，不讲经济效益，不讲求信息。社队企业更是这样，一个老支部书记跑不动了，来，你去管吧，去了，就管乱了。一些大工厂也是这样。实际上是我们的领导用小生产的思想，搞农业的那套办法来搞工业，提出什么"在干中学"，边施工边生产。乱上项目，不讲经营管理。到工厂里走走，到处是乱哄哄的，材料满地乱丢。前几天我们去看了陵县张习桥皮鞋厂（因亏损而关门了），光是从垃圾堆里清理出来的原材料，皮子，就值3万元。仓库管理混乱，仓库里到底有多少双皮鞋都没有数。有人翻出一双皮鞋，怎么底上还有泥呢？原来是穿过又放回去的。现在，十二届三中全会提出要进行全面经济体制改革，总的方向已经定了，我们要研究如何具体来贯彻，要通过调查研究、试点，进行大胆的改革创新，解决工业、商业的体制问题。农业的解决，主要是生产队跟农民的关系，是集体与个人的关系，通过责任制、大包干解决了。现在，工业、商业方面的问题比较大、比较复杂，既要解决国家跟企业的关系，又要解决企业与工人的关系。农业上是解决一个"大锅饭"问题，而工业、商业上是要解决两个"大锅饭"问题。怎么样解决呢？我总的想法是，还是通过调整生产关系，找到像农村实行责任制、大包干那样的办法，把我们全体工人、干部、工厂企业里全体同志的积极性调动起来。就全地区来说，要把全区各个县、市、乡、镇，各个企业的几十万人的积极性调动起来。这样，工业、商业的问题才能得到解决，办法有了，目标也就能实现了。找到了这个办法，我想工业上的潜力会像农业一样也是很大的，也会出现出乎我们意料的发展。所以，我们的研究课题在这方面要做重点的研究。这是我补充的第一点。

2. 要大力发展社会主义的商品经济，发挥我们德州地区的优势，建立德州地区的经济支柱。这次党中央《关于经济体制改革的决定》是一个马克思主义的重要文件。它把我们这次经济体制改革的方向、性质、任务和各项改革的基本方针已经定下来了，是指导经济体制改革的纲领性文件。我学习得不好，领会得不深。但是，就我的体会，这十条决定里面核心的一条是第四条："建立自觉运用价值规律的计划体制，发展社会主义的商品经济"。"改革计划体制，首先要突破把计划经济同商品经济对立起来的传统观念，明确认识社会主义计划经济必须自觉依据和运用价值规律，是在公有制基础上的有计划的商品经济。"① 这个话很短，但是内容非常丰富，实际上是新中国成立以来35年的经验总结。也可以说，自有社会主义以来，

① 参见中共中央文献研究室编《十二大以来重要文献选编》中，北京：中央文献出版社，2011年6月，第55～56页。——编者注

争论了几十年的问题，社会主义要不要商品生产，要不要搞商品经济？是对这么一个经验教训的总结。原来是把计划经济与商品经济对立起来，以前是不许提商品经济的，现在把它统一起来，叫有计划的商品经济，或者叫在公有制基础上的有计划的商品经济，或者叫社会主义的商品经济。这是马克思主义政治经济学的发展，是我们科学社会主义理论的一个发展。所以，我认为这第四条是我们经济体制改革的理论基础，其他几条都是这个理论的运用。当然了，小平同志讲十条里面最最重要的是第九条，我体会主要是指《决定》本身在怎么样实现的时候，尊重人才、尊重知识的问题是最重要的了。我这个领会不一定准确，大家可以研究。

现在我们地区的经济还是相当脆弱的。因为我们现在的经济很大程度是建立在棉花上，德市还好一点，各县主要部分是棉花。陵县去年是 90 万担，按两块钱一斤算就是 1.8 亿元，再加上工业产值 1 亿多，全县工农业总收入 5.6 亿元，所以，有大半跟棉花有关。明年棉花一限购就出问题了。所以，经济大厦单靠一根支柱不行，应该是支柱越多越好。我想，要把我们德州地区的经济撑起来，有这么几根柱子要统一树起来。第一根柱子，还是粮棉种植业。我们德州地区有这个优势，一千多万亩耕地，现在又有了水，老百姓又有精耕细作的习惯，粮棉这根柱子还是要巩固的。

第二根柱子是多种经营。林牧副渔，特别是牧业和林业、棉副产品用来发展牧业，将来会有很大潜力，我们离北京、天津、济南很近，交通又方便，需要大量的畜产品。所以，我们搞畜产品是一很大的优势。我见到农业局的畜牧规划里，畜牧业的比重还是比较低的，到 2000 年畜牧业的比重占总产值的 9.36%，恐怕这个数比较低了。不光是绝对量要增，相对量也得增。畜牧业的比重在经济发达国家已占到 50%，有的占 50% 以上。我们国家全国的比重是 14%。我们地区比较低，只占到百分之五点几，到 2000 年才搞到百分之九点几，有点值得研究。因为全国的规划是 30%，我们地区又有这么好的条件，所以，我们的畜牧业绝对量、相对量都要增加。畜牧业是我们农村从自然经济向商品经济过渡的桥梁，是中间环节。道理很简单，有了粮食你养鸡、养鸭就有了基础。玉米是饲料之王，地委农工部有个调查：从粮食转化为肉、蛋、奶，搞畜牧业可以一到十倍的增值。一块钱的粮食搞畜牧业至少可以变成两块钱，甚至可以变成十块钱。畜牧业转化为食品工业、毛纺工业、皮革工业，就会促进商业，服务业的发展。另外，我们这里地多，林业，特别是水果和蔬菜很有潜力。北京郊区的蔬菜基地，将来肯定要移出来，那里的土地太贵了。我们这里四五千块钱就可出让一亩地，在北京每亩地已高达 8 万、10 万、12 万元了。12 万元他存到银行里吃利息都够了，他还种菜呀?！现在那里完全靠国家补贴，将来国家补贴一取消，北京就没人种菜了。那么蔬菜就依靠外面通过高速公路运进去。所以，将来我们发展水果、蔬菜是一个很大的项目。我们这里一些传统名产：德州扒鸡、德州大黑驴、德州西瓜、乐陵小枣，等等，都属林牧业，发展这方面肯定是有利的。

第三根支柱是乡镇企业。地区已明确了大上乡镇企业，7 月份经济工作会议后，上得很快。但是，潜力还很大，还应该大抓。我们现在产值是 2.4 亿，规划到 1990 年达到 10 亿。

第四根支柱是市、县办的工业，将来恐怕这个还是大头。国家政策没有改变以前乡镇企业是大。如果口子开了，进城容易了，我个人的看法：办工业还得搞大的，搞现代化的，用工业的办法办工业。当然，一些小的可以由乡镇办，大的还是由城市办合算。地区和县除了办食品工业、建筑工业和其他工业外，我觉得要抓一下机械工业，引进一些、搞一点这方面的项目。哪怕是现在还不大赚钱、技术还不行，也要上一点，原则是将来农业要上去，你的工副业要上去，你的轻工业要上去，食品工业要上去，都要机械。如果这些机械你都靠钱买，就吃大亏了，就像我们现在很多设备都从日本买一样，吃大亏了。而且，将来你的修理、修配零件都要到北京、上海、天津去，那你就更吃大亏了。所以搞一点机械工业，上一点项目是必要的。

发展商品经济，要解决一些问题。有一些，今年 7 月份我已讲了。我来德州 4 年了，我有个体会：有些同志在工作方面、作风方面，各个方面都很好；但有一个思想对搞商品生产不利，就是我们山东有点"老子主义"：老子不唯天下先。"先"就是第一，"不唯天下先"就是不敢争第一。这是种小生产思想的反映，自然经济的反映。不冒尖，也是前几年政治运动搞出来的，因为枪打出头鸟。上面的政策不对头，你老跟，跟错了就要倒霉，所以是政治运动的产物。咱们有些同志就是这样，上面有个东西来，先不表态，看一看，等看准了，差不多不会再变了，"哗"一家伙跟得很快。从不冒尖，总不冒险这个思想用到商品生产上来就吃亏了。搞商品生产你就得要争前抢先，必须"敢为天下先"，不然你抓不到钱，就发不起来。你跟慢了，不光是发不了财，还要赔大本。因为商品经济的发展，瞬息万变，搞竞争，抢信息，捷足先登。资本主义国家有专利权，现在我们国家也有专利权了。专利登记，你晚几个小时，专利就归人家了，他就可以赚大钱，你就不行了。专利权就是要争第一。在种棉花这个问题上，我们就是这样。中央号召种棉花，1980 年我们就种了，已经发了 5 年财。河北就不行，1983 年他们才种，他们才发两年的财。种树苗也是这样，前几年种毛白杨赚了大钱，现在再种就只能当柴火烧了。这几年种山楂苗、果树苗值钱了，但你要抓得快。所以，我们下一步办商业、办工业都要考虑这个问题。信息要灵，要争前抢先，晚了就要吃亏，搞商品经济差半个小时都不行。有些东西你去晚了，合同被人家签走了，没有你的了。所以，我们要抢信息嘛！在这个问题上要抢先，要敢于冒尖。在结构改革问题上我们也应该这样，不要等。在生产关系问题上也可以抓得早一点。

3. 要敞开大门欢迎农民进城，大力发展第三产业。赵紫阳总理去年提出来一个观点，就是我们要迎接世界新的产业革命、新的技术革命。我们要敢赶上这次潮流，利用这次机会，迎接这个挑战，迎头赶上。世界已发展到第四次产业革命。紫阳同志说："前几次我们都没有赶上，我们中国落后了，吃亏了。这一次我们条件比较好，要迎头赶上，利用这个机会赶上去。"紫阳同志这个观点是非常正确的。我们应该看到发展趋势，认识这个规律，及时研究，在产业结构问题上可以抓得早一点。农业、矿业叫第一产业，制造业、工业、加工业叫第二产业，商业、服务业、金融银行、教育、科技等等叫第三产业，信息叫第四产业。我们要在办工业的同时把第三产业办起来。前几天，万里和胡启立同志在北京说要加快发展第三产业，发展第三产业是当务之急。一方面可以容纳劳动力，另一方面也方便群众，我们的第三产业是相当的不发展，特别是商业更不发展。现在的饮食业、服务业、大概比武松那个时候还差。武松那时还可以走到哪里吃到哪里，到了晚上还可以喝上 18 大碗酒，吃上 3 斤牛肉，现在你要吃 3 斤牛肉可没地方来。同志们还看到那幅《清明上河图》，那是描绘的好几百年前的开封，你看那个繁荣！我们共产党轻商轻了若干年，现在好了，总理、书记、中央委员都强调发展第三产业，这个路线完全正确。但是，现在我们的思想还跟不上，一看见做买卖的人就觉得他不行。陵县有这么一句话，说："多一个买卖人就瞎一个人。"现在不这么说了，又说："多一个买卖人好人里面就少一个。"反正，觉得玩秤砣的就是不行。看来对商业的看法必须改变，要大力发展商业。你生产出来的东西卖不出去，以后你的生产怎么搞？生产没有商业流通不出去，没有商业反馈消费信息，生产就堵死了。有的社队企业、工厂，搞着搞着就关门了，很大一个原因就是你的推销员不行。无锡光派出推销员就有 10000 多人，全国各地都有。咱们这里就很少，陵县能有 1000 人吧？所以，要特别发展商业、服务业等第三产业。一是可以大量容纳劳动力，二是方便群众，三是可以积累。最近北京非常拥挤，每天流动人口由原来的 20 万增加到 60 万、70 万。对这一问题有两种态度：一是限制，不让外地人进北京，拦截外地汽车，限制火车售票，那北京怎么繁荣啊?！还有一种观点（万里、胡启立同志就是这种观点）是欢迎大家来，旅馆、服务业不够，我们大力发展第三产业。你自己办不起，就让农民进城办。那样，北京每天 70 万流动人口，每人吃饭、住宿，再买点东西，至少要花 10 元，这样每天就可收入 700 万元，那就发财了。我们这个地方也是这样，市里也好，县里也好，要欢迎农民进来办第三产业。北京就在南河沿那里开了一条街，欢迎各省的人都到那办。山东办山东的菜，四川办四川的菜，江苏办江苏的菜，搞一条食品街。我们也可学他的办法，开出一片地来，让各县上你这里来办商业、服务业。现在德州地区的非农业人口太少了，低于全省水平，更低于全国水平。对于这一点，我看是不是要欢迎农民进来，让他们办工业、商业、服务业，要给他们一部分优惠条件。现在，我们光允许不行，应该对于敢冒尖、先进来的给以优惠，给以支持，给以鼓励，给以帮助。让他先发起来，后面的人跟上来，你的收入就大了。我两次从北京来，火车坐不上，坐汽车来的，我看见河北各县办商业、办服务业的劲头比我们大，各县都划出一片地来，让农民在那里盖房子，做买卖。我们这里好像较慢一点。是不是可以这样做：德市向各县开放，县里向各乡镇开放，乡镇向农民开放，让农民进城来办第三产业，甚至办第二产业。

4. 发展战略的措施里面，要注意社会协调方面的发展。上面讲的是关于经济方面的，我们是经济和社会发展战略研究委员会，所以，关于社会方面的问题也要协调发展，也要估计进去，也要有一定的措施。经济是基础、是主体，但其他方面也要配合、也要协调、也要按比例发展，不然的话，是不行的。你光搞经济，要搞 73 亿元经济，但教育还是现在这个样子、城市其他设施还是这个样子，那肯定不行。所以，教育、科研、体育、报纸、电台、交通、城市建设、环境保护都要搞上去。我们是 560 万人口的大区，在国际上这是个人口相当大的国家了，瑞士就是 600 万人嘛。所以，我们这个大区其他方面的东西要跟上去。我跟王书记建议过，我们地区办一个报纸，完全必要。因为你要给全区提供信息：种什么好，怎么样搞，光靠《人民日报》《大众日报》不行了。我知道无锡县就有一个报，销量十几万份。我们德州地区 560 万人，100 多万户，办上个报纸，信息就快了。另外，像图书馆、电台、电视台、交通、邮电都要搞，都要协调发展。瑞士600万人，光电视台就有三四个，报纸就更不用说了。关于交通，我看是不是体制上有毛病，建议交通部门的同志研究。我们地区的交通是以德州为中心，将来是不是搞几个分中心，以县城为中心，向各乡镇、甚至向各大队发班车。因为搞商品信息，光蹲在家里听是不行的，他要到处去看，乡镇长到全国去转转有好处，至少钱不会白花。

下面重点讲一下人才问题。人才要抓，要招聘。大家都认识到了：引进一个人，能办一个厂，而且能办出比较高的水平。昨天，德州市王市长讲跟上海谈判办工厂的事，思想是比较解放的，是得给人家点东西，人家无利不来呀！你得给人家点优惠条件，你把上海的管理技术引进来是无价的，不是三万、五万能买来的。陵县张习桥木器厂，从天津请来一位师傅，70多岁了，在那里指导，他做出的木器就比县木器厂的产品好看。不用说他给你干活，他就把这套技术指导给你，这个专利权就不是几百块钱能买到的。我们不光要引进技术人才、师傅，还要引进管理人才，引进一些厂长，三分技术七分管理呀！我们好多单位不是技术不行，主要是管理，厂长、领导、计划不行。张习桥皮鞋厂，前几年赔了点钱关了门，今年夏天，通过我们从北京招来了个大学生，北京经济学院学经济管理的，三四个月的时间，不光恢复了生产，救活了厂，而且厂的规模还扩大了，由原来的40多人增加到65人。最近与北京皮鞋供销公司草签了30万双皮鞋合同，产值就是300多万元。我对他说，不光要赚钱，要给搞出一个社队企业管理的典型来。昨天教育局李局长讲，我们地区的大学生比例是万分之八，低于全国水平，低于全省水平。所以，我们应在这方面给一定优惠的条件，招聘一下。农村发展学院发了个招聘广告，来应聘的人超过500人，都是大学、大专的，已定了50多人了。给人家的条件就两条：一是农转非，二是浮动一到二级工资。我觉得，德州地区在这方面可以下点力气。我看到《人民日报》上登了我们人才交流中心的广告，觉得有个缺点，就是优惠条件讲得含糊了。讲含糊了不行，哪怕你有一条比较落实，我可以农转非，我可以干什么……，你讲明白，讲肯定点嘛！其实，光是农转非人家就应聘，那你太便宜了。现在我们的粮食吃不了，将来肯定农转非条件是要放宽的，统购统销肯定用不了几年就不要了。现在你还卡这个干什么？！就是个农转非嘛！我说最便宜了！我们发展学院占点先，抓得早一点就招进来了嘛。现在还不晚，你把条件再放优惠一点，就会招来不少人，这样对我们的教育、科研，各个工厂的管理会起很大作用的。

5. 根据本地区的薄弱环节，分阶段的提出实现赶超全省、全国水平的任务。经济研究中心和战略委员会的同志可以把项目排一下，例如城市和农村人口的比例；总人口中大学生占的比例；我们人均产值在全省、全国的水平；我们财政收入在全省、全国的水平；等等。月数字能够表现这些方面，使得我们心中有数，使得地区领导人心里要有数。另外，对我们一些不行的方面，一项一项地列一下，逐步实现计划，也就逐步地实现了我们的战略目标。比如：城市人口的比数，我们现在是5%，全省是10%～20%，我们可以分阶段的来实现这个任务，先赶全省的水平，再赶全国的水平。我没有准备好，就随便讲这些，不对的地方，请同志们批评。

当前农村的形势和几个有关
哲学问题的思考[*]

一　农村的形势

从 1978 年党的十一届三中全会以来，农村发生了翻天覆地的变化，发生了历史性的转变，这个伟大成就在全国、全世界都引起了极大的注意。

下列数字可以说明这一成就。

从 1979 年到 1984 年，农业生产总值增长 1.2 倍。1978 年农业总产值 1458 亿元，1984 年 3303 亿元，扣除物价上涨因素，每年递增 8.98%，其中种植业每年递增 6.69%。粮食：1978 年为 6095 亿斤，1984 年达到 8142 亿斤，增长了 33%，增加 2047 亿斤，每年增长 341 亿斤。棉花：1978 年 4334 万担，1984 年 12154 万担，增长 180%，增加 7820 万担，每年增长 1303 万担。油料：1978 年 1035 万担，1984 年 23705 万担。糖料：1978 年 47636 万担，1984 年 95892 万担。麻：1978 年 2175 万担，1984 年 2979 万担。烟叶：1978 年 2104 万担，1984 年 3089 万担。茶叶：1978 年 539 万担，1983 年 801 万担。水果：1978 年 13139 万担，1984 年 18974 万担。牛、羊、猪肉：1978 年 170 亿斤，1984 年 305 亿斤。水产：1978 年 465 万吨，1984 年 606 万吨。乡镇工业产值：1979 年 423 亿元，1984 年 1031 亿元。

这 6 年劳动生产率提高较快。1978 年，每个劳动力的生产总值 455 元；

＊　本文源自《当代中国农村与当代中国农民》（陆学艺著，北京：知识出版社，1991 年 7 月，第 236～256 页）。该文系作者 1985 年 8 月 8 日在中国历史唯物主义研究会与中国社科院哲学所历史唯物主义研究室于山东长岛举办的"历史唯物主义与当代现实"讲习班上的演讲，收录于该讲习班 1985 年 9 月刊印的内部讲义《历史唯物主义与当代现实》第 171～195 页，该讲义根据录音整理，整理时有删节。——编者注

1984 年，每个劳动力的生产总值增加到 841 元。1978 年每个劳动力生产粮食 2074 斤，1984 年每个劳动力生产粮食 2485 斤。农民的生活也有很大改善：1978 年农民的人均纯收入 134 元，1984 年为 355 元。这几年我国农业发展是很快的，而且我们在世界农业生产中的地位也有很大变化。这 6 年我们每年平均递增 8.98%，同期世界的农业每年只递增 1.25%。我们和世界发达国家农业的差距在缩小，1983 年我们人均粮食 759 斤，世界是 793 斤，1984 年我们是 790 斤，世界还是 793 斤，已达到世界平均水平。棉花，我们现在人均 11 斤，世界人均才 6 斤。食用油我们现在人均 7.8 斤，世界人均是 8 斤。肉类 1984 年我们人均 27.5 斤，世界人均 48.8 斤。

我国农业的成就还可从以下几方面来看。

第一，我国农业走出了长期徘徊的局面。党的十一届三中全会以前我们的农业基本上是为吃饱、穿暖而奋斗，几十年都是这样。10 亿人，8 亿多农民，就是说 80% 的人搞饭吃，可饭还不够吃，还要进口粮食、进口棉花、进口油料。30 年来，农业一直是我们国民经济的短线。经过 6 年的努力，我们的农业上来了，温饱问题基本解决，已经从温饱型转变为商品型，从生活必需品的满足转为非必需品的需求大量增加，这是一个历史性的转变。农民对粮食不仅在数量上要求多，而且在质量上要求高。我 1979 年到农村调查，虽然大部分农民够吃，但大部分是粗粮，特别是东北、华北地区。东北农民被形容是"的确良的裤子，钢丝面（即玉米做的面条）的肚子"，现在大部分都吃细粮了。如鲁西北，原来玉米都吃不饱，现在是小麦都吃不完，而且粮棉出现过剩。

第二，农村进入由自然经济向商品经济转化这么一个历史时期。十二届三中全会《关于经济体制改革的决定》指出：商品经济是一个不可逾越的阶段。农村也是这样，它必然从自然经济向商品经济过渡，而且通过商品化来实现现代化。如果农村仍然保持自然经济，不实现商品化，就不能摆脱贫困和落后，就不能实现现代化。20 世纪 60 ~ 70 年代，我们试图在自然经济的基础上实现机械化，实践证明是不行的。现在商品经济搞起来了，农民不仅满足自己的吃、穿，而且向社会提供大量商品。1978 年，农民向国家出售的农产品价值为 980 亿元，1984 年达到 1501 亿元，每年递增 7.36%。而 1953 年到 1978 年，这 25 年中平均增长只 5.5%。农民的货币收入 1978 年为 380 亿元，1984 年达到 1200 亿元，每年递增 21.1%。全国社会商品零售总额 1978 年为 1558 亿元，1984 年达到 3357 亿元，翻了一番还多，其中 2/3 来自农民的购买力。

随着包产到户及专业户的出现，农村的自然经济在解体，这是历史性的大变化。从 1840 年鸦片战争以来，我国的自然经济有过若干次机会向商品经济过渡，但是由于各种原因，这些机会错过了。新中国成立前不说，新中国成立以后至少有两次机会，一次是 1949 年至 1955 年，土地改革之后，农民的生产积极性很高，生产力得到解放，商品经济一度发展起来，但随着统购统销和农业合作化的开展，限制了商品经济的发展，这次机会错过了。1961 年到 1962 年，我们国家采取了调整的方针，重新调整了生产关系，发还了自留地，准许农民搞家庭副业，开放自由市场，这之后商品经济又一度有很大发展。后来又因为"四清"运动和"文化大革命"，这个机会又错过了。

党的十一届三中全会以来，党中央采取了一系列放宽、搞活的政策，普遍实行了农业生产责任制，不仅开放了集市贸易，而且准许长途贩运，准许个体户经营，支持发展专业户生产。这一系列政策，使农村商品经济发展很快。这一次可以使几千年农村的自然经济向商品经济过渡，8 亿农民的农村实现商品经济，对我们整个国家商品经济的发展将有很大的推动作用。

过去社会主义国家不讲商品经济，有一段时间讲商品生产都不行，明明是商品经济，也不敢讲，只讲商品生产、商品交换。十二届三中全会的决定指出，社会主义经济是公有制基础上有计划的商品经济。由于在理论上有突破，在政策上有一系列明确规定，这次很有希望使农村自然经济瓦解，向商品经济过渡。

第三，对社会主义农业合作经济原来的模式有一个突破，找到了一条实现列宁提出的关于优先发展流通领域合作思想的道路。农业合作化、农业的社会主义改造到底怎样搞？应该说在十一届三中全会以前，在农业实行联产承包责任制以前，这个问题至少在大部分国家没有解决。相当长时期以来，我们把生产合作看作主要的形式，搞大规模的集体所有制经济。结果怎样呢？苏联也好，中国也好，长期以来粮食问题没有解决好。大家知道，苏联原来是欧洲的谷仓，在沙皇时代出口粮食。而且十月革命后也出口粮食，但是它搞了集体化以后，粮食减少，到了后来大量进口粮食。现在，苏联成了长时期进口粮食最多的国家。苏联人均土地比中国多得多，现在又投入了很多现代化的农业生产资料，每年农业投资占国家建设总投资的 25% ~27%。这样一个规模的投资，农业还是不行，大起大落。应该说，原来这一套不行。在十一届三中全会以前，我们搞农业生产合作社，搞人民公社，基本上是从苏联的模式套过来的。1959年以后，我们粮食进口，棉花进口，油和糖也进口。这么大国家，这么多人种田，粮食还不够吃。经过农村体制改革，我国农业在短期内出现了一个繁荣昌盛的局面。这里是有经验可总结的。中共中央1983年一号文件肯定，这次农村实行联产承包责任制的改革，是我国8亿农民在党的领导下的一次伟大创造，主要是从经营管理入手，把所有权和经营权分离，来解决经营管理这个难题。实现了不是以生产合作为主，而是以流通领域产前产后的合作为主的合作理论，实现了列宁当年《论合作制》这篇文章的主要论点。

第四，我们这次农村改革，是在社会主义条件下自觉地、主动地、有领导地调整生产关系，改革经营管理制度，改革农村经济体制的一次尝试。实践结果是成功的。总的来说，集体所有制的基本制度没有变，土地还是公有的，基本生产资料的所有权没有变。但是，我们把经营管理权还给了农民，这样既解决了原来的平均主义吃大锅饭的问题，又坚持了社会主义的公有制。既发挥了社会主义集体经济的优越性，又调动了农民群众的积极性，把这两者很好地结合起来。这样大的改革，全国只经过三四年的时间就基本实现了。1978年、1979年在安徽、甘肃的落后地区试点，逐步发展到中等地区，再到发达地区，没有引起社会震动，没有破坏安定团结，没有破坏生产力，就在全国范围内把生产关系改变过来了。这是一次在社会主义条件下自觉改革的伟大实践。总的来说，农村这场革命，全世界都承认是伟大的、成功的，胜利是巨大的，意义越到后来越能显示出来。

二 农村工作面临的新问题

在看到这场变革重大意义的同时，我们也要看到农村工作的另外一个方面，这就是我们的农村经济正处于拐弯、爬坡的阶段。从自然经济转到商品经济叫拐弯，又要向上发展叫爬坡。这个阶段本身就遇到了一些新的问题，出现了一些新的情况需要解决，同时我们在主观上对农村的一些政策和措施也不那么得当，再加上城市的改革没有跟上。所以，前几年以来，特别是今年①，农村出现了一些问题，要我们加以认真的研究和解决。在这样一个转变时期，遇到这样那样的困难和阻力是难避免的，也是我们预料到的。但有一些是我们工作中的问题。下面讲一讲农村遇到的这些问题的

---

① 本文中指1985年。——编者注

原因。

1. 从主观上来说，近一两年来，我们对农村这场改革的估计，对当前农村形势的估计有些过头

对于实行家庭联产承包责任制这一改革的意义，我们要充分认识。但是，不能认为搞了这一次改革，农村的问题就解决了，应该说这是第一步。8 亿人口的农村，长期贫困落后的农村，靠一个包产到户是不可能把所有问题都解决的。我们这次治病是从基础上治起的，农民的积极性，1.7 亿农户的积极性调动起来了。但是，在这个基础的上面，生产队以上的村一级组织、公社一级组织、县一级组织，并没有多少改革。大家知道，在去年①搞了一个政社分开，把人民公社的牌子拿下来，一分为三，原来人民公社的党委会改为乡党委会或镇党委会，公社委员会改为乡、镇人民政府，另外成立经济组织，有的叫经济联合，有的叫经济委员会，有的还是叫人民公社。但实际上只是挂了牌子，连人也没有换，工作方法和工作内容都基本上没有变。县以上的机构就更没有变化，改革很难，阻力也是很大的。流通领域的改革，买难卖难的问题 1979 年就提出来了，但是到现在为止仍然没有多大好转，今年农民卖粮食、棉花还是难。供销社的改革也是讲了多少次了，要把全民所有制改成集体所有制。它本身是集体所有，要退回来改为民办，结果还是退不下来。第一步改革实行农业生产责任制，下一步改革是什么，说法不一样；有的同志主张第二步是改革流通领域，也有的同志认为农村里的第二步改革就是发展商品经济，也有的同志认为是乡级、县级的体制改革。现在各地都在搞试点，乡级、县级改革的试点。总之，我们对改革要有正确的估价，一方面要看到包产到户的巨大成就，另一方面要看到这个改革是初步的。小平同志最近讲：对农村改革，只能说像做文章一样破了题，有些题还没有破。

2. 对农村的经济形势的估计也要准确

农村形势大好，农村经济变化很大，这是事实，谁也不否认。但是前几年，我们的报纸、宣传机关对农村形势的宣传有点过头，光讲好的一面。这在改革的初期，为了促进改革，主要讲好的，讲改革的光明面，我看是应该的。但是，到了现在，讲一讲农村的问题和困难的一面，是必要的。

前几年过头的宣传造成了两方面的问题：一方面，城市里的工人、干部造成一种错觉，好像农村里的万元户多得不得了，农民富得流油了，腰

---

① 本文中指 1984 年。——编者注

里都装满了"大团结"（拾元钞票）。电视里，不是有万元户用秤称钞票吗？这样的宣传可能是真的。我同《人民日报》农村部的主任谈过这样的意见：《人民日报》每天登1个万元户，并且都是真万元户，一年登365个，在全国的农民总数中又占多少呢？因此，我们的宣传要恰如其分。何况有些万元户并不是真的，是毛收入，把生产成本等各方面都算在内了。我们农村干部，若干年来，都是上面要什么，下面有什么。以前讲"大寨县，过黄河，过长江"，这里过黄河，那里过长江，结果还要饭吃，吃进口粮。现在统计专业户，报毛了，百分之十几、百分之二十左右，有的县达到百分之三十九。我说不用去看，肯定是假的。万元户也是这样。据新华社统计，全国的万元户也就8万～10万，在1.7亿农户中，也就是1/2000嘛！而且万元户的收入也不是稳定的，有不少是要担风险的，今年是万元户，明年就不是了，他们情愿把万元户和你换，换一个铁饭碗。

从全国农村的情况来看，全年总收入平均达到每人500元以上的只有百分之二十到二十几，而且大部分集中在江苏、浙江、广东和一些大城市的近郊。60%～70%的农民只能说是温饱有余，有饭吃，有衣服穿，有零钱花，住上瓦房了。前年我在陵县调查，专门调查了几家万元户，发现他们的生活仍然是比较俭朴的，有的还吃咸菜，使人很不理解。为什么呢？难道他们不知道消费和改善生活吗？不是。是因为他们这些钱要派的用场很多，有的要给孩子盖房子、办喜事用，有的要准备再生产的投资，还要给"各路神仙"烧香，所以他们仍然感到经济紧张不富裕。原来太穷了，要一样样地置起来，必须要有若干年的好收入才能真正地富起来。陵县这几年虽然发了棉花财，每人平均收入已达到500元左右，要赶上山东胶东地区还要5年，胶东赶无锡还要5年。一个地方的经济文化的发展，不是3年、5年就行了，要经过一个历史时代，要30年、50年。我们的农村，其中大部分原来是没有什么东西的，家徒四壁，在这个基础上，要它三年、两年富起来，是不可能的。还有8%～10%的地区，温饱问题还没有得到解决。就是说，现在还有8000万人的温饱问题没有解决。这是什么概念呢？就是年人均收入在150元以下。所以，长期贫困落后的农村，想通过一个政策、一个运动，若干年就解决问题，这个想法是不现实的。

正确地估计当前的形势，清醒一点，是很有好处的。另外，我们确实面临着严峻的问题。首先面临的一个问题，农村的产业结构要调整。我们过去是粮棉型，主要是为解决温饱问题，种植业占70%。现在粮食、棉花多了，要压缩，要改种别的，不容易。种植业内转出一部分人来发展经济作物，原来种粮食的多了，要改为搞经济作物。这是种植业内部的结构调整。第二个调整，我们的大农业（包括农、林、牧、副、渔）要做很好的安排，其中的林、牧、副、渔是短腿，过去"以粮为纲"主要是搞粮食，现在我们要注重发展林、牧、副、渔，这个转化也不是那么容易的。这里有个技术问题，也要有个过程。另外，农村里面也要发展第二产业和第三产业，这个转化也很困难。依我看，现在农村遇到的问题是农业生产力过剩，不光是粮食、棉花过剩。粮食、棉花多了，你叫他转产，叫他种什么？种什么国家也不要。粮食多了，国家不要了。种花生行不行？今年花生要是多了，油料也过剩了。

总的来说，我们总的结构不合理，我国农村和城市人口的比例是 8∶2，8 个农民养 2 个城市人口。8 个人不干活时，不够吃，大家都不够。现在 8 个人干活了，他们有了积极性，他们种什么、养什么，你 2 个城市人口也买不了。所以，农村里的总的问题是农业生产力过剩，要把农业人口转出去。按照我们的科学技术，经济发展水平，我们的农业至少不会比印度差。现在印度的农业人口才占 70%，而我国却是 80%。设想一下，到 20 世纪末，把我国的农业人口安排为总人口的 60%，或者为 50%，这就要在 15 年间设法让 3 亿农民进城，平均每年要让 2000 万农民进城，行不行？这个劳动力转化的量是相当大的。如果不转出去，在农村里搞农业，农业就过剩了。农村产业结构的调整就遇到了这么一个困难。

第二个面临的问题是，农民本身习惯了自然经济和国家的统购包销，农民只管生产，生产出什么，国家买走。1985 年一号文件决定：粮食、棉花都不统购了。现在粮食多起来了，棉花多起来了，国家买不起了，所以今年不统了，改为向农民定购。今年国家向农村定购 1500 亿斤粮食，8500 万担棉花。实际上今年农民能卖 3000 亿斤粮食，能卖至少 1 亿担棉花。

原来自然经济条件下的农民，现在一下子面对社会搞商品生产。要农民自己根据社会的需要来决定生产什么，而我们的信息渠道又不通，这就给农民生产和转产带来了一些新的困难。农村里的能人发展很快，他看得很准。他种植西红柿，加工山楂片，这些都能赚大钱，后面跟着走的人就不行了。拿养兔来说，开始养兔的人发了大财，等到大家都去养兔，兔子多了，外贸不收购了，还发什么财？农村里这样的能人是不多的，大概不超过 10%。搞商品经济只有争第一才行，老是跟在别人后面走，老吃亏，老不行。搞商品经济，农民本身要有个适应的过程。

第三个问题是，城市的同步改革跟不上。农村的改造一般都是这样，一般是从农民那面，用剪刀差或其他的办法搞积累，支援城市，发展工业。苏联以及其他国家都是这样，先从农村搞资金积累，发展工业，工业发展起来了以后再贴补农业。我们国家的工业发展了30多年了，现在还是吃大锅饭，30年一贯制，不能支援农业。它还不能向农业提供价廉物美的农业机器和化肥等，没有力量武装农业，也没有力量贴补农业，现在实际上还得靠"剪刀差"来维持。我们的工业再不改革是没有出路的，农业也要受它的影响。现在粮食这么多，而食品工业却远远跟不上，加工业也不行，棉花也是如此，也不能及时地加工出来。靠工业积累资金，它自身都不够，靠它补贴农业是不可能的。我国农产品的价格在全世界来讲是最低的。我们的工业之所以能够维持，就靠低工资。低工资又靠什么维持？靠低的农产品价格，工人才能吃饱，才能有钱花。如果把我们的工业放开，向国际市场开放，恐怕我们80%的企业要关门。现在的一套管理不行，不能搞积累。农村向商品经济转化，遇到了城市的工业改革、商业改革等等跟不上，造成了客观上的困难。

3. 改革的思想准备、理论准备都不够，连农民都没有想到搞得这么快

包产到户是自下而上搞起来的。有一些干部、农民说得很形象："像小毛驴，前面党中央拉着，后面农民推着，是这样跟上来的。"农民思想准备也不够，现在老担心政策变。通过1984年的一号文件，土地包给你了，15年不变，发土地承包证，怕变的思想少一些了。但是，怕富、怕露富的思想还是有。农村特别有钱的人，不愿存款。农村买保险柜的多了，有些地方保险柜脱销。

上述情况表明，农村出现一些值得忧虑的问题，要采取很好的对策来解决，不解决又要打击农民的积极性；正像中央领导同志在一次讲话中说的，农村的大好形势有得而复失的危险。现在农村有以下几个问题。

第一，农产品相对过剩，农产品价格下降，工业产品价格上涨，"剪刀差"扩大。农业这几年丰收了，但农民的收入增长不快，个别地方农民的收入反而下降。棉花的收购，今年要比去年减少3000多万担，粮食的收购，今年要比去年减少1000多亿斤，增产的粮食和棉花国家不收购，农民自己也消费不了，相应的集市贸易价格就要下降。农产品的价格是普遍下降的，除了个别产品外。今年工业品的价格在上涨，钢铁、柴油、木材这些原材料价格上涨，加工产品的价格必然上涨。这样"剪刀差"必然扩大，有些地区农民收入就减少、下降。比如山东德州地区，去年农民向国家卖了890万担棉花，今年国家只订购580万担，少了310万担，这310万担棉花值6

亿元。德州地区有 500 多万人，人均收入少了 100 多元钱。可以种别的东西来补这一部分收入，但有的补不上，估计德州地区就有 30%～40% 的农民补不上。这就打击了农民生产粮食、棉花的积极性。

高产地区，北京、上海、天津等大中城市郊区，农民是比较富的。他们沾了城市的光，东西卖得比较贵。比如，陵县的黄瓜，一元钱买 70 斤，北京的黄瓜，卖 0.2～0.25 元一斤，这个差别就大了。城市郊区农民不愿意种粮食、棉花，都去种菜。有的连菜也不愿意种了，北京郊区的四季青公社就是如此，它搞工业；天津郊区，今年荒了 28000 亩地，还不是全市的统计，只是几个区的统计。所以城市郊区、发达地区的农业生产是下降的。全国大部分的中产地区，农民的粮食、棉花卖不出去，农民种粮食、棉花的积极性也下降了。现在，农民施化肥少了，全国化肥大量积压，陵县积压了 2 万多吨。化肥厂、磷肥厂关门了，可是我们的外贸部门却还在一个劲地进口日本的尿素。

现在我们的粮食到底怎么样？说不清楚，一会儿多了，一会儿少了。我们国家的情况经常是这样的，说多的时候就到处都多，说没有的时候一下子全没有了。去年有的省向党中央上报生产粮食 350 亿斤，现在要调它的粮食，又没有了。据说浮夸相当严重，多报了 50 亿斤粮食，350 亿斤中有 50 亿斤是假的。有几个省现在也叫粮食不够。棉花产量降下来，是要它下来，是好的。今年夏粮平产，秋粮很难说，能不能维持 8000 亿斤很难说。粮食要下得太多了，行不行？总的不会出大问题，这点大家放心。但是，确实出现个别地方粮食紧张，现在还有 8000 万人的地区没有解决温饱问题。低产地区，也就是 8000 万人的地区，自然条件恶劣，再加上投资、水利等等跟不上，短期内还不会增产。高产地区减产，中产地区积极性不高，低产地区想上也上不了。所以，农业很可能停滞。有个别同志只从财政的角度考虑问题，说棉花今年 1 斤都不生产最好了，可是他们忘了，如 8500 万担棉花不生产，农民的收入可就不行了。

第二，国家收紧银根，压缩农贷，使正在转化中的农业遇到了严重的困难。资金、货币是经济运转中的润滑剂。现在农村中没有钱了，这个机器就转不动了，今年上半年以来，国家收紧银根后，可以说农村出现了前所未有的困难。从国家来说，要收紧银根，压缩信贷。那些硬骨头压不了，最后压缩农业信贷，压到了农村这架机器转不动，压到了国家收购粮食不给钱，打白条。德州地区，今年国家定购小麦 4 亿斤，应给农民 9000 万元，结果只先给了 3000 万元。剩余的以后再给，不知现在给了没有。以前我们国家收购农民的粮食、棉花，不管收购多少，银行都是及时地付钱。今年却来了个灵活性，打白条，这叫商品生产、商品交换吗？用白条能换来粮食？全国有不少地方是这样。农民如果指望这些钱急用怎么办呢？家中如有余款尚可以，如果没有余款就难办了。许多农民只好把生产的粮、棉拿到集市上去出售。德州陵县上等小麦国家收购价是 0.229 元一斤，在集市上只能卖到 0.18～0.19 元一斤，而小麦的成本每斤要达到一角四五分。到信用社取自己的存款，也取不到现钱，气得农民没办法，说顺口溜："信用社不守信用，人民银行没有票子。"农业贷款压缩以后，听起来农业贷款的数字还不少，实际上其中包括国家收购粮食和棉花的钱。这样一来，山东就吃大亏了。因为山东省有 3000 万担棉花积压在那里，别的农贷就几乎没有。地方上的商业局、粮食局花的钱，怎么叫农贷呢？压缩的结果，今年农村有一部分专业户要破产。如养鸡专业户，通过农贷或其他借贷的形式发展起来，投资一定的数额以后，还需要进一步维持和发展，这时资金没有了，再向国家贷款，国家不贷，向亲戚朋友借，就算借到了，有存折又往往在银行里取不出钱来，而鸡没有食喂是不行的，这样只好卖小鸡，这不就赔钱了吗？严重的不就破产了吗？一部分乡镇企业也要倒闭或停产。现在没有钱了，就压乡镇企业，不给贷款，流动资金没有了，周转不灵了，那只好关门停产。县以下的工商业基本上没有自有资金，流动资金都是靠贷款，现在压缩农贷，也压了他们。他们不会关门，关了门也要养活其职工。但是，买卖不做了，没有钱订货，货进不来，该收购的东西不收购了。这就阻碍了农村的商品流通，加剧了农村买难卖难的问题。

第三，各行各业向农民伸手，农民的负担加重。这与前几年的过头宣传有关，各个部门的领导，看农村的形势，多半是根据报纸上的推导。农村有那么多万元户，办教育让他们拿 10 元、8 元出来，有什么问题？教育部门办教育向农民要钱，集资办学。银行部门也向农民收陈债。连 1962～1963 年所借的钱现在也要还。德州地区就要农民还 18000 万元（包括利息）。农业银行要收贷款，交通部门要修公路，广播部门要办广播，能源部门要办沼气，军队系统要搞民兵训练，办民兵之家，要拥军优属（军人家属的待遇也要提高，每年 700～800 元）。从这些部门来说，动机都是好的，都想把各方面的事情办好。文件下去，叫作民办公助，公助是虚的，就是要农民拿钱。再加上基层干部津贴，计划生育补贴（城市里是国家财政部门出钱，农村则是自己拿钱来解决），各类开支加起来，平均每个农民要负担 60 元左右，个别地方多达 100 元。

第四，国家对农业的投资大量减少，减到了全世界最低的水平，也是解放后最低的水平。这可以从国家对农业投资的一些具体数字中看出来。1978 年，国家对农业基本建设的投资是 53.34 亿元，占国家基本建设总投资的 10.6%，1979 年，国家对农业的投资是 57.92 亿元，占国家基本建设总投资的 11.1%，1980 年，国家对农业的投资为 52.30 亿元，占国家基本建设总投资的 9.3%，1981 年，这时包产到户已经大部分实行了，国家对农业基本建设的投资为 29.21 亿元，占国家基本建设总投资的 6.6%，1982 年，国家对农业的投资是 34.12 亿元，占国家基本建设总投资的 6.1%，1983 年，国家对农业的投资是 35.45 亿元，占国家基本建设总投资的 6%，1979～1981 年国家对农业的投资逐年减少。过去每年还有大量的农机贷款，农业机械化投资，现在也没有了。以前我国的地方财政每年也拿大量的钱来投资农业，现在也基本没有了。国家对农业的投资减到 6%，这是极限，再不能减了。再减，连农业水利部门的人都养不活了，干不了活了。这 6% 是维持费，每个大水库，每年都要拿钱来维护。30 年，全国搞了 86000 个水库，水库容量为 4500 万亿立方米的水。这几年一个也搞不成了，国家没有投资了，水利基本建设是这样，其他的仓库设施建设等也是这样，这也是农业的前途值得忧虑的一个因素。

前几年，农业生产所以能按每年 9% 的速度发展，当然很大一部分是靠调整了生产关系，靠了农业生产责任制，靠了农民的积极性，但是，也不能忘了，农业这几年的发展，还有相当一部分原因是靠吃老本，是前些年的农田基本建设、水利设施等发挥了它的应有作用了。以前，由于农民不干活、消极怠工，这些设施没有发挥积极作用。现在农民干活了，这些水利设施、农业机械、植保措施、优良品种都起作用了，才能有每年 9% 的发展速度。现在，好像包产到户是发展农业的唯一灵丹妙药，好处都是搞了包产到户带来的。实则不是，刚才讲的这些老本是都起了作用的。如果这些农田基建、水利设施不维修、不发展，老本吃光了以后农业怎么样？现在，国家不投资了，地方不投资了，集体也没有钱了。农民也不投资，个人投不起，小打小闹也没有用，一般他也不投。农民有钱干什么呢？第一做买卖，第二搞服务业，第三搞家庭工业，第四搞养殖业，最后才搞农业。如果不投资搞农田基本建设，想维持长久的丰收和发展是困难的。何况农业要向商品经济转化，需要交通设施、仓库、加工服务等等，这些要有相当的投资才能搞起来，现在也提不到日程上来。

第五，现在农村基层干部的不正之风也有所抬头，因此农民与基层干部的矛盾也有一定程度的发展。实行责任制开始的一段时间，他们是比较谨慎的。因为要不要干部都成了问题。现在，农村的专业户、万元户，相当一部分是干部。因为分田、分牲口，他们可以分好的。他们关系多、门路广、信息灵，发展商品经济比农民的有利条件多，所以，他们富得比较快。用农民的话说，这几年干部又神气起来了。干部的普遍问题是：多占宅基地，低价承包社队企业，在农民办的企业中入干股分红，排斥农村中的能人，特别是青年人党，等等。多吃多占之风发展了，贪污之风也有。这些问题，在农村基层干部的整党中怎样解决，很值得研究。

总的来看，农村的形势很好，对光明的一面，我们要充分估计。农业已走出了温饱型，转到了商品生产的轨道。农村形势还会更好，对这一点我们要充满信心。但是，也出现了新问题、新情况，要求我们采取新的政策来解决。现在正处在转折关头，如果措施得当，对今后的发展有很大影响。如果措施不当，把农民被调动起来的积极性再打回去，那就很值得忧虑。

三　几个哲学理论问题的探讨

我国农村的改革是具有巨大历史意义的，怎样总结这个伟大历史转折的经验，从理论上提高起来、概括起来，这对于今后农村的进一步发展，对于正在进行的城市改革都具有十分重要的意义。

1. 生产力与生产关系问题

经过农村 30 年的实践，我觉得有几个问题值得研究；第一，过去我们讲生产关系落后于生产力会束缚、阻碍生产力的发展这一面多些，但是据我看，建立起来的生产关系超越生产力的状况，也会阻碍生产力发展，甚至会破坏生产力的发展。这个教训应该吸取。拿农业来讲，1949～1955 年，农业生产发展比较快，也是 9% 的速度。但是，1955 年以后，在主观的要求快、要求一致的条件下，全国实现了高级合作化。1957 年，就发现问题了，农民有意见，农业生产发展速度下降。1955 年以前，每年增长 8%～9%，1956 年只增长 5%，大牲口也下降。1957 年，在 21 种主要农产品中有 12 种减产，1957 年那个 3900 亿斤粮食是假的，据说为了要说明合作化的好处，有关领导加了 60 亿斤粮食，原来是减产的变成增产了。这反映出生产关系不适合生产力，不适合农民的要求。农民拉牛退社，我们用大辩论办法，打击右派的办法打回去了。1958 年接着又搞"大跃进"、人民公社，搞一大二公，进一步扩大了生产关系不适应生产力发展的状况，最后就是破坏生产力。公社统一核算、统一经营，搞大兵团作战，搞供给制，这些都远远地脱离了生产力；因为干与不干一个样，干好干坏一个样，干多干少一个样，农民就不干了，出现了 1959～1961 年的困难。1961 年的困难是怎么解决的？最后还是从生产关系入手解决的，就是降低了公有制的程度，缩小了集体经济的规模，改为队为基础的三级所有制。这样才勉强地把农民的积极性调动起来。有的地方搞了包产到户被打回去了。这次我们搞农业生产责任制，搞包产到户，仍然是从生产关系调整入手。这次把集体所有和农民经营或小组经营结合起来，更加适合生产力，才出现了现在这样一个好的局面。

第二，生产关系是一个整体，是一个系统，不仅包括所有制关系，还包括人在生产中的地位和相互关系，产品的分配关系，生产和再生产过程包括生产、交换、分配、消费等环节。要调整、改革生产关系，不光是改变所有制就行了，对这一个整体、系统都要加以调整改革。长期以来，我们认为所有制改变以后，就标志着社会主义革命的基本完成，社会主义生产关系就建立起来了，下一步就是发展生产力。其实不然，固然所有制重要，但经营管理、人在生产中的地位、分配等其他方面的问题不解决，生产力发展还是要受到阻碍。在这个问题上，我们以前有些失误。我们总是在所有制问题上做文章，一会儿大了，一会儿小了，一会儿合并，一会儿分开，不在经营管理等其他方面上做文章。这次搞的农业生产责任制，总结经验有许多条，但是最重要的一点是我们把所有权与经营管理权分开，集体所有制没有变，把经营管理权交给了农民，就促进了农业生产力的发展。

第三，生产关系的调整和改革，特别是从私有制到公有制这个改革，是个很长的历史过程。企图用一个命令、一个文件、一个运动比较快地来解决从"我的"转变成"我们的"问题，实践证明是不行的。应该区别不同的地区、不同的情况、不同的生产力状况，采取实事求是的态度，分步骤的、分阶段的逐步实现。我们又重新提出多种经济成分，多种经营方式是长期的，这个政策是完全正确的。以前我们把从私有到公有这个问题看得简单了。对这个问题要估计得充分一些，把它看作一个长期的历史过程，要从各个方面做大量的工作，逐渐地过渡，才能改过来。

2. 关于制度和人的关系问题

这也可以说是人民群众和个人在历史上的作用问题。人类发展的历史，就是生产发展的历史，劳动人民理应是历史的创造者，是推动社会进步的力量，也是变革社会的决定力量。这次农村改革，是直接依靠农民搞起来的，这是它能够获得成功的决定性条件。

我觉得应该提出一个主体劳动者的概念。某一部门、某一单位的主体劳动者就是它的主力军。比如，农村的主体劳动者当然是农民，工厂里的主体劳动者是工人、技术人员，学校里的主体劳动者是教师，医院的主体劳动者是医生、护士，科研和设计单位的主体劳动者是科研人员、设计人员。生产主要是靠这些人，改革主要也要靠这些人。农村的改革直接依靠主体劳动者，听农民的呼声，所以改过来了。现在城市改革改不动，据我看，就是我们还没有把各行各业的主体劳动者发动起来，没有从政治上、物质利益上关心他们，没有使他们觉得改革对自己有利。改革离不开一定的环境、制度，所以，有些问题要从改革环境、制度和体制上来解决，否则，能耐再大也不行。农村现在出现这么多的能人，以前为什么不行呢？现在为什么行？这和体制很有关系。所以，小平同志说，制度比人还重要。因此，城市改革要从体制上进行。什么住房问题、用水问题、交通问题、打电话问题等等都要从制度上来解决，要用商品经济的办法来解决。房子问题，按现在的管理办法，建再多的房子，也不能解决，越建意见越大，国家的负担也越重。房子、住宅本来是商品，应当按商品经济的办法来管理。我们的许多工厂也是如此，不从体制上去改革，哪个人去当厂长也不行。四川总结了这样一句话：现在这种制度，不仅什么人都可以去当厂长，而且什么样的天才人物去当厂长也当不好。

若干年前，我们老是讲，奴隶创造历史，不是天才创造历史，要反对"天才论"。但是，实际上很多问题还是强调个人的作用，强调得特别厉害。比如，在农村，若干年来总认为是人的问题，支部书记选好了，党支部建设好了，农业就搞好了。个别的证明都对。但是，30多年来，搞来搞去，想了许多办法，要培养几十万支部书记，为什么这样的人就培养不出来呢？为什么就只是几个典型呢？十一届三中全会以前，农村只有10%～20%搞得比较好，70%～80%搞得不大好。这是为什么呢？因为基本观点是：人民公社制度是完美的，农业搞不好是干部没有搞好，所以整"四不清"干部，干部整好了，公社就搞好了。结果还是不行。现在农业年年丰收。拿陵县来说，50万人口，100多万亩地，棉花、小麦都长得一个样，产量都差不多。但是，支部书记没有改选，还是这些人当支部书记，他们政治上的排队没有变。这说明体制改了，经营管理的办法改了，农业就上来了。这说明从体制上解决问题比我们原来的那些办法好得多。农村改革的这个成功经验，对工业、商业、服务业、交通业、教育等的改革都有用。

3. 从实际出发还是从概念、定义出发的问题

马克思主义历来认为应该从实际出发，不应该从概念出发、从公式出发。但是，长期以来，我们在实际工作中违反这个基本原则。一件事情来了，首先总是问一问，这是不是符合社会主义的传统观念、固定模式，而不是去分析一下这件事对发展生产力是有利还是没有利。最后一直发展到"文化大革命"，出现了什么"宁要社会主义的草，不要资本主义的苗""宁要社会主义的晚点，不要资本主义的正点"，到了这种荒唐的地步。这个问题，直到现在对一些人还有影响。这在实际工作中也限制了一些新生事物的产生，甚至用假的社会主义来批判它，把它扼杀了。还有你所谓的是不是社会主义，你那个社会主义是不是发展社会生产力的真正马克思主义的社会主义？严重的教训之一，就是对待包产到户的态度。包产到户早在1956 年就在浙江创造出来了。1957 年 1 月 21 日，《浙江日报》第二版发表了长篇文章，介绍了包产到户的好处。由于当时浙江省的某一位领导出来干涉，认为这不行，方向有问题，不符合社会主义，就打下去了。1961 年，安徽省大规模地搞包产到户，又批，认为是单干风，是复辟。1978 年、1979 年又搞。事实证明，农业就是主要靠了包产到户，才解放了生产力，获得了迅速发展。本来是社会主义的东西，但是多年来，把它当作资本主义的东西打回去。它为什么有那么大的生命力？就是它对发展生产力有好处，所以怎么批，它还是要搞起来。

这几年，我们争论个体经营行不行，长途贩运行不行，个人能不能买汽车和拖拉机，竞争行不行，还有发行股票问题。在讨论中，存在一个问题，就是一些人不是首先看对生产发展是否有好处。现在大家很关心雇工问题。一种意见认为，雇工就是剥削，不能干，要取缔。一种意见说，雇工不是资本主义，它是社会主义的雇工，没有剥削，所以可以干。这样的论证，我也不敢苟同。第三种意见是，雇工有剥削，但是不同于资本主义条件下的那种剥削，它在现阶段是资金、劳动力与技术结合的一种形式；在现阶段有它存在的必要，它对促进生产发展有利，因此我们可以利用它，将来引导它。我觉得这种说法是比较客观的。雇工怎么没有剥削？有的人雇四五百人，一年赚三四十万元，他们劳动就那么值钱！剥削也不分社会主义还是资本主义的。在我们国家里，雇工和雇主和资本主义社会里的雇工、雇主确实有不同，但不要说这就是社会主义的雇工。中央对这个问题

的意见是看一段，既不禁止它，也不提倡它。

现在农村存在的雇工，是有它存在的条件的。包产到户以后出现雇工不奇怪，它是发展商品生产过程中的一种形式。包产到户以后怎么搞，现在正在摸索。1980年，我写了一篇文章，提出包产到户不是权宜之计，是农业现代化的一个新的起点，可以不回到原来三级所有的道路上去，它将来可能走一条从包产到户到兼业户、到专业户、到联合体的道路。现在兼业户、专业户发展起来了，而联合确实存在问题。据我调查，发展生产力遇到一个矛盾：发展商品生产要有一定的规模，三个人、五个人不行了，但是农村的家庭在分，四世同堂的大家庭不多（儿子大了，娶了媳妇，就分家了），家庭越分越小。从生产上看，要求大家庭，凡是万元户，都是大家庭，十几口人，五六个劳动力。可见，要发展商业生产，就要搞联合。联合起来后，就遇到一个问题，生产经营怎么办，分配怎么办，由谁来管。四家联合在一起，如果四个人都是强的，联合不到一块，因为都能干，谁听谁的。如果一个人是强的，别人都听他的。事情办起来了，秋后的分红怎么办？如果收入10000元，每个人分2500元。强的、带头的，即使自己不拘小节，认为可以，他的老婆也不干。这样，又联合不到一块了。如果改变了关系，其中一个当雇主（即使他是弱的），承担风险，你们都听我的，这样搞的，经济效益比较好。事实证明，要发展商品生产，扩大规模，雇工是劳动力、资金和技术结合的一种形式。在现阶段，不要轻易否定它。因为还没有其他形式可以代替它，联合起来的合作模式还没有以成熟的形式出现，特别是产前、产后的合作。可见，雇工有一定的客观存在条件，在发展商品经济上有一定作用。当然，我们也不能夸大它的作用。

"今年我国农民收入增长较多"的
报道与实际不符[*]

《人民日报》编辑部：

贵报 1985 年 12 月 1 日头版发表了记者许正中、秦京午编写的，大字标题为《今年我国农民收入增长较多》、副标题为"将比去年同期增 35.4%"的报道①，这同今年农民收入的实际状况差别太大，引起了社会上对这条消息的议论，我也觉得这个报道不恰当，提几点意见，供你们参考。

第一，标题失真，与报道内容不符。这个标题很容易使人有今年农民收入有大量增加的错觉，事实不然。1985 年，由于各种原因，农民收入的增长速度下降了。从各地传来的信息看，今年只有少数农民的收入有较大增长，大多数农民只能维持 1984 年的水平或略有增长，有一小部分农民则因各种原因收入有所下降。所以，今年我国农民的纯收入虽然有所增长，但增长幅度比前几年小了。就报道全文来看，说今年我国农民收入增长较多，是说今年 1~9 月农民的人均现金收入达 241.02 元，比去年同期增长 35.4%（即人均现金收入增加 62.96 元）。农民现金收入增加并不等于农民收入增加。所谓现金收入增加，是指农民出售农副产品和从事工副业生产和服务等的现金收入增加，但同时，农民要用现金支付各种生产费用和上缴税金和提留等。现金收支的多和少，以及现金收入增加的多和少，反映了农村商品生产发展的程度，这同农民收入增加是两个不同的概念。贵报发表这条消息时，用了今年农民收入大量增加的标题，这同消息内容不符，这与今年农民收入增加不多的实际情况也不符，显然是不恰当的。

---

* 本文源自作者写给《人民日报》的信的手稿，手稿写于 1985 年 12 月 8 日。原稿无题，现标题为本书编者根据手稿内容所拟定。——编者注

① 《今年我国农民收入增长较多——将比去年同期增 35.4%》，《人民日报》1985 年 12 月 1日，第 1 版。

第二，消息只讲今年农民现金收入大量增加，不讲今年农民现金支出也大量增加的情况，反映情况不全面，断章取义，夸大宣传农村的好形势。据我们了解，国家统计局在发布今年1~9月农民现金收入增加的同时，也发布了今年1~9月农民的现金支出，比去年同期增加28.18%（即53.91元）的信息。两位记者在编写这则消息时，完全删去了今年1~9月农民现金支出也大量增加的内容，只报"喜"不报"忧"，这种作风很不好，是不对的。

每年农民纯收入的多少，是衡量农村经济状况的重要指标。正确计算农民的收入，是领导机关进行正确决策的重要依据，业务部门提供的数字过大和过小，都可能使人们产生错觉，导致决策的失误，后果是严重的，所以我们一定要郑重对待。

第三，分析原因不当。报道说："农副产品价格放开，也是农民收入增长的一个重要因素。据估计1~9月份，农民收入从提价中得到的好处约占人均现金收入增加额的10%以上。"[①] 在这里，记者还是混淆了农民的现金收入和农民收入（农民得到的好处）两个概念。农民从提价中到底有没有得到好处，以及得了多少好处，这是需要详细计算和研究的问题。因为，一是农副产品价格放开后，农民出售到城镇的农副产品的价格总的说是提高了，但是，农民的农副产品一般是就地出售的，提价并不多（有的还有下降，如棉花）。降价部分，有很大一部分是被中间贩运者得去了。这些贩运者，有的是农民，有的是城市个体商户。二是价格放开后，农副产品的出售价格提高了，同时农民购买的生产资料和生活消费品的价格也涨了。如1985年1~9月农民用现金支付的生产费用为68.05元，而1984年同期只支付46.99元，两者相比，农民多支出21.06元，增加44.8%。现在，在有些城市，居民对农副产品价格放开有些意见，有些人还认为："钱都叫农民赚去了。"记者在报道中的原因分析，正好附和这部分人的说法。这是不妥的。

第四，统计数字偏高。上述数字是国家统计局对全国28个省、自治区、直辖市（缺西藏）中的846个县62000多个农村住户抽样调查的结果。几年来，各地都反映，这个抽样调查的数字偏高，同农业等部门的统计差别很大。如1984年，国家统计局抽样调查，宁夏回族自治区1984年农民人均

---

① 《今年我国农民收入增长较多——将比去年同期增35.4%，第二、三产业成为增收重要途径》，《人民日报》1985年12月1日，第1版。

纯收入为 313 元，而农业部的统计只有 220 元，相差 93 元。这个报道提到，1985 年 1~9 月，农民现金收入人均增加 62.96 元，姑且不论其他，就这个数字本身也是偏高的。人均增加现金 62.96 元，全国 8.4 亿农民，其增加现金收入 528.86 亿元，这相当于今年全国新发行货币的 2 倍，约占全国年均货币流通量的 50%，这是令人难以置信的。

现在，正临近 1985 年底，各地正在统计和逐级上报 1985 年的各种数字，贵报恰在这个时候发表了这样一个需要研究核实的消息，提出了"今年我国农民收入增长较多"的命题，这有点定调子的味道，其产生的效果和影响是可以想见的。党的十一届三中全会以来，我国农村发生了历史性的变化，农村形势确实大好。这是举世公认的事实。但是，近年来我们有些地方，有些干部，由于各种原因，也搞了些虚报、浮夸的东西，造成很不好的效果和影响。我们的国家和人民，吃过浮夸的大亏，教训是深刻的。贵报是我们党中央的机关报，在广大干部和群众中，享有崇高的威信，希望在正确估计农村形势、正确估计农民富裕程度、正确估计农村改革成就等方面的宣传上，做好表率，杜绝那些浮夸不实的东西。

当否？供你们参考。

陆学艺

1985 年 12 月 8 日

农业面临比较严峻的形势[*][**]

十一届三中全会以来，农村形势一年比一年好，农业连续 6 年大丰收。1985 年粮棉大减产。面对这一事实，有两种不同的意见，一部分同志认为，粮棉减产是计划安排的，不必过虑；另一部分同志认为，不能小看这次减产，对农业不能掉以轻心。根据我在农村蹲点调查的见闻，我认为 1985 年减产不是偶然的，当前农业面临比较严峻的形势，希望引起有关领导的足够重视。

一 对 1985 年粮棉大减产原因的检讨

1985 年粮食减产 564 亿斤，比 1984 年减少 7%；棉花减产 4222 万担，比 1984 年减少 33.7%[①]。一年减少这么多粮棉，这在新中国成立后还是第一次。就粮食来说，新中国成立的 36 年里，29 年增产，7 年减产，其中减

---

[*] 本文源自作者手稿，该稿写于 1986 年 4 月。该文首次刊发于《要报》（1986 年第十八、十九、二十期连载，刊发日期为 5 月 15 日、17 日、19 日），后公开发表于《农业经济丛刊》1986 年第 5 期（10 月 15 日）。该文还被收录于《当代中国农村与当代中国农民》（陆学艺著，北京：知识出版社，1991 年 7 月）、《陆学艺文集》（陆学艺著，上海：上海辞书出版社，2005 年 5 月）。该文发表时有较多删节，本文根据作者完整手稿刊印。文中提出的问题，曾引起邓小平同志的关注（参见：《邓小平文选》第 3 卷，北京：人民出版社，1993 年 10 月，第 159 页）。——编者注

[**] 1986 年 4 月，我根据长期在农村蹲点调查所观察到的事实，针对 1985 年粮食、棉花大减产后，有些同志仍未从对农业盲目乐观的估计中转变过来的看法，列举了农业上 11 个方面的事实，指出，农业面临比较严峻的形势，农业将由 1985 年进入新的徘徊阶段。这个研究报告，1986 年 5 月中国社会科学院《要报》分三期连续刊登，上报中央。1986 年 6 月 10 日，邓小平同志同几位中央负责同志谈话时指出："有位专家讲，农业投资减少，农业生产水平降低，中国农业将由此进入新的徘徊，这个意见值得重视。"与此同时，万里同志也把这份研究报告批给杜润生等同志，请他们要研究这个问题。——作者注

[①] 国家统计局编《中国统计年鉴·1986》，北京：中国统计出版社，1986 年，第 180 页。

产 100 亿斤以下的一年，减产 100 亿斤～200 亿斤的两年，减产 200 亿斤～300 亿斤的一年，减产 500 亿斤以上的三年，其中 1959 年比 1958 年减产 600 亿斤，1960 年比 1959 年减产 530 亿斤，但这两年减产是由众所周知的原因造成的。此外就是 1985 年减产 564 亿斤了，可谓是大减产。①

关于 1985 年减产的原因，有关部门的同志分析有三条：一是播种面积调减 6500 万亩左右，改种了经济作物和其他；二是自然灾害较多，持续时间长，成灾面积比往年大；三是化肥等农业生产资料涨价太猛，以及其他一些原因，使农民减少了投入。农民投入减少导致的减产大约占 100 亿斤左右。这三条原因，表面看来，大体是说得过去的。但作为总结经验教训，却没有揭示出这次大减产的本质原因。按上述分析，三条原因中，自然灾害和调减播种面积是主要的。可是，据中国农业科学院报告说："从气候条件来看，'六五'期间比较正常。1981 年部分地区春旱、秋涝，1985 年南旱、北涝，这两年虽灾情较重，但没有出现波及全国的大灾年，仍属中等偏下情况。"1985 年是一个平年，南方几省伏旱严重，全国旱灾成灾面积1.66 亿亩（水电部统计），比 1980 年和 1981 年旱灾成灾面积 1.869 亿亩和1.819 亿亩都要轻②。1985 年辽河、松花江大水，但比 1981 年的长江大水，1982 年黄河大水，1983 年淮河、汉江洪水，1984 年黑龙江大水，受灾面积要小，灾情要轻。为什么 1980 年以来虽然年年有灾，还是年年大丰收，1985 年灾情并不重，却反而扛不住，来了个特大减产呢？据水利电力部同志讲，1985 年辽河大水，才 2000 立方米每秒流量，属 5 年一遇的常遇洪水，并不是有些同志说的特大洪水。1951 年洪水达 14200 立方米每秒，1953 年是 12100 立方米每秒。20 世纪 50 年代中期辽河安全泄量是 5000 立方米每秒。1985 年仅 2000 立方米每秒就造成这么大减产和损失，这同我们近几年水利设施失修是有关系的。我国是一个拥有 960 万平方公里国土面积的大国，水旱洪涝是年年有的，黑了东方亮西方。通常年景，有的省区歉收，另一些省区丰收。1985 年的水旱灾害只是局部的，不少省区的气候条件甚好，为什么除山东、河北、内蒙古的粮食略有增产外，全国 80% 的省区都减产或大减产了呢？在一个自然灾害并不严重的普通的年份，粮食却在全国普遍减了产，这是值得我们深刻反思的。

---

① 国家统计局编《中国统计年鉴·1983》，北京：中国统计出版社，1983 年，第 158 页；国家统计局编《中国统计年鉴·1986》，北京：中国统计出版社，1986 年，第 180 页。

② 国家统计局编《中国统计年鉴·1981》，北京：中国统计出版社，1982 年 8 月，第 201 页。

1985 年，粮食播种面积调减 6500 万亩，这不是国家年初计划的调减指标，而是计划失控的结果。1978 年全国粮食播种面积为 180881 万亩，以后逐年减少，1984 年为 169326 万亩，6 年减少 11555 万亩，平均每年减少 1925.83 万亩，年均递减 1.09%。1985 年一年减种 6058 万亩，比上年减少 3.58%，是前六年年均递减量的 3 倍多，[①] 步子跨得太大了！为什么一年骤减这么多？1985 年提出调整产业结构是正确的。鉴于棉粮库存过大，大量减种棉花，适当减少粮食种植面积也是正确的。但由于上半年对粮食形势估计过于乐观，放松了领导工作。特别是由于调整后的粮食收购价格不尽合理，加上生产资料涨价，种粮成本高，收益低，挫伤了农民种粮的积极性，他们少种或不种粮食，致使 1985 年粮田面积调减偏多，这是粮食大减产的一个重要原因。但为什么调整的规模失控，一年减少这么多粮田面积？这背后还有更深刻的原因。

1985 年粮食大减产是一个信号，我们一定不要等闲视之，不要简单总结几条表面原因解释了事，而应该见微知著，由此看到我国农村出现的新问题。十一届三中全会以来，我国农业连续 6 年增产增收，在较短的时期内，使农村发生了历史性的变化。1985 年突然特大减产，这不是一件小事。1985 年会不会成为我国农业发展的一个关键点，从此又转入停滞徘徊的局面？应该说，这种可能性是有的。目前，农业面临着比较严峻的形势，我们要正视它，解决它，引导农业生产朝着稳定发展的方向前进。

二　对 1986 年和今后农业发展的预测

有关部门估计，"1986 年的粮食生产，现在看来回升的可能性比较大""只要不发生更大的自然灾害，并在保护农民积极性方面适当地采取措施，恢复几百亿斤的产量是有希望的。"有的同志估计，"1986 年的粮食生产，增也不会增得太多，减也不会减得太多。"这些短期的预测，有一定的根据。但是从整个农业生产的发展前景看，目前农业面临比较严峻的形势，令人忧虑。

十一届三中全会以来，农业之所以有如此突飞猛进的发展，总结起来，主要原因有三条：一是党的方针政策正确，改革了农村经济体制，全面实行联产承包责任制，使广大农民有了自主权和经济上得了实惠，极大地调

---

① 国家统计局编《中国统计年鉴·1986》，北京：中国统计出版社，1986 年，第 174 页。

动了农民的积极性；二是国家在 1979 年、1980 年提高了主要农产品的收购价格，刺激了农业生产；三是新中国成立以来，特别是合作化以来，我国进行了空前规模的农田基本建设，兴修了大量的水库和水利工程，发展了农业机械，提供大量的化肥、农药和优良品种，建立了推广农业科学种田的技术组织。到 1978 年，全国农村集体经济公共积累已达 1000 多亿元。这些都是新的生产力，是我们农业生产的"老本"。在过去人民公社吃大锅饭的体制下，农民没有生产积极性，这些新的生产力没有发挥应有的作用，所以农业生产徘徊不前。十一届三中全会以后，调动了农民的生产积极性，是原有的生产设施充分发挥了作用，农民的积极性同原有的"老本"一结合，就产生了连续 6 年的农业生产大发展。1984 年达到了粮食 8146 亿斤、棉花 1.25 亿担和其他农产品都创纪录的高水平。[①] 1984 年是我国进行农村改革后迎来的农业生产的一个高峰年。

1985 年粮棉大减产，这是影响农业生产的各种因素的综合反映，一方面它标志着这些年来，我国农业原有的生产条件和生产潜力的利用已经达到了一定的水平，而有些生产条件已经在变坏，也就是说，我们的"老本"已经吃得差不多了。另一方面，这几年农民的生产积极性在达到了一定高度后，由于生产资料涨价，各种负担加重，不仅没有进一步调动起来，反而在有些方面有下降的表现。1985 年的大减产正是这两个主要因素发生了变化的反映。

1986 年和今后的农业生产将怎样发展？这决定于影响农业生产的几个主要因素的变化情况，也就是农民的生产积极性能否进一步调动起来，农业生产条件能否逐步地得到改善。从这几年的趋势看，现在面临着比较严峻的形势，下列 11 个方面都是很令人忧虑的。

第一，耕地日益减少。从 1980 年以来，我国每年减少耕地 1000 多万亩（有的统计是 1500 多万亩）。由于城乡占地失控，这种滥占滥抢耕地的势头还在继续，而且都是城市、集镇周围的高产良田，这种不能再生的农业资源正在减少。有的省尤其严重，如四川省，1984 年、1985 年两年共减少耕地 280 万亩。

第二，大量水利工程失修，灌溉面积减少。群众总结说：我们是"五十年代修塘，六十年代修库，七十年代修渠，八十年代吃老本"。现在的状况是，"塘库越来越浅，渠道越来越短，用水纠纷越来越多"。现在全国有

---

① 国家统计局编《中国统计年鉴·1986》，北京：中国统计出版社，1986 年，第 180 页。

50%左右的水利工程设施不能正常发挥效益,有70%的大中小水库带病运转,有43个大水库是重点险库。全国机井255万眼,很多已淤塞无水,仅山东省1980~1984年就报废了2.88万眼。据统计,20世纪50~70年代我国灌溉面积每年增加1500万亩,而1980年以来每年平均减少700万亩。

第三,土地肥力减退,土壤恶化。这几年,由于农民生产积极性的提高,增加了土地的利用率,但总的是投入少,产出多。特别是这两年,农民无心种粮田,不仅有机肥少施,而且连化肥也用得少了。1985年全国化肥施入量普遍减少20%以上。据辽宁省统计,1985年氮肥少施26%,磷肥少施40%。华北农民有秸秆还田的传统,现在则常常把大批玉米秸秆在地头烧了。南方农民不罱河泥了,不再进城镇挑粪。过去农民进城清厕买粪,现在居民给钱也不来了。由于粮食不值钱,生产资料涨价,这两年农民是有水不浇,有肥不施,"宁愿少产出,也不多投入。"

第四,生态环境继续恶化,于农业发展大为不利。这是个老大难问题,实行责任制以前这个问题就提出来了。这几年农业生态环境不但没有改善,反而日益变坏了。据中国林学会第六次会议报告,近5年来,我国森林面积减少1亿多亩,平均每年减少2000多万亩,再过10年,黑龙江将无林可伐。我国东北天然屏障正在受到严重毁坏,水土流失严重,每年有几十亿吨土壤流入江河,河床淤塞,不少河流正在由利河变成害河。西北、内蒙古一带,沙漠扩大,沙进人退,每年减少耕地上百万亩。近几年农村乡镇工业发展,许多城市污染严重的工业转到农村,乡镇办厂又无力采取防污措施,现在不少县已没有一条净水河了。

第五,实行责任制后,没有适应新的情况,制定相应的农业现代化政策。现在全国大中型农业机械从账面上看,比1980年是增加的,但实际保有量和使用量则大大减少。农业机械一般使用寿命是十来年,包产到户后,社队的农机包到户,农技站的包到人。现在许多农机需要更新、大修,国家现在对农机维修已无补贴,农民只使用老的,不买新的,又往往不想大修。长此下去,再过几年,大中型农机就损失殆尽了。

头几年农民生产积极性高,大量增施化肥、磷肥,供不应求,有关部门乘机提高化肥农药的销价。这两年出现全国性的小化肥、小磷肥和国产农药的滞销,仓库大量积压,致使许多小化肥厂、小磷肥厂和农药厂被迫停产。大中型的拖拉机也出现滞销,好几个大拖拉机厂都在考虑转产。如果不制定新的农机、化肥、农药政策,我国的农业生产资料工业就岌岌可危了!农用工业破产了,农业现代化怎么指望呢?

第六，各行各业冲击农业，行行都比搞农业强，农民无心种田。农村放宽搞活以后，由于农产品价格低，搞工业、搞商业、搞服务业都比搞农业收入多，所以凡有一点办法的都离农去搞别的，农业上只剩下一些老头、妇女和孩子。城市郊区和商品经济发达地区已普遍出现耕地撂荒现象。前几年农民转让土地还要收土地报酬，现在，在商业发达地区，已出现转让土地还要倒贴钱的情况。农民无心种田的结果，是原来像苏南、胶东和大中城市郊区等一类高产地区这几年农业普遍减产，特别是粮食大幅度减产，一般都下降 30% ~ 40%，有的已从粮食大量调出地区变为粮食调入区了。只是这些地方第二、第三产业发展很快，农村社会总产值和农民收入还是上升的，由此掩盖了农业减产，特别是粮食减产的问题。

第七，农民负担逐年加重，农民有意见也无奈。减轻农民负担的问题 1977 年就提了，年年提，但年年在加重。农民对此意见很大，干部也有意见，就是解决不了，这已成为农村老大难问题之一。据山东省 1985 年对 99 个乡 3845 个村 71.6 万农户调查，山东省 1984 年农民共有 11 大类 96 项负担，其中包括：①各种集资 20 项；②教育经费支出 8 项；③村干部及非生产人员补贴 13 项；④管理费支出 6 项；⑤民兵训练支出 3 项；⑥计划生育支出 4 项；⑦优抚支出 8 项；⑧公益事业支出 5 项；⑨交通建设事业支出 3 项；⑩文明村建设 4 项；⑪其他支出 22 项，每个农民年平均负担 53.8 元，占年人均纯收入的 11.5%，为各项农业正税（7.02 元）的 7.66 倍（按全国 8.4 亿农民计，全国农民在缴纳农业税以后，还要缴纳各种负担 451.92 亿元，这是一个多么令人震惊的数字啊！）据我们调查，现在农村的负担，在商品经济发达、乡镇企业搞得好的地区，这些负担都由乡镇企业开支，不从农民手里收取，所以农民反应不大。而在全国大多数农村，一般都是按人头收取摊派，不分男女、老少、贫富，每人 50 多元（多者近百元），每户就是 200 ~ 300 元。这在富裕户不算什么，但在贫困户则成了最大的支出，有的上缴提留后，生活就成问题了。更多的是影响生产投入，没有钱买化肥和农药。投入少，秋后收入也少，直接影响农民的生产和生活。有个县的农工部长对我们说，"如果现在能豁免或减轻贫困户的负担，那大部分贫困户就不贫困了，这是最大、最有效的扶贫。"

第八，农村的自然经济正在向商品经济转化，但流通体制改变甚小，农民卖难买难的问题有增无减。农民在初步解决了温饱问题之后，正在逐步告别自然经济，发展商品性生产。而我们的国营商业和供销社两大系统的交换体制虽然在各方面的强烈要求下有所改变，但基本格局未变。"少了赶，多了砍"的政策未变，官商经营作风未变，致使亿万农民望"市场"兴叹，在发展商品生产路上却步。多数农民活动半径只有十几公里，面对瞬息变化的商品信息，他们无法把握自己的命运。农村少数能人捷足先登，而绝大多数群众感到致富无门、销售无策，出现了卖猪难、卖兔难、卖蛋难、卖茶难、卖当归难，出现了普遍性的卖棉难、卖粮难！目前我国多数农民的农本很少，一次卖难，就可能倾家荡"本"，丧失扩大再生产的能力。农民卖难，买亦难。买优良品种难，买优质化肥难，买低毒高效的农药难，买适用价廉的农具难。长期的买难卖难，直接打击了农民发展商品生产的积极性，也就打击了农业生产。

第九，农民要扩大再生产，要发展商品生产，深感一家一户力不能行，许多事办不了、办不好，迫切需要通过各种形式的合作、服务，以解决他们在机耕、灌溉、收割、加工、储运、销售等方面的困难。农民对于合作、联合有着内在的客观要求，而且这种要求随着商品生产的发展日益强烈。但是，农民主观上却对实行家庭联产承包制以前的合作有着痛苦的记忆，他们又怕回到集中统一的"大锅饭"年代去。农民说，"天不怕，地不怕，就怕第二次合作化。"农民的这种客观困难和矛盾心理，我们并没有采取措施及时有效地予以解决。这两年，呼吁、提倡、完善农村合作制的文章多起来了，但是下一步农村的专业合作、地区合作到底怎么搞好？这在理论上和实践上都还有一系列问题需要解决。而正因为我们对新条件下的合作制的理论和政策没有明确的态度和主意，下面的干部无所适从，所以目前多数地区的合作和联合处于停滞、自流的状态。农业生产发展在客观上需要合作、服务的要求得不到实现，也就必然影响了农业生产。

农村要发展商品经济，信贷资金的周转是不可缺少的。近几年，我国农村农业储蓄增长很快，总额已有900多亿元，但农业贷款却增加不多。去年（1985年）国家紧缩银根，压缩贷款，首先是大量压缩了农贷，使正在转化中的农业遭到了严重的困难。出现了国家收购粮棉不给现金、打白条的现象，农民到信用社提取存款拿不到钞票。目前世界上发达国家的农业贷款，一般都占当年农业产值的50%以上，而我国却不到20%。就是这么少的农贷，大多数也贷给乡镇企业和各类专业户。农村普遍出现了贷富不贷贫、贷副不贷农的现象。真正缺少农业生产资金的农户，却得不到农业贷款，这当然也就打击了农业生产。

第十，农村基层组织半瘫痪，干群矛盾有所发展。实行家庭联产承包责任制以后，农民家庭实际上成为相对独立的农业经营单位。农村的经济基础有了很大的变化，这就必然要求上层建筑也要有相应的变化，要求我们的县、乡、村（即县、公社、大队）三级的机构设置、干部配备、工作内容、工作方法、工作作风都要有相应的变化。实际上，我们这几年除了社、队改为乡、村的体制名称变更之外，农村基层的工作内容、工作方法等方面没有实质的改变，这就很不适应了。县、乡两级毕竟是国家机构，虽不适应，总还在运转。村以下的基层就太成问题了。据几个省的调查，目前农村基层组织处于瘫痪、半瘫痪状态的大约各占20％，许多村干部、党支部书记、委员都外出经商做工去了，农村里不少地方是"有衙无官""有党无员"。乡党委、乡政府开个干部会也召集不起来。现在的农村工作"热在县里，冷在乡里，瘫在村里"。

上述瘫痪、半瘫痪的地方，农村工作无人过问，为农户服务之类的事情更谈不上。即使是那些勉强能维持门面工作的，由于条件变了，干部对如何在分散的家庭经营条件下领导组织好农业生产，如何搞好对承包农户的有效的服务，多数人也是感到束手无策。老办法不行了，新办法还没有学会。

不管瘫痪、半瘫痪也罢，勉强维持工作也罢，干部们的补贴还是沿袭人民公社时的老办法照拿。干部和非生产人员的补贴都是向群众摊派的，也是群众负担重的一个重要方面，占各种负担总额的15％～25％。另外，近几年农村基层干部的不正之风也有所抬头，农民群众同干部之间的矛盾有一定程度的发展。实行联产承包责任制初期，干部是比较谨慎的。当时"包产到了户，还要不要干部？"的呼声很高。干部自身也分了田，参加劳动了，干群关系有所缓和。这几年，干部还继续当（大多数还是原来那些干部），补贴照样拿。上级的化肥、贷款、救济还是通过他们转到群众手上。村里的财物归他们掌管，不少人故态复萌了。群众说他们"又神气起来了。"在新条件下，干部中比较普遍存在的问题是：侵占、挪用、贪污原来集体的财物；多占宅基地；低价承包集体的农机、房屋和社队企业；截留、多占国家给农民的平价化肥、农药、贷款、救济；在农民办的企业中入干股分红，排斥打击农村中的能人。他们在承包时，多分好地、好农具、好牲口，加上他们的关系多、门路广、信息灵，可以借到贷款和搞到物资，所以一部分干部富得比群众快，专业户、万元户中有相当一部分是原来的或现任的干部。这几年从行政系统压下去的任务是很不少的，如计划生育，各种摊派和集资，统派购各种农产品（后改为合同订购），"任务重，工作难度大"。干部说，农村工作两大难："一是要命（计划生育），二是要钱。"

工作对象和性质变了，但工作方法、工作作风未变，出现了新的强迫命令和滥加处罚群众（罚钱罚粮）的问题。所有这些使目前农村中干群矛盾有所发展，不少地区还出现干部打群众或农民打干部的问题，干部逼群众、农民仇杀干部全家的恶性案件也时有发生。

第十一，最大的忧虑是自上而下不重视农业，不安排农业投资，农民也不投资，不搞农田基本建设。我国早在20世纪50年代末就提出了农业是国民经济的基础，这对马克思主义理论是一个新贡献。但在实践中却常常轻视农业，往往只有当农业出现困难时，上下才重视农业。我国在三年困难时期以后，对农业投资很重视。1978年农业投资为53.34亿元，占全国基建总投资的10.6%，1979年为57.92亿元，占11.1%。十一届三中全会关于农业的决定提出，农业投资要逐渐提高到占基建总投资的18%。可是联产责任制实行后不久，国家就大量减少农业投资，1981年只有29亿元，占全国基建总投资的6.6%。以后逐年减少，1985年仅占6%。据说，"七五"计划只安排200亿元，只占基建总投资5000亿元的4%，实在是太少了。

国家投资减少，地方减少得更多。以前我国曾有明确规定，要求各省市和各地县把地方财力的70%投入农业。第五个五年计划之前，各地是这样执行的，农业投资所占份额是比较大的。1981年以后情况就变了。如四川省1979年农业投资占全省总投资额的11%，1983年降到3.5%，1986年安排还要继续降。过去，四川省一年的农业投资为3亿元左右，近几年只有1.5亿元左右，1986年只安排了9000万。福建省1978年的农业投资占全省总投资的19.85%，1985年只有6.6%，1986年预算安排只有2.85%。1978年是13912万元，1986年只有1812万元，减少86.98%。江西省1978年的水利投资为7200万元，1985年只有2500万元。地区和县的财力有限，拿不出钱来进行农业基本建设投资，而且往往还把上级拨下的农业投资挪作他用。山东惠民地区1980年水利投资为2200万元，1985年减少到231万元，减少89%。这样少的水利投资费，连维护都保不住，更谈不上发展了。水利建设近几年已经到了难以为继的严重地步。

就全国而言，大多数农村的集体经济已经不是基本核算单位，已经没有经济实力去从事农田基本建设，不少地方连小型水利的维修都搞不成。近几年，农村的沟渠、机井毁损得相当严重。

农民这几年收入普遍增加，经济情况有所好转，但由于多种原因，他们也不向农业投资。一是思想还有点不稳定，尚有怕变心理，总觉得土地不是自己的；二是过去的家底太穷，生活设施太缺乏，有一点钱先要造房子、置家具；三是农田基建个人无能为力，小打小闹不行。但更主要的是靠农业致富不容易，所以他们不向农业投资。据我们调查，农民资金的投向：第一是做买卖，第二是买汽车、拖拉机跑运输，第三是搞修理服务业，第四是搞家庭工业，第五搞养殖业，最后才是向农业投点资，搞农业。据我们在山东陵县对 144 个农户作抽样调查，1984 年人均纯收入为 559 元，平均用于生产积累的只有 51.5 元，占全年纯收入的 9.2%（主要是用于购买役畜和农用机械），这个积累率是很低的。

对于农业，国家投资减少，地方投资减少，集体无力投资，农民也不投资，农业这个基础靠什么巩固和维护？目前我国农业正处于由自然经济向商品经济转化，由传统农业向现代农业转化的阶段，农村的水利、电力、机械、交通、仓储、加工服务等等的现代化设施，都需要大量投资才能建立起来。不投资或少投资，实现农业现代化只能是一句空话。农业固定生产资金的稳定增长是现代农业稳定增长的基础。1977 年，美国拥有农业固定资金 1974 亿美元（不包括房、地产），与 1950 年相比，平均每年增加 60 亿美元，递增率为 6.57%。1978 年，美国 1 美元农业产值，有 1.86 美元农业生产固定资金作后盾（西德为 1∶3.35）。而我国 1978 年 1 元农业产值有 0.67 元的物质装备基础。1983 年每 1 元农业产值的物质装备基础降到 0.40 元，比美国、西德等要差好多。这是靠活劳动的增加投入来弥补，但不能长久维持。1985 年的减产，正是农业物质基础削弱了的表现。

上述 11 个方面的问题，综合起来看，主要还是两条：一是我国农业发展的物质基础这几年不仅没有得到应有的加强，反而在几个重要方面削弱了；二是农民的生产积极性，特别是生产粮食的积极性受到一定的挫伤。这些都是比较严重的问题。要保持农业稳定持续发展，这些问题必须及早解决。1986 年及今后农业生产将怎样发展？取决于我们为加强农业发展的物质基础所下的力量和进一步调动农民生产积极性的政策与措施。

1986 年中央一号文件重申了发展国民经济要以农业为基础的观点，强调了要增加农田基本建设的投资。赵紫阳总理在农村工作会议上明确指出："我国的农业要进一步发展，如不增加对农业的投资，可能三五年后就会出问题。现在就应当考虑到七五后期、八五期间的农业后劲问题。当前粮食生产达到 8000 亿斤水平，要上一个新台阶，到 9000 亿斤，不增加投入是办不到的。因此，在七五计划中，应当考虑这个问题，对农业投资要适当增加一些。明年中央财政开支已作安排，追加投资有困难。"赵总理要求各省区安排农业投入。现在已进入春耕了，除了少数地区外，全国大多数省区还没有采取有效措施增加安排农业投资的行动。办农业难啊！

三 近几年农业基础削弱的几点教训

十一届三中全会以来，我们在农村的改革取得了巨大的成功，农村发生了历史性的变化。这是一次有8亿群众参加的伟大实践，有着深刻的理论意义和历史意义，它的经验应该很好地总结。但是，现在回顾起来，在这个伟大实践中，失误也是有的。为了使农村改革能够继续深入进行下去，使农村的大好形势更加健康地发展，及时总结实践中的一些教训，也是完全必要的。

第一，长期以来，我们为了把农业搞上去，解决十亿人民的温饱问题，我们设计过种种方案，曾采取过很多办法，但农业总是徘徊不前。十一届三中全会以后，我们实行了家庭联产承包责任制，农业生产提高很快，农村变化很快，这是出乎许多人的意料的，开始很多人还不相信。经过考察，经过宣传，大家信服了。在改革的开头，作一些宣传是必要的。但到后来，宣传舆论有一些过头。例如，对万元户，对一部分先富起来的村庄的宣传。一时间，使人感到农村富得很了，农民已经很有钱了。有些同志认为，农业问题已经解决，粮食已经过关了，等等，产生了盲目乐观的情绪。但是，不能仅仅因为近两年农村出现了一部分先富起来的农民和村庄，特别是出现了一些万元户，就认为农村富得很了，农民很有钱了，农业问题解决了，粮食已经过关了，等等。这是因为对我国十亿人口八亿农民这个基本国情认识不足，对我国农村建设的长期性、艰巨性认识不足。贫困了几千年的广大农村，靠一个包产到户，靠几年工夫是不可能就富起来的。总的来说，在1983年以后，我们过高地估计了农村的大好形势，过高地估计了农村改革的成就，过高地估计了农民的富裕程度，由此引出了一系列的问题。

因为对农村形势估计得过好，这些年，各行各业支援农业不提了，不少支援农业的项目撤了，财政上对于支农产品的补贴取消了（如对小农具、农机的补贴没有了，财政上对贫困社队的救济扶持款改为贷款了，等等）。供销社系统原有的一批专门扶持和指导农副业生产的培植员，以及每年一笔的支援资金，现在也取消了。

因为对农民富裕程度估计过高，我们各部门各系统的领导，都想借助农民的力量，多办本单位的事业，如教育部门要改善办学条件，广播电视部门要普及有线广播，能源部门要办沼气，卫生部门要搞计划生育，军事部门要办民兵训练基地……各种民办公助的红头文件纷纷下达，都是要农民出钱的。农民这几年的负担成倍、成几倍地上升。据调查，农民 60% 的负担是中央和省两级出的题目，都有红头文件，下面是顶不住的。1977 年以后，我们就提出要减轻农民负担，让农民休养生息。年年讲减轻，为什么年年在加重？这是需要研究解决的大问题。

第二，近几年我们不仅没有从财政上、信贷上支援农村的改革，反而大大减少了对农业的投资和各种补贴。这不仅削弱了农业的基础，而且对于实行家庭承包责任制后的合作经济体制的巩固和发展是极不利的。列宁说："任何社会制度，只有在一定阶级的财政支持下才会产生。不待说，'自由'资本主义的诞生曾花了许多万万卢布。目前我们应该特别加以支持的社会制度就是合作制度，这一点我们现在应该认识到并使它实现。"① 但是，我们在联产承包责任制刚刚开始普及的 1981 年就大量削减农业基本建设投资，以后又减少或取消了各项支农的基金和补贴。当时有一种论点，认为农业靠政策，靠调动农民积极性就行了。实践证明，这种说法是片面的，其后果是极其严重的。

第三，联产承包责任制是在党的领导下，我国农民群众的伟大创造，近几年在全国总结、推广了。但它毕竟不是原来设计和计划中的。它的产生、它实行后的效果都是出乎预料的，这使一部分地区和部门的领导显得相当被动。下一步怎么改呢？现在大家公认农村的第一步改革是实行家庭联产承包责任制。第二步改革是什么？至今莫衷一是。有的说第二步改革就是产业结构调整，有的说是农村流通领域的改革，有的说是发展商品经济，有的说农村第二步改革已经实行过了，就是人民公社改为乡镇、大队改为村。农村第二步改革是什么？下一步要做什么？至今没有一个统一的说法，下面无所适从，实际上，多数地区在等待观望，因而使许多应该解决的问题长期得不到解决，有些地方还有走回头路的。

第四，实行家庭联产承包责任制以后，农村合作经济体制怎么完善和发展？这个问题我们没有及时在理论上弄清楚，没有一个统一的认识，也未制定相应的政策，以致在实践中放任自流了。这几年，前面讲过，农民要发展经济，一家一户办不了，也办不好，客观上需要合作，但又怕第二次合作化，存在既要又怕的矛盾心理。我们的领导呢？一方面看到不搞合

---

① 列宁：《论合作制》，《列宁选集》第 4 卷，北京：人民出版社，1984 年，第 683 页。

作不行，一方面又怕提出合作的问题，加重群众怕变的心理，影响生产。看来，这个问题要及时抓（现已晚了两年）。一是客观上需要，要使农村实现专业化、商品化、现代化就必须搞合作；二是为保护原有的集体财产也必须抓。现在许多农村基层组织处于瘫痪、半瘫痪状态，致使原来的集体财产损失很大。据统计，集体经济原有1000多亿元积累，有500亿已分包到户了，现在只剩300多亿了，而且还在继续减少。这也是个严重失误啊！怎么用好管好这笔公共积累，也是我们农村工作的一大任务。

第五，城乡改革不同步，带来了一系列问题。农村实现了第一步改革之后，出现了商品生产大发展的势头，客观上需要城市改革以及国民经济整个体制改革与之相配合。要求在市场机制、购销制度、价格体系、流通渠道、交通条件等方面有相应的改革，促进农村商品生产的发展。但城市改革比农村改革要复杂得多，起步晚了一些。另外，城市改革又往往首先考虑解决各部门自身的问题，较少考虑如何面向农村，适应农村改革需要的问题。时至今日，城乡通开、城乡一体的问题并未解决，农民买难卖难的问题长期解决不了就是一个突出的表现。农村实行包产到户，这一步改革局限于农业，独立性强。第二步改革要大力发展农村有计划的商品经济，这步改革的范围更加广泛、更加复杂，涉及国民经济的各个部门，以致涉及上层建筑部门。这些部门的改革跟不上，改不好，农村的改革就会受到阻力。这几年农村改革进展困难，源出于此。城市经济体制改革已经全面展开了，如何使城乡改革同步进行，互相促进，有些问题是需要专门研究解决的。

四　几点建议

1985年粮棉减产传给我们一个信息，我们应该通过它看到目前农业面临严峻的形势，检讨产生这些问题的原因，纠正对农业发展不正确、不清醒的看法，采取切实有效的措施，巩固和发展农村的大好形势，加强农业的物质基础，制止农业将会出现的萎缩、徘徊的趋势。为此提几点建议供领导决策参考。

第一，要统一对于农业问题的认识。对于农业基础的削弱，对于农业发展面临着停滞、萎缩的危险，农口的不少同志是看到了，但是农口的同志和其他部门的同志之间、领导与领导之间、上下之间在农业问题上看法还是不同的。建议中央能像1981年那样，组织各部门负责人和骨干到各地农村去，就水利建设、粮食状况、土地管理、流通渠道、合作体制、乡镇企业、农用工业、农民生活状况等问题进行实地的调查，以统一对农村形势、农村改革和农民富裕程度的认识，进一步摆正农业在国民经济中的地位，研讨各行各业支持农业、加强农业基础建设的战略措施。

第二，要制定增加对农业投资的具体方案。国内外的实践都证明，农业要现代化，要持续稳定地增产，不增加农业投资，不改善农业的物质基础是达不到的。1981 年以来削减农业投资是一个大的失误。前几年，农业这架机器带病运转，光吃老本，这样下去是难以为继的。不要等到洪水成灾后再救济（治理辽河本来只要投资几百万元，结果大水一冲，损失好几亿，救济也要上亿）。不要等到农业不行了，买进口粮。那时花的钱更多，政治上的损失会更大。水利等方面的建设，不是当年投资就能见效的。1990年计划要实现 9000 亿斤粮，现在就该下本钱了。要下决心给农业投资：第一步，农业基建投资要恢复到 1979 年占国家基建总投资 11% 的水平；第二步，达到十一届三中全会农业决定要求的 18% 的水平。另外还要重申各省区市，要把地方财力的 50% 用到农业上。

第三，要拯救振兴我国农机、农药和化肥等农用工业。中国农业要现代化，要靠我国自己农用工业提供现代化生产资料武装，靠进口是不行的。但目前我国的农机工业、小化肥工业，特别是农药工业，面临停产、转产、破产的危机。原因是多方面的，最重要的是在生产方针上不能适应包产到户后变化了的农村市场的需要。国家大量减少对农用工业的投资（1978 年农机、农药、化肥工业投资为 21.51 亿元，占全国基建投资的 4.3%；1983年降到 7.16 亿元，只占 1.2%）。国家还取消了对农机购买修理的补贴。外贸部门大量进口农药，使国产农药滞销。要把农用工业从目前的困境中解救出来，必须制定新的方案，使农用工业走上振兴、起飞的道路。

第四，妥善解决好粮食问题。粮食是基础的基础，我国农业若出现问题，首先就是粮食问题。从目前农业发展趋势看，很可能出现两种情况。一是农村经济形势很好，第二、第三产业发展很快，但农业不好。第二、第三产业上去了，但农业下来了。二是农业形势好，牧业、渔业、副业发展很快，但粮食紧张。我国是 10 亿多人口的大国，靠买进口粮吃是不行的。我们吃了 20 多年进口粮，苦头尝够了。现在刚刚自给有余，又要重新进口粮食，这太不高明了。与其拿外汇买外国人的粮食，不如投点资拿人民币买本国农民的粮食。实践已证明，我们的耕地，养 10 亿人口是没有问题的，不必靠进口。

粮食问题说到底是个价格问题。现在的物价中，与工业品相比，农产品价格低（1980年后，主要农副产品价格稳中有降，工业品普遍调高，这5年剪刀差又扩大了）。在农副产品中，粮食价格最低（据江苏调查表明，现在种1亩粮食的年纯收入是100元，种1亩棉花是200元，种1亩桑养蚕是300元，种1亩瓜是400元，种1亩菜收入500元）。农民种粮吃亏，没有种粮食的积极性，普遍不愿意种粮食，更不愿意增产粮食。粮食问题怎么解决？今年（1986年）准备采取措施稳定16.5亿亩粮田面积，减少定购粮食基数，实行以工补农、以工补粮，对卖粮农民奖售优质化肥等，这会产生一定的效果。但这是一些打补丁的政策，不能解决根本问题，还会产生一些副作用，使问题复杂化。

谷贱伤农，是立国之大忌。这是中国几千年封建政府总结的历史教训。我们要理顺价格政策，怎么能把这个粮食价格问题撇在一边呢？理顺粮食价格问题应该及早提上议事日程。可以有几种选择。

一是改变粮食作为特殊商品的地位，粮食购销价格都要放开，有计划、有步骤地按照价值规律进行调整，这是根本出路。但这样做，涉及的方面很多，要从长计议。

二是先调整收购价格。把1200亿斤合同定购数作为任务分配下去。对各地区和农民在合同定购以外交售的粮食，国家按不同的地区，分别加价收购，使加价收购价大致相等于市场价格。

三是把粮权逐步放给各省。国家对各省规定调拨基数和粮食购销补贴数额，其他都由各省自己决定，包括自定购销价格，各自解决好本省的粮食问题。

四是在不增加国家财政负担，保持农产品总的价格水平的条件下，适当调整粮食和其他农副产品的比价。把1983年以来调减棉花等农副产品价格的钱用来提高粮食价格，改变粮价是锅底的现状，调动农民种粮的积极性。

第五，积极稳妥地完善农村合作经济体制。要在领导干部和群众中统一思想，为理论上弄清农村合作制的必要性和必然性，弄清这次完善合作体制绝不是走回头路、重复人民公社吃"大锅饭"那套做法，而是要在坚持家庭联产承包责任制的基础上发展新型的多种形式的合作经济形式，促进农村商品经济的发展。在实践上，要分地区、分阶段，根据群众要求，有步骤、有领导、有计划地进行，切忌再犯一哄而起、一窝蜂搞运动的错误。完善农村合作经济体制的问题已经提到日程上来了，我们要研究它、指导它、实现它。

第六，1980 年以后，全国每年冬天开一次农村工作会议，交流新情况，总结新经验，上下沟通，集思广益，研究解决新问题的政策和措施，形成新的农业文件，这是我们党在新时期领导农村工作的一种好形式。鉴于农村问题复杂繁多，有些问题是老大难，每次提出都解决不透，解决不好。例如：减轻农民负担，农田基本建设，农村流通体制，粮食购销，土地管理，生态环境保护，剩余劳动力转移，乡镇企业，农村合作体制，农村基层组织建设，县级体制改革，等等，都该提上议事日程，加以解决。但一次会议不可能都解决，有些问题，提一下，泛泛讨论是解决不好的。建议今后可根据实际情况、需要和条件，每年选择 2~3 个重要问题，事先安排，进行调查研究，充分准备各种方案，集中讨论，商议出比较彻底解决问题的政策，形成文件（有些可以形成法律），使这些问题逐个解决，把我国农村现代化的事业一步步推向前进。

农村的形势和粮食问题[*]

这次会议分两个部分召开，一是中央农村工作会议，二是农村发展研究座谈会，分两个阶段开的。1986年10月25日报到，10月27日开始至11月7日为预备会议，11月8日至12日正式会议。……

下面就大家关心的几个问题，谈一下。

一 关于农村形势

总的说来，农村的政治、经济形势都是好的，田纪云同志指出："改革逐步深入，8亿农民安居乐业，生产积极性高涨，商品经济进一步发展。"农村经过这几年改革，新的商品生产的格局逐步在形成。一是农民有了生产和经营的自主权；二是开辟了商品市场；三是农村产业结构调整，二三产业发展起来，多种经营发展了；四是多种经济成分、多种经营方式并存，农村正在从自然经济向商品经济转化。

1986年各方面对粮食生产进一步重视，扩大了种植面积，增加了收入，粮食总产达到7800亿斤，比去年^①增长3%。农业总产值（不算村办工业）为3038亿元，比上年的2912亿元增长4.3%。乡镇企业总产值3300亿元，比上年的2727亿元增长21%。乡镇企业总产值第一次超过了农业总产值。肉类总产2021万吨，增长4.9%。水产品则创历史最高产量，达800万吨，比上年增长11.9%。1986年农村家庭年人均收入达425元，比上年增加28元，增长7%。

---

* 本文源自作者手稿。该文稿系陆学艺1986年11月17日在中国社会科学院农村经济研究所会议上传达1986年中央农村工作会议精神时所作报告的演讲稿。——编者注

① 本文中指1985年。——编者注

农村形势还有另一方面，反映了农村出现的新情况、新问题。

1986 年扩大粮食播种面积 3170 万亩，压缩了经济作物，所以粮食单产并没有提高多少，每亩只增加了 6 斤。当年棉花、油料、糖、麻、烟等大宗经济作物却大幅度减产，棉花当年减种 1100 亩，预计产量为 7000 万担，减产 1200 万担。1985 年度需棉 8500 万担，挖库存 1500 万担，1986 年度要挖 2000 万担。今年①已出口 1240 万担（可达 1400 万担）。油料今年是 1978 年以后第一次出现播种面积减少、总产量下降的情况，今年比去年减种 400 万亩，总产量 3.08 亿担，减少 760 万担（油菜籽增 345 万担，花生、芝麻、向日葵下降 1105 万担）。1985 年生产油脂 35 亿斤，要减 5 亿斤，缺口 4 亿多斤。糖料也是自 1978 年以来第一次下降，播种面积少 140 万亩，总产 5500 万吨（折合糖 480 万吨），比去年减少 547 万吨（折合糖 36 万吨）。我国年需糖 600 万吨，尚需进口 100 多万吨。黄、红麻大量调减，从 1985 年 1487 万亩减为 529 万亩，下降 64.4%。烤烟从 1985 年的 1615 万亩减为 1393 万亩，下降 13.7%。粮、油、棉种植面积由 1985 年的 75.8% 上升为 76.9%，而经济作物种植面积则由 1985 年的 15.6% 下降为 14.3%，油菜种植面积由 3.9% 上升为 4.3%，有回调的倾向，一部分坡耕地又种粮了。

乡镇企业一方面有了极大发展，今年总产值超过农业，达到 3300 亿元，比去年增长 21%。我国的工农业总产值，1949 年达 466 亿元，其中工业产值占 30%，农业产值占 70%；1956 年工农业总产值 1252 亿元，其中工业占 51.3%，农业占 48.7%；1986 年农业总产值 6338 亿元中，乡镇企业占 52.1%，农业占 47.9%。这是一次历史性的变化，标志着乡村工业化的实现。这是很大的成绩，但乡镇企业从 1985 年下半年以来遇到了严重困难，主要是发展条件严峻了，银根紧缩，贷款利率增加，税收增大。开征八级累进税、奖金税等。1985 年税收 137.2 亿元，约为 1981 年（34 亿元）的 4 倍。销售困难，原材料跟风涨价，社会负担沉重，成本上升，利润率下降。当然也有内部条件的问题，经营管理不善，技术进步慢，适应市场的能力差。表现在有些地区的绝对利润下降（如江浙），发展缓慢。"六五"期间，每年乡镇企业吸收 700 万~800 万人就业，1986 年只转移了 500 多万人。乡镇企业发展条件严峻，对于发达地区当然是个限制，但那里的乡镇企业是站住了脚的，受打击最大的还是中等和不发达地区。这一刀切了龙尾，而对这些地区来说却正好切了龙头。目前乡镇企业以华东最发达，江苏 400 多

---

　　①　本文中指 1986 年。——编者注

亿元，浙江 320 亿元，山东 240 亿元，上海 100 亿元，安徽 120 亿元，总数超过 1180 亿元，约为全国的 40%。无锡一县 46 亿元，已占地区农村总产值的 80% 以上。西北诸省还刚刚起步，如甘肃只 23 亿元，占地区农村总产值的 25%。江苏乡镇企业产值增长 23%，经济效益下降，1~7 月销售成本提高 7%，利润总额下降 20%，流动资金周转天数增加 21 天，亏损企业和亏损金额分别增加 40% 和 114%。浙江乡镇企业缺乏自我发展能力，每 100 元毛利中，企业只留 20.7 元，1~9 月企业产品销售率从 80.9% 下降到 73.9%，资金周转从 92 天放慢到 120 天，利润率下降 10.3%。北京"六五"期间乡镇企业总收入年递增 25%，今年 1~9 月只有 14%，总利润 1~9 月比去年同期减少 3 亿元。

农村形势的另一个方面是，农民收入增长减缓。我国农民人均纯收入 1978 年为 133.57 元，1985 年为 397 元，7 年增加 263.43 元，平均每年增加 37.63 元，7 年增加近两倍（197.22%），平均每年递增 16.8%。1986 年初步预计，人均纯收入为 425 元，比 1985 年增加 28 元，增长 7%。无论是绝对值还是增长速度都减少了。山东省年人均纯收入两年都只增加 10 元，粮食和经济作物的单产徘徊了两年。

农民人均收入增长过度减少，反映了：（1）这两年农业生产发展的势头减弱了。1985 年粮棉大减产，其他经济作物普遍增产。今年粮食增产，经济作物普遍减产。（2）农田生产资料和生活消费品涨价，已经缩小了的剪刀差又有扩大。据统计局商业司统计，1979~1985 年 6 年间全国农副产品提价，农民共增加收入 2428.7 亿元，平均每个农民多收入 290 元（每年为 48 元）。1979~1985 年，因工业品价格上涨，农民多支出 1213.7 亿元，平均每个农民多支出 146 元。也就是说，1979 年以来，农民因提高农副产品收购价格而得到的好处，有 51% 已被工业品涨价抵消了。（3）农业税和各种税收增加了。（4）农村各种负担增加。（5）国家的农业投资有些减少了，转为农民的负担，如水利经费减少后，转为对农民的摊派费用。鲁西北引黄灌溉原来不收费的，现在改为收水费。

1979~1984 年，农村形势大好，农业生产大发展，乡镇企业大发展，农民收入大增长，这已是世界公认的事实。1985 年调整农业政策，粮食减产了（566 亿斤），棉花减产（3700 万担）了。1986 年粮食增产，经济作物减了，农民收入增加减缓，大家对农村形势有议论了。现在大致有三种看法。

一种认为农业形势还是乐观的，农业还有相当大的潜力，不仅改革有很大潜力，农业资源也有相当大的潜力，只要政策对头，今后 5 ~ 10 年农业的发展不一定很慢。广东最近开了农业资源开发会议，大力发展山地、坡地，发展柑橘水果，发展经济作物。省委书记林若提出广东农业进入了第二个高潮，他们对前景估计的比较乐观，广东还设想把粮食的购销额全放开，粮食也会增产，农业会有个大的发展。

另一种观点认为：农业过去的大发展，是因为实行了家庭联产承包制，把以前多年形成的生产潜力充分发挥出来了，产生了农业的高速度，这是超常规的增长，这是对过去失误的一种补偿性增长，现在这个阶段结束了，农业将进入正常的、常规的增长阶段。农业方面还大有文章可做，可以向广度、深度进军，开发农业。农民既有发展家庭经营的积极性，又有联合起来分工协作的积极性。这两种积极性蕴藏着巨大潜力，必须发掘。

还有一种观点认为：近几年国家农业投资大幅度削减，大量农业补贴取消，农田水利失修，农机老化，土壤恶化，农田减少，加上农用工业产品、农业生产资料价格上涨，剪刀差扩大，负担加重，农民生产积极性，特别是生产粮食的积极性下降。国家如果不增加投入，不采取大的政策，农业将进入新的徘徊和停滞期。1985 年减产是一个信号，不是偶然的，不能等闲视之。四川谢世杰说："四川形势大好，问题不少，扯皮子多，生产难搞。"农民的积极性问题并没有完全解决，粮食生产徘徊的因素并没有排除，农民生产粮食商品率很低，主要是自己吃。如不切实解决种粮的积极性，粮食生产将长期处于徘徊状态。四川定购粮食 85 亿斤，以后可能完不成。孙颔讲："基本稳定，有所前进，难题不少，突破不易"。蒋继奋说："气血两亏。"江西裴德安说："当前的问题是，农业无后劲，种粮无实惠，致富无门路。"事实上粮食已经徘徊了 3 年（1984 ~ 1986 年），1987 年估计8100 亿斤。山东的同志说，他们人均收入、粮食和经济作物单产三个指标都已徘徊两年。

今年讲农村形势，是否可考虑分开分析：一是农村经济形势，二是农业形势。今后的情况，农村经济形势是好的。因为乡镇企业形势还是方兴未艾，大有发展的余地。1985 年增长 43%，今年增长 21%，两位数的增长速度还会持续一个时期。但农业形势就不是这样。不下大的本钱（不花钱的政府没有了），没有大的政策，农业的徘徊局势很难突破。所以很可能是这样的形势：农村形势很好，但农业形势不怎么好（前几年苏南、胶东就是如此，农业不好的状况会被农村形势好、乡镇企业好掩盖）；农业形势还可以，但粮食形势不好，粮食紧张，而粮食问题关系着国计民生。

二 关于粮食问题

粮食问题是这次会议议论的中心问题。会前中央开了粮食工作会议，会上已经定了盘子，今年合同定购 1215 亿斤，不再搞代购。定购内粮食奖励化肥、柴油，给予购定金，定购粮价不动，仍按三七比例加价执行。会议开始，杜润生就讲了，今年就按此执行，少议论这个问题。但预备会一开始，大组就集中谈粮食问题。

一是产量越报越少。这个会上，各省报的产量合计只有 7650 亿斤，比 7800 亿斤又少报 150 亿斤。二是调出省呼吁调出吃亏，要增加调入补贴。江苏、安徽提出每斤要补 5～7 分钱。调入省比较着急，呼吁要如数调入，要求中央补贴。华北缺粮最多，内蒙古减产 20 亿斤（去年 120 亿斤总产），今年要求调入 30 亿斤。山西两年减产 34 亿斤，要求调入 20 亿斤。京津要求调入 30 亿～40 亿斤。三是广东同志提出粮食可以彻底放开，他们要求试点搞，共需补贴 14 亿元，原有 9 亿元，要再补 5 亿元，要求中央负担 2.5 亿元。

会议期间，赵紫阳、田纪云总理接受了大家的意见，把粮食定购基数改为 1000 亿斤，不够部分向市场购买，随行就市。奖 500 万吨化肥，200 万吨柴油，贷 40 亿元贷款，发展商品粮基地。提高玉米、优质米及油料的价格。"死一块、活一块"（1000 亿斤定购是死的，开放市场是活的）。总的要求是逐步减少定购，减到 800 亿斤，同时也将统销粮食逐步减到 800 亿斤。这次会上，提交的关于粮食的文章也最多，议论也最多，提出了一些方案。

杜主任几次讲到 1985 年取消统购是一大改革，是对原有整个经济体系的一个重大突破，对今后城乡改革都有重大意义。但 1985 年初改革时对改革的难度估计不足，所以以后出现了一些预料之外的问题。

统购统销实行了 30 年，也已形成一套完整的体系（如粮食的购、销、调、运、存都已有了一套管理制度）。统购统销的体制下，流通不仅是具有产品交换的职能，而且还承担利益分配的职能。工农之间、城乡之间、地区和部门之间是通过统购统销来直接分配和转移利益的。要改革，就必然要触动原有的利益结构。遇到阻力是难免的，彻底的改革好，必须要通过发展生产，合理调节利益和加速形成市场交换机制才能完成。现在只能采取过渡的办法。

定购是一种过渡的办法（实质上是一种不等价交换）。今年定购 1000 亿斤，实际上是少给了 70 亿～80 亿元，要一次取消办不到。国家没有这个力量，只能定购和议购并存，逐年减少定购，扩大议购，压缩统销。到 1990 年定到 800 亿斤的水平上（总理讲：粮价的双轨制相当长时期内不能取消。一是逐年减少定购，增加议购；二是定购粮价每年加一点，挂钩物资每年增一点；三是平价销售逐年减少，逐步增加议价销售）。

粮食问题，更大的是在生产上，1984 年产粮 8140 亿斤，人均 790 斤，接近世界平均水平，1985 年下降 566 亿斤，1986 年增加 200 多亿斤，1987 年恢复到 8100 亿斤，人均下降到 757 斤，一年减产，三年徘徊。现在看来，原定的 1990 年粮食达到 8500 亿～9000 亿斤的难度很大。

一是粮价很低，农民种粮积极性不高。二是粮田面积 16.5 亿亩，不能再扩大了（1986 年就压了 2400 万亩经济作物）。1986 年亩产为 472 斤，1990 年粮食总产若要达到 8500 亿～9000 亿斤，亩产就要达到 515～545 斤，每亩要增加 43～73 斤，每年每亩要提高 10～18 斤。三是国家投入的后备力量不足，化肥没有，新的优良品种没有。1984 年化肥生产能力达到 8000 万～8300 万吨，1984 年生产 7200 万吨，但 1985 年降为 6300 万吨，1986 年生产 6520 万吨。1987 年需要约 9000 万吨，要求生产 7800 万吨，进口 1300 万吨。生产 1000 亿斤粮食需要 1500 万～1800 万吨化肥（1957～1978 年粮食增产 2000 亿斤，化肥增加 3600 万吨；1978～1984 年粮食增产 2000 亿斤，化肥资源由 4948 万吨上升到 8686 万吨，共增加 3738 万吨）。四是农田基本建设继续恶化的程度，一时扭不过来。1978～1984 年这 6 年粮食增产，靠的是以前的积累，水利建设、农机发展、优良品种。除这些以外，还有几件大事。一是实行了农村责任制，二是进口了 1500 万吨粮食，三是 13 套大化肥项目相继投产，四是粮食收购价格上涨，有这样的宽松条件。从 1987 年到 2000 年还有 14 年，要增长 2600 亿斤粮食，这个增产条件要求更高。化工部提出要增建 10～15 个大化肥厂。地膜，1986 年（使用土地）已达 2700 万亩，收效好，1987 年将达 3300 万亩，需要 30 万吨，现在只有 23.7 万吨。1987 年农机要达到 2.8 亿马力，需要农用柴油 1000 万吨（1978 年仅供应 837 万吨），国家计划只有 736 万吨。这很不容易实现。

怎么办？一是调动农民种粮的积极性，二是增加国家投入，还有一条出路是扩大规模经营，提高劳动生产率。

然而，即使按计划粮食总产实现了 1 万亿斤，人均也只有 800 斤，只有 1984 年的水平。但按照消费水平不断提高的要求，到 2000 年还是不够的。

目前京、津、沪人均消费粮食加肉、蛋、奶，是折合 1000 多斤了。所以粮食问题总是个大问题。

有些同志认为：减少定购的方案不过是权宜之计，作用不大。一没有调动种粮农民的生产积极性，二没有调动地方政府和粮食部门调出粮食的积极性，这种撒胡椒面的办法还是不行。

三　关于明年的农村工作和改革

田纪云在报告中提出："明年农村工作总的要求是：继续坚持改革，搞好基层整党，争取粮食有较大幅度的增产，全面发展商品经济，促进农村经济持续稳步发展。"[①] 一号文件怎么提，还在改。

杜主任也讲了明年的安排，内容是一致的，具体讲了这样几点。

第一是继续进行改革，这是明年农村工作的首要任务。经济体制改革转向城市并不是农村改革已差不多了，而是任务还相当艰巨。家庭联产承包制要继续稳定，要不断改进和完善。这次会上发了完善承包制的一个文件，文件指出，在联产承包方面还没有规例，要求各地搞个承包条例，要多样化、定型化、规范化。农村第二步改革，这个题目在这次会上没有叫响，也没有做深入讨论。

现在的问题是要找出促进农民对土地有长期经营的积极性。1984 年提出承包期 15 年不变，期望他们多投入。但这几年农民在这方面表现还不行，大量的钱投到建房上。这几年建了 42 亿平方米的农房，有的地方人均 17 平方米，但还在建。北京 90 万户农民，近几年 60 万户建了新房，还在建。土地投入不多，不少地方连有机肥也不积，"城里一把锁，地里一把火"。绿肥大面积减少，南方不罱河泥。现在的问题首先是要找到积累资金的政策，使农民有长期承包的思想，增加土地投资，培植地力。其次是搞好产前、产中、产后的服务。华东地区经济发达区域服务好一点，上海有 50% 的村能提供系列服务，一般也可提供耕、播、灌、种子等服务。江苏也比较好。孙颔在会上做了深入改革、加强服务的发言，提出了提供专业化、社会化服务，从生产服务到交换服务，并开展金融信贷服务。

第二是抓好明年的粮食生产，产业结构格局要基本稳定。大稳定，小

---

① 田纪云著《田纪云文集·农业卷》，北京：中国民主法制出版社，2015 年 7 月，第 66 页。——编者注

调整。16.5 亿亩耕地稳定下来。明年的 8100 亿斤粮食是一个重大任务。一是国内需要，不能再挖库存了；二是增强改革统购统销制度的信心；三是稳定市场，稳定粮价。1986 年全国市场粮价比 1985 年上升 16.8%（1986 年 6 月，粮食平均市价为 0.278 元/斤）。

明年粮食回升的希望：（1）各级领导重视粮食了，采取了鼓励生产粮食的政策；（2）市场粮价有利；（3）减少了定购，农民看到"增产可以卖高价"；（4）种植结构优化，投入增加。

第三是继续推动流通领域的改革。（1）供销社改革还在继续；（2）农民进入市场，黑龙江谈了经验；（3）成立专业生产者协会；（4）赵紫阳在会上讲了小商业、饮食业可以实行租赁、承包，有的也可实行拍卖，交给能人去经营。

第四是推动农村金融改革。改革也要讲究策略，攻坚不动，就采取迂回政策（统购统销一次改不行，流通不容易搞）。设想明年在金融改革上有个突破，要多做文章。陈慕华去开了座谈会，提了问题：农村有 1000 多亿元存款，企业可以发股票；把农村金融搞活，设想使信用社和农业银行分开；信用社准备金减少，可以搞合作保险；等等。会上介绍了江苏的集体经济联合社，全省 57% 的乡参加了融资业务，上半年投放 7.05 亿元，大有文章可做。

关于农村第二步改革和发展
农村商品经济的问题[*]

你们开第三次商品生产讨论会时，我来讲过一次①，至今已两年半了。两年多来，衡水地区的工农业生产有了很大发展，商品经济也有了很大发展。实践证明，你们对商品生产的认识是比较早的，是正确的。你们发展商品生产的行动也是比较早的。

我这次讲两个问题：一是关于农村第二步改革；二是关于进一步发展农村商品经济。

一　关于农村第二步改革的问题

党的十一届三中全会以后，在党中央指导下，农村实行了一系列改革，特别是实行联产承包责任制，我国农村发生了巨大变化。主要体现在以下几个方面。

第一，现在全国已有99%的农村实行了家庭联产承包责任制，改变了原来"三级所有，队为基础"的体制。全国还有约1%，即两千多个村仍继续实行统一经营、统一分配，主要是在经济比较发达的地区，乡镇企业比较好的村。

第二，改变了原来单一生产的产业结构。原来农村主要是搞农业，农

---

*　本文源自打印稿（根据录音整理，未经本人审阅）。该稿系陆学艺1986年11月28日在衡水地区三级干部会议上的讲话录音稿。其中部分内容见于《经济日报》1986年10月18日，题为《发展乡镇企业是农村第二步改革的关键》；部分见于《中国农村经济》1986年12期（12月27日），题为《我国农村发展的新阶段、新任务和新对策》。——编者注

①　指1984年4月26日陆学艺在衡水地区商品生产理论讨论会上的报告《关于农村发展商品生产的几个问题》。——编者注

业主要是搞种植业，种植业主要是搞粮食，粮食主要是种高产作物。现在，农村的林牧副渔有了较大发展，并且发展了农村第二产业、第三产业，即乡镇企业，今年①农村社会总产值中，乡镇企业产值已超过了农业产值，这是一个历史性的变化。

第三，农民已经成了相对独立的商品生产者，可以自主生产，自主交换。农村商品经济大大发展了，自给半自给的自然经济进一步解体。1978年以来农业的商品率大大提高，已由原来的 39% 上升到 1985 年的 53.9%。加上乡镇企业的工业产品，农村产品的商品率已达 64%。

第四，我国农村由原来单一的集体所有制和集中经营的模式转为多种经济成分、多种经营方式并存的新局面。

第五，农村的一系列改革调动了农民的积极性，农业生产大大提高了。粮食和棉花等各种经济作物都大幅度增产。1984 年粮食达到 8142 亿斤，比1978 年增长了 2047 亿斤，棉花总产达到 12566 万担，比 1978 年增产 8182万担。结束了粮棉长期进口的历史，1985 年粮棉都是纯出口，1986 年棉花出口可达 1400 万担。

第六，农民生活有极大改善。1978 年全国农民人均收入 133 元，1985年 397 元，今年已达 425 元，8 年增长了两倍多。现在，全国大部分地区已经解决了温饱问题，正在向更加富裕的目标前进。当然，我们对成绩也不能估计过高，宣传也不要过头。几千年的贫困落后，不可能一下子改变过来，这需要有一个过程。但总的来说，新中国成立三十多年来，农村的形势，可以说这一段是最好的。

农村第一步改革完成了，成绩是巨大的，胜利地完成了历史任务。形势大好，但不等于一切都好、一切问题都解决了。现在农村进入了第二步改革的阶段，1986 年 5 月，中央领导同志提出农村要部署第二步改革的战略任务。这是非常适时的，广大农村的干部群众早已在盼望了。

农村第二步改革的任务是什么？突破口在哪里？关键是什么？现在实际工作部门的同志和理论界的同志正在讨论，但看法还不一致。我在这里把这些看法都介绍一下，并谈谈我自己的看法。

有的同志认为，农村第二步改革，就是要发展和完善农村合作经济。实行联产承包制后，农村生产以家庭经营为主，很多事情一家一户办不好，办不了。因此，完善合作经济，搞好联合，搞好服务是农村的当务之急。

---

① 本文中指 1986 年。——编者注

有的同志认为，农村第二步改革，是进行产业结构的调整。为了促进农村向社会化、商品化发展，必须确立现代化农村产业结构的新观念，农村不仅要使第一产业内部协调发展，而且要重视发展第二产业和第三产业。

有的同志认为，农村第二步改革的重点应该是流通体制的改革。原来的流通体制是建立在自然经济、产品经济基础上的，同当前农村商品经济大发展的形势很不适应。要把按行政区划、行政层次，统一收购，统一供应的流通体制，改变为开放式的、多渠道的、少环节的流通体制，建立起城乡畅通、地区畅通、纵横交错、四通八达的流通网络，适应商品经济大发展的需要。

有的同志认为，农村第二步改革是要通过改革农产品购销制度，逐步把三十多年来被扭曲了的价格体系理顺，从而加速农村经济商品化和现代化的进程，进一步推动城市经济体制的改革，促进整个国民经济协调发展。

有的同志认为，农村第一步改革，中心是改革人民公社的体制，改变"三级所有，队为基础"的模式，解决集体和农民的关系问题。农村第二步改革中心是改革农村经济体制，首先要改革农产品的派购制度，把农产品价格放开，解决好国家同农民的关系问题。

有的同志认为，农村下一步改革就是建立新的市场机制，形成新的组织结构，发展有计划的商品经济，农村要按发展商品经济的要求，改革目前生产、交换、分配、消费等各个环节。要使农村各个产业协调发展，最根本的是自觉地按价值规律办事，扩大市场调节。逐步把价格理顺，让农民按社会需要进行生产。促进农村自然经济解体，使农村实现专业化、商品化、现代化。

有的同志认为，农村下一步改革的重要内容是农村金融体制的改革。农村金融体制也要放开搞活。要建立农村资金市场，把农村的资金充分利用起来，加速农村商品经济发展。农村信用合作社要逐步同农业银行脱钩，扩大信用社自主权，充分发挥信用社在农村发展商品经济中的作用。

有的同志认为，农村下一步改革的重点是要进行小城镇建设。随着农业的发展，特别是农村第二、三产业的发展，小城镇的地位将越来越重要。全国九万多个乡镇，都要逐步建设起来，成为当地的政治、经济、文化、科技中心、交通枢纽，在农村现代化过程中发挥越来越大的作用。

有的同志认为，农村下一步改革是县级综合体制的改革。实行家庭联产承包责任制以后，农村经济基础发生了变化，因此上层建筑也要相应地改变。村、乡、县级政治经济等各种管理体制，都要按照实行家庭联产承包责任制后的发展要求进行改革。

有的同志认为，农村下一步改革的突破口是发展农村教育事业，进行智力投资，提高农村各级干部和农民群众的素质，这是农村商品经济大发展的必然要求。

还有其他一些意见和观点。应该说，这些看法和观点，都有一定的根据，都反映了农村第二步改革需要解决的某一方面的问题，都可以说是农村第二步改革内容的一部分。随着农村改革和发展的进一步深入，在实践中还会提出不少其他方面需要改革的内容。

农村第二步改革是一个整体，是一个大的系统工程，是由若干子系统组成的。同第一步改革一样，第二步改革将是由一系列改革来实现的。现在的问题是，在这一系列改革中，哪一项改革是最重要的，是带头的，也就是说，第二步改革的关键是什么？明确和抓住了这个关键性的改革，就能总揽全局，推动整个农村形势顺利发展。就像农村第一步改革抓住了联产承包责任制这个关键，推动了农村改革顺利发展一样。

什么是农村第二步改革的关键，现在大家的看法并不明确，也不一致。但是随着形势发展和实践的发展，将会逐渐明确，逐渐统一的。实践是检验真理的唯一标准。实践证明实行联产承包责任制是关键，是中心环节。因此，大家也就明确了、统一了。农村第二步改革的关键是什么？要经过群众的实践，要相信群众的创造，这个问题将会在今后的改革实践中，逐步明确。当然，如果我们能根据以往的经验，对第二步改革总的方针和面临的形势作科学的分析和估量，能及早明确第二步改革的关键，那我们就能抓住这个关键，自觉地指导农村改革的进行，促进农村商品经济更健康地发展。这对整个形势发展是有利的。

所谓改革的关键，应该具备以下几个条件。第一，它是改革的中心内容，它是实现改革目标的主题，在改革中起决定性的作用非它莫属。第二，它在整个改革中能起带头作用，带动其他改革的发展，影响全局的进程，它是改革中的"牛鼻子"。

我国农村的第二步改革，是要继续实行放宽搞活的改革，促进农村社会生产力的发展，促进农村由自给半自给的自然经济向有计划的商品经济转化，由传统的农业向现代化农业转化，使广大农民进一步富裕起来，逐步缩小工业和农业、城市和乡村之间的差距，使整个国民经济协调、高速地发展。从我国整个国民经济全局出发，从实现了联产承包责任制后农村发展的趋势看，要实现上述目标，农村第二步改革的关键是要大力发展乡镇企业。原因有以下方面。

我国农村要实现专业化、商品化、现代化。首先就要必须改变10亿人口8亿人搞农业的局面。8亿农民，束缚在十多亿亩土地上，困在落后的经营规模和生产方式上，农村经济就不可能有大的发展。农村要改变低水平的循环，改变落后的面貌，唯一的出路是农民要向非农产业转移，大力发展商品经济。从世界上经济发达国家的实践看，农民向非农产业转移，也就是向城市转移，农业劳动力一般由城市第二、第三产业吸收。由于历史原因，现在我国城市人口仅超过两亿，按照目前国家发展第二、第三产业的规模，安排现有城市人口每年新增的劳动力已很不容易，所以，要靠国家兴办第二、第三产业来接纳农村剩余的一亿多劳动力，几乎是不可能的。怎么办？走乡镇企业的道路。中国农民，在党的领导下创造的乡镇企业，这个特有的形式，一不要国家投资，二不要城市户口，三不要国家供应和补贴。农民自筹资金，自学技术，自找门路，自负盈亏，创办各种乡镇企业，自我转化为乡镇企业的职工。1985年全国已有各类乡镇企业1094万个，从业人员7500万人，占农村总劳动力的20%。在苏南、温州、大中城市郊区及经济较发达的地区，从事乡镇企业的劳动力，有的已超过农村劳动力的50%、60%，有的甚至超过70%、80%。这些从事乡镇企业的职工专业化了，逐步把承包的耕地退出来，那么，留在农业上的种田能手，就可能多种耕地，经营规模就可扩大，收入水平也能提高，就可实现农业的专业化、现代化。

实现农村商品化，发展商品经济，首先要有各种商品的极大丰富。8亿农民单纯搞农业，创造不了多少商品。1985年全国农村向社会销售的农村产品总值为1680亿元，农业人口人均提供的农业产品只有198.5元，每个农村劳动力提供的农业产品只有462元，农村产品的商品率只有53.9%。这当然还不能说是商品化。1985年全国乡镇企业的总产值为2481亿元，向社会销售的各类工业产品1715亿元，第一次超过了农业产品的销售总额，平均每个乡镇企业职工向社会提供商品2729元，使农村生产的工农业产品的商品率达到64%。随着农村产业结构的进一步调整，乡镇企业的进一步发展，农业专业化的发展，农村工业生产在农村生产中的比重进一步提高，农村向社会销售的商品将越来越多，就可以逐步实现农村经济的商品化。

我上次在这里讲过，农村将来的发展就是有一部分农民转移出去以后把地交出来，包给种田能手去种。这在温州、无锡的一些乡、村已经实现了。有的一家种30亩、40亩稻田，收入也不低于工人。这样农村的商品率就高了。一边是乡镇企业的发展，一边是种的地多，卖出去的农产品就多了。就实现商品化这点来讲，农村需要发展乡镇企业。

就实现农业现代化来讲，也需要发展乡镇企业。我们的农业要实现现代化，就要进行大量的农田基本建设，要有拖拉机、化肥，要有一系列机电配套的东西。这个投资哪里来？靠我们一家一户来实现？我们设想一下，按现在这个样子干下去，农业的积累是很少的，种十来亩地，一年收入两三千块钱，要搞现代化很难。现在发达地区已创出了经验，就是通过发展乡镇企业，收入多了，转过来支持农业现代化。去年①党中央提出一个方针，叫作"以工补农"。前一阶段开中央农村工作会议，从会上各地的情况看，华东各省的乡镇工业好，农业也好，有"以工补农"的钱。江苏拿出了两三个亿，浙江也拿出一两个亿来补贴农业。江苏提出一个口号，叫"以工建农"，就是工业上有了钱以后，拿一部分来建设农业，支持它搞现代化。但是在大部分地方"以工补农"实现不了，因为没有钱。现在我们大部分地方还是"以农补工"。办乡镇企业的资金从哪里来？这个钱国家不给，只有靠我们从农业上拿出来去办工业。从全国乡镇企业开办的时候来说，它是"以农补工"，不管集资也好，还是其他方式也好，就是从农业拿出钱来办工业。但是办起来以后，效益比农业高得多。因此，它才有条件"以工补农""以工建农"，这条路在苏南已经走通了。

刚才讲了，从转移劳动力，从实现商品化，从农民富裕起来，从实现农业现代化，都要靠发展乡镇企业来解决，也可以靠发展个体私营企业来解决，而且现在一些地方已经走通了。

现在有苏南模式、温州模式、耿车模式。所谓模式，就是过去所讲的典型。苏南模式，就是通过以乡镇集体办企业为主，使农民富起来。温州模式就是通过以家庭办企业为主，使农民富起来。这几个模式的核心就是把乡镇企业办起来，使那个地方富起来。这几个地方，路都已走通了，我们学它，也就是要走这条路。

就全世界来讲，农村的发展也是在办了工业以后才能起质的变化，所以近代史上叫"工业革命"嘛。新中国成立以后，我们搞了工业化，由于种种原因，没有解决好农村的问题。我们不可能走原来人家走过的路了，要走乡镇企业的路，农民自己办工业，办第三产业。只有办起工业以后，农村才能起质的变化。上海农委的一个同志给我提供了一个材料，就是上

---

① 本文中指 1985 年。——编者注

海郊区的农村也是在办乡镇企业以后才起了质的变化。1970 年以前，新中国成立以后的 20 年，城市与农村的差别都在一倍以上，1970 年办了乡镇企业以后，到现在为止，农村商品率的提高、农民收入的提高都有了飞跃。1970 年以前他们人均收入没有超过 200 元，从 1970 年到现在发展很快，今年农民人均收入已超过 700 元了。从城乡差别来看，1985 年农民收入与工人收入是 1∶1.47，近郊区农民的收入已超过了市区普通工人的收入。

总的来看，农村产业结构的调整，劳动力的转移，农民富裕程度，农业商品化、现代化、小城镇的建设，文化教育等，都要靠乡镇企业。咱们不搞乡镇企业，单搞农业，小城镇也建不起来。一搞乡镇企业，有了工人，有了收入，乡镇马上就能繁荣起来。至于办教育、办文化，靠现在这点财政收入，已经拿出 30% ~40% 的收入来办小学、中学，还是办不好，只好靠农民集资。但办了乡镇企业以后就有钱办事了。苏南有个沙洲县①，同上海科技大学②合作办了一所大学就是用的乡镇企业的钱。所以说，要使农村活起来，乡镇企业是个龙头，抓住了这个关键，其他就可以带动起来了。

如果说第一步改革是调动 8 亿农民的积极性，那么，第二步改革的一个重要任务，就是要使现在已经剩余出来的 1.5 亿左右的劳动力转移出去，这是第二步改革的一个重心。这 1.5 亿农业劳动力转移出去，整个农业生产不会掉下来，他们创造的财富就使整个农村经济活起来了。所以说抓住这个关键，农村商品经济就可以搞起来，其他方面的工作都能带来。所以说，大力发展乡镇企业，是农村第二步改革的关键。

二 关于当前农村发展商品经济的问题

现在讲第二个问题，关于当前发展农村商品经济的几个问题，或者叫发展乡镇企业要解决的几个问题。

第一，要发展乡镇企业，首先要解决好工业和农业的关系问题，也就是要贯彻中央 1986 年一号文件提出来的重申农业是国民经济的基础这个问题。最近，中央农村政策研究室和农牧渔业部等五个单位向中央写了一个《关于加强农业后勤的报告》，中央原则同意了，小平同志也讲了，要把农业放到适当的位置上来。我们在发展乡镇企业的时候不可忘记加强农业这

---

① 1986 年 9 月原江苏省苏州市沙洲县撤县建张家港市。——编者注
② 即建于 1959 年的上海科学技术大学，1994 年 5 月并入新组建的上海大学。——编者注

一基础。因为只有在农业稳固的基础上，发展乡镇企业才有力量。除了温州以外，苏南也好，耿车也好，这些地方原来农业基础都很好。现在我为什么提这个问题呢？就是这两年农业上出现了一些新问题，这些问题与我们的认识有关系，就是说我们在发展企业的时候不可忘记农业的继续发展问题。从全国来说，1984 年是农村的最高峰，粮食达到 8142 亿多斤，棉花达到 1.2 亿担。这是在短期内发展起来的。1978 年我们才 6095 亿斤粮食，而 1984 年为 8142 亿，增了 2000 多亿斤。我们回顾一下历史，从 1957 年的 3900 亿斤，到 1978 年 6095 亿斤，21 年才增了 2000 多亿斤，而 1978 年到 1984 年 6 年就增了 2000 多亿斤。棉花从解放后到 1978 年，是 4334 万担，1979 年以后到 1984 年，一下子到了 1.2 亿担，这叫超常规发展，现在研究一下为什么能这么快。1985 年棉花下来了，粮食也下来了，1986 年我们花了很大力气，粮食才稍稍上去了一点，但棉花今年继续减产 1000 多万担，油也减产了，糖料也减。这是个问题。我们这么大个国家，再继续减产是不行的。为什么前几年超常规增长，有三条原因，第一是改革，包产到户了，8 亿农民积极性起来了；第二条是十一届三中全会决定提高农产品收购价格，对调动农民的生产积极性也起了很大作用；第三条是我们 30 年来积累的农业老本，特别是合作化以来我们修了那么多水库，搞了那么多水利设施。你们这个地方打了那么多机井。全国修了 85000 个大中小型水库，蓄水 4000 亿立方米；到 1980 年有 2 亿马力农业机械，有 6000 万吨的化肥，有了那么多的优良品种，杂交玉米，杂交水稻，这些东西都是三中全会前就有的。但由于那时我们吃"大锅饭"，不能调动农民的积极性，这些现代化生产资料没有起应有的作用。一搞包产到户，一提高粮价，积极性就起来了，与原有的生产资料一结合，就有了这几年连农民自己也想不到的发展速度。有些农民说我想不到棉花能打二三百斤（皮棉），原来我们每亩才打二三十斤，20 世纪 50 年代亩产 80 斤可以到北京去开劳模会。可是现在有了水、化肥，有了鲁棉一号、冀棉八号，即使是一个小姑娘种，也是一亩一百四五十斤。这个生产力就是前些年给它造成的。所以十一届三中全会前，我们把什么帽子都扣在包产到户头上，什么资本主义复辟，富农路线，等等。现在有些地方，有些文章把什么功劳都归在包产到户头上，好像就是一个包产到户扭转乾坤。不是的，原来的老本，我们 30 年来 8 亿农民创造的积累发挥了作用，前些年已投入，现在起作用了。

　　我们总结一下，这两年为什么减产。全国去年粮食一下子掉下来 500 多亿斤，棉花下来 3000 多万担，今年继续掉，两年加起来下来 5000 万担棉花，这是不得了的事情。什么原因？我觉得有三条：

一是前几年我们对农村的形势估计得过于乐观了，对农民的富裕程度估计得过于高了，对改革的成绩也估计得过高，所以1984年我们的报纸、广播、刊物、电影、电视把农村吹得天花乱坠，什么万元户的钞票用称称啦，农民乘飞机旅游啦，等等，好像农民就是富得冒油了。对8亿农民富裕起来这件事看得过于简单，穷了几千年，一个包产到户三年五年就都富啦？1982年我写了本书，对农村有个估计，我预计农业以比较高的发展速度能持续到1990年，现在看也是过于乐观，事实是1985年就出现了一些问题，就减产了。这个减产有改革上的原因，1984年觉得粮食多得不得了啦，吃不了怎么办？就是像1985年也说过粮食多得我们吃不了怎么办？实际上不就是人均800斤嘛，并不多。那时就嚷嚷要转化啦，要腾库啦！等等。现在看来是过了点头。改革上也是这样，棉花连砍三刀，原来是超购就加价，后来变为二八加价，又变为三七加价、四六加价。棉奖粮取消，去年又压级压价，压得农民不种啦，今年这么动员那么动员也没有完成播种面积。所以说，这两年下来是有改革上的原因。这两年算过一笔账，1979年到1984年，国家通过提高农产品价格给农民的好处是2600亿元。可是这几年，柴油、化肥涨价，农机涨价，一下子出台了20多样（涨价），加上日用消费品涨价，拿回去了1300亿元。据我看，这几年农产品的剪刀差扩大了。

二是我们中央各部，有关部局从报纸、电影上看到农民富了，都想搞点本身的业务。教育部门办教育，民政部门要搞优抚，广播部门搞喇叭入户，能源部门要办沼气，人武部门要办民兵训练中心，等等，都说是"民办公助"，实际上助不了，都落到农民头上，都要农民拿钱。剪刀差扩大，负担增大，农民收入就减少，积极性当然就下降了。

三是这几年"老本"吃得差不多了。从1981年开始，我们的农业投资减少一半，从60多亿元减少到30亿元，农机补贴没有了，扶贫专款改为贷款了，小农具补贴没了。这几年大的水利工程没有上去，灌溉面积不是增加而是减少，每年减少500万～700万亩。农业基建不发展，大机具损坏很多，土地靠牛、驴来耕，耕作层浅了一寸，优良品种又没有新的出来，所以说这几年"老本"的利用也到了相当程度了。没有新的投入，再加上积极性下降，特别是种粮积极性下降，再加上天灾（主要的不是这个），就出现了1985年粮食棉花的减产。我们在农业问题上动摇不得。1990年粮食要达到8500亿斤或9000亿斤，这个台阶不容易跨，要花很大的力气。所以中央又重申农业是国民经济的基础，要重视农业，要增加投入。农业这个基础不稳定，乡镇企业就没有力量，而且农业为发展乡镇企业提供原材料。"无农不稳，无粮则乱"，要时刻记住，它们与"无工不富、无商不活"是辩证的关系，不能偏向某一方。

第二，关于发展乡镇企业的组织形式问题，也就是搞乡办、村办还是联户办、户办的问题。我看宁专员报告提出"双层经营四轮转，因地制宜抓重点，横向联合促发展"，这个方针是正确的。现在全国乡镇企业的模式无非是这么四种：一种是苏南模式，以集体经济为主，以乡办、村办为主；一种是温州模式，就是以家庭经营为主；一种是耿车模式，集体与个体一齐上，乡、村办带动着联户和户办，四个转子一齐转；一种是联合型的，依托城市、大企业搞来料加工，给大企业办分厂。因地制宜抓重点，就是在你那个地方究竟是以乡办为重点，还是以村办为重点，或者是以联产办、户办为重点，十一个县市，二百多个乡镇不一定都强调一致，有的乡办已搞得很好，当然要以集体经济为主，有的还是空白点，干部组织不起来，就可以发动"能人"，以户办、联户办为主。不过现在普遍地讲，在我们这些地区，初办的时候可以强调以户办、联户办为主。抓能人，从政策上给予优待，鼓励他们办，甚至可以办一些私人企业，也就是雇工的企业。这个问题前一段有些争论，报纸上关于专业户提得少了，这并不是改革变了。党中央关于一部分地区、一部分人先富起来这个改革没有变，所以关于个人办企业还是要从改革上加以鼓励。搞商品生产要有一定的规模，靠一家一户不行，办法之一就是雇工，在现阶段还是应该允许的，不一定非以六个、七个为限，现在在理论上有争论。中央的政策还是看一看，没有正式的规定。最近中央书记处的林子力同志在《人民日报》发了一篇文章，关于温州经验的考察，就是讲温州的家庭经济问题。其中讲到雇工的问题，讲到非劳动收入问题。中央领导同志有个说法，认为这篇文章，从理论上和实践上说明了问题，同志们可以看一看，这两年宣传合作经济、共同富裕多了，下面有些误解，我们搞社会主义、共同富裕是总的目标，但是在一定阶段里面，共同富裕不等于一齐富裕。在当前我们对先富起来的户，他们是商品经济的先行者，我们还是要从改革上鼓励他们。

另外一个问题，怎样才能使乡镇企业发展起来呢？在有些地方有些做法我认为可以借鉴。最近国家科委在四川开了一个会，贯彻"星火计划"。其中宋健同志有个讲话，要鼓励一部分科技人员下乡去办乡镇企业，我觉得这个改革是正确的，城里面走得开的科技人员可以到乡镇企业中去，去帮助办，去承包办乡镇企业。地直、县直机关的干部，到乡镇去，或者叫带职下放，或者专门去办乡镇企业。山东省前一段有个决定，省直机关派了相当一部分青年干部下到各县，兼任管工业或财贸的副书记、副县长。有的下乡办乡镇企业，这一方面沟通省直机关跟下面的联系，一方面也帮下面发展工业，发展第二、第三产业，我觉得这个方法很好。动员这么一部分人下去，尤其大学毕业几年，有了一定的经验，可以让他们下去锻炼，办几个厂，办两三个乡镇企业，把工业发展起来。

另外，我觉得还可以动员一批老干部，就是前一段调整班子时下来的"三五"牌干部。五十来岁，五十年代参加工作，工资是五十多元的（这几年提高了）。这些同志身体好的，还是有经验、有潜力。这些干部县里不少，地区也不少，有的四十八九岁就当了调研员，这批人下去可以发挥他们的特长。下去办乡镇企业不等于干部经商，总比在家里养鸡养鸭好嘛。这部分人的潜力还是应该充分发挥的。据我知道，这个数量是不小的，一个人办一个，一个县里好几十、上百就办起来了。

还有一种方式，就是地县部局级机关，特别是搞经济的局、委，可以直接下去帮助后进的乡镇企业去办点企业，地委县委可以交给他们任务，你这个工业局在哪个乡镇办，你这个商业局、供销社在哪个乡镇办。他们有这个经验，有这个财力、物力、人力，有这个条件。

还有一种形式，可以打破国营和集体这个界限，搞横向联合。比如我们现有的县办工业，人才、技术、供销渠道都有，但资金不足，场地不足，那么你可以扩散嘛，跟乡镇联合嘛，叫乡镇集资嘛。利用现有的县办、地办的这些工业，把它扩大了。打破这个界限，扶助一些地方企业，把乡镇企业搞起来。

这样，组织形式可以搞活一点，把乡镇企业普遍地办起来。还是咱们总书记提出的，"国家、集体、个人一齐上"。当然办乡镇企业主要还是集体、个人办。县里的县办工业可以帮助下面去办，依靠集体的力量，有些界限不好处理，但可以采取些灵活的政策处理这些问题。总的是要把我们全区的300多万农民发动起来，在搞好农业这个基础的同时，把乡镇企业搞起来。刚才讲的县办企业可以起龙头作用，可以和下面搞一些联合，所有制可以不混，但是可采取一些新的办法。最近看了一个资料，《人民日报》也登了，河南有个商丘地区，商丘地区有个民权县，搞了个葡萄酒厂。这个厂本身是县办的，但它跟下面联合起来，叫各乡各镇的农民给他种葡萄，动员了上万户，种了35000亩葡萄，这样农民有收入了。另外乡镇有人给他们收购葡萄，因为做葡萄酒要先把葡萄挤出汁来，就拨给乡镇办粗榨的厂，然后送到县里。同时由于这个葡萄酒厂的发展，那它还有瓶子厂、瓶盖厂、印刷厂、制箱厂，一下子扩展几十个厂，把全县带动起来了，有 114 万元的产值。像这样各个县都可以考虑，搞一些龙头的产业，这样把乡镇企业就带起来了。当然办乡镇企业的形式可以多种多样，不要拘于一种或某几种，反正只要能办起来都可以，我们要千方百计把农民从农业里转出来。

第三，关于资金问题。要办企业首先涉及本钱，资金哪里来？我前面讲了，乡镇企业本质上来说农民自己集资，自己学技术，自己办厂。我们要千方百计来解决这个问题，办一个乡镇企业总得要有资金，那么怎么办？现在你们这里也有好多办法，农民集资办厂的，或者带资入厂的，带资入股的，或从原来集体提留解决的，各种办法。我在这里有件事情要说一下，一是我们要充分发挥银行和信用社的作用。经济发达国家办工业办商业，银行起关键作用，筹集资金，把零星的钱集中到他那里，支持办工业、办商业。应该说前段我们的银行、信用社的作用是发挥不够的。我们地区的农民在农行、信用社存的钱 1 月~9 月人均 231 元，那么 300 万人就 6 亿多了，城市里面人均 1000 多，加起来一共有八九个亿，这是个大的数目。问题是要把这笔钱用起来，把它用活，用它办工业、商业，发展农业基本建设。而且据我知，由于我们农民的传统意识，没有储蓄的习惯，手里还存有不少现金。他不愿存银行里，有各种原因，有的怕麻烦，有的怕露富，所以农村里，这几年沉淀资金很多，要想办法把它用起来，银行也要想各种办法把这些钱存起来，另一方面也要用它支持乡镇企业的发展。在最近召开的中央农村工作会议上，陈慕华同志到会上召开了座谈会，讨论农村金融改革的问题。明年农村改革的一个重要内容，就是金融改革，要把农业银行、信用社搞活。明年的农业文件，金融改革有专门一段。这里面有这么几点，一个是信用社的准备金可以减少，到底怎么样，将来按文件办；一个是信用社要逐步和农业银行脱钩，扩大信用社的自主权，可以多存多贷，利率也可以浮动。办乡镇企业，集体办、个人办，要贷款，自有资金可以少一点。而且农村准备开辟金融市场，可以拆借，可以搞贴息贷款，等等。金融方面要搞改革，总的说信用社要把农村闲置的资金用起来，把它用活，使它能在办第二、第三产业里面发挥作用。另外我们还可以创造一些农村融资的办法，还可以试办保险合作社。山东有个诸城县，他们这几年发展乡镇企业，特别是发展鸡、鸭、兔三种养殖，搞出口，很成功。他们有一个很重要的经验，就是利用了闲散资金。比如说，国家给某一个企业、单位 30 万或 50 万拨款，不一定当时就用掉，他往往到年终才用完，那么集中有三个月、五个月的空闲，银行可以把这个钱灵活地借给养鸡养鸭专业户使用，三个月下来，养鸡专业户把鸡卖了，钱就回来了，这样养鸡也就搞起来了。银行要为发展乡镇企业服务，千方百计调剂余缺，越是经济发达的地方，钱越是不够用。越是商品经济、乡镇企业不发达的地方，钱用不了。实际不是钱多，而是不会用。银行管得死，资金却转到发达地区去用了，这就吃亏了。所以我们学会用钱，自己的不够，还可以到外面去求援，把外地的资金利用起来。商品经济发达的地方不是就使用自己的这点本钱。我们不仅要会一块钱办一块钱的事，还要学会一块钱办三块钱的事。要把金融搞活，这里面的文章是很多的。

这次中央农村工作会上有位领导同志讲了一个观点，他说改革也要讲究策略，就是有些改革一下子改不动。前几年的改革，像包产到户这样，是不花钱的改革，只要你允许，这两个字就成了不花钱的改革，而且效果很好。现在要继续往下改，有些改革改不动，不花钱的改革没了，就是改革也得花钱。比如说改统购统销，现在改统购这块就得花钱，改统销这块更要花钱。蔬菜猪肉放开，国家要花好多钱。这样一来，补贴太大的东西就只能慢点改，先搞一些不花钱的、少花钱的改革，采取迂回的办法来改。所以明年在金融改革上要做些文章，把农村的资金搞活，支持发展商品经济。这方面银行的同志可以多动些脑子，多出点主意，多支持下面办企业，这是一个办法。

还有个办法就是可以发股票。过去我们认为它是资本主义的东西，现在看来发展经济这个东西需要，发股票现在有些省、有些县正在办，我们也可以办。这是收集闲散资金来办企业的一个好办法。广东省有个三水县，他们办个工厂要 2000 万投资，就发 2000 万元的股票，不到一个月全卖光了，这个两千万就来了。造厂房、买机器，这个厂就办起来了。这是一个很好的筹集资金的办法。它和贷款的区别，一是股票要分红，而且是比利息高；二是股票可以转手，我钱不够了可以把股票卖出去。股票行情可以上涨下落。你们这里有些明星企业，比较大的企业，已经有地位了，在老百姓里面有信誉了，可以依靠它集资。如冀县的暖气片厂，办得很好，全国都有名了。像这样的厂要扩大再生产，或者再办分厂就可以发股票。比如它现在有 500 万元了，它就可以发 500 万的股票。你这 500 万的资金就可扩大再生产，另外再去办企业，这个办法是很好的。现在辽宁、广东好几个省都在那么办。过去我们不搞商品经济，三个钱当一个钱花，办一个企业有固定资产、流动资金，然后把工人什么都准备好了，厂子才办起来。但是现在广东一些地方，他们不是这样。他们通过发股票、银行贷款等办法，使一块钱办三块钱的事。用比较少的资金就办起比较大的企业来，经济效益很好。我们是不是也可以采取一个灵活的办法，通过银行贷款，通过发股票，通过集资等办法，用滚雪球等办法，把厂子办起来。

第四，关于市场的调节问题。办乡镇企业，必须要把原材料买进来，要把产品销出去，这都要靠市场。据江苏同志的经验介绍，办乡镇企业，可以明确地说，要以市场调节为主。咱们办的乡镇企业，绝大多数是国家不列入计划，国家不给原料，产品的销路国家也不包的。办乡镇企业就是以市场调节为主，采购原材料要靠市场，推销产品要靠市场。那么它的缺点，它的困难在这儿，它的好处也在这儿。办乡镇企业的同志说，国家工厂钢材 700 元一吨，我的议价钢材 1700 元一吨。它的材料便宜，我们材料是高价的，起跑线不同太不公平。办国营工厂的人说，我这个厂有框框，我不能干这个，不能干那个，管我的也太多呀，我的负担太多呀。所以他也有他的苦处。反正我们可以明确一条，我们的困难在这里，但是好处也在这里。

既然以市场调节为主，那么我们要有明确的市场观念。其中一个重要方面就是要建立一支有一定质量的购销人员队伍，这是非常重要的。我们乡镇企业办起来了，但是往往是原材料买不进来，生产出来的产品也往往卖不出去。我在陵县蹲点，陵县有一个乡办鞋厂，已经压了 9 万双鞋，还在做。只有两三个人在外面推销，卖不出去。中国市场那么大，需要鞋的地方多呀，你要有人推销出去。我们德州农村发展学院的教员知道了这个情况，就给他出主意，你先把生产停下来，选拔一批精明强干的人出去，去推销，而且搞一些办法，如提成等方法鼓励推销员，把 9 万双鞋卖出去。厂长接受了建议，停下一个车间，专门挑了一些人到各地去跑，一个多月就全部卖出去了。从此流动资金有了，银行贷款利息少出了，厂就活了。我们对购销这件事注意得不够，这是有些乡镇企业办不好的重要原因。你们在办乡镇企业的时候要注意这个问题，一个县恐怕得有上万人，甚至几万人的购销员队伍，而且要选那个精明强干的，能办事的。南方有句话，"天兵天将办供销""精兵巧将搞供销"，要选一批精明能干的人来干供销，这个企业就能办活了。这些人是千山万水，千言万语，千方百计，把原材料弄回来，把产品推销出去。供销人员一方面把产品推销出去，另一方面又把信息也弄回来，企业就能办活了。对供销人员要有一定的政策。要关心这部分人，经济上要给他们一定的权力，要给他们一定的好处。比如采购原材料有一定的提成办法，推销产品有一定的提成办法。另外还有个问题就是现在对乡镇企业有些舆论市场。有些压力时，我们这些干部要担些担子，不然的话这个队伍就稳定不住，他们也不会积极去干。另外，还要有计划地培养，支持一些专业市场。不知衡水怎么样，河北就有蠡县的晴纶市场、安国的中药材市场。我在温州调查，温州有全国性的纽扣市场、塑料市场、标牌市场、电器市场、建筑材料市场等十大市场。我们是不是在已有的基础上，有计划地培养几个有全省意义、全国意义的市场，把乡镇企业带动起来。

第五个问题是技术和人才。我们发展中地区就是缺资金、缺人才、缺技术，引进一个师傅，引进一个工程技术人员，就可以办一个厂，搞活一个企业，一个人带出一片来，这方面大家已经这么做了，而且也尝到甜头了。据说我们地区在天津、北京、石家庄，在外地引进了不少人才，办活了不少企业，这个还要继续搞。我今天讲的除引进技术人才以外，还应该重视引进、培养经营管理人才。光引进技术人员还不够，还要选拔、挑选、发现、培养、引进一些好的厂长，因为要搞好一个企业首先要有个好厂长；要组织好工人、管理好，要有个好厂长；建设供销队伍，引进技术人才，也要有个好厂长。工业上有这么一句话，叫作"三分技术，七分管理"，管理越来越重要。我们好多企业之所以办得不好，产品不合格或产品质量不高，很大的问题是企业管理。过去我们是重生产轻管理，在这个问题上没有引起足够的重视，包括我们整个国家，就是宏观的管理，企业管理方面培养的人才太少了，或者是重技术轻管理。我刚讲了，技术是重要的，但更重要的是管理。在我们这个地方乡镇企业已经有了一定规模，我们有上千个企业、14亿元产值。如果把管理搞好，产值可以在这个基础上增加50%、60%，甚至翻番。要重视、发现这样一批管理人才，培养一批农民企业家，也是发展乡镇企业的一个重要方面。今年夏天我到日本去看了一个汽车厂，整个的流水线我都看了。我也看过咱们长春汽车制造厂，也看过北京汽车厂。就生产线来说，我们的生产线是相当不错的。人家也不都是什么机器人，自动化，好多也是工人在敲敲打打。他们有些设备比我们好，而我们的汽车制造厂有些方面也相当不错，但是我们的管理还远远不如人家，他们的管理确实井井有条。我们过去经营管理就是这样，只要把厂子弄起来就行，这个做法不行。经营管理要提到应有的高度来重视，要培养一批懂管理的厂长经理出来，出去聘请一批厂长、经理来，引进一批厂长、经理来。我们已经引进了老师傅，引进了工程师，我们也可以到北京天津，请一批离休了的或退休了的老厂长、经理、计划科长来嘛。可以请他们来帮我们办厂，这个我认为比请个技术人员还重要。当然更重要的是我们自己要在当地发现一批人才，发现一些能人，发现一批有经营管理才干的人，不拘一格地把他们选拔出来。有些农民企业家就很行。如山西有一个农民临时工，救活了一个厂，承包一个国营工厂把它搞好了。这个人后来到石家庄来，又承包一个厂，也搞好了。我们有些厂办得很好，可以支持它，扩大它，让这样的厂长办更多的企业。我前一段去陕西调查那里有些乡镇办母子厂，他一个厂办好了，就让他办第二个厂、第三个厂，让它扩大起来，办一个企业集团。还有一个办法就是培养，要培养一批经营管理人才，送到学校去学习，送到工厂里去学习，这个不光包括厂长，包括计划科长，包括车间主任，包括会计、统计，整套的经营管理人员。我们的乡镇企业一开始就应该建立在科学的基础上。德州办了一个农村发展学院，它专门培养行政管理和经济管理人才。它有两个系，一个是行政管理系，一个是经济管理系，经济管理里面又分工业企业管理和商业企业管理。工业企业管理专业现在办乡镇企业厂长训练班，专门训练怎么搞经营管理，怎么搞供销，怎么搞计划等。我们也应该把这个方面的工作搞起来，培养一整套经营管理人才，这样我们的经济效益才能提高，我们的厂才能越办越好。

第六个问题专门讲一下经营管理。经营管理在现代企业里越来越重要，乡镇企业过去我们往往是因陋就简，土法上马，用农村小生产的办法来管理企业，这个是不能适应商品经济的发展的。在起步时还可以，但慢慢地要转入正规。你到苏南、广东去参观他们的工厂，有的比国营工厂办得还好。我们现在已经有了这个基础了，抓经营管理已经到时候了。抓经营管理我有这么几点建议。

一是地、县在乡镇企业局里面专门成立一个研究和抓经营管理的机构。过去咱们农业有个经营管理站，现在我们乡镇企业有这么大的规模，已经有20%的劳动力，有十几亿的产值，经营管理里面有很多学问，可以成立一个专门做经营管理政策研究的机构，来提高我们全地区乡镇企业的管理水平。这个机构可以专门了解和学习推广外地办好乡镇企业的好经验，总结我们本地的好经验进行推广。抓经营管理，专门由这个班子来考虑这个问题，帮助乡镇企业局长决策，也帮助地县领导提供乡镇企业经营管理方面的情况。

第二，可以实行股份制试点，我看你们有材料里说有的县已经这么办了。这次中央农村工作会议上有不少材料是介绍乡镇企业搞股份制的办法。我入多少股，你入多少股，根据股份的多少来分红。已有的乡镇企业一部分折股归集体，一部分折股归农民。然后组织董事会来监督这个经营管理，监督重大的开支，山西、四川、河南、陕西都有这样做了的，而且效果都比较好。这个有利于提高经济效益，有利于工人参加管理，有利于政企分开，有利于抵制平调。

第三，无锡有个经验叫"一包三改"，前一段《人民日报》作了一些宣传，我觉得没有引起足够的重视。"一包三改"是无锡、苏南搞乡镇企业一二十年经验的科学总结，办法就是由乡镇的董事会或叫乡镇经济委员会作为发包单位。然后可以个人承包，也可以集体承包或厂长承包，叫集体承包制。承包了以后定经济效益，你每年应该有多少利、多少税，应该达到什么指标，定期多少年，在这个时间达不到应该怎么办，有责任、有职权、有利益，权、责、利分明，这叫承包制。三改呢？改厂长过去的任命制为聘任制、招聘制。谁能行、谁适合承包这个企业就由谁来包，不是在乡里定一个干部派下去，这个不行。干部实行招聘制，工人实行合同制。三是死工资改成活工资，工资跟他的经济效益挂钩，对分配制度也作改革。对管理来说确实有不少科学知识，所以现在无锡有些国营工业都在考虑学这个办法。乡镇企业可以把这三点灵活地根据本地情况结合起来实行。经营管理搞上去了，现有的企业经济效益也会大大地提高，另外生产可以大大提高。

最后一个问题是领导班子的决策。就是如何执行贯彻中央、省委方针政策，就是领导问题。我们这个党是执政党，政治、经济、教育、科学文化都是我们党委领导的，领导的决策正确与否，对于各项事业具有决定性的意义。就我们经济来说，我们国家今后要逐步放权，要从原来的行政直接管理，改为间接地、依靠经济手段、经济调节来管理，所以各级党委、地方的领导，如何因地制宜、实事求是地执行上级的方针政策，显得越来越重要了。因为这个权力越来越大，有些中央企业都下放到地方。领导的决策，实事求是地贯彻上级精神，显得越来越重要。今后要发展有计划的商品经济，要按照商品经济的规律来办事，来组织社会的工业、农业、商业，促进本部门的工作，跟原来搞自然经济、搞小生产不一样了。所以党中央也提出来，不要光当农业县长，要学会总揽经济全局，实事求是地执行上级的决策，不能照搬、不能照转照抄。为什么讲这一条呢？这几年我在山东，山东有个领导同志总结了山东的经验教训说，1979年以前，山东省的乡镇企业跟江苏的乡镇企业产值差不多，那是因为山东省大，7000 多万人，产值 100 多亿元。但是，在 1979 年、1980 年，就是我们国民经济处于调整阶段，有关部门对于乡镇企业吹了不少冷风，提出了不少批评乡镇企业的言论。其中就有一条，批评乡镇企业是以小挤大，以落后挤先进，重复建设，扣了好几顶帽子，所以要乡镇企业下马调整。山东的乡镇企业，1979 年、1980 年、1981 年停滞下降。而江苏省不一样，它只改了一个字，说我们的乡镇企业不是以小挤大，而是以小补大，不光是没有错误，还有功，我应该发展。所以，1979 年、1980 年它没停下，还是继续高速地发展，到了 1984 年一查，山东的乡镇企业产值跟江苏的乡镇企业产值差 100 多亿元。这两年，山东领导也变了，总结了这个教训，乡镇企业上得比较快，今年大概能够达到 240 亿元，但还比江苏差 200 来亿元，江苏今年能超过 400 亿元，江苏的乡镇企业已经超过了国营企业。我们本地的教训也是有的。昨天两位专员给我介绍，衡水的乡镇企业应该说起步比较早，基础也比较好，1977、1978 年我们达到过 9 亿产值。但是，由于我们在实行责任制工作期间，乡镇企业没有适当的政策，我们把它分了，所以 1980 年、1981 年就停步或者下降，后来下到 1981 年的 4 个多亿元，这两年发展比较快了，能够到 14 亿元。我们 1977、1978 年就是 9 亿元，到 1984 年再恢复就差了 5 年。1977、1978 年，我们衡水地区的乡镇企业在全国占 1%（全国六七百亿元，我们八九个亿元，占百分之一点多），那么现在呢？今年全国已经到了 3300 亿，我们 14 亿，占 0.4%～0.5%。这说明，我们灵活地、因地制宜地执行政策是非常重要的。一个地区、一个县、一个乡镇，都有这个问题。据我了解，关于乡镇企业的争论，现在还很大，将来也还会有，当然中央领导及主要负责同志对乡镇企业是肯定的，认为发展乡镇企业是振兴农村经济的必由之路。但是我们一些部门，还有些同志对乡镇企业不"感冒"，还是有些意见。上海有个同志总结了这么几个经验，就是说一有风吹草动，或者经济情况不好了，或者遇到了新问题，都骂起乡镇企业来，气都出在乡镇企业上。1979 年、1980 年调整时，就批评乡镇企业，前一段政治上整顿不正之风，又把乡镇企业说成是不正之风的根源。没有乡镇企业，不正之风还是有啊。遇到困难了，银根紧缩，也就把乡镇企业的钱挤得多了。他说，只要有点问题的时候，乡镇企业往往是个出气筒，是个出气包。这个问题今后还会有。但是只要我们看到，像中央领导同志说的那样，乡镇企业是我们发展农村经济的必由之路，是农村第二步改革的一个重要的关键重点，我们农村将来要搞现代化，它是农业现代化的一个重要环节。我想，坚持不懈地抓下去，再抓上几年，就如刚才邢书记说，你这个县里面能够达到3亿元、4亿元、5亿元产值了，那你的工业、农业就良性循环了。我们这个地区到5亿的县还不多，如果能抓到四五亿了，越抓越会抓，越抓越想抓。你以后再压也压不住了，它有整个的一套人马，整个的一套系统、整个的一套业务，就变成良性循环了。现在我们还处于困难阶段，我们这个阶段是非常重要的，对于有关方面，我觉得要采取一些灵活政策，这是一。第二，我们现在还处于起步和初步发展阶段，所以对于上级的一些方针政策，要因地制宜地执行。譬如说，税收政策，银行政策、工商行政管理政策，一部分人富起来的政策。对这些，我们地委、县委应该因地制宜的执行，中央一年出一个一号文件，它对全国十亿人口都有作用，都一样的，我们应该结合本地的情况，因地制宜。大家都来支持乡镇企业，使乡镇企业发展起来，等到我们这个地区能够到50亿元、60亿元的产值了，那么我们这里大概可以变成良性循环了，这些事情就可能好说得多了。

我今天讲的是个人意见，是说发展乡镇企业是我们农村第二步改革的关键，这个意见对不对，请同志们研究，仅供参考。具体的工作，当然还是按中央、省委、地委的决定办。

我国农村发展的新阶段、
新任务和新对策[*]

一　新阶段

我国农村经济的发展进入了一个新阶段，其标志如下：

第一，我国农村从农产品长期短缺发展到了已能自给有余，广大农民已从满足温饱的需求向小康转化。近年来，我国农村实行联产承包责任制以后，农业生产连年大幅度增长，粮食从 1978 年的 6095 亿斤增长到 1984 年的 8146 亿斤（1985 年为 7582 亿斤）。同一时期，棉花从 4334 万担增长到 12516 万担（1985 年为 8298 万担），油料从 10436 万担增长到 23705 万担（1985 年为 31568 万担），[①] 其他如糖料、烟叶、茶叶、蚕丝、水果等农产品都有大幅度增长，从此结束了主要农产品长期进口的历史。1985 年，我国的粮棉都已转为纯出口了。主要农产品这样大幅度增产，这在中国农业史上是从未有过的。1978 年全国农民人均纯收入只有 133.57 元。1985 年人均纯收入为 397.6 元，增长近两倍。[②] 扣除物价因素，平均每年递增

---

[*]　本文原载于《中国农村经济》1986 年第 12 期（1986 年 12 月 27 日）原稿写于 1986 年 5 月 31 日。该文为《新华文摘》1987 年第 2 期转摘。该文部分内容还以《发展乡镇企业是农村第二步改革的关键》摘发于《经济日报》1986 年 10 月 18 日第 1 版。该文还收录于《当代中国农村与当代中国农民》（陆学艺著，北京：知识出版社 1991 年版）。该文第二部分的部分内容曾以《发展乡镇企业是农村第二步改革的关键》为题摘要发表于《经济日报》1986 年 10 月 18 日第 1 版。该文发表后，引起学术界讨论，如任孝德撰文与陆学艺商榷（参见：任孝德，《不能把发展乡镇企业视为农村第二步改革的关键——与陆学艺同志商榷》，载《中国农村经济》1987 年第 5 期，发表日期：1987 年 5 月 31 日）。——编者注

① 国家统计局编《中国统计年鉴·1986》，北京：中国统计出版社，1986 年，第 180 页。
② 国家统计局编《中国统计年鉴·1986》，北京：中国统计出版社，1986 年，第 673 页。

12%。现在绝大部分农民已经解决了温饱问题，有一部分地区和一部分农民已经先富起来。总的来说，我国农民的生活已由温饱型向小康型转化。当然，这还是低水平的，而且，至今还有5%左右的农民，由于各种原因，温饱问题还有困难。据统计，1984年全国人均纯收入在200元以下的户占14%，200~500元的户占67.8%，500~1000元的户占16.8%，人均纯收入达1000元以上的户只占1.4%。

第二，我国农村已由封闭的、半自给的自然经济向开放的商品经济转化，已从简单再生产向扩大再生产转化。长期以来，农村向社会提供的商品粮和工业原料很少，满足不了国民经济发展的需要。1978年全国农副产品的商品率只有39%。农村实行联产承包责任制以后，农村的商品生产大大地发展起来。1985年全国农副产品的商品率已达53.9%。实践证明，商品经济的发展是不可逾越的。8亿农民（占全世界农民的40%）的中国农村，由自然经济向商品经济转化，这是具有世界意义的伟大变化。农村要改变贫穷落后，要改变宗法传统，要改变封闭守旧，就必须冲破自然经济的樊笼发展商品经济。

第三，农村产业结构发生了重大变化，已由单一的农业经济转向农林牧副渔、工商运建服，即第一、第二、第三产业同时蓬勃发展的阶段。特别值得指出的是，这几年乡镇企业大大发展了，目前乡镇企业的生产已是国民经济不可分割的一个重要部分。现在全国74%的建材业产值、18%的建筑业产值、23%的缝纫业产值、21%的皮革业产值、15%的造纸业产值、19%的文教用品产值，等等，都是由乡镇企业创造的。乡镇企业参与推动了整个国民经济结构的改造，促进了国民经济各部门的协调发展。

第四，我国农村已由单一的集体所有制形式和单一的集体经营管理形式转为多种经济成分和多种经营方式同时发展的阶段。目前我国农业中，除了国营农场仍是国营经济外，还有集体经济、新的合作经济、股份经济、国家资本主义经济（中外合资）和相当一部分个体经济等多种经济形式并存。从长远看，目前的多种经济形式会存在一个很长的时期，其中的股份经济、个体经济会逐步走向联合经济的形式。多种经营方式也会长期并存，其中，集体所有制下的统一经营和家庭经营相结合的双层经营结构将作为主要的经营形式长期存在，此外还会保留一部分集中经营的形式。并存的各种经营形式将展开竞争，哪一种有利于商品经济发展，哪一种就会在并存中得到大发展。

二　新任务

新阶段的农村发展目标是什么？具体地说，农村目前面临什么任务？下一步改革怎么搞？

关于农村第二步改革的任务及关键等问题，实际工作部门的同志和理论工作者正在展开讨论，目前有如下几种观点。

有的同志认为：农村第二步改革是要发展和完善农村合作经济。因为许多事一家一户的经营办不好。

有的同志认为：农村第二步改革是进行产业结构调整。为了促进农村向社会化、商品化发展，农村不仅要使第一产业内部协调发展，而且要重视发展第二产业和第三产业。

有的同志认为：农村第二步改革的重点应该是流通体制的改革。要把按行政区划统一收购、统一供应的流通体制改革为开放式的多渠道、少环节的流通体制，建立起城乡通畅、地区通畅、纵横交错、四通八达的流通网络，以适应商品经济大发展的需要。

有的同志认为：农村第二步改革是要通过改革农产品购销制度，逐步把 30 多年来被扭曲了的价格体系理顺，从而加速农村经济商品化和现代化的进程，进一步推动城市经济体制的改革，促进整个国民经济的协调发展。

有的同志认为：农村第二步改革，就是要建立新的市场机制，形成新的组织，发展有计划的商品经济，让农民按社会需要进行生产，使农村实现专业化、商品化、现代化。

有的同志认为：农村第二步改革的重点是进行小城镇建设。因为随着农业的发展，特别是农村第二第三产业的发展，小城镇的地位将越来越重要。全国 9 万多个乡镇，都要逐步建设成为当地的政治、经济、文化与人口中心，科技推广中心及交通枢纽，在农村现代化过程中发挥越来越大的作用。

有的同志认为：农村第二步改革是县级综合体制改革。认为实行了家庭联产承包责任制以后，村、乡、县级的政治经济等各种管理体制应该相应地进行改革。

有的同志认为：农村第二步改革的突破口是发展教育事业，进行智力投资，提高农村各级干部和农民群众的素质，这是农村商品经济大发展的必然要求。

还有一些其他的意见和观点。应该说，这些看法和主张，都有一定的根据，都反映了农村第二步改革需要解决的某一方面的问题，是农村第二步改革的内容。随着农村改革的深入，在实践中还会提出不少其他方面需要改革的内容来。

农村第二步改革是一个整体，是一个大的系统工程，是由若干个子系统组成的，是由一系列改革来实现的。现在的问题是，在这一系列改革中，哪一项改革是农村第二步改革的关键？

所谓改革的关键，应该具备以下几个条件：第一，它是改革的中心内容，是实现改革目标的主题，在改革中起决定性的作用；第二，它在整个改革中能带动其他改革的发展，影响全局的进程，是改革中的"牛鼻子"。

我国农村第二步改革的任务，是要继续实行放宽搞活的政策，促进农村社会生产力的发展，促进农村由自给半自给的自然经济向有计划的商品经济转化，由传统农业向现代化农业转化，使广大农村居民进一步富裕起来，逐步缩小工业和农业、城市和乡村间的差距，使整个国民经济协调高速地发展。要实现上述目标，农村第二步改革的关键，我以为是要大力发展乡镇企业。这是因为：

第一，我国农村要实现专业化、商品化、现代化，首先就必须改变10亿人口中8亿人搞农业的局面，要使农民向非农产业转移，大力发展商品经济。从世界上经济发达国家的实践看，农民向非农产业转移，也就是向城市转移，由城市的第二、第三产业吸收。由于历史原因，我国城市是不可能承担这个任务的。

怎么办？中国农民在党的领导下创办的乡镇企业，一不要国家投资，二不要城市户口，三不要国家供应和补贴，农民自筹资金，自学技术，自找门路，自负盈亏，自我转化为乡镇企业的职工。1985年已有各类乡镇企业1094万个，从业人员6416万人，占农村总劳动力的18%。在苏南、温州和大中城市郊区等经济较发达的地区，从事乡镇企业的劳动力有的已超过农村劳动力的50%、60%，有的甚至超过70%、80%。这些从事乡镇企业的职工专业化了，留在农业的劳动力经营规模扩大了，收入水平提高了，也就可以实现农业的专业化。

实现农村商品化，发展商品经济，首先要有各种商品的极大丰富。8亿农民专搞农业，创造不了多少商品。1985年全国农村向社会销售农副产品总计为1680亿元，每个农业人口提供的农业产品只有193元，每个农村劳动力提供的农业产品只有462元，农副产品的商品率只有53.9%。1985年全国乡镇企业总产值为 2481 亿元，向社会销售的各类工农业产品 1751 亿元，第一次超过了农业产品的销售总额。平均每个乡镇企业职工向社会提供商品 2729 元，使农村生产的工农业产品的商品率达到 63.9%。随着农村产业结构的进一步调整，乡镇企业的进一步发展，农业专业化的发展，农村工业生产在农村生产中的比重进一步提高，农村向社会销售的商品将越来越多，就可以逐步实现农村经济的商品化。

实现农业现代化，国际国内的经验都表明，需要大工业提供现代化生产资料，进行技术改造；需要国家的财政援助。目前由于国家财力有限，在 20 世纪内，要靠国家拿出较多的财力来补贴支持农业实现现代化是不现实的。而乡镇企业却为农村积累开创了一条新路，1979～1983 年的 5 年内，乡镇企业获得了 569 亿元的利润，上缴国家税金 186 亿元，除了留作扩大再生产资金以外，5 年共拿出利润 94 亿元为农业购置生产资料，进行农田基本建设，补贴农业生产，这笔资金相当于同期国家用于农林、水利、气象建设投资的 46%，有力地促进了农业现代化的发展。

第二，农村第二步改革是一个整体，是由一系列各种改革组成的。大力发展乡镇企业是推动各项改革发展，带动农村第二步改革的全局。目前，我国农村产业结构不合理的要害是农村第二、第三产业不发达。只有发展乡镇企业，把剩余劳动力转到第二、第三产业，农村生产力才能得到进一步的解放；而且也只有乡镇企业大发展了，农村的各种农畜产品加工业发展了，种植业内部、农业内部的结构才能得到合理的调整，粮食、经济作物及林、牧、渔业才能进一步发展起来。

流通领域的改革是第二步改革的重要内容，但是流通本身是由生产决定的。农村原来单一的生产结构决定了城乡之间的交换是农副产品运往城市，城市生产的农用生产资料、生活消费品运往农村。这种单一的交换关系，单一狭窄的流通渠道既不经济也不合理。在生产落后、工农业产品都短缺的情况下，矛盾并不突出。现在产品增加了，交换频繁了，矛盾就突出了。买难卖难的呼声日高。目前的流通体制当然要改革，而根本的出路，还是要农村工农业产品进一步丰富。农村各种产品的多样化，流通渠道、流通形式的多样化，才是解决流通问题的治本之策。各地的实践表明，凡是经济发达的地区，乡镇企业发达的地区，工农业产品丰富的地区，流通渠道、流通形式增多（如专业市场、批发市场等的出现和发展）买难卖难的问题就相对要少一些。而那些经济不发达，农业产品单一的地区，买难卖难问题反而严重，卖粮难、卖棉难、卖猪难的呼声大多是来自这些地区。

另外，我们国家的商业、交通、贮运、服务等行业，亦即第三产业太不发达，从业人员太少，与我们当前的第一、第二产业的水平不相称。因此，大力发展乡镇企业，动员鼓励集体力量举办各种商业、运输、服务等行业，也是改革流通体制，解决流通问题的重要一环。现在全国乡村已有近1380万个体工商户，有了各种专业市场，有了上百万个集体和个体运输专业户，集体和个体集资兴建了很多冷库和恒温库，这些都为解决农村买难卖难问题起了很大作用。

在第二步改革中，农业仍然是国民经济的基础，只能加强，不能削弱。实行联产承包责任制后，农民生产积极性高涨，现有生产条件、科学水平下的生产潜力已在相当程度上发挥出来了。但是就目前多数地区的情况来说，农业生产要有新的突破，再上一个台阶，则需要进一步改革和有新的投入。在投入方面，如农田水利基本建设的保持和发展，农业机械、优质化肥、农药的增加，科学技术的应用和普及等，所有这些，都需要投入大量的资金。资金从哪里来？就是靠用乡镇企业的利润来补贴农业，使农业继续发展。所以大力发展乡镇企业，也是进一步加强农业基础的必要措施。

此外，小城镇的建设，农村集体福利和公益事业的举办，发展农村教育文化事业，提高干部群众的素质，进行智力投资，等等，都要靠乡镇企业提供财力和物力。所以，大力发展乡镇企业，这是农村第二步改革的关键，是重点，它的发展可以带动其他改革，推动农村其他事业的发展。

第三，我国一些经济比较发达地区的经验已经证明，大力发展乡镇企业，推动了农村生产力的发展，促进了商品经济的发展，带动了农村各项改革事业的发展。被全国誉为苏南模式和温州模式的苏南、温州两个地区的共同经验是，从本地的实际出发，选择适当的所有制形式和产业结构，大力发展乡镇企业，使大批农业剩余劳动力转化为第二、第三产业的职工，为社会提供各种商品和服务，用乡镇企业的利润，以工补农，促进农业的发展。这样，整个农村经济繁荣了，农民迅速富裕起来了，对国家财政等方面作出的贡献越来越大，农村的科学文化事业蓬勃发展，小城镇建设发展很快，涌现出一批新型的"农民城市"。他们的经验向8亿农民展现了我国实现农村现代化的轮廓，预示着美好的未来。

农村要专业化、商品化、现代化，这代表着8亿农民的强烈愿望，也是整个国民经济发展的需要，符合历史发展的规律。国际国内的经验说明，农村现代化的过程，实际上是一个通过发展专业分工，使大量农民变为非农民的进程；是一个通过产业结构调整，使非农业越来越占优势的过程；

是一个自然经济逐渐解体，使商品经济占绝对优势的过程；是一个使农村居民逐步富裕的过程。根据我国国情，大力发展各种类型的乡镇企业，将是实现我国农村现代化的新的起点。

如果说，我国农村第一步改革——实行联产承包责任制是要调动 8 亿农民的生产积极性，恢复和发展农业生产，那么，农村第二步改革就是要使现在农业中剩余的 1.5 亿左右的劳动力，能够及时地转移到第二、第三产业方面去，使他们能在社会主义建设中充分发挥作用，促进整个国民经济的协调发展。所以，大力兴办各种类型的乡镇企业，使这支庞大的剩余劳动力通过这个具有中国特色的经济形式从农业上转移出来，这是我们农村第二步改革的关键。抓住了这个中心环节，农村改革的局面就活了，整个国民经济的全局也就活了。

有着 8 亿人口的中国农村，要从自给半自给的自然经济逐步转变到大规模的有计划的商品经济，无疑是一个长期的历史过程，要克服思想上、习惯上、体制上的重大阻力，任务是艰巨的。现在，目标已经明确，道路已经打开，中国农村实现专业化、商品化、现代化的潮流是不可阻挡的，我们的任务是要帮助农民群众找到实现商品化的具体形式。

三　新对策

我国农村已经进入了商品经济发展的新阶段。在这个新的历史阶段，我们应当采取什么样的对策，促进农村大好形势的继续发展，促进农村现代化的健康发展呢？

第一，统一认识，继续改革。我国这几年农村大好形势的取得，是党中央领导群众进行一系列改革的伟大成果。但是应该看到，这些改革也还是初步的，很多方面还只是开端。因此，只有坚决地、系统地进行改革，农村才能兴旺繁荣，才能适应对内搞活、对外开放的需要。农村的第二步改革是发展商品经济，发展乡镇企业，进行产业结构调整，改革流通体制，这涉及城乡，涉及工业、商业，影响到一部分人的私人利益，影响大、阻力大、难度也大。但是如果改革就此止步，农村的改革大业就有中断的风险。不仅乡镇企业发展不了，劳动力转移不出来，而且农村的商品经济也发展不了，农村的现代化就没有指望，农村第一步改革的成果也不能巩固。所以，农村的改革必须坚持下去，改革中出现的问题，只有深入改革才能解决，后退是没有出路的。

第二，要重申发展国民经济以农业为基础的方针。近几年来，由于农业连年丰收，加上宣传方面的原因，我们有些部门的同志过高估计了农村的好形势，过高估计了农村改革的成果，过高估计了农民的富裕程度，甚至以为农业问题已经解决了，农民已经很富了，农业只要靠政策就行了。因此，有关部门在安排基建投资时，大量削减了农业基建的投资；有些部门则不顾民力，大办本系统的各种事业，加重了农民的负担；再加上农田水利失修，农业生产资料价格上涨，影响了农民的生产积极性。这些对农村的改革和发展产生了不好的影响，致使1985年粮食减产566亿斤，棉花减产4094万担，这不是偶然的，而是上述原因综合作用的结果。为此，农业要继续发展，就要制定相应的措施，为农村经济的发展创造新的条件。一是要对农村体制继续进行改革，进一步调动广大农民的积极性；二是要增加农业投资，投入新的科学技术，使农业生产转移到新的物质技术基础上，为农业的发展准备后劲。

第三，要把发展乡镇企业作为今后农村工作的战略重点。全国乡镇企业虽然已有较大发展，但发展很不平衡。其中江苏、浙江和沿海一些省市已有一定基础，但就全国大多数地区来说，还只是刚刚起步。我们要从思想上、组织上、政策上加强领导，适应这个农村新发展的要求。要从技术上、资金上、管理上，积极扶持。在发展乡镇企业问题上应注意两方面的问题，一是对于不同的地区，要采取不同的方针，切忌"一刀切"。对于那些乡镇企业已有一定基础的地区，要帮助他们解决好同城市大工业的关系问题，解决好同城市市场的衔接等问题，进一步加强管理，提高质量，提高经济效益。对于那些初办或未办起来的地区，要在信贷、税收、原料供应等方面采取优惠政策，帮助他们广开门路，从各方面支持他们把乡镇企业办起来。二是从各地的情况看，越是乡镇企业发达的地区，执行政策比较灵活、通融，所以乡镇企业发展得更快。而越是不发达地区，在税收、贷款、供销等方面，反而管得比较死，这对乡镇企业的起步和发展都是不利的。长此发展下去，将会使地区间的不平衡性越来越严重。这是值得引起我们注意的。

第四，要按照商品经济发展的要求，进行政治、经济、文化、思想、体制、传统、习惯等各方面的改革，摆脱自然经济的束缚。对此，我们要按照有计划的商品经济的原则去组织生产，满足社会市场的需要，逐步形成社会化、专业化的分工体系；要按照发展商品经济的原则，去进行流通体制的改革，改变原来按行政区划、行政层次统购统配的体制，发展开放式的平等交换的机制，形成社会主义的统一市场；要破除重生产、轻流通、轻经营、轻服务等等传统的轻商思想，大力发展以商业、服务业为主的第三产业，组织第三产业的产业大军，改变我国商业、服务业严重落后的面貌。在我国广大农村发展有计划的商品经济，这本身是一场革命，会遇到重大的阻力，会面临种种困难。但是，我们相信，在党中央的领导下，一定会克服种种困难，将这场变革进行到底，使我国农村经济逐步实现专业化、商业化、现代化。

当前的农村形势和粮食问题[*]

党的十一届三中全会以后，农村实行改革，使农村经济和农业生产高速发展，取得了举世公认的历史性成就。1985 年粮食减产，棉花减产。自此，对农村形势的认识，开始了一场新的争论。一种意见认为，农业经过连续 6 年的超常规增长，1985 年开始转入常规增长，粮棉减产，是计划调整的结果，不必大惊小怪；一种意见认为，1985 年粮棉减产是由多种原因造成的，标志着农业进入了一个新的徘徊期，农业生产的后劲不足，发展遇到了很多困难。1985 年粮棉减产，是农业出现徘徊的一个信号，不能等闲视之，更不能掉以轻心。到底如何看待 1985 年后的农村形势，在实际工作部门、在理论界至今还有争论。今年[①] 5～6 月我们到河南商丘、安徽巢湖、江苏无锡、辽宁大连、上海等省市的农村进行了调查。同当地农村工作的同志和基层干部以及一部分农民群众进行了多次座谈，听到了许多中肯的意见。

一　当前农村经济形势很好，但农业出现徘徊，粮食问题紧张

当前农村经济形势很好，但农业已经出现徘徊，粮食问题紧张。这是

* 本文原载于《中国农村经济》1987 年第 12 期，发表时间：1987 年 12 月 27 日，原稿写于 1987 年 9 月。《新华文摘》1988 年第 2 期转摘。该文曾以《农业、粮食问题的实质在于如何正确处理同农民的关系》为题摘要连载于中国社会科学院内部刊物《要报》（1987 年第 58、59、60 期连载，发表日期：1987 年 10 月 14、16、19 日）。该文还收录于文集《当代中国农村与当代中国农民》（陆学艺著，北京：知识出版社，1991 年 7 月）。本文涉及的相关省市农村经济社会数据源自作者调查过程中获得的资料。——编者注
① 本文中指 1987 年。——编者注

各地农村比较普遍存在的情况，在经济发达地区则更加明显，可以说这是一种正在发展着的趋势。

为什么是这样呢？党的十一届三中全会以前，我国的农村经济结构基本上是单一的农业经济，有相当多的县区，基本上是粮食经济。所以，在当时，农村经济形势好，就是农业形势好，粮食形势好。农村改革以后的这几年，农村的产业结构变了，乡镇企业大发展，多种经营发展很快，农村已经不是单一的农业经济了。1978 年全国农业总产值占农村社会总产值的 68.6%，处于举足轻重的地位。1986 年全国农村社会总产值为 7428.8 亿元，其中农业总产值为 3947 亿元，只占 53.1%。[①] 乡镇企业总产值 3484 亿元，占 46.9%。在许多经济发达地区，乡镇企业已经成为主要的经济支柱。如江苏省无锡县，1986 年农村社会总产值为 57.7 亿元，其中乡镇企业产值是 46.4 亿元，占 80.4%，县属工业产值 7.1 亿元，占 12.3%，农业产值 4.18 亿元，只占 7.2%。

农村经济的客观内容已经改变了，我们的认识也应该有个变化。现在，判断农村形势，应该区分农村经济形势和农业经济形势这两个不同的概念。农村经济形势好，并不等于农业形势好。现在的问题恰恰是，在全国大部分地区出现了农村经济形势很好，而农业却面临徘徊，粮食出现紧张的局面。

（一）农村经济形势很好的主要标志

第一，农村经过改革，正在由自给半自给经济向有计划的商品经济转化。农村商品经济发展势头很好。1986 年全国农副产品的商品率达到 58%，比 1978 年增长 13%。农村工农业产品的商品率达到 68.1%，比 1978 年增长 14.4%，农副产品的收购总额达到 1990 亿元，比 1978 年增长 2 倍多。[②] 实行农村改革以后，8 亿农民的商品经济观念大大增强了。农民从事商品生产的积极性很高，涌现出了一大批农民企业家。

第二，近几年乡镇企业发展很快。1984 年中央发布关于乡镇企业的四号文件以后，全国乡镇企业走上了繁荣、迅猛发展的道路。1986 年全国乡镇企业总产值达 3484 亿元，比 1978 年增长 6 倍多，平均每年递增 27.7%。现在不仅是经济发达地区的乡镇企业发展起来了，而且在经济落后的地区

---

① 国家统计局编《中国统计摘要·1987》，北京：中国统计出版社，1987 年 5 月，第 24 页。
② 国家统计局编《中国统计年鉴·1987》，北京：中国统计出版社，1987 年 10 月，第 567 页。

也发展起来了，如历史上的老灾区河南商丘地区的乡镇企业也蓬勃发展起来了。在商丘地区，1978年乡镇企业还寥寥无几，9个县市的乡镇企业总产值只有1.4亿元，1989年已发展到58550个企业，从业人员480159人，总产值为12.62亿元，占当年全区工农业总产值32.09亿元的39.3%。乡镇企业成了当地的重要经济支柱。经济发达地区的乡镇企业则更是生机勃勃。1986年，江苏省的乡镇企业总产值达到496亿元，已经超过全省国营工业的总产值。这两年的发展势头更好：号称江苏五虎的无锡县、江阴市、常熟市、张家港市和武进县，1987年各县工农业总产值都将达到或超过50亿元。乡镇企业发展最早的无锡县，1987年乡镇企业产值将达到60亿元，全县社会总产值将超过70亿元。上海市郊10个县，1986年乡镇企业的总产值达到119亿元。他们依靠上海市大工业的带动，发展很快，国营大工业每增长1%，乡镇企业就可增长4%。预计到2000年，上海市的乡镇企业总产值可达500亿元。这些发达地区的乡镇企业，已经不再是当年的榔头铁钻，生产铁木农具一类的小商品了，而是有了相当的规模及精良的技术设备，同样也生产起高、精、尖的工业产品，不仅可与国营大工业产品竞争，而且有的已进入国际市场。无锡县1985年已经有25个产品在全国同行业评比中获前三名，有122个新产品是部级、省级、市级鉴定的优质产品，有102个产品是出口商品，当年创汇1.24亿元。今年提出了乡镇工业要上技术、上管理、上水平，创优、创新、创汇和提高经济效益的方针。据有关部门估计，只要两三年，无锡县的乡镇工业产值就可超过无锡市区国营工业的总产值。

第三，农民生活继续得到改善。实行联产承包制的头三年，主要是解决温饱问题，近几年虽然农业上减少了一些收入，但由于农民发展商品生产，搞庭院经济、多种经营，特别是发展了乡镇企业的地区，纯收入大都有增长。像商丘地区，这几年农民的人均收入也是年年增加的，绝大部分的农户，温饱问题解决了。80%以上的农户这几年也都盖了新房。几千年来农民住的都是土房、草房，现在住上瓦房了。巢湖一带部分农村已盖了楼房。在苏南，则已经是楼房化了。我们这次走了五个省市的10多个县区，农村到处生机勃勃，人民生活安定，亿万农民正在告别因循了几千年的小生产的自然经济，向有计划的商品经济转化。

现在的农村，已经不是过去的单一农业经济了，在江南水乡的公路沿线、运河两旁已是工厂林立，车水马龙。在豫东，在皖中的集镇上，也到处可见作坊和小工厂。逢集的日子，商贩云集，人山人海，熙熙攘攘，人人都是喜气洋洋，一派繁荣兴旺的景象。但是喜中也有忧，相比之下，在农村第二、第三产业蓬勃发展的同时，我们也看到有撂荒的耕地，有塌坏断流的灌渠，在街头巷尾能听到关于粮价太高、买不到猪肉等议论，在党委和政府的办公室里听到化肥、柴油供应不足，定购粮食不易征集等烦恼，农业生产正面临种种难题。

（二）农业已经出现了徘徊

1984 年是我国农业的高峰：粮食达到了 8146 亿斤，棉花达到 12516 万担[①]，其他烟、麻、油、糖、茶、丝、果等经济作物也都达到了历史最高水平。1985 年粮棉减产了，多数经济作物还继续增产。1986 年粮食增产 240亿斤，但棉、油、糖、烟、麻、丝等主要经济作物都是减产的。这主要是因为 1986 年粮田面积扩大了 3159 万亩，使经济作物种植面积减少了 3081万亩。[②] 有的同志称这种现象为面积拉锯、产量转移，粮食增产了，经济作物却减产了。这说明，农业目前的生产能力就是 1984 年的水平，要继续上新的台阶，条件还不具备。一般说来，农业生产的发展，除了自然条件外，取决于以下几个基本因素：一是农业生产单位的经营活力；二是生产的物质条件；三是农业生产的经济环境和市场条件。我国目前实行的是家庭联产承包责任制，这种经营机制适合目前生产力水平和农民群众的愿望，农民有强烈的变穷为富的愿望，生产积极性很高，联产责任制的内在活力还很旺盛，那种认为"包产到户不行了"的说法是没有根据的。问题在于农业生产的物质条件，近几年不但没有得到实质性的改变，反而在相当程度上削弱和变坏了（如水利设施老化，化肥供应不足等）。农业生产的经济环境和市场条件也日趋严峻，买难卖难有增无减，农用工业品价格猛涨，农业生产的相对利益下降，打击了农业生产，特别是粮食生产的积极性。如果我们不在近期内在农业政策上有大的改变，在农业生产技术上有新的突破，那么，目前农业已经出现的徘徊局面就很难改变，不但不可能保持常规性增长，就连目前的水平也不容易稳住。

（三）粮食紧张

1984 年粮食达到 8146 亿斤，1985 年减为 7582 亿斤，1986 年增为 7822

---

① 国家统计局编《中国统计年鉴·1987》，北京：中国统计出版社，1987 年 10 月，第 170 页。

② 国家统计局编《中国统计摘要·1987》，北京：中国统计出版社，1987 年 5 月，第 28 页。

亿斤，[①] 1987 年计划产粮 8100 亿斤。1987 年夏粮减产，秋粮长势还好，但要一季增产 300 亿斤，难度较大。即使达到 8100 亿斤，也是一年减产，二年恢复，三年徘徊。可是这 3 年人口增加约 4000 万，相当于一个中等国家的人口，这些人都是要吃饭的。加上原来的 10 亿人要逐年提高生活水平，工业用粮也在增加。据商业部门测算，现在社会消费粮食每年需要增加 150 亿斤，三年是 450 亿斤。1984 年我们粮食自给有余（只能说是稍有剩余，当时对这种有余程度夸大了）。1985 年限产粮食，减了 566 亿斤，当年经受住了。到 1986 年，粮食问题又紧张了。如果今年达不到计划产量，亏空就更大了。

所谓粮食紧张，主要是指商品粮紧张。1985 年以后，能调出商品粮的省区越来越少，而要求调进商品粮的省区和要求调进的数量一年年增加。1985 年实行合同定购制度以来，年年都完不成计划定购的数量。1986 年全国需要商品粮大于国家粮食部门定购议购商品粮，加上其他部门和集市收购商品粮，供求仍相差几十亿斤，要靠进口和挖库存来平衡。1986 年冬，虽然国家和各地采取了许多经济和行政的办法，但还是出现了购粮难、买粮难和调粮难。1986 年秋冬，集市粮价涨到了 1978 年以来的最高点，据统计，1986 年 12 月，玉米、小麦、薯干、大米、大豆、高粱六种粮食的平均价格每斤为 0.3005 元，同比上涨 21.17%，比年初上涨 17.15%，月平均上涨 1.6%。这种在秋粮登场季节，集市粮价还上涨的现象，在历史上是少见的。这一方面有人为的因素，但更主要的是反映了粮食确有缺口的事实。集市粮价长久居高不下，一直到中央决定停止外贸部门收购玉米出口和开始进口粮食之后，玉米、小麦的市场价格才停止上涨和稍有部分下跌。1987 年的商品粮收购前景也不乐观。

二　粮食问题的严重程度和症结所在

1978 年以来，我国粮食生产经历了"低 - 高 - 低"的腰鼓形发展，从连续 6 年高速增长进入了新的徘徊期。这一历史过程中有宝贵的经验需要总结，也有一些失误的教训需要记取。其中一个教训是，观察粮食形势，决定粮食政策，不能只看一年两年，而要看粮食生产和消费的发展趋势，要看粮食生产的发展水平，看农民的生产积极性，看粮食消费水平的增长动

---

① 国家统计局编《中国统计摘要·1987》，北京：中国统计出版社，1987 年 5 月，第 28 页。

向，要综合这些因素来判断形势和决定政策。如果只看一年增产了，还是减产了，以为增了就好，减了就不好；如果只看一年供求情况，平衡了就好，余了、缺了就不好，这样看问题就过于简单了。由此来决定政策，多了就限产，少了就赶，政策频繁变化，失信于民，造成生产的大起大落，这是要误事的。我们这样一个大国，粮食产量的丰歉，粮食供求的平衡，是由多种因素决定的，年度的波动是难以避免的。粮食的生产水平和消费水平是客观存在，应遵循它本身的规律发展。要使粮食长期持续稳定地发展，就要继续调动亿万农民的生产积极性；要进行农田水利基本建设，继续改善农业生产条件；技术上要有不断地进步和突破；要有农用工业，特别是化肥和农机工业的发展和支持；要有市场流通条件的改善；等等。

现在的粮食问题是：一方面粮食消费、粮食需求是在稳定地增长；另一方面粮食生产、粮食供给却是波动的，不能稳定地增长。粮食总消费量每年以150亿~200亿斤的幅度稳定地增长。1986年社会总消费粮食8050亿斤，2000年则需要10150亿~10850亿斤。而粮食生产的发展却很不稳定，要摆脱目前的徘徊局面，条件还未具备。这就是我们目前的基本国情，基本粮情。今后14年，粮食生产的任务很重，供给是偏紧的，特别是商品粮偏紧，将会出现若干年度的供不应求，需要靠进口来平衡的状况。我们要力求避免出现大量进口粮食的局面，如果这样，将会影响我们整个经济发展的速度。

（一） 制约粮食生产稳定发展的主要因素

第一，耕地减少，粮食播种面积难以保证。1986年粮食播种面积16.6亿亩[①]，占全国播种面积的77%，平均亩产471斤。按2000年需要10150亿~10850亿斤计，则需要提高到亩产611~653斤，每年亩产要能递增10~13斤，即每年亩产要递增1.9%~2.4%。这是很不容易的。严重的问题还在于，这个16.6亿亩粮食播种面积还难以保住。1980年以来，全国耕地每年净减少700多万亩，减的大多是城市和集镇附近的高产良田。另外，从发展趋势看，经济作物播种面积5亿亩，不仅不能减少，还要继续扩大。例如棉花，1986年度实际收购6130万担，需要销售10450万担（包括出口），销大于购4320万担。1987年播种棉花7100万亩，预计可收购7000万担，但需要1亿担，缺口3000万担。若1987年收购不满7000万担，那

---

① 国家统计局编《中国统计年鉴·1987》，北京：中国统计出版社，1987年10月，第164页。

就有可能重新进口棉花。所以商业部门建议,1988 年扩大棉花播种面积 3000 万亩,增加到 1 亿亩,生产 1 亿担棉花才能满足需求。还有油料、糖料、水果、瓜菜等都是扩种的趋势,这些都要挤占粮田,所以 16.6 亿亩粮食播种面积很难保住。

第二,水利设施老化,农田基本建设停滞,高产稳产田减少。新中国成立以后到 1978 年,全国建成大中小水库 8 万多座,库容 4000 多亿立方米,建成 10 万亩以上的灌区 4000 多处,打成配套机电井 240 万眼,总有效灌溉面积 6.7 亿亩[①]。在全国范围内进行了山、水、田、林、路综合治理的农田基本建设,建成旱涝保收、高产稳产田 4 亿多亩。这些农业生产发展的基本条件保证了我国农业的发展,特别是在包产到户以后,同农民的生产积极性结合起来,发挥了巨大的作用。但是在 1980 年以后,我们有些同志对改革后农业高速发展的事实作了不全面的总结,过分强调了实行责任制在农业增产中的作用,而忽略了原来已经形成的农业生产条件在增产中的作用。这种片面的认识导致了以下失误。

(1)从 1981 年开始,大量削减农田水利基本建设投资。国家把原来的 60 多亿元减少到 29 亿元,地方财政也跟着削减农田水利投资,致使"六五"期间农业基建投资比"五五"期间减少 27.3%。农业投资占全国基建投资比重由"五五"期间的 10.5% 下降到"六五"期间的 5.3%。1985 年只有 34 亿元,仅占当年全国基建投资的 3.9%。[②] 水利投资减少之后,农田水利建设事实上停滞了。"六五"期间全国有效灌溉面积比 1980 年减少 1278 万亩。[③] 半数以上的水库带病运转,许多水利设施失修老化,抗旱、排涝、防洪的能力削弱了。

(2)农村第一步改革后,农户成了农业生产的经营主体,农民家庭同时成了积累主体,农业积累机制发生了质的变化。这种变化对农业投入的方向和水平产生了决定性影响,但我们对这一改革后的新情况、新问题没有及时认识和研究,没有采取有效的政策和措施引导农民增加积累、增加农业收入,没有利用农民已有的投资能力加强农田水利基本建设。

(3)农村实行责任制之后,我们曾提出集体经济的统一经营和农户经营相结合的双层经营构想,几个中央一号文件也都提了,要加强统一经营

① 国家统计局编《中国统计年鉴·1981》,北京:中国统计出版社,1982 年 8 月,第 182 页。
② 国家统计局编《中国统计年鉴·1987》,北京:中国统计出版社,1987 年 10 月,第 477 页。
③ 国家统计局编《中国统计年鉴·1987》,北京:中国统计出版社,1987 年 10 月,第 139 页。

这个层次，完善对农业产前产后的服务体系。但是这个问题并没有得到有力的贯彻，特别是在经济中等发达和经济落后地区，相当一部分集体经济基层组织有名无实，不少村干部想服务也无财、无物，农田基本建设无力组织，原有的水利设施也无人维修，致使渠道塌坏，机井淤塞，本来能够浇灌的田地又只好靠天吃饭了。

第三，农用工业发展滞缓，化肥、农药、薄膜严重短缺。1981 年以来，国家在削减农业投资的同时，也削减了农用工业的投资。"五五"期间，国家对农机工业、化肥和农药的投资共 107.38 亿元，占全国基建投资的 4.58%。"六五"期间只投资 35.3 亿元，只占全国基本建设投资的 1.03%。我国现有的化肥工业主要是小化肥厂和 20 世纪 70 年代进口的 13 套大化肥厂，以后就没有再建大化肥厂。1980 年全国生产农用化肥 5866 万吨，1985 年为 6295 万吨，1986 年为 6647 万吨。再加上这几年进口化肥逐年减少，造成这两年化肥严重短缺。

据农牧渔业部门的测算，每增产 1000 亿斤粮食，需要投入 1500 万吨化肥，农机动力 5000 万马力，农用柴油 130 万吨，电 100 亿度。到 2000 年，我国还要增产 2000 亿斤粮食，仅化肥就需要增加 3000 万吨，共需总量 1 亿~1.1 亿吨。但化肥工业现有生产能力只有 7000 万吨，显然是难以满足需要的。到 2000 年需要农用柴油 2000 万~2500 万吨，1987 年只供应了 846 万吨，到 2000 年需农用薄膜 100 万吨，1987 年只有 20 万吨。缺口都是很大的。

全国 900 个县的土壤普查结果显示，除氮素不足外，57% 耕地缺磷，20% 缺钾，10% 磷钾都缺。按我国土壤的现状，化肥供应中的氮、磷、钾的比例应是 1∶0.5∶0.2，而现在却是 1∶0.26∶0.04，同需要很不相称，影响了农作物的增产。这个问题农业部门已经提出 10 多年了，但工业部门长期解决不了。农用工业严重落后，与农业生产需要脱节，这也是制约粮食生产发展的一个重要因素。

第四，农业科学技术没有突破性进展，已有的科技成果推广普及不好。前些年农业超常规增长中，一批农业科技优秀成果，特别是优良品种，如杂交水稻、杂交玉米、徐薯 18、鲁棉 1 号等良种都是起了很大的增产作用的。农业基建投资减少的同时，也削减了农业事业经费，资金不足影响了农业科研的进行。近几年在优良品种的培育上没有突破性的进展，而目前在发达和不少中等发达地区，粮棉等主要农作物已经是相当高产了，若无新的优良品种来更新换代，要继续有大的增产就很难了。在大量的中低产地区，由于农业事业经费不足，农技人员工作条件艰苦、待遇低，不少农业技术干部跳出农口。新中国成立后，中专以上的农技干部有 80 万人，约 1/3 已调出了农口。全国已经形成的四级农技推广网，这几年由于各种原因，造成了"网破、线断、人散"的局面，使一些已经成熟的农业技术和良种得不到应有的推广，科学技术到不了农民手里，河南农民把这种现象叫作"科技棚架"。河南省农经委同志估计，科技棚架的乡村约占总数的一半以上。有些地区，党的政策和科学技术下不去，要保证农业的稳定发展是很困难的。

现在我国的农业生产条件，就是 8000 亿斤粮食的生产水平。天气好，8000 多亿斤，天气不好，就降到 8000 亿斤以下。相对于 1990 年及以后的需求来说，就是农业发展的后劲不足，农业生产的条件亟待改善。国家应采取有力的对策，否则，目前已经出现的粮食生产徘徊的局面就难以打破。因此，我们对农业和粮食问题的严重性应有一个足够的估计。

（二）应当正确估计和反思农业和粮食问题的严重性

"不是说，粮食已经过关，已经自给有余了吗？怎么仅仅两年工夫，粮食问题就如此严重了呢？"应该说，在 1984 年冬至 1985 年春，我们对于农业和粮食的形势是估计得过于乐观了。对于一时出现的卖粮难、储粮难、转化难的实质，没有进行深入的调查与分析，没有正确估计粮食生产和消费的发展趋势，缺乏经验，采取了一些不当的措施（如降价、限购，实际就是限产等）。1985 年粮棉大减产，促使我们进行反思：（1）我们是一个人口众多，平均耕地少、平均资源少的国家。即使是 1984 年，人均占有粮食 787 斤，也还是低于世界平均占有粮食的水平。因此，当年那些"要成为粮食出口大国""要多吃肉蛋奶"一类议论，实在是忘记了国情的奢谈。人多和资源不足的矛盾是我国长期的基本国情。历史的经验教训是：什么时候空谈粮食多了，吃不了啦，那么，紧接着就是农业困难，粮食紧张；（2）1978 至 1984 年的农业高速增长，一方面的主要原因是农村改革焕发了 8 亿农民的生产积极性，另一方面的原因是 30 年艰苦奋斗形成了一个比较好的农业生产条件，客观上已经形成了生产 8000 亿斤粮食、1 亿担棉花的生产能力。而正是在农业迅速发展的时候，却忽视了继续改善农业生产条件、发展农业生产能力的工作。1985 年大减产，才使农业后劲不足的矛盾暴露了；（3）中国农村贫穷落后，这是几千年封建制度和近百年帝国主义侵略造成的，农民的家底都比较薄，农村实行改革、开放、搞活，农民生活开始好转，而且有一小部分确实是先富起来了。但这仅仅只是一个好的开端，就绝大部分农民来说，仅仅是解决了温饱问题而已。可是，我们有些同志把一小部分先富起来的农民的典型，误以为是农民普遍富了。于是，财政部门提高农业税、增加税种；农业银行提高对农业贷款的利息；商业部门降低粮棉等收购价格，提高农用工业品的价格；教育、卫生、民政等部门增加对农民的集资数额；等等。各方纷至沓来，多少只手伸向农村，致使已有所缩小的工农业产品剪刀差又扩大了，使已有所减轻的农民的负担又加重了。这就损害了农民的利益，直接挫伤了农民的生产积极性，同时也削弱了农民投入农业生产的能力，其结果是影响了农业生产的发展。

粮食紧张问题是农业生产停滞徘徊的反映，而农业生产之所以停滞徘徊，主要是农民的农业生产积极性受到了挫伤，是农民有意见。安徽无为县的农民反映，"现在种田太难了，追肥买不到尿素，天旱买不到柴油。"在苏南农村里普遍反映，"粮食田不可不种，不可多种，更不能精种。"因为多种了、精种了，经济上要赔本，不合算。大连农委的同志说，"农业生产资料的供应，从来没有像 1987 年这样紧张的，化肥不足、农药不够、柴油不足、塑料薄膜缺货、小农具不够，几乎没有一样是不紧张的。农民拦车抢购化肥的事件时有发生，农民的意见太大了。今年秋天要农民完成定购粮的任务，难了！"

所以，所谓粮食问题突出，就目前来说，主要是商品粮问题突出，是商品粮收购困难，不敷供应。一是农业生产后劲不足，农业生产条件没有得到应有的改善，致使农业生产停滞徘徊，粮食生产不足，跟不上需要的增长；二是农民种粮售粮的比较利益下降，对现行的定购政策有意见，农民不愿多种粮，不愿按平价交售粮食，这就是粮食问题的症结所在。

三　粮食问题的对策

1982 年秋，万里同志在总结农村改革在短期内就取得了巨大成功，农业生产高速发展的经验时指出，基本经验是两条：一是尊重农民的自主权，二是给农民以实惠。靠这两条把 8 亿农民的生产积极性调动起来了。[①] 万里同志的总结是对我们 30 年来农村工作、农民工作经验和教训的总结，具有

---

① 万里：《进一步发展已经开创的农村新局面》，《万里文选》，北京：人民出版社，1995 年 9 月，第 218 页。——编者注

深刻的理论意义和实践意义。1985 年后，为什么农业又出现了新的徘徊，粮食问题又重新紧张，回顾起来，我们还是在新的历史条件下，在不同程度上重犯了侵犯农民的自主权、侵害农民利益的错误。该给农民的没有给，不该拿的拿了，该引导的没引导，不该干预的干预了。致使农民有了意见，挫伤了农民的积极性，特别是挫伤了农民生产粮棉的积极性。

（一）农民的意见，主要在以下几方面

第一，对合同定购粮食的办法有意见。1985 年实行合同定购以来，中央每年减少定购总量，1986 年从 1500 亿斤减为 1200 亿斤，今年又减为 1000 亿斤，但每年还是完不成定购计划。不少农民不仅不肯签订定购合同，而且还不肯按合同交售粮食，出现了拒售粮食的情况。国家虽然一再强调完成合同定购粮食计划的重要性，1986 年强调合同定购是任务，必须完成，1987 年又强调完成合同定购是农民应尽的义务，但收购工作仍然越来越困难。据调查，在相当多的地区乡镇干部每年要花半年多的时间忙这个工作。他们想尽了点子，用尽了办法，还是完不成任务。

1985 年取消统购，实行合同定购，对这项改革，农民是拥护的。国家在统购转为合同定购时，把定购价定得略高于或接近于当时的市场价格，夏粮登场时，农民争着交售，说明那时农民是拥护合同定购的。问题是 1984 年至 1985 年全国经济过热，通货膨胀，物价上涨，集市粮价也跟着涨。定购价格未动，就变为低于市场价，而且差距越来越大。原来合同定购是为支持和保护粮农的，后来合同定购就变为粮农的负担。谁交售定购粮，谁吃亏，交售得越多，吃亏也越大。1986 年秋，一个农民交售 3000 斤定购粮，其交售所得与市场差价，就等于向国家贡献一台 12 寸黑白电视机。现在定购粮价与市场粮价的差额，每斤要少 0.10～0.15 元。1987 年国家定购 1000 亿斤粮食，差额大约为 120 亿元左右。而当年全国农业税，只有 45 亿元。农民通过交售合同定购粮向国家作的贡献，要比农业税多两倍。现在合同定购实际成了农民最大的税负，但名义还叫兑现定购合同。对此，农民当然有意见了。

国家定购 1000 亿斤粮食，主要是销售给 2 亿城市居民。价格还是 20 多年前定的，大约只有市场价格的 1/3。如 1986 年城市平价大米每斤为 0.138 元，而市场价为每斤 0.35 元，其中大约一半是国家财政补贴的，还有一半是靠农民交售合同定购粮来补贴的。这种以损害生产者的利益来补贴消费者的办法，是否合理，很值得研究。

第二，对售粮三挂钩物资不能兑现有意见。国家规定给交售合同定购粮的农民，平价供应一定量的化肥和柴油，这是对交售平价粮农民在物质上和价值上的一部分补偿，以鼓励他们积极售粮，用意是好的。问题是这种物物挂钩的办法，在目前商品交换的条件下很难落实，近两年的实践已经证明这个办法行不通。我们这次到的五个省、十多个县市的农村，到处都能听到挂钩化肥、柴油不能兑现的意见。这里面有不正之风、层层克扣的问题，也有化肥、柴油供应少、环节多，登记、发票、供应手续繁琐等客观原因。一个政策若在大多数地方不能落实，说明这个政策的可行性很差，硬要推行是不可取的。

第三，对化肥、柴油等生产资料供应不足，并大幅度涨价有意见。从去年①夏天开始，结伙拦车抢购化肥到处发生，愈演愈烈。现在的化肥成了农业生产不可缺的生产资料，施用化肥是增产的重要手段。全国对于化肥的需要是逐年增长的。但我国的化肥生产在 1984 年以后却是停滞下降的。国产加进口的化肥 1984 年为 8787 万吨，1986 年下降为 7510 万吨，减少1277 万吨，下降 14.5%。这两年农民施用化肥量的需要还是逐年增加的。一减一增供需矛盾严重。1987 年这种供需矛盾进一步加剧。这是宏观决策失误造成的。这样一个严重问题，我们既没有把真相向基层干部和群众说清楚，又没有采取相应的措施来合理解决这个问题。群众成群结队拦路抢购化肥正是对这种失误的一种严重不满。

第四，农民不向农田建设投资是对目前的一些农村政策有疑虑、有意见。进入 20 世纪 80 年代以来，我国农田水利建设不仅没有增进反而倒退，有效灌溉面积减少，土壤肥力衰退，有机质含量减少。主要原因是国家和地方政府大量削减农田水利建设投资。农民对农田投资不积极也是一个重要因素。农民这几年确实积聚了一部分资金，但大多数把这些资金用到盖房等非生产性建设上，农村建房热一年胜过一年，屡劝不止。而对农田建设却很少投入，屡倡不行。农民这种只顾眼前、不顾今后的短视做法，是他们对现行政策和经济体制有疑虑、有意见的表现。当然这也同我们这几年没有积极引导有关系。

第五，对一些地方和部门与民争利，损害农民利益有意见。在党的开放、搞活政策引导下，这几年农民扩种了经济作物和发展多种商品生产，地方政府和各有关部门理应帮助农民疏通各种渠道，搞好供销，搞好产前

---

① 此处指 1986 年。——编者注

产后的服务。有些地方政府和部门却不是这样，他们看到哪种商品有利，就垄断哪种商品的供销，设关布卡，封锁道路、不准出境。前几年就曾出现过垄断桔子、苹果、烟叶、中药材等事件。可是一旦市场行情变化，无利可图了，他们又撒手不管，农民叫苦不迭。近几年粮食棉花供应紧张了，商业部门就明文公布，在定购任务完成之前，关闭粮棉市场，不准进行粮棉交易。不少干部和群众反映，一年两次定购粮食，市场关闭好几个月，能进行交易的只剩几十天。今年粮食购销实行死一块、活一块的双轨制。市场关闭了，集市贸易一年只开放几十天，怎么活得起来？基层干部反映：现在的粮食和一部分农产品，实际又走上了"越少越统，越统越少"的老路。农民对这种随意关闭市场的做法很有意见，这对发展有计划的商品经济也是很不利的。

1987 年 6 月 12 日，邓小平同志在同南共科罗舍茨的谈话中指出："我们的改革和开放是从经济方面开始的，首先又是从农村开始的。为什么我们先从农村开始呢？因为农村人口占我国人口的百分之八十，农村不稳定，整个政治局势就不稳定，农民不逐步摆脱贫困，就是我们绝大多数人没有摆脱贫困。"[①] 1987 年 8 月 10 日《人民日报》评论员文章指出："农村不富，中国就富不了"。这是我们社会主义建设的基本经验。党的十一届三中全会以来，我们首先实行了农村改革，调动了 8 亿农民的积极性，农业生产高速发展，促进了整个国民经济的健康发展，社会安定团结、政通人和。现在农业出现了徘徊的局面，农民有了意见，这些已经从上述种种现象中表现出来，见微知著，我们应该体察到这种"民情"。不能无视农民的意见，置之不理。而应该认真研究农民的这些意见，哪些是合理的正当要求，哪些是不合理的。该解决的问题要解决，该修改的政策要修改，该说服教育的要说服教育，该引导的要引导。总之是要正确处理好同农民的关系，进一步调动农民的生产积极性。在粮食问题上，不能同农民顶牛。

（二）现在有些说法和做法值得研究

一种倾向是停留在前些年农村改革所取得的伟大成功和农业生产取得高速发展的辉煌成绩上，无视近几年农业已经出现停滞徘徊的严峻形势，高枕无忧。

① 中共中央文献研究室：《邓小平同志重要谈话 1987 年 2 月～7 月》，北京：人民出版社，1987 年 10 月，第 34 页。

一种倾向是看到了农业发展后劲不足，农业生产已经徘徊的局面，也听到了农民的意见。明知定购粮价不合理，明知农用生产资料供应不上，但苦于财力不足，束手无策。只好照老办法办，有病不医，硬着头皮挺，无所作为。

一种倾向是不顾农业基础已经削弱，不顾农民的负担承受能力，不顾农民群众已经有了意见，继续强调摊子已经很大的工业建设，不恰当地继续强调推进城市的建设。当粮棉供应发生矛盾的时候，不惜以关闭市场，垄断收购，排斥乡镇企业中的纺织等行业的发展，来保证工业原料的供给和城市的供应。

这三种态度于解决粮棉问题无补，特别是第三种态度，实际上是继续拧螺丝钉的做法，只能加深矛盾，后果将是严重的。

那么粮食问题的出路在哪里？解铃还得系铃人。既然粮食问题的症结是农民有了意见，是农民的生产积极性受了挫伤，那么，目前我们的任务，就是要调整好同农民的关系，把农民的生产积极性调动起来。历史的经验不能忘记。十一届三中全会前，农村问题成堆，农业生产困难重重，三中全会决定农村首先实行改革、放开、搞活，把 8 亿农民的积极性调动起来，几年工夫，农村就发生了巨大的变化，诸多问题迎刃而解，变化之快，变化之大，出乎许多人的意料。现在农村又有不少问题，坐在办公室里，想来想去，捉襟见肘，左右为难。只要继续深入改革，进一步开放搞活，理顺同农民的关系，把农民的积极性调动起来，许多问题不难解决。8 亿农民有了积累投入的积极性，农业生产条件就能改善；8 亿农民爱惜耕地，耕地减少的局面就能抑止，耕地还能增加；8 亿农民有了种粮的积极性，粮食生产就能跨上新的台阶。只要收购政策得当，商品粮也会源源而来，中国可以不吃进口粮。所以，粮食问题，就目前来说，归根结底是个如何正确处理同农民的关系问题，是如何进一步调动农民的生产积极性的问题。

（三）建议采取以下对策

第一，继续深入改革，调整国家同农民的关系，从体制上解决轻视农业，忽视农民利益的问题。如何处理好工业和农业，国家和农民的关系，一直是我国社会主义建设中的基本问题。20 世纪 50 年代提出过工业农业并举的方针，50 年代末又提出"农业是国民经济的基础"，60 年代初，提出安排国民经济要以农轻重为序，把农业放在第一位。要正确处理国家、集体、个人三者之间关系，不能"把农民挖得很苦"，不能"把农民生产的东西拿走太多，给的代价又极低"。而要"兼顾国家和农民的利益"。① 这些理论都是对国际国内社会主义建设的科学总结，无疑是十分正确的。问题是我们仿照别国建立起来的一整套经济体制，却是以重工业建设为中心的。农民的工作就是搞农业，而农业的任务就是为城市和工业提供廉价的粮食和工业原料。国家只有在粮食和主要农产品供应发生问题时，才强调农业的重要，向农业投资。而当农业形势好转，粮食和农产品供应充足时，就忘记了农业，减少投资，缩减物资供应。从第一个五年计划至今，已经有了 4 次反复，这次是第 5 次。1978 年冬，党的十一届三中全会强调农业，实行农村改革，1979 年、1980 年农业丰收。1981 年就压缩农业基建投资，以后又削减农用工业的投资，削减柴油等农用生产资料的供应。1983 年中央有 10 多个部门提出 20 多个项目向农民集资筹款，1985 年对粮棉实行降价限产。自 1985 年始农村又出现了停滞徘徊的局面。这次反复，由于 1979～1984 年农业的超常规发展，社会积累了一定量的粮食和其他农产品，至今还在发挥作用，因此虽然农业在 1985～1987 年停滞了，其后果还未明显表现出来。1986 年 6 月，邓小平同志曾指出："农业上如果有一个曲折，三五年转不过来。……现在粮食增长较慢，已经发生了因粮食不够而养不起猪的情况。"② 但至今有些部门的领导同志对农业的估计还不清醒，该出钱出力支援农业的部门至今不肯出钱出力。今年粮食已经要进口了，其他一些重要农产品的供应也已趋紧，农业停滞徘徊的后果将一步步显示出来。

应该把重振农业的问题提到议事日程上来了。越往后拖，问题将越严重，损失将越大。要解决两方面的问题，一是要扭转农业已经出现的徘徊局面，使农业转入稳定增长的态势；二是要总结历史经验教训，从体制上进行改革，改变目前农业的软弱地位，要使 8 亿农民的利益和愿望能得到反映和照顾。要使农民有反映意见的渠道，有发言的场所，在政治经济生活中要有一定的地位。三十多年来，农业上四五次反复的经验和教训是：首先是农民的自主权和经济利益受到干涉和损失，农民的最大反应就是生产积极性下降或骤降（如 1958 年），接着就是农业的停滞和衰退，结果是城市和工业得不到粮食和工业原料的正常供应，整个国民经济发展遇到障碍，

---

① 毛泽东：《论十大关系》，《毛泽东选集》第 5 卷，北京：人民出版社，1977 年 4 月，第 274 页。

② 邓小平：《建设有中国特色的社会主义》（增订本），北京：人民出版社，1987 年 3 月，第 2 版，第 132 页。

不得不调整计划重振农业。这次调整，不仅要解决农业的停滞问题，而且要从体制上解决不再重犯侵害农民利益的问题，这对我国社会主义四化大业是有深远意义的。

第二，要从在社会主义初级阶段，在有计划的商品经济的条件下，从巩固工农联盟的高度来理顺国家同农民的关系。"我们的国家是工人阶级领导的，以工农联盟为基础的人民民主专政的国家"。在夺取政权的阶段，我国的工农联盟是建立在反帝反封建，从地主阶级手里取得土地分给农民的基础之上的。这方面我们有丰富的成功经验。在社会主义革命和社会主义建设阶段，我国的工农联盟是建立在农村实行合作化，建设社会主义，使全体农村人民共同富裕起来的基础上，在这方面我们有经验也有教训。在现阶段，我国的工农联盟是要建立在发展有计划的商品经济，实现社会主义四个现代化的基础上。前几年我国在农村实行改革开放，推行家庭联产承包责任制，使农民有了经营的自主权，经济上得了实惠，大大推动了农村商品生产的发展。农村下一步改革，就是要发展有计划的商品经济，使农民成为独立的商品生产者，使每个农户都成为在土地公有制条件下能够自主经营，自主生产和交换，自主消费和积累的小企业，使农民通过计划与市场同整个社会联系起来。国家要保证农民的商品生产者的地位不受侵害，使农民在商品生产和交换的过程中得到利益，有动力也有压力，推动生产力的发展。

发展有计划的商品经济是今后农村发展的总方针，也是总目标。在当前有两点值得研究，一是国家要通过商品交换即等价交换的原则去取得粮食和其他农产品。近几年粮食定购和三挂钩政策之所以遇到阻力，就因为定购价格不合理，违背了等价交换的原则，所以有相当一部分农民不乐意接受；二是有关部门一遇到问题，动不动就下令关闭市场，限制流通，企图用行政手段来解决问题，遭到农民群众的抵制。因为这违背了发展有计划商品经济的原则，实际上是向自然经济倒退。

毛泽东同志曾经说过，"中国的主要人口是农民，革命靠了农民的援助才取得胜利，国家工业化又要靠农民的援助才能成功"[1]。而要取得农民的援助，总结我们的经验，在现阶段就是一要给农民以自主权，二要使农民得到实惠。否则，我们的工农联盟就不能巩固。我们在解决粮食问题的时

---

[1] 毛泽东：《做一个完全的革命派》，《毛泽东选集》第5卷，北京：人民出版社，1977年4月，第26页。

候，切不要忘记这个历史经验。

第三，要在调动农民生产积极性的同时，发展农用工业，增加对农业的投入，改善农业生产的基础设施。"六五"期间，特别是后期，经济过热，非农业的基本建设战线过长，挤占了农业和农用工业的建设投资，对农民挖得过苦，这是一个大的失误。国内外的经验都证明，农业要现代化，要稳步发展，就一定要搞好农业的基础设施建设（如农田水利建设等），要有强大的农用工业，这就要有相应的财力、物力、人力的投入。投入的来源靠四个方面：第一是国家，第二是地方政府，第三是集体经济，第四是农民。首先国家要投入，这是关键。据我们在山东调查发现，国家投入1元钱，农民一般都会投入3~5元作为配合。所以国家投入是催化剂、是关键。前几年，国家因资金摆不平压缩了农业基建投资和农用工业投资，地方政府也跟着削减，不少集体经济无力投资，农民也不投资，形成了10亿人"吃老本"的局面。这种状况再也不能继续下去了。国家的投入，至少要恢复到1980年农业基建投资60亿元，农用工业投资20亿元的水平。1985年农业减产之后，增加农业投资的呼声日趋增高，但有关部门却反应冷漠。农业投资和农用工业投资总是增加不上去。据说理由是无钱可增。但为什么进口粮食就有钱了呢？可以说，农业的水利建设和化肥工业等方面的建设，已经到了国家非投资不可的时候了，否则，农业的徘徊局面就不可能扭转，农业生产面临的严峻形势不可能缓解，粮食问题将越来越严重。与其将来被迫作经济大调整，莫如现在主动作小调整。这样，经济上损失小一些，政治上也主动一些。

第四，调整粮食价格，制订鼓励农民生产粮食的新政策。过去我们长期执行的是低价统购，保证城市消费的政策，好处是保证了工业建设，对社会起了稳定作用。但这种不等价交换，农民负担太重，农民没有生产积极性，极大地抑制了农业和粮食生产的发展。十一届三中全会决定提高收购粮价，并规定超购加价50%，这两条政策刺激了粮食生产的发展。问题是近几年工业品价格上涨了，部分经济作物价格上涨了，粮价不仅未相应提高，反而在1985年实行比例收购价格，比原来统、超购平均价格下降10%，使粮价成为锅底，种粮比较利益下降，打击了农民的种粮积极性。

现在的粮食价格体系，既不科学也不合理。定购粮价太低，既不反映价值，又不反映供求关系。粮食同工业产品比价不合理，粮食同其他农产品的比价也不合理。历史经验表明，要提高农民种粮的积极性，必须提高粮食收购价格。由于目前国家财力有限，粮食价格一下子做到等价交换还有困难。但是，粮食既然是商品，就一定要按价值规律办事，现在做不到，可以分阶段逐步做到。调高定购价格，使之逐渐接近市场价格。这是方向，不能动摇。

（1）恢复超购粮食加价政策。1984 年 6 种粮食统、超、议购平均价格每百斤为 20.79 元，1985 年定购平均价为 18.64 元，下降 10.34%。照旧恢复统购不行。可采取把定购额减为 600 亿斤（相当于原来的统购数），超过定购的粮食按加价 50% 收购。1000 亿斤粮，需 223.67 亿元，比 1984 年价增加 15.77 亿元，比 1985 年比例价增加 37.27 亿元。

（2）改间接补贴为直接补贴。现在对粮农实行三挂钩政策，国家约需补 25 亿元，由于手续繁琐，不易兑现，不如直接补在收购价上，粮农可直接得益，每斤可多得 0.025 元。

（3）改补经营环节为补生产环节。现在国家补助经营部门和消费者的支出太大。1984 年国家补贴粮食经营部门 227.4 亿元，1985 年为 173 亿元，1986 年为 177 亿元。这种粮食靠财政补贴的政策是历史造成的，一时难以取消。但要逐步改革，把补贴的钱逐步转到补贴生产环节，以刺激粮农的生产积极性，促进粮食生产，增加粮源。

（4）逐步提高粮食销价，改暗补为明补。从 1964 年到 1986 年，22 年来城市居民平均收入增加 2.82 倍，但粮食支出只增加 31%。1964 年城镇居民的粮食支出占收入的 20.3%，到 1986 年降为占 7.12%（见表 1）。粮食价格实际是上涨的，但却由国家补贴抵消了。这种补贴很不合理，不分收入高低一律补贴。这种补贴越来越大，现在每年要补约 200 亿元，财政实在不能负担。这种补贴是暗补，许多人不知道，可以改暗补为明补。逐步提高粮食的销售价格，按实际价格供应口粮，同时相应提高工资，把补贴补在明处。有些同志担心社会承受能力。前面已经说过，1986 年居民的粮食支出只占 7.12%，即使把粮价提高一倍，居民粮食支出也只占总收入的14.24%，仅略高于 1981 年的水平。大部分居民是承受得了的。1985 年人均月收入低于 50 元的居民，只占 27.47%，收入在 50～60 元的占 20.92%。对这两部分低收入的居民，可以另外单独补贴。有人担心，粮价上涨会引起轮番涨价，这也是不必要的。因为 1985 年后，大部分农副产品的价格已经放开，该涨的都已涨了。所以只要事先做好各项工作，并对居民进行宣传教育，逐步提高粮价是可行的。

表1　全国城镇居民关于粮食消费支出情况表

年份	全国居民每人每月的平均收入（元）	每人每月平均生活消费支出（元）	每人每月消费粮食（斤）	每人每月粮食支出（元）	每月粮食支出占总收入的比例（%）	粮食支出占生活费支出的比例（%）
1964 年	20.29	18.39	25.96	4.12	20.3	22.40
1981 年	41.7	38.07	24.2	4.93	11.82	12.95
1986 年	75.83	66.58	22.98	5.4	7.12	8.11

数据来源：国家统计局编《中国统计年鉴·1987》，北京：中国统计出版社，1987 年 10 月，第691~693 页。

（5）粮食政策晚改不如早改，粮价晚提不如早提。现在粮食问题正成为全国关心的问题，成为农业生产乃至整个国民经济发展的瓶颈，提高收购价格，以调动农民生产粮食的积极性；提高城市销售价格，以减轻国家财政负担。这是一步活棋，早下早主动，晚下，农业生产徘徊局面不易打破，将越来越被动。当然这是涉及亿万人利益的大事，是调整工农关系、城乡关系的大事，一定要慎重周密行事。

第五，肥水不落外人田，要主动向中国农民买粮，不要被迫用外汇去买外国粮。我国人多地少，人口同资源的矛盾将是长期的基本矛盾，粮食供给不可能太宽裕。但根据1979~1984 年的经验，中国农业和粮食生产的潜力还很大。只要我们的政策对头，农民有种粮、卖粮的积极性，加强农业基础设施建设和大力发展农用工业，不要重犯轻视农业、挖农民太苦的老毛病，那么，粮食生产还能发展。2000 年达到 1 万亿斤是可能的，条件是具备的，可以不吃进口粮。问题是要理顺国家同农民的关系，采取正确的政策，支援农业，扶持农业，调动农民种粮卖粮的积极性。在经济上要主动地拿出一定的财力，以合理的价格向农民买粮。不要等到粮食进一步紧张，被迫用外汇买外国粮。

可以说，买外国粮是最不合算的，进口粮食不如进口化肥。今年全国约缺 1500 万吨化肥，如果进口 1500 万吨化肥，只要 48 亿元，一般年景，可增产 500 亿斤粮食和 1500 万担棉花。当然进口化肥又不如自己建化肥厂。所以上策是调整国家同农民的关系，调动农民的生产积极性，增加对农业投入，建设农业基础设施和农用工业，建设化肥厂；中策是进口化肥、农药和塑料薄膜；下策才是不得已进口粮食。

第六，严重的问题是教育农民，引导农民。农村改革以来，成绩巨大。但前进中还有问题：一是农业生产的基础设施建设没有跟上；二是农村的基层工作没有跟上。我们这次在五个省市调查，了解到农村基层政权和原有的经济组织瘫痪、半瘫痪的状况十分严重。特别是在中等发达和不发达地区，政治上、经济上放任自流。实行承包责任制，农民衷心拥护，生产发展了，多数解决了温饱问题。但往前的路怎么走？商品生产如何发展？生活怎么安排？许多农民感到迷惘，迫切需要政府领导和帮助。农民有了生产经营的自主权，一个家庭就是个"小企业"，应该有积累的职能，但不少农民常常是吃光用尽，把大量的资金用在婚丧嫁娶和建房上。广大农民正在告别旧的生活方式，向一种新的生活方式前进，这时需要教育，需要指导，各级政府要把农村的基层政权，基层经济组织建立和健全起来，加以整顿和提高，改变目前瘫痪、半瘫痪的状况。通过农村基层政权和基层经济组织，组织农民，教育农民，引导农民。这对目前的粮食生产和今后农村的发展前途是十分重要的。

总之，粮食紧张，这只是表现出来的现象，反映着农业生产当前面临比较严峻的形势，反映了农民的意见和呼声，反映了农村发展中出现了新问题和新困难。所以，要解决粮食问题，必须首先理顺国家同农民的关系，摆正城市和乡村、工业和农业、居民和农民的关系，从指导思想、从体制上、从政策上来解决问题。不能同农民顶牛，更不要得罪农民，这是 38 年来的一条基本经验教训。

农业发展的新阶段和新任务*

1978 年党的十一届三中全会作出了加快农业发展的决定，随后又制定推行了一系列政策，对农村经济体制进行改革，克服了集体经济长期存在的"吃大锅饭"的弊病，有效地调动了广大农民的生产积极性，使农业生产得到了迅速发展，农民收入有了很大的增加，使我国农业生产发展到了一个新的阶段。但是，随着我国经济改革的不断深入，城乡社会主义建设事业对农业发展提出了新的要求，而且农业生产自身的发展也出现了一些新的情况和遇到了一些新问题，农业发展面临着新的任务，要求我们正确地去认识它，采取正确的政策使农业生产能够健康地发展，为整个国民经济长期持续、稳定的发展创造必要的条件。

一 农业发展的新阶段

我国农业生产经过 8 年来的改革，进入了一个新的阶段，其表现如下：

第一，农村自实行改革以后，农业生产大幅度增长，粮棉等主要农产品从长期短缺发展到了能自给有余。1986 年农业总产值达到 3947 亿元，比 1978 年增长 118%，平均每年递增 9.6%，而 1953 年到 1978 年我国农业总产值平均每年只递增 3.4%。1984 年我国粮食生产达到 8146 亿斤，比 1978 年增加 2051 亿斤，平均每年增加 341 亿斤，平均每年递增 4.95%,[①] 而 1953 年到 1978 年我国粮食生产平均每年只递增 2.4%。1949 年我国粮食总产 2200 亿斤，到 1958 年突破 4000 亿斤用了 9 年时间；从 1958 年到 1978 年，突破 6000 亿斤大关用了 20 年时间；从 1978 年的 6095 亿斤到 1984 年

---

* 本文源自作者手稿，该稿写于 1987 年 9 月。——编者注

① 国家统计局编《中国统计年鉴·1986》，北京：中国统计出版社，1986 年，第 180 页。

突破 8000 亿斤大关只用了 6 年时间。棉花是我国长期要进口的物资，解放前就进口，解放后也是年年进口的，1978 年生产棉花 4334 万担，当年进口 1020 万担，占当年需要量的 19%。农村改革以后，我国棉花生产突飞猛进，1984 年达到 12516 万担，比 1978 年增长 1.9 倍，从此结束了用洋棉的历史，反而成为棉花出口大国。[1] 另外，我国的油料、糖料、茶叶、蔬菜、水果等经济作物都有较大的增长，猪、牛、羊肉 8 年翻了一番还多。

第二，我国农业的内部结构经过改革已发生了很大变化，变得更加合理了。1978 年以后，由于片面强调"以粮为纲"，农业发展不正常。在农业中过分强调发展种植业而忽略了林、牧、副、渔业的发展，在种植业中又过分强调粮食作物的生产，忽略了经济作物的发展。在粮食生产中又片面强调高产品种的生产，而忽略了粮食的质量和名、稀、优、特品种的生产。1978 年，我国农业总产值中农作物种植总产值占 67.8%，林、牧、副、渔的产值只占 32.2%。1986 年，农作物种植的总产值绝对值增加了，但在农业总产值中的比重降到 45.4%，而林、牧、副、渔业的产值增加到 54.6%。1978 年，我国粮食播种面积为 180881 万亩，占总播种面积的 80.3%。而经济作物只播种 21660 万亩，占总播种面积的 9.6%。这些年虽然粮食总产量增加了，但是粮食播种的总面积和比重下降了，1986 年粮食播种面积为 166427 万亩，只占播种面积的 77%，而经济作物面积发展到 30486 万亩，占总播种面积的 14.1%。[2] 在粮食生产中增加了优质小麦、优质大米的生产，诸如香稻米、紫米、白糯米等名特产品也得到了恢复和发展。

第三，我国的农业生产正在由自给半自给的自然经济型农业向较大规模的商品生产型农业转化，农副产品的商品率正在逐年提高。我国的农业生产长期处于自给半自给的自然经济状态，10 亿人口，8 亿农民搞饭吃，粮食和农产品的商品率很低。实行家庭联产承包责任制之后，农民成为独立的商品生产者，他们在生产和经营上有了自主权，从事商品生产的积极性很高。农民在"绝不放松粮食生产，积极发展多种经营"总方针指引下，有相当一部分农民转到二、三产业生产，继续从事农业生产的，也逐步转向为社会市场而生产。近几年，农民卖给国家和城市的农副产品，一年年增多。1986 年，社会农副产品收购总额达到 1990 亿元，扣除物价因素，比

① 国家统计局编《中国统计摘要·1987》，北京：中国统计出版社，1987 年 5 月，第 28 ~ 29 页。

② 国家统计局编《中国统计摘要·1987》，北京：中国统计出版社，1987 年 5 月，第 25 页，第 28 页。

1978 年增加一倍多。1986 年，农副产品的商品率达到 58%，比 1978 年增加了 13 个百分点。

第四，随着农业生产的发展，农民生活有了很大改善。在党的富民政策指引下，有一部分农民通过辛勤劳动已经率先富裕起来，大部分农民已经解决了温饱问题，正在向小康生活的目标前进。1978 年，全国农民人均纯收入为 134 元，1986 年达到 424 元，平均每年增加 36.25 元；1978 年，农民人均生活消费支出只有 116 元，当年消费粮食 496 斤，其中细粮 246 斤；1986 年农民人均生活消费支出达到 357 元，当年消费粮食 518 斤，其中细粮 414 斤，分别比 1978 年增长 207%，4.4% 和 68%。根据国家统计局农民家庭抽样调查，1978 年，农民人均住房面积 10.17 平方米，1986 年增加到 18.09 平方米。[①] 全国农民新增住房 99 亿平方米。这就是说，8 年来，广大农民新建增加的住房相当于过去几个世纪以来建成使用的 80%。而且，在新建增加的房屋中多数是砖木结构的瓦房，有一部分还是钢筋水泥结构的楼房，许多农民告别了世代居住的低矮的木房和草房，住进了宽敞明亮的瓦房和楼房。1980 年，我国农村贫困农户的比重占总农户的 61.6%，1986 年下降为 11.3%。

经过 8 年改革，我国农业发生了历史性的变化，农业发展到了一个新的阶段。农业生产的大幅度增长为社会提供了大量的粮食和副食以及棉花、麻类和蚕茧等工业原料，这对于几年来整个国民经济稳步发展，对于整个社会的安定团结都起了不可估量的作用。农业改革成功的经验也对城市经济体制改革提供了直接的经验，增强了改革的决心和信心。农业发展到了一个新阶段，标志着我国的农业已经从自给半自给的传统农业，正在向专业化、社会化、商品化的现代农业转化，前景是很光明的。当然，农业的发展也并不是一帆风顺的，特别是在新的历史条件下，农业的发展遇到了一些新的问题，农业发展面临着新的任务，需要我们做出新的努力。

二　农业发展面临的新任务

8 年来我国农业取得了举世公认的伟大成就，我们在只占世界 1/7 的耕地面积上基本解决了约占世界近 1/4 人口的温饱问题，有些农产品还略有出

---

① 国家统计局编《中国统计摘要·1987》，北京：中国统计出版社，1987 年 5 月，第 97 页，第 106 页，第 107 页，第 105 页。

口，这是我国农村改革的巨大成功。但是，我们应该清醒地看到，我们是一个人多耕地少的国家，人口和资源的矛盾将会是长期制约我国农业发展、经济社会发展的重要因素。随着人口的继续增长，随着国民经济的迅速发展，随着 10 亿人民生活消费水平的继续提高，对农业将提出越来越多、越来越高的要求，农业能否提供足够的粮食，副食和各种工业原料将是 20 世纪 80 年代后期，乃至 90 年代我们国家经济社会能否长期稳定、持续协调发展的一个基础条件。社会的巨大需求是我国农业发展的巨大推动力，满足实现这种需求，推动整个国民经济发展迅速前进是我国农业发展面临的新任务，是我国农村工作者面临的重大历史使命。

新中国成立以后，特别是在农村合作化以后，我国广大农民在党和政府的领导下开展了大规模的治山治水、兴修水利、植树造林、改良土壤，进行农田基本建设，在全国范围内建立农业科学技术推广网，培育普及良种、防治病虫害、推广科学种田。与此同时，国家建立发展了化肥、农药、塑料薄膜、农机等农用工业，向农村提供大量的化肥、农药、电力、农机等现代化农业生产资料，所有这一切从各个方面都大大地改善了农业的生产条件。但是，在 1978 年以前，由于原来的集体经济"吃大锅饭"的管理体制束缚了广大农民群众生产积极性，这些生产条件没能充分发挥作用，农业生产长期发展缓慢。党的十一届三中全会实事求是地总结了农业发展的经验和教训，决定进行农村改革，果断的总结、推广了家庭联产承包责任制，同时国家还决定提高粮食和农副产品的收购价格，使农民有了生产的自主权，得到了实惠，极大地调动了农民的生产积极性。农民的生产积极性与原来多年形成的生产条件结合起来，出现了农业年年大幅度超常规增长，1984 年达到了农业生产的高峰，粮食超过 8000 亿斤，棉花超过 1 亿担，登上了农业发展的一个新台阶。

由于多种原因，1985 年，我国粮食和棉花大幅度减产，1986 年，粮食生产略有回升，但棉花和其他主要经济作物都减产。今年①我国自然灾害频发，在各地政府和农民群众的努力奋斗下，农业继续获得较好收成。从全国看，今年是一个平年，粮棉等略有增产，但低于年初的计划产量。今年粮棉等主要农产品的产量比 1984 年还要少，可是这 3 年我国人口增加了 4000 多万，10 亿人民的生活消费水平提高了，国民经济的发展对农业的需求增加了，所以粮食、棉花、油、糖等主要农产品的供应渐渐趋于紧张。

---

① 本文中指 1987 年。——编者注

由于去年秋季以后粮食供应趋紧，集贸粮价上涨幅度较大。农民养猪不如卖粮，有关部门也未采取相应措施及时补贴，致使生猪饲养大幅度下降，不少地区连母猪也都杀了卖了，今年猪肉供应紧张，不少大中城市只得重发肉票，限量供应。

不是说农业已经过关，粮食已经自给有余了吗？怎么仅仅两年工夫农业问题又严重了呢？应该说，前几年我们对于农村改革的成绩估计得过大了，对于农业形势估计得过于乐观了，对于农民的富裕程度估计得过好了。因此我们有一段时间放松了农村的工作，有些部门该向农村、农业投资的不投或少投了；该修的水利工程停休或不休了；该建的化肥农药等农用工业不建或少建了。有好几个部门借口民办公助，向农民集资兴办本部门的事业，加重了农民的负担，这就带来了两个大的问题。

一是农业生产条件变差，农业生产的后劲不足。上面说过，前些年农业超常规高速增长，其中一个重要原因是20多年积累形成的农业生产条件发挥的作用。但是，这些年，农业生产条件不但没有得到相应的改善，而且在一些方面变坏了，例如水利设施老化。1980年前，我国年年兴修水利，建成大中小水库8万多座，库容4000多亿立方米，打成机井240万眼，灌溉面积达到7.3亿亩，建成高产、稳产田4亿多亩。1981年以后，大量削减水利投资，加上放松了组织领导，农田水利建设停滞了，"六五"期间，全国有效灌溉面积不仅没有增加，反而减少1477万亩，半数以上的水库带病运转，很多机井淤塞报废，水利设施普遍失修老化，抗旱排涝防洪的能力削弱。又如1981年以后，国家大量削减农用工业的投资，造成农用工业停滞，农业生产资料供应紧张。"五五"期间，国家对农机化肥农药投资共107.38亿元，占全国基建总投资的4.58%，"六五"期间削减为35.3亿元，只占基建总投资的1.03%。1975年，全国生产化肥2498万吨，1980年达5867万吨，"五五"期间平均每年增加674万吨，1985年生产化肥6296万吨，"六五"期间平均每年只增加86万吨。1980年生产农药53.7万吨，1986年只生产20.3万吨[①]，许多农药厂停产或转产了。今年河南发生蝗灾，浙江发生大面积稻飞虱等灾害，却严重缺乏农药供应。再如，近几年农民对耕地有短期行为，重用轻养，产出多、投入少。不少地方农家肥施的少了，北方农民把玉米秸秆在地里烧了，南方农民不施或少施绿肥，多数已不罱河泥，城镇的粪肥无人挑。土壤有机质普遍下降，耕地肥力减弱。据

---

① 国家统计局编《中国统计摘要·1987》，北京：中国统计出版社，1987年5月，第45页。

全国 900 多个县的土壤普查资料分析，57% 的耕地缺磷，20% 的耕地缺钾，10% 的耕地磷钾都缺，氮素也不足。再如，全国撤社建乡后，有相当一部分村未建相应的集体经济组织，生产队事实上是取消了，原来设计的双层结构，集体统一经营和农户家庭经营相结合的形式，在不少农村地区没有建设好，基层的农村技术服务体系也没有相应建立起来，全国约有半数的乡镇没有技术推广组织，约有 2/3 的村没有农业技术推广人员，许多农业新技术得不到推广，病虫害防治不好，良种也得不到推广，已有的也已经混杂退化。许多成功的高产经验无人推广，这些都会影响农业生产的健康发展。

二是农民的生产积极性受到挫伤，特别是种粮积极性下降。总的情况是，这几年工业产品，特别是农用工业产品价格上涨，粮棉等主要农产品的收购价格反而有所下降，使已经缩小了的工农产品剪刀差扩大了，加上这几年各种集资摊派增多，农民的负担加重，农民的利益受到损害，农民的生产积极性受到挫伤。农村放宽搞活以后，由于农业的比较利益偏低，搞工业、商业、运输、服务等都比搞农业强。"种田不如做工，做工不如经商"。有一点门路的都去搞别的了，农业上剩下一些老头妇女和孩子，大中城市郊区和商品经济发达地区的农村出现了耕地撂荒现象。在农业中由于蔬菜、水果、肉、禽蛋和水产品的价格已经放开，农民种菜，种果树，养鸡，养鱼的积极性很高，而粮食价格成为"锅底"，种粮的比较利益最少。所以，农民不愿种粮。当前农村比较普遍的情况是，农村商品经济形势很好，乡镇企业等收入增加，农业生产已经出现徘徊，粮食问题比较紧张。

三　如何扭转农业停滞徘徊的局面

如何扭转目前已经出现的农业停滞、徘徊的局面，使粮食、棉花等产品登上新的台阶，是巩固发展我国大好形势，促进改革开放，满足国民经济发展和人民生活水平提高的需要，这是农业面临的新任务，也是需要研究的重大课题。

第一，要提高对于农业问题的认识，加强对农业的领导。前几年对于农业的超常规增长，有些同志以为农业问题已经解决了，放松了对于农业的关注和支持，放松了对于农业的领导，使许多农业发展急需解决的问题长期得不到解决。应该看到我国是一个发展中国家，农业的兴衰决定着整个国民经济的兴衰，乃至影响整个社会安定团结的大局。前些年农业发展的好，整个国民经济就繁荣兴旺，近两年农业生产停滞徘徊，国民经济的发展就受到影响。今年1~7月，零售物价指数上涨，幅度较大，居民意见颇多。据权威人士分析，物价上涨的原因有60%是蔬菜和副食品价格上涨引起的，而蔬菜和副食品之所以上涨，恰恰是因为近两年农业生产徘徊，粮食供应紧张造成的。"无农不稳，无粮则乱"这是历史经验的总结。邓小平同志指出，"我们搞宏观经济，应该把农业放到一个恰当位置上"①，这个恰当位置，就是要把农业放在具有决定意义的战略地位，就是要把农业经常放在各级领导机构重要议事日程上，绝不能掉以轻心。我们应该清醒地看到目前我国农业生产的物质和技术基础还很薄弱，不少地区农业生产水平还低而不稳，粮食、棉花、油料、糖料的供给还不宽裕。随着国民经济的发展和人民生活消费水平的提高，对粮食和其他农产品的需要将越来越高，如果我国的农业生产不能很快突破目前的徘徊局面，不能继续向前发展，登上新台阶，那么，整个国民经济的发展就要受到阻碍，整个改革就难以顺利进行。有的同志预测如果20世纪90年代将有什么问题的话，很可能问题出在农业上，这话是有据而发，很有针对性，要引起我们高度重视，我们一定要加强对农业的领导，力保农业生产能够长期，持续稳定的向前发展。

第二，调整工农、城乡关系，理顺国家同农民的关系，继续调动农民的生产积极性，前些年我国工业建设规模很大，城市建设规模过大，楼堂馆所建得过多，标准过高，基建战线过长，超过了国家财力、物力忍受的能力，超过了8亿农民的承受能力，引起的后果之一是挤占了对于农业基本建设和农用工业建设应有的投资，使农业基本建设和农用工业建设投资降到了建国以来的最低点，严重影响了农业基本建设和农业工业建设的正常进行，引起了农业生产资料供应严重紧张和农用工业品价格上涨；引起的另一个后果是工业品、特别是农用工业品价格上涨，而粮棉国家等收购价标准反而有所下降，使剪刀差扩大，使农民的利益受到损害，引起农民群众的意见。近年来出现的农民交售定购粮食不大积极，各地发生农民群众堵路、抢购化肥等现象，正是农民有意见的表现。我们对农民的富裕程度，应该有一个正确的估量，总的说来，我们的农民群众的家底比较薄，八年来农民生活都有了很大改善，有一小部分农民已经富裕起来了，但这主要是在大中城市郊区和商品经济发达地区。就大多数地区来说，大多数农民，

---

① 邓小平：《在听取经济情况汇报时的谈话》（1986年6月10日），《建设有中国特色的社会主义（增订本）》，北京：人民出版社，1987年3月第2版，第132页。

只是基本解决了温饱问题，只是住上了新房，家里有了余粮，有零花钱了，还算不上富裕，况且全国还有 1 亿多农民收入水平较低，生产生活还有困难，其中有 4000 万人还未解决温饱问题。全国 8 亿农民真正富裕起来，将是一个较长的历史阶段。需要经过我们几十年的努力，切莫估计轻了，这是我们的基本国情，我们做计划办事情的时候，一定要从这个基本国情出发。现在的问题是，工业城市建设的规模超过了国力，超过了农业这个基础和农民的忍受的能力，应作适当的调整。要拿出一定的财力、物力，增加农业基本建设和农用工业的建设，要缩小剪刀差，减轻农民负担，继续执行三中全会以来的富民惠民政策，给农民以实惠，调动农民农业生产的积极性，突破目前已经出现的农业生产徘徊的局面，增强农业发展的后劲，增强整个国民经济发展的后劲。

第三，动员各方面的力量去支援农业，增加对农业的投入，改善农业生产条件。农业要持续稳定的发展，除了农民的生产积极性，还要有农业生产基础条件的不断改善和良好的市场渠道条件等的配合。前些年，我们吃了农业的老本，而现在这个老本再不改善就难以为继了。有一定的投入才能有一定的产出，这是规律。农业固定生产资金的稳定增长，是现代农业稳定增长的基础。"五五"以前，我国的农业基本建设投资保持在 11% 左右；"六五"期间下降到 5% 以下，这两年稍有回升，还远不能解决问题，国家要下决心，从战略决策的高度增加农业投资，加强农业基础建设，特别是要加强农田水利设施建设，治理江河，整修水库，扩大灌溉面积，改造中低产田。除了国家投资，各级地方政府也要增加对农业的支援和投资。国家和各级政府要作出明确的分工，分级治理，分级建设，都来改善农业的生产条件。此外，我们要引导农民，积极向农业投资。这几年，农民经济情况都有了好转，有了一定的积蓄。但从各地的实际看，农民种田只做短期打算，多数也不向农业投资：一是怕政策变，养好了田又归公；二是农业投资比较效益低，农民有钱也投资到商业、运输业、工业上去；三是农田水利建设，规模大、投资大，个人无能为力。现在多数地区的多数农户只种田不养田，这是实行家庭联产承包责任制后的一个大问题，不解决好这个问题，农业的前景不容乐观。我们一面要国家和集体投资，进行农田基本建设，动员农民投工，搞劳动积累；另一面要制定各种政策，从政治上、经济上鼓励农民投资，使农民既种田又养田、田越种越好、越种越肥，使农业生产的发展建立在一个巩固的基础上。

第四，要积极支持引导农村发展乡镇企业，要把发展乡镇企业作为农村工作的一个战略重点来抓。乡镇企业是我国农民包产到户之后的又一个伟大创造，是振兴农村经济的必由之路，是具有中国特色社会主义的一种经济形势，也是在目前条件下促进农业稳定发展的一个重要力量。这几年，乡镇企业异军突起，发展很快，超出了许多人的预料，有些省市，乡镇工业的产值已经超过了城市国营工业的产值。乡镇企业向社会提供了大量的产品，向国家交纳了大量的税收，1986 年为 176 亿元，为集体提供了大量的积累，1986 年乡镇两级纯利润为 161 亿元，① 并且提供大量的支农资金补贴发展农业生产。乡镇企业已经成为国民经济发展的一支重要的生力军，国家应该划出一定的工业资源，划出一定的市场，从思想上、组织上、政策上加强领导，促进乡镇企业有计划地发展。现在有些部门的同志从本部门狭隘眼光出发，对乡镇企业加以指责，并且在工作中歧视乡镇企业，企图限制乡镇企业全面发展，这是不对的。应该看到，乡镇企业是我国特定历史条件下农村产业结构调整、农村经济发展的必然产物，因为不发展乡镇企业，就不能把农村大量剩余的劳动力转移出来，不把剩余劳动力转移出来，农村就不能实行农业的规模经营，不实行规模经营，农业就不能实现社会化、专业化、现代化，农业生产就不能提高，农民就富裕不了。有的同志担心发展乡镇企业，会影响农业生产。实践证明，凡是乡镇企业发展较好的地区，从农业上转移出来的劳动力就多，农民收入就高。以工补农，以工建农的资金就多，就有力量进行农田水利等基本建设，购买农机具等现代化农业生产资料，加速农业稳步发展。农业和乡镇企业相辅相成，相得益彰。当然，也有个别地区乡镇企业发展了，农业没有相应发展，但这主要是领导的工作问题，只要加强领导工作就不难解决。现在的问题是乡镇企业发展很不平衡，总的情况是，东南沿海等省市发展得好，西北、西南地区发展得慢。乡镇企业发达的省市，农业也发展得好。1986 年全国尚有 8 个省区的乡镇企业产值在 40 亿元以下，其中有 6 个是农业发展有困难的缺粮省。今后在发展乡镇企业方面，要采取分类指导的原则，对于不同地区，采取不同的方针，对于那些初办或尚未办乡镇企业的地方要在技术、资金、信贷、税收、原料供应等方面采取特别优惠政策，帮助他们广开门路，把乡镇企业办起来，这也是从另一个方面支持他们发展农业的一条路子。

第五，继续进行深入改革，搞好农村基层建设，建好农业的产前产后

---

① 农牧渔业部乡镇企业局编《全国乡镇企业统计摘要·1987》，1987 年 6 月，第 50 页。

的服务体系。农村实行改革开放以来，成绩巨大，但在前进中还有一些问题，需要通过继续深入改革来解决。现在农业上还有两个薄弱环节，一是买难卖难，长期解决不好，买农业生产资料难，卖农副产品难；二是科技推广服务跟不上，先进的农业科学技术到不了农民手里。这要靠继续改革流通体系，建立健全农业科技服务体系来解决。另外在相当一部分地区，农村基层政权组织和基层集体经济组织瘫痪半瘫痪的状况比较严重，政治上、经济上放任自流，集体经济家底空了，农田水利建设组织不起来，连维修个机井的经费都没有。有些村几年开不了一次群众会，政策和科学到不了群众中去，在农业生产上，有许多事是农民一家一户办不了、办不好的却得不到集体的帮助。我们要把农村基层政权和基层集体经济组织建设健全起来，加以整顿和提高，使之组织农民，引导农民服务于农民，这对目前发展农业生产和今后农村各项事业的发展都是至关重要的。

经过 8 年改革，我国农业发展到了一个新阶段，取得了辉煌的成绩，目前农业又面临新任务。我们相信，在党中央的领导下，继续深入改革，农业一定会发展得更好，取得更大的成绩。

当前农村形势和农业问题[*]

赵紫阳同志在党的十三大报告的第三部分"关于经济发展战略"中指出："这里有必要着重讲一讲关系建设和改革全局的极端重要的农业问题。农业的稳定增长和农村产业结构改善，是整个国民经济长期稳定发展的基础。在社会主义初级阶段，我国农业生产条件还比较落后，发展还很不稳定，加强农业建设尤为迫切和重要。"[①] 接着，紫阳同志讲了要从十个方面加强农业建设和发展的设想。紫阳同志对农业的提法较之党的十二大报告的提法，对农业的重要性更加强调了，认为农业问题是关系建设和改革全局的极端重要的问题。对待农业问题的提法，可以说是十一届三中全会以来最新的提法，这一方面是对这几年实践经验的总结，另一方面也有强烈的针对性，是针对当前农业出现了问题而发的。我认为紫阳同志这样强调是很适时，很必要的。

党的十一届三中全会以来，农村率先改革，农村形势、农业形势一直很好，农村取得了举世公认的成绩。怎么现在肉又少了，糖又少了，大部分大中城市又恢复凭票定量供应了，怎么回事？北京市关于猪肉、白糖供应的宣传提纲说，农村形势大好。居民说，既然形势大好，为什么只供应两斤肉，是不是怕大家吃得过胖，要减肥？也有的同志说，现在不但猪肉、白糖定量了，粮食又进口了，棉花也不够了，粮票值钱了，粮、棉、油、糖、猪带"农"字的商品都紧张，是不是农村改革出了问题？包产到户是不是不行了？农村形势到底怎么样？

我今天就来和大家讲一讲这些问题，根据这些年从事农村调查的观察，

---

* 本文源自作者手稿。该文稿系陆学艺 1987 年 12 月 15 日在中国社会科学院研究生院的演讲稿。——编者注

① 赵紫阳：《沿着有中国特色的社会主义道路前进》，载《中国共产党第十三次全国代表大会文件汇编》，北京：人民出版社，1987 年 11 月，第 25 页。

谈一谈对这些问题的看法。讲三个题目：（1）当前的农村形势和农业形势；（2）造成农业形势严峻（粮食猪肉紧张）的原因；（3）解决这些问题的对策和前景。

一 当前的农村形势和农业形势

如何来看待当前的农村形势？我最近根据对河南、山东、安徽、江苏、上海、辽宁等省市农村的调查，在《经济日报》上发表了一篇文章，提出了这样一个观点，就是分析当前农村形势，要区分农村形势和农业形势这样两个有联系但又不同的概念。党的十一届三中全会前农村的经济结构是单一的产业结构，农村形势好，也就是农业形势好，粮食形势好。经过这九年改革，农村产业结构变了，农村不仅有农业，而且有了乡镇企业，有了多种经营，有了第二、第三产业。1986年农业总产值在农村社会总产值中只占53.1%，有些发达地区只占20%～30%。无锡1986年57亿产值中，农业产值只占7.2%，所以现在的情况是，农村形势好，并不等于农业形势好，而且由于林牧副渔发展，农业形势好，也不等于粮食形势好。目前的问题，恰恰是农村经济形势很好，农业形势严峻、粮食问题紧张，为什么这么说？

第一，农村经济形势好，表现在以下五个方面。

（1）农村改革的势头在继续。农民改掉了吃"大锅饭"之后，成为独立的商品者，生产生活都有了自主权，农村的社会是安定团结的，农村充满了向前的活力。那种认为包产到户不行了的说法没有依据，农村开放改革还在深入。

（2）农民成为独立的商品生产者，农村正在从自然经济向商品经济转化，农村发展商品经济的势头很好，农民的商品意识增强了，尤其可喜的是"无商不活"深入人心，冲击着几千年来的轻商卑商的观念，连不少少数民族的观念也变了。全国涌现了一大批农业企业家。

（3）乡镇企业发展很快，乡镇企业也是农民的又一个伟大创造。农村剩余了大量的劳动力，怎么转移？农民平均占有的生产资料（土地）越来越少，农民怎么致富？乡镇企业崛起了。现在全国已有约1400万个乡镇企业，有8000万职工，年产值为4000亿元，约相当于1970年全国的工业总产值，出口创汇50亿美元，相当于1974年全国出口的水平，而且现在还是大发展的势头。江浙等省乡镇企业的产值已超过本省的工业总产值，照现在这样发展，要不了 20 年，全国乡镇企业的总产值要超过工业的总产值。

（4）农民收入还是增加的。这几年粮棉价下降，农业生产资料涨价，但农民收入大致来说还是增加的，这是因为有多种经营，乡镇企业收入增加，农民是靠劳务、庭院经济挣出来的。

（5）农村集市贸易兴旺，市场繁荣，农村的改革正在进一步深入，目前处于第二步改革的入口处，正在乘势而上，各地正在创造出一些新的经验。如劳务市场、资金市场、科技市场等等正在兴起，新的合作组织也在各地被创造出来。农村还是朝气蓬勃、欣欣向荣的。

农村总的形势是好的。

第二，农业出现了徘徊。

1984 年是我国的农业高峰，粮棉都有积压，到处是卖粮难、卖猪难。1985 年做了几次大的调整，计划调减粮田、棉田。当年粮棉大减产，粮食减 566 亿斤，棉花减 4000 万担，出乎预料。当时一种意见说不要大惊小怪，这是计划调减的结果；另一种意见说这是个信号，不能等闲视之。1986 年重提以农业为基础，但催不上去了。粮食上去了一点，棉、油、糖、麻、茶都下降了，出现了面积拉锯、产量转移的局面。

1987 年发了 5 号文件，强调重视农业，年初就强调抓，但粮食只增 100 多亿斤，为 7950 亿斤，棉花 7000 万担，猪下来了，糖下来了，这就出现了一年减产、两年恢复、三年徘徊的局面。明年①政策如不做大的改变，明年的农业生产仍然不会乐观。小平同志说："农业上如果有一个曲折，三五年转不过来。"② 这是有经验的判断。

第三，粮食问题紧张。

1984 年，粮食是有剩余的，是低水平的过剩。1985 年减产，三年了还是 1984 年的水平。但这三年人口增加了 4000 多万，消费要求、消费水平增加了，粮食就不够了。今年③就进口了 200 亿斤粮食，每年大约要增加 300 亿斤的需求，供给就不足了。猪肉为什么要定量，就因为粮食下来了。1986 年 11 月粮价涨到十一届三中全会以来的最高点，一斤玉米要 0.28～0.30 元，农民养猪不如卖猪，不养猪，把母猪也卖了。有关部门没有及时采取措施，造成了猪肉全国紧张的局面。糖为什么下来？一面是进口减少，主

---

① 本文中指 1988 年。——编者注
② 邓小平：《建设有中国特色的社会主义》（增订本），北京：人民出版社，1987 年 3 月第 2 版，第 132 页。
③ 本文中指 1987 年。——编者注

要是蔗农不愿种甘蔗，一斤甘蔗 0.025 元，不如砍柴卖，不种了。

粮食偏紧的局面，短期内不可能得到缓解，政府要有大的调整才行，否则这种紧张的局面还会继续。粮食紧张，主要是商品粮偏紧，农民自给部分不会有太大问题，不会出现 1960 年的情况。现在缺粮省市比较紧张，怕粮调不进来，要求调进粮食的省越来越多。

农村形势好，农业形势严峻，粮食紧张，这是当前全国的情况。当然，农业是国民经济的基础，农业是农村经济的基础，农业如果长期不好，继续下去，农村形势也会有问题。问题的严重性就在这里。事实上，在那些以农业为主的农村，这几年的农村经济形势也是停滞徘徊的状况。说到底，这几年还有前几年积累的老本好吃，所以农村繁荣的景象还是继续维持着。

二　造成农业形势严峻的原因

不是说农村改革取得了伟大的成功吗？农业问题已经解决了吗？粮食已经吃不了了吗？怎么仅仅两年的工夫，就如此严峻了呢？

在回答为什么出现如此严峻的形势之前，我们首先要研究一下前几年为什么会如此之好。1978～1984 年的农业形势，平均每年以 8.4% 的速度增长，六年粮食增长了 2080 亿斤，这在世界农业史上都是少见的。这个伟大成就是怎么来的？

通常报上的总结是"政策好，人努力，天帮忙"。拿文件的语言是说，一靠政策，二靠科学。这是对的，十一届三中全会以来实行的改革开放调动了农民的积极性，那几年天也帮忙了，1984 年是全世界性的好天气、世界性的好收成。这几年同样没有新的自然灾害，为什么粮棉下去了呢？这个总结不够全面。

当然，第一位的是党的政策好。十一届三中全会决定首先实行农村改革。从 1979 年以后全国范围内实行生产责任制、包产到户，使农民逐步成为相对独立的商品生产者，农民有了生产、分配、交换、消费的自主权。实际上，这对农民而言是一种解放。把 8 亿多农民从"大锅饭"的无形束缚中解放出来，农民生产的积极性调动起来了。过去干与不干一个样，干好干坏一个样，现在不同了，干好了，就能吃饱、发家，干不好就受穷。

第二也还是政策好。十一届三中全会决定提高农副产品的收购价格。通过计算，认为当时的工业品的价格比价计高 20%～30%，而粮食和农副产品的价格比价计低 20%～30%，剪刀差太大了。十一届三中全会决定从

1979 年起，陆续提高粮食和农副产品的收购价格，除对粮食除提价 20% 外，超购部分加价 50%，经过 1979 年、1980 年两年调整，农村产品的收购价平均提高 35%。这就大大地刺激了农民的生产积极性，特别是原来农业落后的地区，统购基数低，一交售就是超价的。前几年有不少贫困地区经济翻身得快，与这个政策是有关系的。

这两条都能调动积极性。配第说："劳动是财富之父，土地是财富之母。"对此，马克思是加以肯定的，《资本论》里引用了。光有积极性还不够。还有第三条，这条往往是被忽视的，这就是新中国成立以来，特别是合作化以来进行了大量的农田基本建设，进行了农村生产基础设施的建设，建设了大规模的农用工业（见表 1）。

表 1　1952～1984 年我国农田基本建设和农用工业的发展

	1952 年	1978 年	1984 年
灌溉面积（亿亩）	3	6.75	6.67
农用机械动力（万马力）	25	15975	26509
大中型拖拉机（万台）		55.7	85.4
小型拖拉机（万台）		137.3	329.8
排灌机械（万台）		502.6	615
农用汽车（万辆）		7.38	34.93
机耕面积（亿亩）		6.1	5.24
化肥（万吨）	38.5	4368	7496
农用电力（亿度）	0.5	253	464

资料来源：《中国农村统计年鉴 1985》。

另外农业科技也做出了很大成绩，培育了大批优良品种，全国建立了四级科技网，科学种田深入人心。如杂交水稻、杂交玉米、泰山小麦，等等。还有，这个时候我国现代化的农用工业也建起来了，有了化肥工业，年产约 4000 万吨。"六五"期间正好是镇海化肥等六大重点项目建成投产时期，每年新增化肥约 500 万吨、农药 40 万吨。

这些都是现代化工业生产资料，是 30 年劳动人民在党的领导下，在艰苦条件下创立起来的。在人民公社期间，由于"大锅饭"制度，人民对生产无积极性，所以虽然有了这么多现代化生产资料、生产条件，但是生产者不积极，没有能发挥应有的作用。所以农业还是不行，8 亿人搞饭吃，饭还不够吃。实行了责任制，实行了提高农产品价格，农民有了生产积极性，同这些现代化生产资料结合起来，就产生了 1978～1984 年农业高速生产的奇迹。

为什么 1985 年就下来了呢？我看有认识上、实践上的原因，也有体制上的原因。

就认识来说：

第一，不恰当地夸大了政策的作用——积极性的作用，而忽略了原来创造的农业生产条件的作用。以为只要靠政策就行了，靠农民积极性、靠包产到户就有饭吃了，而忽视了农业还要继续投资、要有农业基础建设等的问题。

第二，对前几年农村形势估计得过好，对农村改革的成果估计得过高，对农民的富裕程度估计过高。农业这样好的发展，新中国成立后还没有过，粮食多了，棉也多了，茶也多了，麻也多了，猪也多了，众多的农产品像从地底下涌现出来了，这样的好日子没有过过。在这种形势下，盲目乐观了。有人说，农业是过关了；有人说我国可以成为粮食出口大国了；有人说，农民既然已经富得流油了，国家财政还困难，要办的事太多，让农民拿点钱吧。于是四面八方向农民伸开手了，把个好端端的好形势搞下去了。

第三，我们搞商品经济还没有经验。按商品经济的规律办农业还没有经验，常常是东西多了不知怎么办。东西少了办法很多：发票、凭证、限量、走后门。1983～1984 年，农产品是多了，存在低水平的过剩，怎么办？各方面喊得厉害，农民喊卖粮难，卖粮要排三天三夜队；基层干部说，涨库了，收购不了那么多；财政部门说，粮棉多了，补贴不起（1984 年粮食补贴 227 亿元）。商业部一位副部长说：三年不种棉花也是够用的。1983～1984 年嚷得太厉害了，结果 1985 年出了个限产棉、限产粮的计划，两刀砍下去了。粮棉下来了，现在要让上来就不那么容易了。看不透，一个参谋也没有。

就实践上来说：

第一，1981 年就开始砍农业基本建设投资，1980 年农业投资 59 亿元，1981 年减为 29 亿元。当时财政困难减了农业投资，但以后就成为常规了。以后虽增一些，只有 30 多亿元。"七五"计划 5000 亿元总投资，只安排农业投资 200 亿元。1985 年一减产，各方面呼吁了，也只增加 100 亿元（分四年拨），只达到总投资的 6%，比"五五"期间的 10.5% 还差近一半。国家减了，地方更减。过去要 70% 用在农业上，现在连 7% 都没有。有的连上级拨的农业费用也挪作他用了。集体已经空了，有投资能力的只有 10%～

20%。而农民也不干，由于怕政策变化等原因，农民也不向农田投资，致使这些年造成10亿人吃老本、10亿人刮地皮，农业上不去，农业徘徊，这是最主要的。因此：（1）土地减少了（因为占地：乡镇企业占地，农民也占地，造房修场）；（2）水利老化了，大量水利设施失修。1980年以前，每年增加1500万亩灌溉，1980年以后停了，再大规模水利工程不再组织了，小型配套也不干，现在是年年在减少。"五五"期间，每年增加1500万亩灌溉面积，近几年每年减少700万亩。

第二，削减了农用工业投资，化肥生产停滞了。1980年以前一般每年有20亿元投在农机和化肥农药工业上。1981年以后，逐渐减为4亿~5亿元。化肥生产停滞了，化学药厂停了，50万吨只剩20万吨了，农机是大的变小的了。今年化肥如此紧张，是缺口太大，缺1500万吨，造成了全国性的价格猛涨，抢购化肥成为全国性的事件。

第三，各行各业向农民伸手摊派：教育部门、计划生育、武装部门、交通部门、工商管理、能源部门、公安部门等，损害了农民利益，打击了农民的积极性。

第四，前几年东西多了，就盲目地喊太多了，结果用刀子砍，压缩、压价、压称，使农民蒙受损失。1985年的粮食是这样被砍下去的。故意不收购，给农民信号，国家不要粮，他们当然赶紧改。砍的办法：粮食降价10%~15%，棉花降价20%以上，就这样砍下去，现在剪刀差又扩大了。

第五，双层经营结构只停留在纸面上，没有在实际上找出具体办法来。理论上是站得住的，既发挥集体统一经营的好处，也发挥个体积极性的好处。但实际上，两者怎么弄好？目前的问题是：或者是通通分光了，集体积累一点没有，成为光屁股队，这大概在30%以上；或者是集体办工业，个体办农业，两张皮；或者是政治上组织还发挥作用，经济上则不起作用了。集体无实力的地方，集体这个层次的作用在生产上就起不了多大作用。但有些事（在目前的生产力水平下）一家一户是办不了的（如打机井、处理治安处理纠纷等）。

第六，自上而下撤掉了农委。（有一种指导思想）过去认为要全面领导，一改革，认为农民会种田，可以不管。中央农委被撤了，各省有撤的，有没撤的，下面生产队事实上撤掉了。一个县只有一个副县长在抓农业，地区是副专员，要钱没有，要化肥没有……掌权的不管正经事，管事的不掌权。农业中的问题长期解决不了，化肥如此，卖难买难如此，这次猪肉也是如此。打谁的屁股？

由于这认识上、实践上的原因，把好不容易形成的大好形势搞下去了，把粮棉调下去了。

如果再深挖一层，我想更深层次的问题是经济体制上的。我们原来的这套体制就是重工业、轻农业，保城市、轻农村的体制。这在工业化初期，为了集中资金，也许还有一定的必要，农民做了很大的牺牲，30年贡献了6000亿~7000亿元，农业是被当作纳贡的对象，农业和农民的任务就是为工业、城市提供粮食、工业原料。只有当农业不行了，提供不了足够的粮食和原料时，才会重视农业问题，才会给农业投资，给农业优惠。而一旦稍有好转，就减少对农业的投资、对农业的支持，而加重对农民的拿取。

新中国成立以来已经发生过四次，这次是第五次，又重复了这样一个循环。可见，这套体制不改是不行的。每次的状况是这样的，先是对农民拿得过多了，农民有意见了，农民的反应就是积极性下降，消极怠工，杀猪砍树，生产力遭到破坏，农业下降，农业产品减少，城市供应和工业受到冲击，整个国民经济受阻，不得不做大的调整。增加对农业投资，对农民让步，提高农产品价格，给农民好处。

1954年，统购粮多购370亿斤，农民意见大了。"家家谈统购，人人谈粮食。"这次意见反馈得很快，第二年就削减统购粮，这场风波下去了。

1958年，"一平二调刮五风"，搞人民公社，吃大锅饭，搞大兵团作战，这次是对农民严重的进一步的剥夺。农民被政治热情鼓舞起来的高涨的积极性被打下去了（辛苦一年，到头来是一纸空文），农民只剩下一双筷子，从此就彻底不干了。1958年的大丰产，粮食烂在地里。放开肚皮烂吃，很快把国家吃空了。粮食丰收，国库紧张，城市猪肉、白菜有问题。1958年秋季就没有好好种上。1959年稍稍好一点，退一步，恢复"三级所有、队为基础"。1959年夏天，继续反右倾，继续说大话，穷过渡，政策又变，农民积极性再次被打下去，1959年生产就下来了，秋天又未好好种上，1960年就见底了。中央到1960年夏天才发现到处是饥饿，8月发出了大办农业的文件。11月发出12条紧急指示，1961~1962年工业就大下马（1960年工业猛上）。1960~1962年，用了三年时间才扭过来，1962年农业才恢复生机。这是同农民的一次大较量。

第三次，1967~1969年，"文化大革命"，搞到农村去，于是1967年、1968年农业就全面下降。1970年全国北方农业会议，周总理重申《人民公社60条》，强调队为基础，抓五小工业，略有起色。1975年、1976年"文化大革命"后期，批右倾方案，用无产阶级专政的办法办农业……加快搞穷过渡，农业也到了崩溃的边缘。

第四次，1978 年十一届三中全会。这一次怎么来说，还是向农民拿得多了，得罪了农民，现在农民意见大了：（1）对统购粮价太低有意见；（2）对售粮应挂钩物资不兑现有意见；（3）对化肥、柴油供应不足，大幅度涨价严重不满，抢购化肥已经成为社会问题；（4）对政策多变，搞规模经营有意见，农民不向土地投资；（5）对一些地方与民争利、随意关闭市场、损害农民利益有意见。有的地方规定一斤棉花也不准上市（多 1 斤我不要）。于是越少越统，越统越少！现在的情况是：（1）种田积极性下降，田不多还种不好，猪也不养了；（2）不向土地投资（有钱盖房子，买媳妇，生儿子）；（3）拦路抢购；（4）抗交定购粮，有打干部的、顶干部的；（5）基层组织现在瘫痪、半瘫痪，占到农民一边去了，所以农业产量的问题实质是与农民的关系问题。

问题：不该拿的拿了（降价），该给的没有给（投资），不该管的管了，该引导的没有引导。

三　农业问题的发展对策和前景

第一，要统一对农村形势的看法。上下看法不一致，农业部门和非农业部门看法不一。真正调查一下农民、农村、农业到底怎样？农村形势还好，农业形势严峻，农民有了意见。现在还有两个老本在吃：一是 30 年基本建设的老本还有（还能维持一段时间）；二是 1978～1984 年六年积累起来的丰富农产品还有一些，所以现在还能硬挺。挺多久？最多两年。挺不住的首先是粮，接着是猪肉，棉花也挺不住了，棉纺厂开工只有 70%～80%。要减 40 亿元税利。早晚是挺不过去的。政治经济上的原因，不到挺不住是不会退的。我看是非调整不可的。早调整损失小，越挺问题越大。早调早主动，越拖越被动（目前不是加快改革的问题，而是先要调整的问题）。

第二，目前的问题要调整，要对农民让步，给农民一些实惠，调动农民的积极性，给农业投资。调整就是要调工农关系，要调城乡关系。这几年工业上得太快了，步子太大，城市建设和城市消费上得太快，超过了农业的基础。要压缩大基建，放慢城市建设和改善生活的速度。农业上去的好处城里人得了，十年得了电气化；农业下来了，这个担子城里人也要担一点。这着棋早晚要下。

第三，要从体制上改革，解决轻视农民利益、轻视农业的问题。农民的政治地位、经济地位要有保障。要从巩固工农联盟的角度来考虑这个问题。

第四，具体的政策是调整粮棉收购的价格，要缩小剪刀差，按价值规律办事。

第五，加强对农业的领导，加强基层工作。

第六，城镇居民对此的看法：粮价涨了，别的东西会不会涨？国家治理调整了，控制了局面，就不会继续涨。如不调整，早晚要失控，问题会更大。居民减一斤订购粮不干，农民多交一斤订购粮不干，为难的是国家。城镇居民要承担一点经济责任，农业好了，大家好；农业坏了，大家要紧一点，猪肉就是这样。

前几年我们在消费、基建上步子走得快了一些，超过国力，超过农业的生产力，一下子就要向外国看齐。看齐不是从生产上看，而是从生活上、消费上看。就国家来说，豪华宾馆、豪华车，富丽堂皇，上行下效。北京盖，省里盖，下到地县也盖，不得了啊！居民生活也是彩电、冰箱、双筒洗衣机、双卡录音机、转圈沙发，这种速度可能是世界上少有的，一步登天，超前消费、高消费，这同国力是不适应的。前几年的宣传，把居民的胃口吊起来了，我们国力承受不了（昨天《参考消息》上说，过去五年美国人借债挥霍的时代已经结束，五年消耗的东西多于生产的东西，现在美国必须改变这种方式了！今后几年要用勤奋工作、增加生产、减少消费来补债，美国外债已高达4000亿美元）。

我们的问题是从1984年下半年吹起来的，经济过热，基建战线过长，消费过热。而恰恰是1985年农业走了下坡路，一下子消费猛涨，一下子农业生产供给停滞、徘徊，于是出现了目前粮食、猪肉紧张的状况。好在目前的认识比较符合实际，中央领导同志已经提出了农业这个极端重要的问题，加强调整。而且真调整了，我想问题不会太大。因为原有的老本还在，农民的生产活力还在。把生产条件改善了，水利、农用工业搞上去了，农民积极性调动起来了，问题还是很快就可解决的。中央号召大家过几年紧日子，我看就是为了调整，是有道理的。农民活跃了，农业就能上去，整个经济就活了。要小调整，不要拖；越拖，问题越大，就非大调整不可，这是已经有的历史经验。

今年粮食减产后将遇到的问题及对策性建议^{***}

1988 年气候反常，灾害频繁，风雹虫病、旱涝交替，南北遭水，东西受害。据民政部门统计，全国受灾面积 7.6 亿亩（前 3 年平均为 6.6 亿亩）。今年夏天，我先后到山东、陕西、黑龙江等省调查，多地都反映，农业生产遇到了很多困难，农业形势很不乐观。九月下旬，我到郑州参加国情调查协调会议，据多地社科院、农经所和社会学所负责同志反映，今年有 10 多个省要减产，而且幅度很大。广西、湖南大水，山东、安徽、河南旱灾。河南小麦减产 19 亿斤，秋粮还将减产 30 亿斤以上。浙江遭台风大灾，江西、四川先旱后涝，江苏还好，河北、北京略增。据有关部门估计，1988 年全国粮食要减产 300 亿斤左右。

1988 年的自然灾害很大，可说是 1980 年以来最多灾的一年，加之这些年水利失修，农用工业衰败，农用物质紧张，价格猛涨，农民的农业生产积极性受挫，抗灾害能力降低，所以受灾面积较大，损失严重。另外，还由于粮食价格偏低，农民不愿种粮，全国粮食播种面积实际下降，所以粮食相对于经济作物减产更多。^①

1988 年粮食减产约 300 亿斤，减产幅度为 3% ~ 4%，就绝对数和减产幅度来说，都比 1985 年小，但其后果要严重得多。1985 年减产 560 亿斤是

---

* 本文源自《当代中国农村与当代中国农民》（陆学艺著，北京：知识出版社，1991 年 7 月），第 308 ~ 313 页。原稿写于 1988 年 10 月，曾摘要刊发于中共中央党校理论动态编辑部编《理论动态》第 811 期（1988 年 12 月 5 日），以及《经济体制改革内部参考》1988 年第 24 期（1988 年 12 月 31 日）。该文发表和收录文集时均有删节，本文现主要根据文集《当代中国农村与当代中国农民》收录稿刊印，并根据作者手稿增补有关内容。——编者注

** "今年"本文中指 1988 年。——编者注

① 该文前两个自然段根据作者手稿增补。

在 1978～1984 年连续 7 年大丰收之后，那时国家和农民家里有大量存粮，虽然减产 7%，但没有引起大的社会震荡。今年是在粮食连续 3 年没有完成计划的情况下减产的，而这 4 年人口却增加了 5600 多万。所以对今年减产后果的严重性要有充分估计。

一 农业和粮食减产的有些后果已经表现出来

（一）人心浮动，可能出现争购粮食风潮

行业用粮放开后，饲料、食品、医药、纺织等工业用粮大户出于企业自身利益，都可能向市场多购粮食；缺粮地区也会到产地收购粮食；全国城镇居民手里有几百亿粮票，一有风吹草动，也会买粮囤粮。目前正是新粮上场季节，按一般惯例粮价应下跌，而今年各地市场粮价坚挺，且有继续上涨的趋势。据河南农经委的同志讲，"安阳和信阳已经出现北京和广东来的购粮者，他们向当地农民买青苗，私下同农民签订合同，以每公斤 1.60～2 元的价格收购农民的大米，预付定金每公斤 0.8－1.0 元。"据新华社信息，合肥、长沙、武汉、南宁、成都、长春、沈阳和昆明的集市贸易大米每公斤行情，4 月 11 日～18 日依次为 0.78 元、0.96 元、0.84 元、0.92 元、0.86 元、0.96 元、0.97 元、0.97 元；6 月 28 日～7 月 5 日依次为 0.85 元、1.03 元、0.86 元、1.16 元、0.90 元、0.96 元、0.96 元、1.0 元；8 月 5 日～8 月 12 日依次为 1.10 元、1.15 元、0.90 元、1.16 元、0.98 元、0.96 元、1.06 元、1.16 元；9 月 27 日～10 月 4 日依次为 1.30 元、1.16 元、1 元、1.30 元、1.02 元、1.46 元、1.40 元、1.30 元。8 大城市米价 4～6 月涨了 6.33%，6～8 月涨了 9.63%，而最近一个多月却上涨了 17.44%。这说明抢购、争囤粮食的苗头已经出现。

（二）市场粮价上涨，同国家定购价的差距进一步扩大

1987 年市场粮价同国家定购价的差距平均每公斤为 0.20～0.24 元，现在平均每公斤已差 0.30～0.40 元，农民失利太多。这会使农民不肯交定购粮的面进一步扩大，使国家以合同价收购的粮食进一步减少，完不成收购计划。

（三）影响国家同农民的关系，加深地方基层干部同农民群众的矛盾

基层干部要完成收购任务，就要采取各种行政手段甚至出格的手段。

这两年屡有基层干部出动公安人员和民兵，带了武器、手铐到农家里强行收购粮食的事件发生，出现过基层干部拘捕、拷打以致逼死农民的事件；也出现过农民围攻、殴打干部，打死干部的事件。这类事件发生多了，我们党在农民群众中的威信受到损害，基层政权瘫痪，基层干部也难以开展工作。

（四）使国库存储减少，粮食偏紧

由于遭灾减产，市场粮价上涨，原来的粮食调出省，除吉林省外都会要求少调出粮食，而原来粮食调入省则会要求多调进粮食，一些粮食自给省也会要求调给粮食。而今年国家能收购到的定购、议购粮都会以较大幅度减少。进出相抵，今年的粮食账很难平衡，会留下较大的窟窿，只好主要靠挖库存来弥补。但1985～1987连续3年挖了库存，所剩已不多，今年再挖，国库就偏紧了。挖国库是不得已而为之的应急措施，但今后确已到不能再挖的地步，否则是要出乱子的。

（五）影响畜牧业，带动副食品价格上涨，影响城镇居民生活

农业—畜牧业，有一年到一年半的滞后效应。今年秋后粮价上涨，会影响明年畜牧业的发展，特别是影响养猪业的发展，带动猪肉、禽蛋价格的上涨。行业用粮放开，粮价上涨，居民日常生活必需的酱油、醋和豆制品、糕点等也会上涨，影响居民生活。

二　对策性建议

上述情况秋后将相继出现，其中有的已经出现。1988年的农业形势是严峻的，粮食问题是严重的。为了克服由于农业减产而引起的种种困难，使形势向好的方面转化，使农村的改革和发展大业继续向前推进，特提出以下建议。

（一）要把灾情和由于农业减产引起的困难，如实向城乡人民讲清楚

唤起广大群众和干部当家做主的责任感，振奋精神，分担天灾造成的后果，共渡难关。这些年来，我们的一些宣传和舆论工作需要改进。1984年宣传农业大好，这是事实，但有点过分，好像真是粮食吃不了了，棉花

用不了了，农业已经过关了！1985 年后农业徘徊不前，粮食由余变缺，棉花也紧张了，农产品市场价格上涨。但还是宣传农业形势大好，这就不符合事实了。多数干部群众主要是从报刊得到信息，并不了解全局情况。形势既然这么好，人们自然要求增加工资，追求高消费。蔬菜、副食涨了价，意见一大堆。今年遭这样大灾，城市还是一片要求增加工资的呼声。现在有些同志仍然主张把今年的天灾和灾害造成的损失、困难包起来，减产的数字尽量含糊或不公布。对外仍在宣传农业的好形势，生怕讲了困难和问题会动摇军心，失去对党和社会主义的信念。这实在是一种自我安慰，既不相信群众，也不相信自己。

（二）采取有力措施，稳住集市粮价，稳定农村市场

首先，严令禁止工业用粮行业（食品、纺织、医药等）和缺粮省区以及粮食经营单位到集市抬价抢购粮食，以防 1986 年秋冬集团抢购粮食、抬高粮价的事件再现。其次，采取政治、经济和社会等综合措施，稳住人心，防止城镇群众购粮囤粮的风潮。再次，临时成立粮食领导小组，调集掌握一定数量的粮食和必要的资金，随时了解各地粮食市场的信息和动向，平抑好各地粮价，保证粮食市场稳定。

（三）按价值规律，向农民买粮，缓解商品粮不足的矛盾

今年计划产粮 8200 亿斤，预计产 7800 亿斤左右，只能完成国家计划的 95%。据有关部门估算，今年全国用粮约需 8200 亿～8300 亿斤，缺口为 400 亿～500 亿斤。农业人口（占全国人口 79.3%）的用粮弹性较大，大部分农民这几年都有些存粮。问题是商品粮紧张。全国 2.2 亿城市人口用粮加上工业用粮、灾区救济粮一年需要 2500 亿斤左右。1987 年，国家向农民纯收购 2198 亿斤粮食，纯进口 178 亿斤粮食；不足部分靠挖库存弥补。而 1988 年由于遭灾，定购和议购计划很难完成。解决这一问题的办法是向农民买粮。其具体措施，一是鉴于今年农用工业品价格上涨过大，粮食成本增高，建议今年秋粮收购时就执行新的定购价格；二是在不拉动集市粮价的前提下提高粮食议购价格。

这样做，国家要多支出约 60 亿～70 亿元。其中，秋粮定购的 600 亿斤，每斤增加 0.05 元，约 30 亿元；800 亿斤议购粮，在原来议购价基础上，每斤再提高 0.04～0.05 元，约 32 亿～40 亿元。其结果，一可以稳定人心，缓和国家同农民、基层干部同农民的矛盾，使秋粮收购工作顺利进

行；二可以调动农民种粮积极性，推动今年秋种和冬管，为明年粮食丰收打好基础；三可以多收购 100 亿～200 亿斤商品粮，按减少进口 150 亿斤计，约少付外汇 20 多亿美元，大致相当于上述两项支出，而这又是付给中国农民的。肥水不落外人田，何乐而不为？

（四）尊重唯物论，开展调查研究，重新认识农民，如实分析当前农村和农业的形势

1985 年以后，对于农业形势的估计，有着很不相同的看法。一种认为 1985 年以后农业由超常规增长转入常规增长，发展是正常的，形势是好的。一种认为，1985 年减产是一个信号，农业由此转入停滞徘徊的阶段，形势是严峻的。建议党中央在秋后组织一次相当规模的深入农村基层的调查活动，请农业和与农村有关部门的领导同志参加，就农村形势，土地问题、人口问题、水利问题、乡镇企业、农用工业品的生产和供销，农民富裕程度，农民的生活，思想现状以及农村基层组织等状况作全面的调查。特别要弄清今年农业减产的实况和减产的原因，以及减产后出现的问题。使大家有一个统一的认识，这是解决农村问题的基本前提。

（五）因势利导，统一思想，调动一切力量冲破农业徘徊局面，争取 1989 年农业丰收

邓小平同志 1986 年 6 月 10 日指出："农业上如果有一个曲折，三五年转不过来。"[1] 从 1985 年大减产算起，农业已徘徊 4 年，1988 年农业较大幅度减产，又一次向我们发出警告。国家和各级政府必须对农业采取特殊保护政策，投入必要的人力，财力和物力。这几年的农村工作应该总结，把重点放到如何摆脱目前的农业困境，使农业从这次曲折中转过来。

当务之急，是要理顺农产品价格，减轻农民负担，调动农民的生产积极性。中央已决定提高粮食和部分农产品的收购价。问题是要妥善贯彻，按照价值规律，调整好农产品内部比价，平抑农用生产资料价格，用好农业贷款。

使农民得到实惠，还要降低农业生产资料的价格。这几年农用工业品价格暴涨。其原因：一是农用工业衰退，很多农机、化肥，农药工厂倒闭

---

[1] 邓小平：《建设有中国特色的社会主义（增订本）》北京：人民出版社，1987 年 3 月第 2 版，第 132 页。

转产，致使农用工业品奇缺。如化学农药 1980 年产 53.7 万吨，1984 年下降到 29.9 万吨，1985 年为 21.1 万吨，1986 年为 20.3 万吨，1987 年只有 16.1 万吨，低于 1962 年 19.3 万吨的水平。前几年大量进口农药，1983 年进口 6 万吨，1984 年进口 5.9 万吨。而近几年外汇短缺，1986 年只进口 7495 吨，致使农药奇缺，不法之徒乘机造假药坑农；二是农用工业品供销渠道混乱，官商勾结，倒爷弄鬼，盘剥农民。今年化肥，柴油、薄膜和农药的市价暴涨 1~2 倍，有些地方农药价格暴涨 5~6 倍。国家要制定政策，拨出财力、物力拯救农用工业，使农用工业品生产有一个大发展。同时要下大力整顿农用工业品的流通渠道，取缔中间盘剥，使农民能以合理的价格得到农业生产资料。吉林等省实行农用工业品专卖，这个经验值得借鉴。

今年的灾情不是很大。但农业减产的幅度较大，说明光靠吃农业的"老本"已不能再维持下去了。国家要增加对农业的投资，带动各级地方政府都来重视农业，在今冬明春掀起一个兴修大中小型水利工程为中心的农田基本建设，为明年农业丰收打下一个好的物质基础，结束农业停滞徘徊的局面，为农业迈上新的台阶做好准备。

当代中国农民

要处理好农民问题[*]

总结三十年的经验和教训，我们在处理同农民的关系问题上，有几点值得研究。

一 农民越来越多，农业劳动力大量过剩

世界各经济发达国家，在工业化过程中，都有一个使劳动力从生产率较低的农业部门向生产率较高的工业部门转移的过程。而且一般还是遇到了劳动力不足的问题。如美国工业化过程中不仅是大量农民进入城市，而且每年有大量外侨进入美国就业。我们在工业化过程中，遇到的新课题之一是农民在总人口中的比例反而越来越大。

据统计，我国在"一五"和"二五"期间，农业人口的比例是逐年下降的，但在"三年经济困难"后，农村人口的绝对数和相对数都逐步增加。1979 年，我们的农业人口为总人口的 83.8%，农村人口占全国人口的86.75%。非农业人口以 7‰的自然增长率计，每年纯增约 110 多万人，农业人口以 12‰的自然增长率计，每年增长约 970 多万人。按现在的建设规模和就业结构（城里人在城里就业，农业人口在农村安排），我们的农村人口和农业人口在总人口中的比重还会增大。这是个难题。现在仅有 1.2 亿城市人口，我们目前的农业负担已经很吃力，但我们搞"四个现代化"，总不能越化农民越多吧！

---

　*　本文源自《当代中国农村与当代中国农民》（陆学艺著，北京：知识出版社，1991 年 7月），第 40～44 页。该文初稿写于 1980 年 4 月 20 日。——编者注

二 对农业的社会主义改造要求太急，步子太快，还搞一刀切，吃了很大的亏

党的过渡时期的总路线和总任务规定，从 1953 年开始，用 10 年到 15 年或更多的时间完成对农业的社会主义改造。1955 年以前的步子比较稳妥，到年底统计，参加高级社的农户才 4%。但从 1955 年下半年开始，步子加快了，只用了一年半的时间，就跳跃式地完成了合作化。1956 年入高级社的农户达 96.3%。有人以为，这是广大农民蕴藏的极大的社会主义积极性迸发出来的结果，认为是社会主义的巨大胜利。后来还总结说，这是"趁热打铁"，趁土改后，农民对土地的个体所有制还未十分巩固时，搞社会主义改造比较容易。认为经济越落后，从资本主义过渡到社会主义越容易，而不是越困难，人越穷，越要革命。这就是后来概括的"穷过渡"。趁穷容易过渡，这是早就有了的指导思想。

结果怎样呢？1956 年合作化，1957 年农业就减产。据国家统计局的统计，1956 年粮食总产 3854 亿斤，1957 年粮食总产 3900 亿斤，实际只有 3840 亿斤。大牲畜从 8773 万头下降到 8382 万头。以上两项在解放后都是直线上升的，1957 年是第一次下降。1957 年全国各地出现了部分农民要求退社的问题。对此，我们没有认真分析研究，就笼统地以"富裕中农自发资本主义势力，反抗社会主义"为由，用政治和行政的手段压了下去。

1957 年的实践还不足以使人认识清楚这个问题。没有认识到合作化的步子快了，应该就此却步，停下来整顿、巩固，反而认为步子小了，要继续前进，所以 1958 年又来了个公社化。有人说，1958 年应该是踩刹车的，结果踩了油门，步子更大了。几个月之间，全国农村在所有制方面又搞了一次革命，"一大二公"，搞公社所有制，把社员的自留地、家庭副业，等等都转为公有，还办了公共食堂，真的吃起大锅饭来了。并且还设想三四年，五六年就能够过渡到全民所有。一时间，以为共产主义就在眼前似的。在生产关系问题上如此主观任意地变动，遭到了农民的消极怠工的抵制，农业生产受到巨大的破坏，这是出现"三年经济困难"的主要根源。1961 年以后，退到了"三级所有，队为基础"，以生产队为基本核算单位，形式上退到了初级社的规模。农民接受了，生产逐渐恢复起来。但在理论上并未批判左倾冒进的错误，所以"文化大革命"中又死灰复燃，不少地区又搞"穷过渡"，割资本主义尾巴，没收自留地，关闭集市贸易，不准搞家庭

副业，还是搞"一大二公"。结果国民经济被拖到了崩溃的边缘。

总结三十年来的经验教训，回过头来看，一是集体化的步伐太快，要求太急，煮了夹生饭。如果按原来部署，先互助组，再初级社，再高级合作社，一步步走，一个阶梯一个阶梯地上，会好得多。二是忽视了各地农村生产力水平的千差万别，在生产关系上要求整齐划一，全国齐步走。在960万平方公里的土地上，几亿农民处在很不相同的生产力水平条件下，但我们在合作化问题上，却忽视了这种生产力状况不同的本质差异，在全国基本上同时实行一种生产关系，一起搞合作化、公社化，后来又一律搞"三级所有，队为基础"。显然有适合的，有不适合的。生产关系适合当地生产力水平，生产就上去了。有些则不适合，成了生产力发展的障碍。应当承认，我们在农村生产关系这个根本问题上，犯了一刀切的错误。

三　农民负担过重，国家向农民取的过多，给的过少

长期以来，我们对农业生产力的落后状况估计不足，实际上也就是对我们的国力的落后状况估计不足，在这个基础上，提出了实现工业化、现代化过快过高的要求。在第一个五年计划开始的时候，就出现了粮食和棉花等工业原料不足的矛盾。所以 1953 年冬就实行对粮食的统购统销，1954年实行了对棉花的统购和棉布、食油的统购统销。而 1954 年购了"过头粮"，弄得"人人谈粮食，户户谈统销"。农民有意见，是由此开始的。1955 年少购了 70 亿斤，缓和了一下矛盾。但问题并未就此解决，1956 年实现了合作化，1958 年实现了公社化后，粮食和农产品的实际所有者从个体农民改变为公社、大队和生产队，国家不是直接向农民征购，而是由公社、大队、生产队向农民分配口粮，这样，矛盾就被掩盖了起来。多年来，中央三令五申，绝对禁止购"过头粮"，而实际上购"过头粮"的情况年年在各地发生。1976 年全国有 1.4 亿农民口粮不足。所以说我们是勒紧裤带搞建设，一点不假。

统购了粮棉油之外，以后又实行了对糖料、麻类、生猪、禽蛋等的派购。粮食和农产品越少，越要统，而越统，这些东西就越不够，处于这样一个恶性的循环之中。

农民生活最好的是 1956 年，当年农民口粮平均是 410 斤，1957 年下降到 406 斤，"三年经济困难"时期降得更多。1966 年恢复到 373 斤，直到

1976 年还只有 405 斤，而且这个水平，还是靠进口粮食才达到的。

说农民负担重，还表现在农民通过"剪刀差"的方式向国家所作的贡献。据农业部的同志估算，三十年来，农民向国家贡献了 6000 多亿元，其中以农业税形式缴纳的只有 1000 多亿元，很大部分则是以"剪刀差"的形式贡献的。三十年来，国家在农业上花的资金为 1300 亿元，其中 70% 用在水利建设上。

总的情况是国家向农民要的多，给的少，致使三十年来工农差别、城乡差别不是缩小了，而是扩大了。据国家统计局统计，农村消费品购买额在全国消费品零售额中的比重由 1949 年的 58.2%，下降到 1977 年的 42.2%。1977 年农村人口占全国总人口的 87.8%，但他们在全国消费品零售额中只占 42.2%，这个问题无论从工农差别、城乡差别，或工业化需要农村市场等角度看，都是我们要重视解决的问题。

我们新中国成立 30 年，实行了土地改革，搞了社会主义，人民当家做主，理应有一个农业生产大大发展的好局面。为什么农业生产只持续增长了 7 年？为什么从 1957 年以后就发展缓慢，粮食和副食等的供应长期紧张，以致弄到 8 亿人搞饭吃还不够，要靠吃进口粮呢？

总结这三十年的经验教训，对照历史经验，我们在处理同农民的关系上有两点要记取。一是对农民的社会主义改造要求太快太急，所有制关系变动太多，使农民长期处于不安定状态，把各种生产门路都堵死了，对农民卡得太紧太严，压抑了农民的生产积极性，8 亿农民的潜力，20 亿亩土地的潜力，远远没有发挥出来。二是我们对农民取的过多，使之无力更生，有些地方连简单再生产都维持不了。这同样也打击农民的生产积极性。农民没有发展生产的积极性，农业是无论如何搞不好的。这两条正好与前人用过的"轻徭薄赋""休养生息"的政策相违背。

据此，我们在处理同农民关系问题上，有两条是要注意的，第一，在坚持党的领导、坚持社会主义道路的条件下，要继续扩大社队和农民的自主权。在生产关系问题上，要容许多种形式，只要坚持生产资料公有和按劳分配两个原则，当地农民愿意采取何种形式，就实行何种形式，以能够增产增收为标准。要开放农村，广开生产门路，调动一切积极性，把农业生产搞上去，把 8 亿农民、20 亿亩土地的潜力充分发挥出来。第二，要继续减轻农民负担，继续有计划地缩小工农业产品的"剪刀差"，千方百计地让农民富起来。8 亿农民不殷富，中国是富不起来的。8 亿农民没有积极性，社会主义现代化是实现不了的。

为什么在田间劳动的只剩下一些妇女？[*]

——芦城公社劳动力使用情况的调查报告

现在[①]我们 9.7 亿人口中，8.1 亿是农民[②]，4 亿多劳动力中，3 亿多在农村，而我们的耕地只有 15 亿亩，每个农业劳动力平均只耕种 5 亩地。这样多的劳动力，种这样一点地，理应是种得好、管得好的。但事实不然，我们的农业生产搞得不好，不仅我们的农业劳动生产率远远低于发达国家，而且单产也很低。1978 年，我们粮食平均亩产才 548 斤，低于日本、法国、西德、匈牙利、丹麦、荷兰等国。棉花平均亩产 56 斤，低于苏联、美国、危地马拉、墨西哥、土耳其、希腊等国。我国农业落后的原因是多方面的，其中一个重要原因是，目前人民公社对劳动力的安排和使用方面，存在着严重的问题。名义上有那么多劳动力在农村，实际上真正参加农业生产，特别是参加田间管理的却很少，而且不是主要劳动力。正如我们在农村到处可以看到的，现在在田间劳作的主要是妇女和老人。这是一个很值得重视的问题，也是应该引起人们深思的问题。

最近我到北京市大兴县芦城公社调查研究，着重调查了这个公社的劳动力使用情况，解剖一个麻雀，看到这方面问题是相当严重的。

芦城公社是大兴县较富裕的一个公社，是合作化后由穷变富的典型。全社 3381 户，48 个生产队，15290 人。1979 年统计的劳动力（男、女、整

---

* 本文原载于中国社会科学院内部刊物《未定稿》1980 年第 23 期，发表时间：1980 年 9 月，原稿写于 1980 年 7 月 16 日。该文后以《芦城公社劳动力使用情况的调查报告》为题公开发表于《农业经济丛刊》（该刊现改为《中国农村观察》）1981 年第 2 期。本书编者根据《农业经济丛刊》校订了本文个别数据。本文涉及的相关地区农村经济社会数据源自作者调查过程中获得的资料。——编者注

① 此处指 1979 年。——编者注

② 此处"农民"指拥有农业户口的人。

半）共有 7239 个。从统计表上看公社一级使用的劳动力为 740 人，占 10.2%，大队一级使用的劳动力为 644 个，占 8.9%，生产队一级使用的劳动力为 5856 个，占 80.9%。在农林牧副渔各业中，从事农业劳动的为 5739 人，占总劳动力的 79.3%。

如果真像统计表上的数字，这样的安排，在目前生产力条件下，应该说是比较合理的，但事实是，统计表远远没有反映客观的实际情况，请看最近的调查。

一　公社机构庞大

1. 公社机关

表 1　公社党委系统人员

岗位	人数（人）	岗位	人数（人）
党委书记	1	党委副书记	4[①]（其中兼公社主任 1 人）
公社副主任	3	政治组	4
党委办公室	2	公安员	2
共青团	1	妇联	1
武装部	2	知青办	2
监察委员	1	广播	4

注：原文为 3 人，根据《农业经济丛刊》文改为 4 人。——编者注

以上属党委系统共计 27 人。

表 2　公社行政系统人员

部门	人数（人）	部门	人数（人）
办事组	3	生产组	3
畜牧组	3	沼气	1
水利	3	农机	2
电站	2	科技站	3
林业	2	工副业办公室	5
计划生育	2	电话	4
财务	2	电影队	2
管理员	1	炊事员	3
看门	2		

以上属行政系统共 43 人。

表 3　在公社机关办公、由县里财政开支的人员

部门	人数（人）	部门	人数（人）
信用社	9	粮管所	4
税务所	1	邮　局	1

以上在公社机关办公、由县里财政开支的人员共 15 人。

三项合计，公社机关共 85 人（见表 1～表 3），其中属国家编制的脱产干部为 23 人，其余 62 人均为社调工。

据公社的同志告诉我们，这个公社机关在办社初期，只有 20 人，1965 年近 40 人，现在发展到 80 多人。诚然，公社的各种事业是发展了，但这样一个 15000 人的公社，脱产干部竟有 85 人之多，占总人口的 0.56%，这个比例是太大了。

2. 公社的工副业

表 4　公社的工副业部门人员

部门	人数（人）	部门	人数（人）
拖拉机站	70	农机修造厂	84
水泥管厂	57	羊毛衫厂	100
基本建筑队	140	服装厂	60
景泰蓝厂	32	汽车运输队	19
装卸队	13	良种场	40
兽医站	15	服务组（理发、修车……）	12
小计	327	小计	315
合计		642	

以上共计 12 个单位，642 人（其中管理人员 57 人）都是公社集体企业的职工，当地称为社调工（见表 4）。1979 年的工副业总产值为 200 万元，纯利润收入为 347200 元，全部上交给公社。这是公社所有各项开支的主要财源。如 1979 年开支各项行政管理费（包括干部工资）101100 元中，由国家拨给的行政费只有 18632 元。这 642 名职工，已经从生产队调出，不在生产队记工分，不参加生产队分配，工资和奖金由企业分级支付，口粮由公社供给（公社每年向各生产队摊购，按国家收购牌价再加价 30%）。

3. 公社开支的事业单位

敬老院，有工作人员 8 人，老人 40 人；知青队，有工作人员 8 人，由宣武区分配来下乡知青 70 人。

4. 国家开支，设在芦城的企业事业单位

供销社共计 112 人，其中国家职工 53 人，大集体职工 50 人，合同工 9 人。

粮店 15 人。

中学 3 所、小学 18 所，中小学教员共计 205 人，其中属国家职工 145 人，民办教师 38 人，代课教师 22 人。

卫生院 25 人。

以上四大类共计 1100 人，其中国家的脱产干部和职工 311 人，其余 789 人均为社调工或享受类似社调工待遇的农业劳动力，占全公社劳动力的 10.9%。

二　生产大队占用劳动力很多

芦城公社共有 17 个生产大队，基本上是按原来的自然村划分的。这些年来，大队级机构越来越大，人员也越来越多，可以说是机关化了。我调查了这个公社的东芦城大队，这个大队有 4 个生产队，1500 人，700 多个劳动力，大队级占用的劳动力的情况是这样的。

表 5　大队部

岗位	人数（人）	岗位	人数（人）
支部书记	1	大队长	1
副大队长	4	民兵连长	1
团支书	1	会计	1
保管（出纳）	1		

以上共 10 人。

表 6　大队所属的事业单位

岗位	人数（人）	岗位	人数（人）
赤脚医生	2	兽医	1
电工	2	电磨	2

岗位	人数（人）	岗位	人数（人）
水工（自来水）	1	水利	1
钉掌	2	理发	2
林业队	7	科技站	7
机务队	9	幼儿园	4

以上共 40 人。

表 7　大队的企业

岗位	人数（人）	岗位	人数（人）
大队养猪场	15	大队焊条厂	20
一队、二队合办的服装厂	50		

以上共 85 人。

这三类共计 135 人（见表 5 ~ 表 7）。这些在大队工作的各种人员，在统计上都属于从事农业的劳动力，但实际上他们基本上都不参与田间劳动的。他们是挣大队工分，吃大队的口粮。一般都是得全大队的强劳动力的平均工分或略高于强劳动力的工分，口粮也是吃平均口粮或略高于平均口粮。从东芦城大队的情况看，这部分人员约占全大队总劳动力的 19.3%。

三　生产队的后勤人员很多

芦城公社共有 48 个生产队，平均每个队 70.4 户、318 人，也有上百户、500 多人一个队的。我们调查了东芦城大队第一生产队，这个队 470人，男女整半劳动力 210 个。据了解，这样大的一个生产队每天到大田劳作的人只有 60 ~ 70 个，而且基本上都是妇女。为什么竟是这样的呢？劳动力都到哪儿去了？调查结果如下。

表 8　生产队队部

岗位	人数（人）	岗位	人数（人）
生产队长	1	副队长	2
女副队长	2	会计	1
记工员	1	保管	1

以上共 8 人。

表 9　生产队后勤人员

岗位	人数（人）	岗位	人数（人）
大车把式	9	饲养员	2
手扶拖拉机手	1	猪场	3
菜园子	10	瓜田	5
放水员	8		

以上共 38 人。

这两大类，当地统称为后勤，共 46 人，另外还有上述生产大队从这个队抽出的各种劳动力共计 53 人（其中大队干部 4 人、猪场 5 人、林场 2 人、科技组 2 人、机务队 4 人、幼儿班 1 人、民办教员 1 人、钉掌 1 人、理发 1 人、赤脚医生 1 人、服装厂 25 人、焊条厂 6 人），还有在大兴酒厂当合同工的 2 人，建筑队当合同工的 7 人（合同工每月向队里交 10 元钱，由队里记强劳动力的平均工分，参加队里分配）。

生产队后勤，大队人员，合同工这三项共计 108 人，这已占总劳动力的50% 以上，再加社队临时的各种公差，加上病号和各种原因歇工的，平时由作业组长带着下大田干活的，只有 60～70 人（占总劳动力的 30%），有时甚至只有 50 多人。因为当干部的，出去当社调工的，开拖拉机和队里搞"后勤"的绝大多数都是男的，都是强劳动力，所以平时下大田干活的 60～70 人，绝大部分都是妇女。所以，有人说，现在再说"妇女能顶半边天"已经不够了，现在的农村，妇女简直是"里里外外一把手"了。也有人说，叫人民公社是不确切了，现在是"人民母社"了！

芦城公社东芦城第一生产队，有 800 亩耕地，80% 是水稻田，每人不到 2亩耕地，每个劳动力耕种平均不到 4 亩田，劳动力按说是绰绰有余的，但因为各方面抽调走的劳动力太多，特别是"后勤"人员太多，真正到第一线稻田里干活的只有 60～70 人，所以劳动力显得还是紧张。上级要求在 6 月底就插完秧，最好是在 6 月 25 日以前，这样可以抓住黄金季节，可是今年就一直插到 7 月 5 日才勉强插完。相应地田间管理就拖后被动了。这个队在 1970 年总产量就达到了七、八十万斤，亩产超过了 900 斤，近十年来粮食的总产和单产徘徊不前，一个很重要的原因就是耕作制度改变之后（1968 年开始改种稻麦两茬）田间管理跟不上，常常因抢不住季节而减产。而之所以抢不住季节，田间管理不好，就因为参加大田生产第一线劳动的人太少了。

现在大多数农村中，普遍感到劳动力过剩。要给过剩的劳动力谋出路、腾出一部分劳动力去从事工业、副业、商业，向生产的深度、广度进军，这是完全必要的，对农村发展也是有利的。而像芦城公社那样，情况不完全是如此，虽然也有一部分劳动力劳动力去从事工业、副业了，但有相当一部分劳动力不该脱产的脱产了，该在生产第一线的，却挤到"后勤"去了。致使一面是劳动力过剩，一面在生产第一线却又感到不足。还因为分配等方面存在不合理的因素，在生产第一线的劳动力也总感到吃亏，不安心农业生产，这对农业发展是很不利的。为什么会造成这种状况的呢？据我们在农村和干部、社员座谈，原因有这样一些。

第一，主要是政策方面的原因。现在农民把国家的干部和职工称为"铁饭碗"，旱涝保收；把集体所有制的职工，当地的社调工称为"塑料饭碗"，挣工资，吃社调粮，有劳保待遇；把挣工分的称为"泥饭碗"。吃"塑料饭碗"的总想去争"铁饭碗"，而吃"泥饭碗"的也是千方百计地去抢"塑料饭碗"。这种比较普遍存在的倾向，几乎成了一种潮流，对于要加强农业这个基础是很不利的。

第二，吃"泥饭碗"的也有两种。同样是挣工分，在生产大队和生产队当"后勤"的，一般是活路轻，而且是常年固定工分，老百姓说这些人干的是甜活，挣的是满分，而在大田干活，也就是在生产第一线的活路重，刮风下雨，不出工还没有分。所以在前勤的，也总想方设法要谋个后勤的差使。

第三，现在的农村里，不仅公社、生产大队已经机关化，机构庞大，人浮于事，而且生产队也在日渐机关化，说是没有脱产干部，实际上，在生产队部，不论农忙农闲都是有一大摊人在的。队长、会计、保管、民兵等等，挣工分不干活、少干活的人实在太多。另外像电工、水工……这些人并不是整年有专业活干的，但因为是分工固定化了，挣的又是常年工分，所以他们实际上是再不下去干大田的农活了。像东芦城第一生产队，每天记工分到年终参加分配的有210人之多，而到田间干活的，却只有60～70人。这件事实在是应该作一番研究和解决了。这个生产队的状况，不过是一个缩影，类似这样的情况，在各地不同程度地存在着。生产队是农村最基层的生产单位，但大量的主要劳动力却并不在生产的第一线，这说明劳动力同生产资料的结合方面还存在着问题。我们应该制定相应的政策，逐步解决这些问题，使农业劳动力、特别是主要劳动力，能够积极地到生产第一线去，使他们的潜力能够充分发挥出来，否则，农业是不可能高速度地发展的。

农民负担加重，农民反应强烈^{**}

最近我在四川、浙江等省的农村进行社会调查，实地看到各地农村形势很好，农业生产持续增产，经济活跃，市场繁荣，新人新事成批涌现，许多事都超出了人们的意料。

四川省1981年遇到大的水灾，但由于积极抗灾，当年还是增产增收。1982年，制定农业生产计划时，省委定了一个"保三、拿四、奔五"的盘子，低于全国"保四、拿五"的计划。执行结果，农业总产值达到233亿元，增长11.4%，粮食增产53亿斤，达到746亿斤，增长10.9%，大大超过了原定的计划。浙江省粮食总产达到了342亿斤，比历史最高的1979年增长9.6%。形势确实好，这是事实。但是，在大好形势下，农村也出现了一些新的问题，有些问题很严重，使人担忧。当前一个最突出的问题是，由于有些部门、有些同志过高地估计了农村的经济状况，过高地估计了农民的支付能力，从各自部门的要求和利益出发，过早、过急地兴办各种非生产事业，向农民提取各种款项，以致摊派的项目越来越多，标准越来越高，使农民负担越来越重，农民的非生产性开支的社会负担越来越大，对此，各地农民反应强烈。前不久，四川省新都县召开的县人民代表大会上，800多名代表一致反映，农民负担过重，要求政府采取措施减轻不合理的负担。据调查，当前农民的负担，主要有如下一些。

1. 农村有线广播筹款。新都县广播局根据上级指示，要实现喇叭入户，使每个农户都有一个小喇叭，建设标准化线路，全县共需投资90万元，平

---

    * 本文源自作者手稿，该稿写于1983年4月。——编者注

  ** 这篇稿子是1983年4~5月间，我到四川参加国家六五社科规划会议后，到新都等地调查后写的。开始这个题目是新的，《光明日报》未发。到7月，《光明日报》和《经济日报》都发了。10多年过去了，农民负担成了一个老大难问题。1995年5月6日，再读后记。——作者注

均每户摊派 2 元，每年还要交收听费 5 角。新都县几乎每户都有无线电收音机，10% 的户有电视，还非要每户搞一个小喇叭，农民很有意见。

2. 沼气化筹款。沼气办公室提出，实现沼气化，两口人以上的户都要有沼气池。规定挖一个沼气池补助 50～70 元，不挖不补。补助款由生产队筹集，1982 年平均每人摊派 0.63 元。办沼气是好事，但实行生产责任制后，此前生产队奖励养猪粮取消，生猪下降；加上社员经常用肥，常开池盖，沼气普遍不足。据说现有的沼气池，有效使用年不足 30%，继续挖池，很多是无用的。

3. 民兵训练费。军区和武装部规定，基层民兵一月一堂政治课，一年要集中一段时间整训，误工补助，集训要补伙食费。1982 年秋天，全县进行民兵点验，规定同一时间，基干民兵要站队点名检验。当时有许多青年在外省、外地做工、办事、探亲，都被通知火速返回。乘火车、乘轮船、乘汽车，有的乘飞机，日夜兼程，回乡参加点验。回来旅差费报销，误工补助，全县共花 40 万元，每亩摊派 0.95 元。

4. 计划生育款。独生子女补助每人每月 5 元；育龄妇女每季度检查 1 次，每次补助 1 元；节育手术误工补助，营养补助，后遗症困难补助；计划生育小分队活动费，误工补助费等，名目繁多，此项开支庞大，1982 年人均负担 4.9 元。

5. 智力投资。温江地区 1983 年 3 月在什邡县开了大会，提出了 3 年全地区要拿出 3000 万元，进行智力投资，修建学校，整修校舍，添置图书、仪器、设备等等。新都县摊派 300 万元，3 年摊完，每年每人要摊 2.27 元。1982 年，文教、卫生事业统筹款，主要是民办教师补助、教学设备款、试卷款等，每人摊派 1.27 元。

6. 烈军属优抚和五保户照顾款。这是原来就有的，但近两年按有关部门要求，提高了补助标准。如烈军属，已由原来的只补助困难户改为户户优待，补助标准也高了。如新都县大丰公社，每个军烈属都要优待，平均每户给 110 元。这两项开支，人均负担 0.91 元。

7. 民工建勤和乡村公路养路费。国家规定，每个农业劳动力每年要出 3～5 个劳动日参加国家建设。建勤时，每人每日政府只补助 5 分钱菜金，这当然不够，其余由生产队补贴。农村社队和社员除缴纳养路费、交通管理费外，还要负担修路、护路和乡村公路道班的开支，任务到队，分摊到户。这两项 1982 年人均负担 1.78 元。

8. 干部误工补助费。补贴范围包括现有大、小队干部以及青年、妇女、民兵、治安、计划生育等干部，有的是常年定额补助，有的是误工补助。新都县大丰乡 1982 年共有村队干部 411 人，共补贴 6.7 万元，人均负担 4.16 元（最近这个乡做了改革，干部减为 107 名，补贴减为 3.8 万元，人均负担 2.2 元）。有的社队为了鼓励农村老干部"让贤"，对连续工作 20 年以上的大队主要干部，每年发给相当于现职干部报酬的 40%，作为退休金。

9. 农村财贸事业筹款。主要是社队未完成交售任务，由平价转议价的补偿金，少数社队工作不落实，用集体资金或贷款认购供销社股金，认购国库券，以及各种票证的工本费等，也都变相转为农民负担，1982 年人均摊派 0.16 元。

10. 政治活动经费。政策宣传，人口普查，整顿社会治安，党团员学习、整训，等等，误工的都要补助。有的连党团员听党课，开支部大会，过组织生活，也要误工补贴。有的社队，进行成年农民扫盲、办学校，参加的人也记工补贴。1982 年人均负担 1.01 元。对此社员意见很大，他们说，我们不仅请人（雇人）当党员，还要请人（雇人）学文化。

以上只是一些主要项目，此外还有各种临时性的摊派、统筹款。诸如办文明村，组织不脱产人员参加的工作组，丈量宅基地，整顿财务，电影包场，消灭狂犬病，以及招待各部门来人开会，等等。总之都要向农民摊钱，负担都要落到农民的头上。据四川省有关部门统计，这些统筹款的非生产性的开支，共有 18 个方面，70 个项目，分别由广播、沼气、武装、文化、教育、民政、卫生、计划生育、组织宣传、青年、妇女、公安、财贸、交通、工商、行政等 24 个部门下达的，这么多部门向农民伸手要钱。据新都县大丰乡统计，1982 年人均负担 45.63 元，占全年总收入的 16%，约占社员分配收入的 25%。

另外今年化肥、农用柴油、煤和中、小农具涨价，也从另一个方面加重了农民的负担。原来柴油每吨 405 元，但国家对其中大部分实行补贴，每吨补助 125 元，今年取消了。绍兴市农用柴油 3920 吨，其中 2286 吨是有补贴的，今年取消，共需多支出 28.85 万元。计划外用油，今年涨到 1003 元 1 吨，据说，这是出口转内销。化肥涨价，本县自产的碳酸氢铵原来每吨 140 元，今年涨到 156 元，上涨 11%，今年同 1982 年相比，农民将多支付 138 万元。剩余用煤涨价，由每吨 34.4 元涨到 47.9 元 1 吨，议价煤由每吨 65.8 元，涨到 78.8 元 1 吨，全年要多支付 10 多万元煤钱。中、小农具涨价，竹制农具和铁制农具分别上涨 10% ~ 14%。仅此几项，今年绍兴市农民就要多支付 200 多万元，平均每个农民 2 元多。

在此同时，今年商业部门规定，油菜籽降价。从每斤 0.54 元下降到 0.48 元。计划任务之外的，下降到 0.37 元 1 斤。四川新都县今年收获 4000 万斤菜籽，将减少收入 300 多万元，平均每人减少 6 元多。

在过去集体经济里，农民对涨价、降价不敏感；各种摊派也都从生产队提留，隔了一层。现在包干到户了，都是直接向社员摊派，矛盾尖锐了。农民对这种负担反应强烈，他们说，"二公粮超过了大公粮，苛捐杂税太多了"，"负担不减少，农民富不了"，有的甚至说，"以前讲国民党的税多，共产党的会多，现在共产党不仅会多，而且税也多了"。农民的意见尖锐，但确实值得我们深思。

造成农民负担过重的原因很多，有的是原来就有的，有的是近几年新加的，值得特别指出的是，由于实行放宽政策之后，农业连年丰收，农民生活有所改善，这都是事实。加上我们的报纸和电台近几年主要着重宣传了好形势的一面，有些同志就产生了错觉，以为农村已经富得很了，农民好像都成了腰缠万贯的富翁了，因此，他们以为现在向农民挖点没有什么，对农民摊派是理所当然。所以这个部门要办，那个部门也要办，而且都要求更新换代，向高标准看齐。很有点 1958 年那许多大办的味道。他们忘记了，曾几何时，我们的农业被"四人帮"糟蹋得到了崩溃的边缘。这几年农业丰收，带有一定的恢复性质，农民穷了几十年，包产到户使他们好起来了，但好不了这么快，充其量只是解决了温饱问题（西北、西南还有几个困难地区，连温饱问题也还未解决）。真正已经先富起来的只是极少数，所谓万元户（很多名不符实），只是万分之几、千分之几的问题。距我最近在新都县调查，在这些高产发达地区，包产到户后有 10% ~ 15% 的农民，由于不善于经营和没有活做等原因，比原来也减少了收入，50% 的农民生活虽然比以前好了，但扩大再生产的资金不足，要向信用社贷款（有的地方有借高利贷的）。在新都、绍兴这些高产地区，农民每种 1 亩粮田，年收入 200 多元，生产费用、物质消费近 100 元，1 年辛劳种 1 亩田，只有 100 多元的纯收入。现在，这么多手伸向农村，掏农民的腰包，把 40% 的纯收入提走，必然的结果是打击农民的积极性，使农民无力更生，无力扩大再生产，破坏正在恢复发展中的农业生产力，其后果是极其严重的。

减轻农民负担，制止各部门向农民伸手，纠正向农民挖一块的错误思想，已成为当前保护刚刚调动起来的农民的生产积极性，继续发展农村大好形势的重要问题。希望引起各级领导的重视，提到议事日程上来，讨论解决这个问题。解决的关键，是要对目前农村形势有一个恰如其分的估量，对农民生活好转的程度有一个正确的估计。近两年来，讲包产到户好，讲农村好，讲农民富的文章一天天多起来，这在包产到户开始的时候，是必要的。但现在恰恰有人云亦云，报喜不报忧的倾向。事实上，包产到户虽好，但并不能包医农村的百病，不能几年工夫就使农村改变贫穷落后的面貌。现在还有很多问题需要解决，包产到户、包干到户，本身也还需要完善、提高。希望我们的报纸、电台适当降点温，希望有关部门的同志深入到农民中，去做点实际的调查研究，看看我们大多数的农民到底怎么样了？他们想什么？他们有什么困难？有什么要求？果真如此，就会知道我们现在还不是百废俱兴的时候，"休养生息"的口号还要提，各行各业还要支援农业，有利于农业生产的补贴不能取消，你要大办，我也大办，不行，向农民伸手挖一块的思想，更是要不得。

新中国成立以后，我国农村曾经出现过两次大变化、大发展的好机会，一次是 1955 年、1956 年，还有一次是 1965 年，当时农村形势都很好，农民积极性高，生机勃勃，出现了大发展的好势头。但是这两次大好机会都因为对农村、对农民、对农业的估计失当，"左"的干扰，决策失误，没有引出好的结果，丧失了发展的大好机会。经过十一届三中全会的拨乱反正，经过党中央一系列政策的贯彻，现在农村又出现了大变化、大发展的好机会，而且，这次开创的局面比以前两次更坚实、更良好，发展前景光明灿烂，我们一定要珍惜这个机会，要在党中央的领导下，总结历史经验教训，正确估计农村的情况，从实际出发，实事求是地进行决策，把目前农村的大好形势引向新的胜利。要力戒好大喜功，力戒贪功近利，力戒浮夸。目前农村负担加重，可以说是这种苗头，要及时解决。"殷鉴不远，在夏后之世"，历史的教训不能忘啊！

城乡关系

近几年城乡差别有继续扩大的趋势，值得注意[*]

有些城市职工认为，近几年党和政府采取放宽政策，搞活经济的结果，"富了农民，穷了工人"，还有的说，"乡下人发财，城里人吃苦"。有的文章和报刊对农村的好形势，做了不够全面的宣传，也助长了这种看法。不错，十一届三中全会以来，农村贯彻了党的政策，推行了各种形式的生产责任制，极大地调动了农民的生产积极性，农业连续增产，国家又提高了农副产品的收购价格，调低征购基数，减轻部分社队的税收负担，较大幅度地增加了农民的收入，改善了农民的生活，这是确凿的事实。广大农民对此是满意的，对党的政策是拥护的。山东冠县大曲村大队全体社员写给党中央的热情洋溢的感谢信，表达了 8 亿农民的心声。

近几年来，由于几次调整部分职工的工资，恢复奖金制度，广开就业门路，扩大就业面，提高劳动保护福利待遇，提高干部工人离休退休待遇，新增加计划生育和独生子女保健费，职工探望父母的路费补助等，绝大多数职工家庭增加了收入。加上国家进行经济改革，扩大企业自主权，企业的集体福利事业有所增加，特别是近几年国家大规模兴建城市住宅，改善居民的居住条件。大中城市可以从工商企业利润中提取 5% 的资金用于城市建设，加快了大中城市建设的步伐。所以，近几年的实际情况是，农民的生活有很大改善，但城市大多数居民的生活改善得更多，城乡差别不是缩小了，而是在三十多年来已经扩大的基础上，又有所扩大，这个趋势很值得注意。典型调查统计，城乡居民收入与消费情况如下（见表 1）。

---

* 本文源自陆学艺手稿。手稿未标注时间，根据内容推测，该文稿大约写于 1982 年 8 ~ 12 月。——编者注

表 1　城镇职工家庭和农民家庭年人均收入、年人均消费水平比较

年份	职工家庭年人均收入（元）	农民家庭年人均收入（元）	职工收入为社员收入的倍数（倍）	非农业居民年人均消费金额（元）	农民年人均消费金额（元）	非农业居民的消费水平为农民的倍数（倍）
1952				148	62	2.39
1955	148	98	1.51			
1957				205	79	2.59
1965	219	110	1.99	237	100	2.37
1978	315.96	133.57	2.37	383	132	2.90

注：统计数据按当年价格计。

从表 1 可以看到：1978 年与 1955 年相比，职工家庭每人收入提高 113.49%，农民家庭每人收入提高 36.3%，二者相差 77.19 个百分点；1978 年与 1952 年相比，按可比价格计算，非农业居民消费水平提高 105.9%，农民的消费水平提高 51.2%，二者相差 54.7 个百分点。

可见，从 1952 年、1955 年到 1978 年，城镇居民和农民在收入和消费水平方面的差别都是扩大的。另外由于城市在居民住宅、商业网点、交通邮电、教育卫生、文化娱乐等方面的建设都大大优先于农村建设，所以从解放初期到 1978 年，我国城乡的差别是扩大了，这是事实。

1981 年据国家统计局对 46 个城市 8715 户职工家庭抽样调查表明，职工家庭每人每年可用作生活费的收入为 463.68 元，比 1978 年提高了 46.8%。另据对全国 28 个省市自治区 568 个县和 18529 个农民家庭抽样调查，1981 年农民平均每人收入为 223.44 元，[①] 比 1978 年提高了 67.3%。1981 年每个职工的收入为农民收入的 2.08 倍。与 1978 年相比，三年来职工和农民收入的差距缩小了。

但是，因为有些因素是不可比的，在上述抽样调查中得不到反映。例如，住宅情况的改善，城市的住宅建设，几乎全部由国家投资，而农民是完全由自己开支的。因此，事实上这几年城市居民的实际生活水平提高还是比农民要快。有些同志所以产生"富了农民，穷了工人"的看法，是因为他们只看到了城市郊区的农民的富裕状况，只看到一部分冒尖户、冒尖社、冒尖县的状况（这都是真的），但是从全国 8 亿农民的整个状况来看，

---

① 国家统计局编《中国统计年鉴，1983》，北京：中国统计出版社，1983 年 10 月，第 483、499 页。

上述看法是不全面的。请看下列事实。

第一，1982年3月20日《人民日报》公布的财政部统计：从1979年到1981年，国家用于增加城乡人民收入和改善人民生活的资金有7项，共计1400多亿元。其中提高农副产品收购价和超购加价442亿元；减轻农村部分税收负担78亿元，这两项增加农民收入520亿元；增加职工工资和实行奖励制度300亿元；城镇陆续安排就业2600万人，这部分职工工资为105亿元；新建城镇居民住宅2.2亿平方米（相当于1966年到1977年12年建成的总和），同前三年比较增加开支152亿元（其中国家财政开支50亿元）；大中城市从工商企业利润中提取5%的资金用于城市建设，共28亿元；这四项属于增加城镇居民收入和改善生活的，共计585亿元。另外，三年来国家补贴农用柴油、用电、农机、小农具和进口化肥农药的资金共计122亿元，国家用于补贴城镇居民肉、蛋、禽、菜和进口粮食等的资金共计138亿元（还有部分是贴补工业生产的未计在内）。因此，这1400亿元用以改善人民生活的资金中，84842万农业人口（1980年底人口数），得到的共为642亿元，每人平均75.67元；而13413万城镇居民共得到723亿元，每人平均539.03元（这虽然不完全都由城镇居民得到），但从财政部这个统计中可以看到，这几年用以改善城市居民生活的资金要比农村多得多。

第二，据财政部统计，由于扩大企业自主权以后，原来由财政直接分配转为企业所有部分的资金，1979年到1981年，三年共为280多亿元。其中企业资金49亿元，利润留成142亿元，盈亏包干分成70亿元，利改税收企业多得20亿元。当然，这280亿元，大部分是用来扩大再生产的，也有一部分是留下来作为奖金和集体福利基金的（如盖宿舍，增加文化福利设施等），这也是增加职工收入和改善城镇居民生活。

第三，这几年国家为了纠正长期以来造成的积累和消费失调的错误，降低了积累率，把国民收入的增长额，绝大部分用于消费基金。三年来，职工和社员的收入增长速度，已经超过了工农业生产的增长速度，超过了工农业劳动生产率增长的速度。1981年同1978年相比，工业总产值增长22.87%，工业全员劳动生产率增长6.58%，平均每年递增2.1%，而职工家庭平均每人生活费收入增长46.8%，剔除生活费价格上涨12.3%的因素，实际增长30.7%，平均每年递增9.33%；1979～1981年农业总产值增长17.88%，平均每年递增5.64%，农业劳动生产率增长13.3%，平均每年递增4.2%，而农民家庭平均每人收入增加了66.41%，剔除农产品提价因素，实际增长23.81%，平均每年递增7.38%。可见，这3年农业劳动生产率递增的速度超过了工业劳动生产率递增的速度，而职工家庭实际收入、实际消费水平的增长速度，还是高于农民实际收入、实际消费水平的增长速度。

第四，为了加强城市建设，改善城市人民生活，国家近几年采取了一系列措施。用于住宅、自来水、公共交通设施等非生产性建设的投资逐年上升，1980 年这方面的投资已占到基本建设投资总额的 20% 以上。1980 年全国城市道路增加 1000 多公里，城市公共汽车、电车，1979 年、1980 年两年增加 6200 辆，总数达到 3.2 万辆，1980 年自来水日供水能力增加 265 万吨，比 1949 年全国城市全部日供水能力还多。煤气、液化气的供应增加了，1980 年达到 25.4 亿米^3，比 1949 年增长 65.5 倍。近几年城市绿化面积、环境卫生设施亦有增长，现有这些都大大改善了城市人民的生活。

在城市建设中，大城市的建设速度和大城市居民的生活水平提高的速度都高于中等城市，中等城市高于小城市，小城市又高于集镇。例如 1979 ~ 1981 年三年来北京市新建住宅 1164 万米^2，约占全国新建住宅的 5.3%，而北京市的城镇人口还不到全国城镇人口的 4%。据抽样调查，1980 年上海职工户平均每人每年生活费收入为 559.2 元，高于全国平均水平 23.6%；1981 年北京市居民每人年生活费收入为 514.1 元，高于全国平均水平 10.87%。从下列不同地区居民拥有耐用消费品不同的情况和储蓄的不同情况也可以看到这个差别（见表 2 和表 3）。

表 2　1981 年每百户拥有耐用品消费品的统计

地区	自行车（辆）	手表（只）	缝纫机（台）	收音机（台）	电视机（台）	电扇（台）	录音机（台）	备注
全国城乡	48	69	24	66	60			按每户 4.4 人推算
全国城市	125	241	70	100	58			
全国农村	24	25	14	26				按每户 4.4 人推算 1980 年数
北京市	154	255	72	118	82			
上海市	70	274	85	112	76	74	17	
武汉黄石等六城市	56	163	63	74	64	63	3	
北京市农村	103	123	39		5			1980 年数
安徽省农村	23	31	19	48				
四川省农村	9	17		12				1980 年数

表3　全国城乡及各地储蓄情况

地区	储蓄总额（亿元）	每人平均储蓄（元）	备注
全国城镇	383.96	282.5	1982年3月底数据
全国农村	240.5	29.1	1982年3月底数据
乌鲁木齐市		338	1981年底数
上海城乡	32.9	282	1981年底数
安徽省农村		11.58	1981年底数
北京市城镇	15.74	301.8	1981年底数
北京市农村	1.65	39.9	1981年底数

第五，1979～1981年3年，农民增加1534.3亿元，其中，642亿元是通过国家提价、减税、补贴而得，另外的892亿元是通过增产增收而得。这就是说约占增加收入的60%，是由于国家对农村生产关系作了必要的调整，实行多种形式的生产责任制，提高了广大农民的生产积极性，使多年来创造的物质技术条件得到更好的利用，使农业生产有了很大的发展的结果。农民生产积极性的高涨，是这几年农业增产的主要原因，但是，多年来在国家的大力支持下形成的农田基本建设、水利灌溉，以及农业机械、化肥、农药、优良品种等等物质技术条件也确实起了作用，这是不能忽视的事实。需要指出的是，近几年国家对于农业基本建设投资，对于支援农村人民公社支出和各项农业费用，在1979年有了增加之后，这两年在逐步减少（见表4）。

表4　1978～1981年国家对农业基建投资的变化情况

年份	农业基建投资（亿元）	在农轻重基建总投资中的比重（%）	支援人民公社支出和各项农业事业费（亿元）	在国家财政支出中的比重（%）
1978	53.34	11.1	76.95	6.9
1979	57.92	11.6	90.1	7.1
1980	52.03	9.6	82.1	6.8
1981	29.21	6.8	74.9	6.9

1981年的农业基建投资和支援人民公社支出和各项农业事业费的支出都下降了很多，特别是农业基建投资只占基建总投资的6.8%，降到了历史最低水平。这在目前国家财政困难的状况下，是不得已的。但这种状况不能长此下去，否则会加重农民负担，扩大工农和城乡的差别，更重要的是一些必需的农业基本建设，农业科研教育等项目将不能投入建设，这对我

国整个农业的发展很不利。去年①我到山东调查，实地看到农村中由于农业基建和农业经费大量削减，已经建起的水利工程无力配套，维护也成问题，很多农业科研单位的经费只够发工资的，没有经费开展科研活动。有些农业基本建设是要较长时期后才能见效的，例如较大规模的水利建设、水土保持、良种的培育、人才的培养等等。如果我们现在不看得远一点，早下投资，这对农业未来的发展不利，并且将成为未来城乡差距继续扩大的因素。

逐步缩小以至最终消除工农之间、城乡之间、脑力劳动和体力劳动之间的本质差别是我们的理想。由于种种历史原因，三十多年来，我国在工农之间、城乡之间的差别是扩大了，而且这几年还有继续扩大的趋势，由此引出一系列的矛盾。例如一方面农村人口总是千方百计向城市转移，中小城镇的居民向大中城市转移；另一方面，有关部门则千方百计地限制这种转移，使得城乡间无形中造成了一道深沟高墙。而且随着转移压力的增大，这个沟在加深，墙在增高，使得城乡间应有的对流停滞了。例如现在的城里人是"解甲不归田，告老不回乡，叶落不归根"。而农村中有些应该进城的则进不了，例如大中城市的中学不招农村郊区的学生，明文规定不准农民子弟报考技工学校，有些省区还规定专科学校录取新生的标准不同，城市职工子弟一个分数线，农民子弟是另一个分数线。长此下去，城市成了城里人的城市，农民只能在农村。一方面，国家一再提倡发展中小城镇；而另一方面实际上大中城市却在不断增多、不断膨胀，中小城镇的发展却总是阻力重重。一方面我们总是强调各行各业要支援农业；另一方面连学农业、农机、水利、农经等专业的农业科技人才都不肯下乡。三十多年来，我国高、中级农业院校毕业共有 70 多万人，而现在从事农业工作的只有 30 多万，60% 多的农科毕业生转到其他部门工作。近几年各行各业的知识分子陆续归队，唯有农口归队是最少的。城乡之间的文化差别也在扩大。所有这些，对于我国的四化建设，对于工业、农业，城市、乡村协调地发展是很不利的。

如何缩小工农之间、城乡之间的差别，这既是一个社会主义建设过程中的重大理论问题，又是一个非常复杂的实践问题，需要从长计议。在这里，只是根据我在各地农村调查了解到的实际情况和近来有关方面公布的资料，加以计算对照，把这几年城乡差距又有所扩大的趋势这个问题提出来，希望引起有关方面的重视，进行调查研究，采取相应的对策，逐步改变这种状况。

---

① 此处指 1981 年。——编者注

应当改变"离土不离乡"的观念[*]

应当改变"离土不离乡"的观念。中国农民有 8 亿,分散居住的农民将难以适应现代化生产。应允许农民进入城镇,如果总是抱着"离土不离乡"的旧观念不放,必然出现农民比例越来越高的现象。试想,那样的话又何谈现代化经济,又怎样迎接信息社会的到来?当前农业劳动力已过剩,农村只有走城市化的道路才能从根本上解决这个问题。

---

* 本文源自《经济日报》1985 年 8 月 21 日第 4 版,原文标题:《"经济体制改革中的观念变革讨论会"部分发言(摘要)》。该文系经济日报等单位发起召开的"经济体制改革中的观念变革讨论会"上部分专家的发言摘要,本文仅收录其中陆学艺(时任中国社会科学院哲学所副研究员兼中共山东省陵县县委副书记)的发言摘要。陆学艺发言摘要原无标题,现标题为本书编者根据发言内容所拟定。——编者注

农村调查

关于农村调查的几个问题[*]

张黎群同志要我来讲一讲我这几年进行农村调查研究的情况。我做农村调查是半路出家，才搞没几年，但黎群同志约了，却之不恭。我来讲一下，谈谈我们农村调查的情况，讲一点个人的想法。讲错了，请批评指正。

黎群同志给我出了三个题目：（1）搞农村调查怎么选题？你是怎么选这个农村问题作为课题的？（2）在农村怎样进行调查？调查中遇到过什么问题？怎么解决的？（3）调查研究的体会。现在就按这个题目讲三个问题。

一　搞农村调查，怎么选题？

从事科学研究碰到的第一个问题就是选什么题目，先要确定题目，确定研究什么，然后才谈得上怎么研究，如何研究的问题。研究什么？也就是研究的方向问题，这当然是十分重要的。搞研究工作，如果选的研究题目不对，研究方向错了，虽然花了很多力气，但却一事无成。所以选课题非常重要，是决定性的一环。我们中国社会科学院5500人，31个所，除去行政政工人员、干部，有研究人员3000人，每年有几百个研究项目，按学科分可以分成文、史、哲、经、法律、宗教、语言、社会、青少年、外国问题，等等。但把这些项目综合起来看，无非是两大类：一类是研究现实问题的，还有一类是研究非现实问题，如历史、基本理论，等等；或者说，一类是直接为社会主义现实服务的，另一类是间接为社会主义服务的。过去若干年来，由于左倾错误的干扰，在科学研究中抓辫子、打棍子，使相当多的同志，特别是研究现实问题的同志受到打击，久而久之，逐渐在学

---

* 本文源自作者手稿。该文稿系陆学艺1983年4月1日在全国青少年研究会学术会议上的发言稿。——编者注

术界形成了研究现实问题存在危险的观点，出现了许多同志选择研究题目越古越好、越偏越好的倾向。

我们这样一个有 10 亿人口、文化悠久的大国，有一部分从事古的、偏的，离现实远一点的，以及基本理论的研究是完全必要的。但是，重点应该放在社会主义"四化"建设和现实生活提出的亟待解决的重大课题。我认为，我们的科学研究和高等教育，目前有两个问题要解决：一是重理轻文，二是偏重古代的历史研究，而轻视现实问题的研究。1981 年全国高等院校在校学生共 1279472 人，其中文科学生才 134241 人，加上师范院校中的文科生共 17.37 万人，占在校学生总人数的 13.57％。美国文科学生人数占 52％，理工占 48％，日本也差不多一半一半。这两个倾向很不利于我们搞"四化"。我们研究社会科学的本来就不多，仅有的这点队伍，又相当一部分去研究古的、偏的题目，这与蓬勃发展的社会主义建设事业很不相称，很不适应。

例如，精简机构、精兵简政，提出来了，要砍，大刀阔斧砍了，但砍完了又增加。一听见精简，就增加造房子，就买家具，这是什么道理？又如基本战线过长，砍！砍完了又长，什么道理？这是没有从根本上解决问题。生产上去了，财政反而困难了？农业越增产，财政越困难？这是矛盾的，但谁也说不清，谁也拿不出办法来。物价问题，工资问题，进了死胡同，还有劳动人事制度。这些问题都可以说缺乏深入全面的调查研究，只知道有问题，不知道、不清楚存在问题的原因、严重程度，解决问题也只是简单、片面的，不能解决根本问题。所以改完了，又很快复发甚至变本加厉。

实践中提出了很多问题，大家都感到很严重，但没有人或很少有人去研究。例如，中青年问题。先说中年问题，大家都看过《人到中年》这篇小说、电影，文学家比我们搞社会科学的敏感，谌容 1979 年就写了这部小说，但是只提出了问题，这个问题是相当严重了，以中年知识分子来说，现在这部分人是承上启下，教学科研工作的骨干中坚。但这部分人体质不好，未老先衰，陆文婷式的人很多。中央在发现蒋筑英、罗健夫问题之后，向各部、各省调查，要求报几个类似蒋、罗式的人物，结果报了 126 个，事迹都很突出，但已有 23 个患有各种严重的疾病，占 18.25％。其实这一代人都是如此，何止知识分子，中年工人、中年干部呢？这个问题是怎么形成的呢？怎么解决这个问题呢？要采取哪些措施呢？这主要应由社会科学工作者来提出方案。

还有青少年问题，还有工资问题、物价问题、房子问题，这些问题都很突出尖锐，上下都感到了，但都缺乏研究，拿不出对这个问题的理论性认识，拿不出解决的办法来。日本的办法是设立对策委员会。我们很多问题没有对策。就我的体会，党中央是非常欢迎下面提建议的，一个问题要提出各种对策，供中央决策。现在许多问题提出来了，一年、两年、三年解决不了，其中有不少因素，但社会科学研究不够，没有切实可行的对策也是一个因素。

有的同志认为，搞现实问题一是危险，二是价值意义不大；而搞古的、偏的题目，既保险，不会犯错误，又有价值。我个人不这么看。所谓危险，这是以前左倾错误时的问题，乱抓辫子、乱打棍子。其实那时何止于搞现实问题的挨整，搞昆虫的、搞考古的不也挨整了吗？不过总是搞现实研究的挨整厉害一些。十一届三中全会纠正了"左"的错误，这个问题基本解决了。这几年这样的事情就极少发生了。

所谓有价值、有意义，这个问题现在还有争论。有的同志认为，研究古的、历史的、基本理论问题有学术价值、有意义，是名山事业。而研究现实问题，认为是遵命文章、应景文章，不算学术。这样的看法在大学、在研究机关有相当的影响。我认为，这种观点值得商榷。应该说，看一部研究著作有没有学术价值，学术价值大小，要看著作本身研究的广度、深度，对人类文化的影响大小，不能笼统地说，只有古的、历史的基本理论是研究著作，才有价值，学术价值高，而研究现实问题，就没有学术价值。恰恰相反，一般说来现实问题的研究，应该更有价值、更有意义。即使是古的、历史基本理论的研究也要直接、间接地为现实服务才有意义，才有地位。毛泽东同志曾经说过：哲学为政治服务，"无产阶级哲学的发展是这样，资产阶级哲学的发展也是这样。""马克思这些老祖宗的书，必须读，他们的基本原理必须遵守，这是第一。但是，任何国家的共产党，任何国家的思想界，都要创造新的理论，写出新的著作，产生自己的理论家，来为当前的政治服务，单靠老祖宗是不行的。……现在，我们已经进入社会主义时代，出现了一系列的新问题，如果单有《实践论》《矛盾论》，不适应新的需要，写出新的著作，形成新的理论，也是不行的。"[1] 毛泽东同志这番话，揭示了社会科学研究的规律，哲学要为政治服务，要为现实服务，

---

① 毛泽东：《读苏联〈政治经济学教科书〉下册谈话记录稿》，载《毛泽东文集》第8卷，北京：人民出版社，1999年6月，第109页。——编者注

要研究新问题，适应新需要，要创造新理论，写出新著作，这样的哲学才是有价值的，哲学本身也发展了。纵观历史，可以这样说，真正有价值的哲学社会科学著作，都是在为一定阶级服务的，为现实政治服务的，都起了作用的。中国历史上的《论语》《老子》《庄子》《荀子》《韩非子》，一直到孙中山的"生元说""三民主义"，凡是有价值的，被历史选择保存下来的传之千古的著作，都可以说是为当时的现实政治服务的著作。

所以我认为我们国家科研机构现在应该把科研的重点放到研究现实生活提出的重大课题上来，从实践的基础上总结出新的理论来。要把主要的力量、优秀的队伍投身到直接为四化建设服务的项目中去。要继续提供和发扬理论联系实际，理论为实践服务的优良学风，改变原来那种由于左倾错误长期干扰形成的轻视现实问题，害怕联系实际的状况。

作为社会科学工作者的我们，应该以国家"四化"建设为主，选择一两个与国家"四化"建设，与国计民生有关的重要问题进行研究，为国家"四化"大业献计献策，做出应有的贡献。天下兴亡，匹夫有责。以天下为己任，位卑未敢忘忧国。我们国家由于"左"的干扰，特别是十年浩劫之后，问题成堆、困难如山，要解决的问题实在太多了，经过党的十一届三中全会拨乱反正，现在"方向已经明确，道路已经开辟，群众正在前进"。但是，冰冻三尺非一日之寒，解冻也要有一个过程，至今还有很多问题要解决，要研究的问题是很多的。青少年问题就可以开出一大堆来。农村要好一点，实行了联产承包解决了一大批问题，但联产承包本身需要完善充实。老的问题解决了，新的问题又产生了，也能开一大串问题的单子来。中国是有 10 亿人口、8 亿农民的大国，农民问题解决得怎样？同我们的国家整个形势有密切关系，选农村题目很有意义。

在这里我谈谈我个人这几年进行农村调查的情况。我原来是学哲学专业，毕业后考进中国社会科学院，从容肇祖老师学习中国哲学史，毕业后也就留在这个研究室工作。当然，有很长一段是在十年浩劫中。1975 年恢复业务工作后，我们室重版中国哲学史资料选辑工作，分给我的是《周易》和《易传》的选释，这可称是古的、偏的题目了。但是，我自己是农民家庭出身，从小在农村长大，深知农民的疾苦。解放以后，以各种方式亲身参与了土改、合作化、人民公社化、"四清"等一系列农村大变革的运动，并以各种方式同农村保持着联系。我 1958 年下放、1964 年"四清"去过的地方，农民和干部也不断有人来往，所以对于农村的情况比较熟悉。有一个问题经常使我很不安，我知道相当多的农民辛苦一年后，不得温饱，我们的农民是最好的，他们要求不高。大兴县芦城公社的一个老乡说，我要有了钱，天天都吃摇嘎嘎①。在徐水县"四清"时，农民说，我们要能吃上净粮食就好了。他们的这些起码要求，都长期满足不了。从1958年吃公共食堂以后，我们不久就吃进口粮，就有相当一部分农民吃不饱饭，但有多少不清楚。我想，要农民跟共产党走，搞社会主义革命，总不能让他们老饿着肚子啊！这就使我考虑，我们的这套农业办法有问题。我观察、思考、研究产生这个问题的原因。我下乡总想和老乡聊天，在车上、船上、路上。下乡的时候，总做些观察，渐渐地，我悟出一个道理，这么多人没饭吃，不是地不够、地不好、天气坏，也不是两极分化、有地主剥削（干部多吃一点是有的，但他们也好不到哪里去），而是因为大家不干活，农民种田不肯干，大家磨洋工，弄成这样的。

1977年底，院机关传达了中央关于普及大寨县工作的座谈会。这个文件有两点留下很深印象，一是这个文件说1977年人均产粮同1956年一样，614斤，现在有1.4亿人口口粮不足300斤，集体分配不足40元，有1/3超支户。二是文件说要继续普及大寨县，开展学大寨运动，可以使10%的生产队向大队核算过渡。听了这个文件，我感到问题很严重，有1.4亿农民还饿着肚子。另外觉得还要搞过渡不行。这就使我产生了一个想法，想把自己这些年对农业的了解和意见写出来，反映给有关领导。于是我就在业余时间开始注意研究农业问题。当时的有利条件是四川、安徽已经开始改革，报上也展开了争论，而且大量的翻译、介绍了一批苏联、南斯拉夫等国的材料，给我研究这个问题提供了方便。我陆续写了几万字的意见。1978年春天我们研究所招研究生，派我到湖北、山西、河南三省搞政审调查，我沿路做了大量的实际调查。当我在襄阳得知这个地区按上述文件，搞了穷过渡后，引起了农民的抵制，生产有损失的情况时，更增加了我写这个建议的决心。1978年初我写了一个名为《关于加速农业发展的若干政策问题的建议》，建议书谈了我对农业落后原因的分析，要调整改变政策以调动农民积极性，解决农业问题，并具体提了12条政策，全文共4万多字。文章写就后，就送给孙耕夫，请他转邓小平同志办公室，孙耕夫很重视，读后就送出去了。8月，这个稿子转到新华社内参编辑部，他们决定要发这个稿子，向上反映这些意见。要我缩写，9月缩写好了，1978年10月2日发表

---

① 一种以玉米面为主，配以少量白面和蔬菜的老北京吃食叫作"摇嘎嘎"（也叫"盆里碰"）。——编者注

在《国内动态清样》，不久《内部参考》作了转载。文章发表后，引起有关方面的重视，我院副院长宋一平同志看到文章后，专门找我谈话，他称赞了文章，并说："农业问题非常重要，有很多问题要解决，需要有一批同志做这方面的工作。我很有兴趣，很关心农村的事，但我老了。"他表示，希望我以后就专门从事农业问题的研究，搞活的哲学，建议我着力研究农村生产力与生产关系的问题。我接受了这个任务，后来孙耕夫同志又为我做了具体安排，为我研究创造了好的条件，如阅读文件，到各地调查，都提供方便，从此我就正式开始了农村问题的调查。4 年多来，我大约每年下乡去调查 4 个月。先后调查了 11 个省市、25 个地区、43 个县的农村，写了约 30 篇调查报告和论文，共约 20 万字，汇集成集，在甘肃出版社出版了。1982 年写了一本书，15 万字，也送出版社了。从我个人经历说，我选科研课题，经过了一个变化曲折的过程，但我认为这几年的研究课题是踏踏实实为"四化"服务的，也见了成效，比较实在。

关于具体选题：

首先把大的方向定下来，比如可以研究农业问题，研究农村青年问题，研究农村青年的婚姻问题。但更具体的题目，要到实践中去，你接触了实际，了解了情况，具体的、大量的研究题目就有了。张黎群同志说："没有调查，就不能选难课题"，这是很有道理的。拿我自己来说，1978 年定下确立研究农业问题了，但如何入手，调查研究的具体题目定不下来。当时刚开完十一届三中全会，两个农业文件下达。1979 年春天开始，我就如何加速农业发展为题，先到北京、江苏、安徽、浙江、上海的农村调查，但是农村争论最大的是能不能搞包产到组。三中全会文件说，"可以……，可以……，也可以……"，但有些地区的干部却说"不可以"，《人民日报》3 月 15 日的编者按语也说"不可以"。在江苏、安徽都调查了这个问题，看到农村包产到组之后，庄稼好了，老百姓高兴了，活没少干，戏没少看。但是到肥西一看，包产到户情况就更好了。在那里，我看到了一条，就是农民包产到户之后，真正种田了。但这在当时还是个禁区。回京之后，我们就向有关领导汇报，包产到户实践的效果非常好，一季就解决了。院所领导鼓励我们，根据可靠材料写文章，如实向中央反映。1979 年 10 月我们写了《包产到户问题应当重新研究》一文，连同下面来的试点报告，经过领导支持，发表在《未定稿》上。从此，我就开始了包产到户问题的研究，这就是捕捉矛盾吧！这个题目、这个矛盾是在实践中提出来的，是在调查中发现的、捕捉到。如果坐在北京，在 1979 年夏天不仅不会看到，连想也不会想到的。

其次，怎么选题的第二个体会是，调查研究的题目要与实践相联系，而且要根据实践发展的规律，提出的题目要超前一点，去研究更新一点的问题。梅益说："发现现实中的新问题，就要立即提出，敢言人之所以敢言，敢先于人而言。一个问题，大家都不厌其烦地在议论纷纷，你再去帮腔，意思不大。"包产到户研究的第一个问题，是不是资本主义？是不是分田单干？可不可以搞？1979～1980年，我们专门研究了这几个问题。虽然社会上风很大，有的杂志还准备批我们的文章。但我们研究了包产到户的来源、历史和现状，认为包产到户调动了农民的积极性，能发展生产，可以解决农民的温饱问题，可以搞。我同准备批评我们的那个杂志说过，你们可以发我的文章，可以发批评、批判的文章，但我相信，你们发了，至少有2亿农民支持我。以后，我又调查了东北几个省，觉得非搞不解决问题。这时也陆续收到安徽、河南、内蒙古等地的材料，各地包产到户都在发展。

1980年8月，我们到甘肃去调查，定的题目就是包产到户以后，农村将怎么样？农业将怎么发展？包产到户以后的新情况和新问题。当时，甘肃河东几个专区正在普遍实行，我们则主要调查了已经实行了的社队，从中探求包产到户的发展趋势。在甘肃调查了一个月，我们提出了一个看法，包产到户不是权宜之计，而是实现农业现代化的起点。并且根据甘肃的情况，对包产到户的发展趋势的轮廓做了勾画，认为将其分三个阶段：第一阶段，包产到户，小而全；第二阶段，兼业农户，发展多种经营，养蜂、养鱼、兼做工、经商；第三阶段，兼业收入多了，稳定了，社会又能提供粮食和副食，他就可以放弃承包田，专门从事专业，成为专业户。放弃土地的户多了，剩下的农户耕地可扩大，成为专业农户。而专业分工的发展，必然要求联合，要求社会化。据此我们提出，从包产到户可以走出一条实现农业现代化的新路来，这个研究报告一发表，受到了有关领导的注意，有几个刊物转载了。特别欢迎的是，像安徽六安等地区的同志，他们搞了包产到户，效果很好，但总是理不直气不壮，叫作表现好，但出身成分不好。在阳关道与独木桥的辩论中，他们自身承认是走的独木桥。我穷，我没有法，只好走独木桥。我关于包产到户现代化的起点一提出，他们高兴了，气壮了，这也是阳关道，这也能从此实现农业现代化。1981年，贵州、安徽，就喊出了要走"包兼专联"的路子的口号。

选题要到实践中去，还有解题、内容问题，以及原因等，也要到群众中去。毛主席说："向群众寻求真理。"农业为什么如此增产？我们在山东调查，一个农民说他的棉花地里缺了 34 棵苗，他都清楚。这就说明了，农民现在是怎样种田的。调查就是解决问题，你把那个问题调查清楚了，也就有了解决问题的办法。

总的说来，我们的社会科学研究的重点，应该放在研究和解决"四化"建设中提出的重大实际问题，要面对现实，从马列主义毛泽东思想基本原理出发，从党和国家的根本利益出发，从"四化"的大局出发，从当前社会和时代要求的高度出发。去发现、捕捉现实生活中的重大问题，作为自己的研究课题。要研究某一方面的重要问题，大前提定了，至于具体的选题，则要到实践中，经过调查了解，再选，才能选得准，选得恰当。

关于第一个问题就讲到这里。

二　怎样进行农村调查？在研究中遇到些什么问题？怎样解决的？

农村实行包产到户后，进行了一场从生产力到生产关系，从经济基础到上层建筑的大改革，从而焕发了生机，农村出现了中外瞩目的大好形势。以前说形势大好，越来越好，是空的，现在用来形容农村，则确是恰如其分了。1979～1982 年，农业平均增长 6%（不变价格），油料、棉花、肉类、糖都超过 10%。从发展趋势看，5%～6% 的增长幅度可以持续到 1991年。农村现在正处在大改革、大变化、大发展的重要历史时期，是一个新中国成立以后少有的黄金时代，处于新旧交替的时代，大量的人才从青年、中年中涌现出来，新事物、新形式、新人物在不断涌现，层出不穷。这都是好的方面，但问题也很多，需要我们去研究解决。青年农民的特点、要求、问题以及解决的对策都是重大的课题。

8 亿农民的实践，简直是一个大海洋，农村确属于广阔天地，大有作为。到农村去是大有作为的。在农村怎样进行调查研究？怎样研究农村课题？谈几点不成熟的看法。

1. 选择重点、全面调查、解剖麻雀、点面结合

总的课题确立以后，你就要考虑到哪个地方去调查最合适。我搞包产到户，包产到户最早就是在那些穷的、偏僻的地方先搞起来的，最初我就到这些地方研究（例如安徽、甘肃、山东、云南等地），要研究包产到户以后怎样，就要到最早搞包产到户的地方，那里矛盾才显露出来，才能看到

未来的趋势。但近几年不一样了，富的地方也搞了，要研究新问题、新趋势，就要到商品经济原来发达的地方了。总之，研究社会问题，你要选择到矛盾集中、矛盾尖锐的地方去。

这几天我来四川，想研究一下农村的体制问题，包产到户了，农民干活了，但现在还有很多问题，什么原因？社会上层建筑不适应，把人管得死死的，动不得。这个体制是管农民的体制，上面又怕下边胡来，又设了许多办法管他，这样就管死了，使他们动弹不得。

所谓选两头，也是这个意思。你搞青年犯罪问题的，或者搞青年就业问题的，你要找最严重的地方（东北）和解决得最好的地方（江浙），搞犯罪问题的研究，在待业、无业青年中最多。还有一个就是在城乡结合部，两种文明交替的地区、时期，最容易出问题。顺便说一句，研究就业问题，也要研究一下农村的青年就业问题，现在至少有 1.5～1.8 亿劳动力是多余的。

选点要与全面调查相结合，全面调查的含义：一是要多走一些地方，了解更多的地区；另一个含义是，到了一个地区，你要做广泛调查，网撒得宽一些，才能抓到鱼。捕捉矛盾，要广泛了解。你搞青年调查，不能光找青年团，还要找妇联、工会、教育局、法院、公安局、卫生局、商业局、新华社、报社、军区等等，找各种人谈，从各个不同的角度谈，面要宽。你搞专业户调查，不能就调查几个专业户，你要了解县里全面的情况。

找到了富矿，你就要深入下去，例如找到了矛盾尖锐集中的地区，你就要蹲下来，多做调查。另外，你如果发现了对这个问题有研究、有见解的人才，找到了知音、内行，你就要多谈，一次、两次、三次，我有时找到了，一谈几天的。毛主席说："拼着精力把一个地方研究透彻，然后于研究别个地方，于明了一般情况，便都很容易了。"①

点面结合的另一个含义是，你要建立一些调查基点，把一个麻雀解剖透，以后隔一段时期去观察，那里情况熟了，你可以手到擒来，而且有个纵向对比。费孝通的开弦弓村调查，20 世纪 30 年代做的，50 年代又做，80 年代又去，资料都是宝贵的，很能说服人。美国学者去了，问田底田面，中青年都不懂，一问 60 岁以上的，懂了，他说中国确实变了。应该说点是基础，要有这方面的功夫。如对农村的基本结构、脉络了解清楚，不去农

① 毛泽东：《寻乌调查》，载中共中央文献研究室编《毛泽东农村调查文集》，北京：人民出版社，1982 年 12 月，第 56 页。

村工作，未下放过、插过队，是不容易懂的。而这是谈农村问题的基本功。"三级所有、队为基础"是什么？评工记分是什么？基本核算、年统分配是怎么回事？我"四清"下过乡，弄懂了。有一次我带一个南开学生下乡，会计把账本一拿出来，我就给学生说，这一笔是错的，这个账是凑成的。你摸清一个点，再去别的地方调查，就一目了然了。

2. 直接调查与间接调查相结合

搞调查研究，一定要做直接调查，要到最基层去，要同你的研究对象面对面地谈，了解这个问题的第一手材料。这是基础，没有这个不行，否则你的调查可能是空的，是建立在沙滩上的。我调查包产到户就到农民家中去看、去谈、去问，到一个村子不仅找干部，而且，首先要找农民谈，劳多的，劳少的；富裕的，困难的，四属五保都谈，听他们的意见。搞调查研究不能没有这个，否则要上当，要出洋相的，这不是不相信干部，没有这个别人给你讲的，你总是不踏实的。另一方面，从 1958 年统购统销起，搞浮夸、搞假大空，这个恶习相当严重，至今还有影响。各种各样的原因造成下面对外来的人不讲实话，口袋里有两本材料，看你喜欢。你喜欢听好的，在这个口袋里，喜欢听问题的，那个口袋里有。不是不信，你要访一下，如果有了第一手的调查，你就不容易上当了。这几年，领导干部道听途说，情况不明，决心大，听了一些假汇报，乱拍板，乱定调子，吃了很大亏的人是很不少的。我 20 世纪 60 年代下乡，有位老同志教给我，下乡调查的要领：你进村先要看群众的脸色、表情、房屋，到市场上问问集市的粮价，这些都骗不了你的。庄稼、土地、房屋、服装、脸色、表情，这是一致的。公社书记，县委书记，向你介绍，增产多少，征购多少，口粮多少，你别轻信，你到市场一问价钱，就知道这个县，这个地区的农业生产、农民的情况了。我一直牢记这一条，屡试不爽。前几年我到四川开会，会议组织到都江堰、青城山参观，沿路看到群众都住的草房，很整齐，多数群众穿着不太好、不少人面色不好、发黄，我问陪我们去的同志，他说，草房冬暖夏凉，老百姓住习惯了，关于脸色他说，咦，你不知道我们四川是盆地，晴天少，见太阳少，脸色都是这样黄的。他这个解释都不能使我信服，为什么成都市郊农民的瓦房就多，为什么成都市里的姑娘们的脸色，同北京姑娘的没有什么不同。更使我纳闷的是，我们到内江地区，在内江县一个农村集上，还见了几个长秃疮的少女，这在外地是见不到的。后来，到省里，我调查了一段，了解了两件事：一是四川的负担重，四川 1 亿人生产 640 亿斤粮，相当于全国 1/10。四川是自给省，不进不出。问题就来了，四川 1 亿人吃 640 亿斤粮，全国 90％的人吃 90％的粮，但前些年全国每年进口 200 多亿斤，四川这就差 20 多亿斤商品粮；二是四川"五风"持续的时间长了一些，浮肿和非正常死亡一直持续到 1962 年，把家底掏空了。家底空了，负担重，所以四川农民比华中、华东、华南等地的农民苦一些。这是我调查后的结论。是前几年的情况，这几年怎样，不大清楚。

讲要直接调查，这是基础，这是引子，但总不能事事调查。而且要研究解决问题，相当重要的方面要依靠间接调查，要利用已有的成果。间接调查包括以下几种：

一是找下面的同行工作的干部谈，请他们介绍全面的情况，这是很重要的方法。下去可以先找他们，可以起引路、了解全面概况的作用。从北京下去，要如此，你到一个省、到一个地区、到一个县也要如此；二是收集下面有关问题的各种数字、资料、报告、文件；三是收集有关报刊已有的文章和专著，有条件的还要看国外有关这方面的材料，这一方面可以了解这个问题目前研究进展的程度，另一方面，自己也可得到借鉴启发。

这三种间接调查方法，当然最主要的是向同行的工作干部调查，向这方面实际工作的同志调查。例如，我调查包产到户，就主要向各地的农工部、特别是以前老农工部的同志调查。这批人对本地农村，对农业经营管理，对历史沿革熟极了，我很多知识是从他们那儿学来的。你要做好某一方面的调查，你就要请教这批同志，要有一批这样的同志，要与他们交朋友、交心。要他向你介绍新的情况，也要把自己对这个问题的看法谈出来，使他感到你同他是一致的，为共同事业而奋斗的，可以信赖，可以商谈，有利于使这件事这个难题解决，这样才能搞好调查。1979 年 6 月，我们调查到了安徽省，省农委政研室的刘家瑞同志接待了我们，向我们介绍了情况，我们也把自己的文章送给了他们。在介绍中我们也进行了交谈，谈了对一些问题的看法。介绍情况的座谈会开了两天，情况都谈完了，最后刘家瑞给我们说："老陆，还有个情况，也同你们谈一下，我们这里不光只有包产到组，还有包产到户哩！"我们很惊讶，就请他们谈了情况，并要求他们领我们去看一看。从此，我们就开始了包产到户问题的调查，而包产到户这个矛盾就是这样捕捉到的。这也可以说是个经验。所以，以后我们在调查中，当地党政领导有关同志要我们介绍这个问题的全国情况，我们也就不再扭扭捏捏地推了。通过交心、交换看法，同这些同志建立了友谊和联系，这些同志至今还在给我们寄材料。

这里讲一下收集材料的问题，开始一般只给你公开的材料，以后就是油印的，再以后是手抄的，甚至把笔记本给你。安庆地区的一个同志，把珍藏多年的包产到户的原始资料、文件寄给了我们。说实在的，没有这些同志的支持，我们的包产到户研究这个题目是不容易搞成的。

3. 长期研究的项目同近期的调查研究项目相结合，长短相结合

搞一项社会科学研究，没有若干年的艰苦努力，辛勤耕耘，想一蹴而就是不可能的。1872 年 3 月 18 日，马克思在《〈资本论〉法文本序言和跋》中说："在科学上没有平坦的大道，只有不畏劳苦沿着陡峭山路攀登的人，才有希望到达光辉的顶点。"[①] 马克思这是针对法国一般读者没有耐心读比较难懂的科学著作而说的，但这对进行科学研究也是非常合适的。《资本论》这部伟大著作马克思就用了 40 年的时间。最近有人说，这是社会科学史上进行调查研究的一次前所未有的壮举，这是有道理的。

搞科学研究要有一个远大的目标，张黎群同志提出要创建中国青年学，这就是一个大目标。此外还有青少年犯罪学、青年就业问题等，这些都是较大的课题。这样一些目标，要有大量调查研究、科学研究后才能完成的。围绕着这些大题目，可以有计划、有步骤地做一系列的调查和研究。个人也是这样，一方面要有一个长远的计划，另一方面又分若干小的课题来完成。我搞农业问题研究，目标是想研究如何解决好社会主义社会的农民问题，如何加速农业的发展，近期就研究有关包产到户的问题。这件事搞了 3 年多了，开头两年只写调查报告，写论文，积累资料，1982 年就专门写成了《联产承包责任制研究》这本书。

要有长远的目标，否则零敲碎打，形不成系统的东西，没有突破不行。但也要重视单项的调查研究。当然，最好是结合着搞，这个单向的，短期的，小一点的题目容易出成果，每年有一点调查报告、论文。你们青少年研究所有一条规矩，叫作"两年不出成果，要自动辞职"，这也可以解决这个问题。不断有点小成果，也可鼓舞士气，积小胜为大胜。先打些小仗，可以锻炼、试验，比一上手就啃大部头要好一些，把握大一些。

4. 读书、写作与调查研究相结合

前面讲了，搞现实问题的研究，一定要接触实际，到实践中去、群众中去，搞调查研究，这是一个方面；搞科学研究，必须读书，必须掌握马克思主义、毛泽东思想的基本理论，搞现实问题的研究，则要求经常阅读党的文件，熟悉党的各项重大政策，这是另一个方面。

---

① 马克思：《资本论》第 1 卷，北京：人民出版社，1975 年，第 26 页。

首先要读书，读文件。张黎群同志提出，科研人员要有马克思主义、毛泽东思想的根底，青少年研究的理论基础。主张全所要精读三本书：《资本论》《中国史》《中共党史》，以及现代科学知识，要有教育、经济、政治、法律、历史、心理等方面的知识，这是完全正确的。青少年研究是一门综合性学科，对象广泛，需要有广博的知识，这样才能研究得好、研究得深。一定要多读书，一定要有相当的理论修养。同样的题目，同样的材料，理论修养不同，知识水平不同，研究的成果就会很不相同。理论水平高，知识面广，就站得高，看得准，研究成果就会有相当的深度、广度。我们在基层工作的同志写的东西，材料很多，很丰富，但往往就事论事，提不到应有的高度，原因就在于理论准备不够。

其次是要写作。搞社会调查，一定要手勤、嘴勤、脑勤，要善于提问题，开调查会。不能光按调查提纲，要随机应变，随时发现问题，随时问、随时记，而且要整理。当天自己整理笔记，发现不足的，第二天再补问、补记。每一个调查项目结束，应该力求写出调查报告来，这实际上是对这一阶段调查的检验，帮助你思考，加深对问题的系统认识。这一步不能缺，不能懒，否则一拖，就只剩笔记了，时过境迁也就淡忘了。我自己有这样的经验，只要回京后一松，或别的事一挤，调查报告就挤掉了。要自觉坚持，无论如何要写一篇。坚持了，就成了。

我这几年，每年大约是 4 个月下各地去调查研究，其余的时间就在北京读书、学习、写作。光下去不行，不下去光读书也不行，要把读书、写作和社会调查结合起来。

三 谈谈这几年我从事调查研究的体会

1. 通过调查研究，看到我们国家前景光明

农村正在进行一场伟大的变革，处在一个重要的历史时期。实行包产到户之后，农民干活了，焕发了农村的生机，出现了举世瞩目的好形势。可以用两句老话说："形势大好，越来越好"，现在是确确实实的了。1979～1982 年，农业平均增长 6%，超过了"一五"计划时期。棉花、油料、蔗糖、工副业增长都超过了 10%。从发展的趋势看，5%～6% 可持续发展到 1990 年以后。粮食也还会增产，中国不吃进口粮是完全可能的。农业潜力还很大。

包产到户、家庭承包制，这是中国农民的伟大创造。这一套完全可以

走出一条新的农业现代化道路来，这条路比苏联的好，比匈牙利的也好。匈牙利的农业，在欧洲是第一流的，东欧第一。但它是靠自留地小农经济，10% 的自留地生产了 30% 的农产品，40% 的农业产值，50% 的农业国民收入。而我们是包了之后，100% 都像种自留地那样了。现在才 2~3 年，成绩卓著，搞上 3~5 年后，土地越来越肥，农民越来越起劲，生产会越来越好。中国的改革会影响整个社会主义国家阵营。

感到前景好的第二点是包产到户政策的成功。我们的改革是有希望的。一般人以为干部会反对，确实是有的，有些已经很不像话。但毕竟我们的干部是共产党的干部，多数是好的，比较好的。受党的教育，是农村的骨干。一部分是带领农民干的，有一部分人在中央表态后，也积极干了，有一部分有抵触情绪，经过上面指示，下边推动也实行了。这样一场改革，不到五年实现了，和平解决了，这在资本主义社会、封建社会是不可想象的，所以可以说这是群众同干部共同创造的。

2. 农村确实是广阔天地，大有作为

形势好不等于没有问题、没有新的矛盾。只能说开了个头，还有大量工作要做。基础变了，上层建筑不改不行。商品多了，流通怎么搞？农民要学科学了，文教科学体系怎么改？……现在正是大改革、大变化、大发展的历史转折时期，新旧交替时期，农村正在涌现大量的新事物，大量的新人物在冒出来，值得去研究，值得去总结。地方上也欢迎我们下去，可以大有作为。

就我个人的体会，现在的党中央、领导是鼓励支持从事实际问题调查研究的，不打棍子、不抓辫子。我 1979 年发了包产到户的文章，有人要批评了，领导说：他是在内部讲，内刊上发表，是允许的。

3. 中国的农民真好，是世界上最好的农民

没有想到，30 年后农民还苦得这个样子；也没有想到，十一届三中全会以后，改变得这样快。30 年折腾的灾难苦果都落到了农民身上。他们同我党有密切的关系，听党的话。有了这样的挫折，仍然不背弃社会主义。不是不要集体，而是不要平均主义。不要以为现在农民富裕得很了，还是穷得很，只是有饭吃了，富的还是少数。为农民工作是值得的，要鼓励知识分子下去为农民服务，农村需要知识分子，知识分子也应该到农村去。

中国到了历史转折的关头，又出现了好的机会。我们应该共同努力，使这次好的势头引出好的结果来。

关于建立农村体制改革试点县的初步设想[*]

一　宗旨

在党中央的领导下，家庭联产承包责任制已在全国农村普遍实行，它极大地调动了农民的积极性，解放了生产力，农村出现了前所未有的大好形势，这次改革是从农村最基层的生产队的体制改革开始的，现在这个层次的调整，已经基本完成，但是大队、公社、县级的经济体制基本上还没有改变，从而产生了种种矛盾。因此，在坚持四项基本原则、坚持社会主义基本制度的前提下，全面改革县、社、大队的政治经济体制，使之适应已经改变了的经济基础，这是进一步发展生产，稳定和完善家庭联产承包责任制，进一步发展大好形势的关键。历史经验表明，在我国的政治经济体制中，县是很重要的一个层次，现在各地对流通、科技、财政等体制都在进行改革的探索和试验，但如何把县级的政治经济体制作为整体，进行全面系统的改革，至今各地还没有比较成熟的典型。

我们中国社会科学院是党中央、国务院的助手，理应在这场伟大的改革中作出贡献，在党中央和当地省委、市委的领导下，建立体制改革的试点县，对农村现行的政治、经济、文教、科研等体制进行周密详细的调查研究，并有领导、有计划、有步骤地做改革的实验，提供系统全面的调查资料和政策资料，供党中央、国务院等部门对农村体制进行全面改革的决策做参考。同时，系统的调查研究使我院的社会科学工作者得到了锻炼，继承和发扬了理论与实践相结合、理论为实践服务的优良学风，并有计划

---

　*　本文源自作者手稿。原稿写于 1983 年 4 月 9 日，系陆学艺向中国社会科学院领导提出建立农村体制改革试点县的建议稿，该建议稿获得院领导的批示和积极支持。——编者注

地把试点县建成我院进行社会调查和科学实验的基地县，应该说，这也是一项重大的基本建设工程，对我院的科学研究将产生深远的影响。

二 体制

建立体制试点县有三种办法：一是由我院单独办；二是与中共中央书记处农村政策研究室合作办；三是与中国科学院已建的农业现代化基地县合作办。现在农村政策研究室已提出和我们合作办。为了便于取得农村政策研究室的指导和支持、顺利开展工作，以第二种合作的办法为好。至于如何合作，双方可以具体协商。根据中国科学院的经验，他们办农业现代化基地县，在院领导下专门设立一个农业现代化办公室，具体领导五个基地县的工作。我们开始可以不设专门机构，到基地县进行体制改革的工作小组，就是工作班子，直接受中国社会科学院和中共中央书记处农村政策研究室的领导。

三 选点

从长远看应该选三个点，在经济发达地区、中等地区、经济比较贫困落后的山区各选一个县。但从工作考虑，以先在中等地区选一个县开始为宜，以便取得经验，将来看需要和可能再逐步展开。农村政策研究室已经表示，具体选哪个县、选哪个点，他们可以为我们出主意，并可由他们出面，同当地省委、市委联系，打招呼。为了工作方便，第一个点离北京不宜太远，交通要方便一些，拟在山东、河北两省找为好。

四 人员和班子

人员由两部分组成，一部分是要到试点县工作，1~3年的工作班子，大约要8~10人，这是办试点的骨干，主要是中青年，自愿报名，身体健康，有一定的工作能力；另一部分是调查研究队伍，人员可多可少，时间可长可短，可以轮换，可以结合本学科业务进行调研，也可以设想一个所、一个学科，选一个公社进行长期调研。另外也可以同当地省、市农委和社会科学院系统联系，请他们出一部分同志，共同进行这项工作。

五　经费

同农村政策研究室合办，经费由双方协商共出，可以我方为主。

考虑到要进行大量的调查研究，要开一些协作会议，要办学校、办文化事业、办科研事业等，每年约需 10 万元~15 万元，这是概算，待工作班子建立后，可根据工作需要，每年做出详细预算，由院批准执行（中国科学院 5 个基地县，每年经费 200 万元）。

六　工作步骤

1. 目前，可先物色、调集人员，组成工作班子，着手进行各项准备工作。

2. 选点，定点。

3. 农村政策研究室希望能在今年第三季度进点。

4. 进点后，第一步的工作就是着手进行全面系统的调查研究，把目前县级机构的改革现状、问题、原因等都调查清楚，写出分类的详细调查报告，大约需要 3~4 个月的时间。

5. 先进行公社这一层次政治经济体制改革的试验，以便取得经验。

6. 提出县级政治经济体制整体改革的具体方案。

陵县蹲点工作汇报和建议[*]

院科研办，请转院党组：

  我们一行 7 人，在院党组的领导和中共中央书记处农村政策研究室的指导支持下，于 1983 年 10 月 25 日来到山东陵县蹲点，受到了山东省、德州地区和陵县各级领导的热情欢迎，得到了大力协助，省社科院和地县委还派了 9 位同志参加我们的工作。两个多月来，我们通过座谈、访问和阅读有关文件资料，调查了（1）陵县 31 个部委办局，（2）袁桥公社党政企机构和袁桥大队 100 家农户、张文成大队 40 家农户等，年前还准备调查一个大队的若干农户，以完成对县社机构和发达程度不同的三个大队的摸底调查，这是预计的基础研究中的一个组成部分。根据几方面的需要，1984 年准备进行以下几项工作：

  （一）整理两个多月来的调查材料，在 1984 年春节前写出 7 个专题调查研究报告；

  （二）每两个月或三个月编印一本农村调查研究报告汇编，向院和农村政策研究室汇报反映农村的情况，提供系统正确的信息；

  （三）协助陵县建立中央统计局陵县家计调查点（6 个公社 144 家农户），自 1984 年元旦起，"家庭经营收支记账户"开始记账；

  （四）应陵县要求为当地公检法干部开设若干短期培训班，讲授刑法、刑诉法、婚姻法等；

  （五）在陵县建立一个主要是社会科学方面的图书资料和情报中心，作为陵县智力开发的物质基础之一，也是我院农村发展研究组进行研究工作

---

 * 本文源自作者手稿，该稿写于 1983 年 12 月 25 日，作者为陆学艺、孙越生，系二人代表中国社会科学院农村发展研究组起草的该研究组在陵县开展调查研究前两个月的工作汇报。原稿无题，现题为本书编者根据报告内容所拟定。——编者注

的必要条件；

（六）应山东省关于利用联合国粮农组织改造盐碱地的长期贷款中提出部分经费作为兴办教育事业、训练干部的要求，从规划、设置专业和聘请师资等方面协助他们在陵县筹建一所适合当地智力开发需要的新型院校，此校建成后，亦将成为我院陵县研究基地的一支可以协作的调研力量；

（七）与山东省农经学会等单位协作，在 1984 年下半年召开鲁西北经济发展战略讨论会；

（八）为编写《陵县社会调查》一书拟定指导思想与写作纲目，定好各章的撰稿人。

此次下来，所得印象非常丰富，颇有山阴道上应接不暇之感。我们深感到，在一个县蹲下来，进行全面系统的周密调研，既要了解县社机构的运转机制，又要探索广大农民生产生活的发展规律；既要总结它的历史与现状，又要协助当地预测和规划今后的发展远景。我们的能力和学识太有限了，特别是人力不足之感尤为突出。

面对现实深入涌现出来的无数大小课题，我们只能惊叹这是社会科学工作者前所未见的富矿，陵县虽小，却大有千军万马用武之地。但陵县迄今为止，仍是一块尚待开垦的社会科学处女地。陵县的不少干部和群众，不知社会科学为何物，而溴氰菊酯、磷酸氢二铵等先进科技成果则在此地家喻户晓。整个社会科学和农村的脱离，由于自然科学技术向农村的有效渗透而显得更加突出。若不采取有效的奖励政策和战略性措施，这种不协调现象势必加剧，会影响农村经济社会的健康发展。

现将陵县农村现实提出的一些紧迫课题，择要列举如下：

（一）马克思主义合作理论与中国农村的实践；

（二）党的十一届三中全会以来农村大变革的基本经验和启示；

（三）家庭联产承包责任制与有中国特色的社会主义的农业发展道路；

（四）家庭联产承包责任制的家庭经济同资本主义家庭农场的本质区别及其发展趋势和前景；

（五）中国社会主义建设中 8 亿农民的地位和作用以及我们党的农民政策；

（六）社会主义新型农民的形成和他的本质特点；

（七）正在变化中的农民道德、伦理、价值观念的研究；

（八）中国农村由自给半自给经济向大规模商品生产转化的过程和规律；

（九）陵县农村由自给半自给经济向商品生产转变中的表现及其遇到的问题；

（十）农村流通渠道与农村商业体制的改革；

（十一）历史上和世界上"谷贱伤农"的教训以及我们如何控制；

（十二）鲁西北（陵县）经济社会发展战略研究；

（十三）陵县农村智力结构的现状和智力开发研究；

（十四）农业人口（劳动力）转移的趋势及其规律；

（十五）新型小城镇在经济、科学、文教社会发展中的战略地位和发展的具体道路；

（十六）农村大变革引起农业大发展对工交、财贸、科学文教战线的促进及其深远影响；

（十七）农村消费结构的变化和消费倾向的研究；

（十八）计划生育和农民家庭结构变化研究，如何控制农村人口数量、质量变化的最优方案；

（十九）地方行政体制如何适应农村大变革的要求而进行相应的改革；

（二十）农村物质文明建设和精神文明建设的关系。

要实现上述任务和课题的研究，深感研究组的人力不足，特别是来的 7 人中，目前已有 3 人（科研办 1 人、农经所 2 人）因原定只来 1 个月，现已返回，只剩下我们 4 个人（哲学所 2 人、情报所 1 人、法学所 1 人）。虽然有地方的同志配合，但总感到人手不够，有不少事无人做，有不少课题的调查研究开展不了。

为了建好我院在陵县这个调查研究基地，建议院领导能采取有效的措施，号召和鼓励一些与现实有关专业的科研人员到陵县基地来做调查研究工作。例如，是否可以规定哲学、经济、法学、社会、马列、农经、工经、财贸等所，每年每所派 1~2 人，轮流到陵县蹲点，短期调查研究的人数可以不限。可以带着课题来，也可以到陵县选题。这样可以使基地县的研究人员，有一个相对稳定的来源，使基地县的研究工作能有计划、有目标地逐步开展，走出一条理论同实践相结合的路子来。

以上报告，当否，请批示。

中国社会科学院农村发展研究组

陆学艺　孙越生

1983 年 12 月 25 日

农村的伟大变革对社会科学研究
提出的新课题*

我今天利用这个机会向大家介绍一下我们中国社会科学院在山东德州陵县的调查研究基地的情况。

去年①春天有几个同志，向院领导提出农村正在大变革之中，我们院应该趁这个大好机会，在农村建一个院的调查研究基地，一方面直接参与农村这场变革，在实践中了解情况、新问题，向党中央提供系统正确的信息和建议，做党中央国务院的助手；另一方面也使我们的社会科学研究密切联系实际、改变学风，走出一条社会科学研究的新路来。建议很快得到了院领导同志的支持，梅益、马洪等同志都作了批示，并且指出要建立基地县，应和中央书记处农村改革研究室杜润生同志商量，并取得他们的支持。院办公室把建议书转给了杜润生同志，杜老对这件事非常重视，马上派出联络员同我们联系，表示欢迎我们去农村设点，并且说这个点由我们两家合办，或由我们院主办，他们全力支持亦可，还提出要我们拿出具体方案，并建议在1983年第三季度能进点，还表示在哪里选点，他们可以同所在省联系。

根据院领导同志的意见，起草的设点方案拟定后很快得到了院领导的批准。院领导考虑到我们院老同志多，考虑到工作方便，提出第一个点就在山东、河北两省找，不要离北京太远，杜主任也同意这个方案。1983年6月，在中央工作会议期间，杜润生同志亲自和苏毅然同志谈，中国社会科学院将在山东建一个调查研究基地县的问题，苏毅然同志表示热烈欢迎。

---

* 本文源自陆学艺1984年4月9日在中国社会科学院干部会上讲话的手稿。本文涉及的相关地区农村经济社会数据源自作者调查过程中获得的资料。——编者注

① 本文中指1983年。——编者注

1983 年 9 月，各方面准备工作就绪，院领导派出了选点小组到山东，山东省委副书记李振同志亲自接待了选点组的同志，介绍了诸城、肥城、邹县、陵县 4 个县的情况供我们选。考虑到诸城、肥城都较远，选点组实地考察了邹县和陵县。邹县是孔孟的老家，这几年发现了大煤田，工农业发展很快，有山区，有平原，而且是全国精神文明县。陵县是德州地区的，原来很穷，三中全会后发展很快，责任制搞得比较早，工作做得比较好。我们将这两个县的情况向院党组汇报后，院党组认为邹县条件好，但它的经济支柱是煤矿，现在国家三个重点工程在这个县，大煤矿，鲁能电厂，兖石铁路，这些条件，在别的县不具备，典型意义不大而陵县则是鲁西北黄淮海、华北大平原农村县的典型（同息县差不多，没有一块石头），同时也是由穷变富的典型。三中全会前，这里是"三靠①县"，现在靠三中全会的政策，靠责任制，靠种棉花发起来了。而且，陵县离北京近，乘特快 4 个半小时到德州，再乘半小时的汽车，5 小时就到。加上省地县三级领导都真诚欢迎我们去建点，因此就把点定在陵县。

1983 年 10 月 25 日，我院第一批蹲点的同志（共 7 人）直接去德州陵县。行前院党组的领导同志专门给研究组的同志开了会，作了指示。杜润生同志也专门接见了研究组的全体同志，作了指示。院领导和农村政策研究室的领导，对办这个基地县的方针、任务和工作方法都作了指示。具体任务是两个方面：一是要我们深入实际，作实际的调查研究，向党中央和院领导提供农村发展的信息和资料。要探索研究实行联产责任制以后农村发展的道路，要研究鲁西北、华北地区农村发展的战略（农业起来了，农村今后怎么发展）；二是要探索理论联系实际、从实际出发进行社会科学研究的新道路。

我们就是带着这些任务和课题到陵县的，第 1 批工作人员共 7 人，加上省社科院 3 人，地区 1 人，县里派了 3 人。研究组一开始就受到了省地县三级的领导和当地干部群众的欢迎，他们给我们创造了各方面的便利条件，从政治上、物质上、生活上给了我们很大支持。省委李振同志，副省长卢洪同志，农工部、宣传部的同志都曾到点上看望过我们。省委李振同志表示，陵县是你们的点，也是我们省委的点，我们共同把这个点办好。地委王殿臣书记，几个专员、副专员、秘书长和部长都经常到陵县点上来，同我们讨论如何办好点的工作。陵县县委更是从各方面支持我们，使我们的

---

① 即"吃粮靠返销，花钱靠救济，财政靠补贴"。——编者注

调研工作顺利进行。省地两级还专门在招待所腾出了一个小院，作为研究组的办公场所，专门拨款为我们安了电话，还准备买一辆车。县委专门派出一名秘书当联络员，为我们作各种调查提供方便。可以说我们选陵县作点的条件是比较好的，天时、地利、人和，三条都好，各方面关系比较融洽，所以调查研究工作开展得比较顺利。

下面我汇报一下研究组半年来几个方面的工作和了解的农村情况。

这一段主要是进行县的基础调查，我们这次调查是以一个县为对象，进行发展研究。第一步是对全县63个部、委、局、办机关中的主要部局逐个进行了调查，同时选了两个公社对公社机构进行了调查，选了上、中、下三个大队做了调查，对200户农户进行了详细的家计调查，摸清了这个县的基本情况，积累了资料。县很大，只能选样调查，我们组织了北京师范大学、山东大学的三批学生参加陵县调查，他们也帮我们积累了资料。

陵县有24个公社，1018个大队，3034个小队，11.7万户，53.89万人，农业人口51.9万，共有20万劳动力。耕地面积统计是112.76万亩，实际约有150万多亩。

陵县地处黄河故道，为华北冲积平原，多盐碱地，地处北温带，大陆性气候，四季分明，春旱多风，夏季炎热，夏秋多雨，往往是春旱秋涝，晚秋再旱，所以对农业生产很不利。

陵县是个老解放区。解放以后，土改以后，生产有很大发展。这里是粮棉产区，群众的温饱不成问题，还能给国家作一定的贡献。抗日战争、解放战争时期，这里的土布军服支援了战争。解放后，每年也产5万~6万担棉花，最高9万担。但1958年"大跃进"，浮夸风、一平二调，搞得很"左"，吃大锅饭，到第二年春天就没有粮食吃了，出现了人无粮马无草的严重局面。后来加上1961年的大涝灾，1959、1960、1961三年，这里人口总数从40多万减到30多万，不正常死亡和跑关东，少了10万人，从此伤了元气，一蹶不振，出现了两个恶性循环。第一个是集体经济搞不好，社员就无心给集体干活，生产没有积极性；社员对集体劳动没有积极性，集体就更加搞不好。第二个恶性循环，是粮食不够吃了，就少种棉花，扩大粮食面积；棉花少了就没有经济来源，没有经济来源就没有农业投资，没有钱买化肥、农药。粮食面积大了，总产量反而减少。粮食越少，就越要以粮为纲，缩减棉花。最后连粮食都少种，大量种白薯。所以到20世纪70年代，这里成了"地瓜干子当主粮，鸡屁股是银行"。种了地瓜，地上没有秸秆，不仅缺锅中的，而且还缺锅下的（烧的柴火）。陵县成了"三靠"

县，在德州地区是穷出了名的"三靠"地区。1958～1978 年，20 年间每年人均口粮常常在 300 斤以下，年人均分配 50 元以下。1978 年是 314 斤口粮，人均分配 47 元。

党的十一届三中全会以后，这个县大变了，1979 年实行责任制，打掉了平均主义，一包就灵，当年粮棉就有较大幅度的增长。但真正变化的是 1980 年，这年普遍实行包产到户，同时扩种棉花，调整农业结构，棉花从 17 万亩扩展到 30 万亩。当年棉花从 1979 年的 5 万担，猛增到 21 万担，一年翻了几番，增长 4 倍多，这真是奇迹，干部和群众都不相信。1981 年棉田扩大到 45 万亩，总产是 44 万担。1982 年扩大到 52 万亩，总产达到 62 万担。1983 年棉田稳定，但总产猛增到 90 万担，比 1978 年的 3.8 万担，增长 22.7 倍，这在陵县历史上是空前的，在世界植棉史上恐怕也是少见的，但这是事实。在棉花猛增的同时，1980 年、1981 年粮食保持了 3 亿斤的总产，粮食播种面积少了，总产并没有少。1982 年，粮食则开始上升，达到 4.4 亿斤，1983 年继续增产，达到 5.6 亿斤。这个吃了 20 年返销粮的县，1983 年出售 9000 万斤棉花的同时，还向国家交售了 1 亿斤商品粮。

陵县的棉花是一个突破口，棉花上去了，粮食也上去了，各行各业都上去了。有了棉花，就有了棉花和棉副产品的加工业的发展，再加上其他工业，1978 年全县工业产值 3547 万元，1983 年达到 19700 万元。棉花卖了，农民有钱了，购买力大增，陵县的商业也发展，社会零售总额增长两倍多。在陵县，凡是同棉花沾边的都发了财。政府也富了，1978 年陵县财政收入才 250 万元，1983 年财政收入 950 多万元。农民卖的农产品多了，现金也多了。1978 年农民人均分配 47 元，1983 年农民人均纯收入 514 元，约增长 10 倍，现在陵县的农民富了。据调查，全县的万元户约有上千户，约占总户数的 10%。这里我们要说两点，几千元户则是比较普遍，困难户有，但是已经很少了，多年想解决的温饱问题，可以说现在解决了。但仅此而已，不能把农村形势估计过高，因为即使万元户在这里，也不富庶，因为这里的家底实在太穷了。造 5 间房子 5000～6000 元，娶一个媳妇 2000～3000 元，买牲口、生产资料，备齐了一般要 1500 到 2000 元。但是往后农村的发展会很快，越发展越快，比我们预料的快。原因是我们农村的生产力积累起来了，潜力很大，过去因为"大锅饭"没有发挥出来。第一，兴修了大规模水利，经过 30 年努力，挖了近 2 亿立方米的土方，全县引黄灌溉体系形成了，有黄河水可浇；第二，推广了优良品种，玉米、小麦、鲁棉 1 号等；第三是化肥农药；第四是初步机械化，畜力很充足；第五是科学技术，塑料薄膜的覆盖，管理棉花技术普遍高了。这些过去都有，但没有发挥出来，一实行责任制，农民有了积极性，同这个物质力量一结合，所以发展就快了。今后发展速度还会更快的，对此我们要有充分的估计。

当然农村还有不少问题，最主要的是农民积极性调动起来了，农业生产突飞猛进，这种发展是爆发性的，来得很突然，而其他方面的改革还没有跟上，所以产生了种种矛盾。首当其冲的是商业流通领域，农副产品大量产生出来，商品率提高了，但流通领域并没有改，无论数量、质量都跟不上，所以出现了卖难、买难的问题，喊了多年解决不了。之所以卖难、买难，还因为工业方面没有改，棉花、大豆等农产品加工不了。而农民要买的拖拉机、柴油、化肥，供不应求，日用消费品也供不应求。还有国家机关也没有改，虽说农民不吃"大锅饭"了，但商业、工业、机关，基本上还是吃"大锅饭"，所以矛盾就不好解决。

如何解决这些矛盾，使农村的形势发展得更快更好，是我们社会科学领域的新课题。也就是农村活跃起来了，农民问题突出了。我们要重视研究农村问题、农民问题、农业问题。

据我们在陵县6个多月的蹲点调查，我们深感到我们党领导的这场农村大变革，具有极其深远的历史意义，它不仅将彻底改变我国农村的面貌，而且将推动工业、商业以及整个上层建筑的变革。我们社会科学工作者，应该投身到这场伟大变革中去，去了解它，研究它，按照马克思主义、毛泽东思想的基本原理去总结，去说明它，并不断向党中央和有关方面提供系统正确的信息，提出切合实际的建议，使我们能够把农村的这场伟大变革沿着正确的方向健康发展，在这个过程中也使我们社会科学研究得到改造和提高到一个新水平，走出一条新的道路来。

十一届三中全会以来，农村发生了一系列新的变化，出现许多新的问题和新的情况，需要我们用新的观点、新的理论来加以总结、加以说明。也就是说，农村的伟大变革向我们社会科学工作者提出了新的课题，这是个大课题，需要大家来做。我只能根据陵县的调查，根据我个人这几年的了解，谈点体会，举点例子。

第一，我们到底如何估计实行联产责任制后的农村发展形势？农村发展的潜力有多大？农业将以一个什么样的速度向前发展？农业是基础，形势决定任务，不仅党中央要对农村形势作出估计，各行各业、各部门都要有个正确的估计，以便适应这个形势，来部署自己的工作。

包产到户以后，农业以一个空前未有的速度在前进，年年超出预料，这不仅领导部门预计不了，农村干部预计不了，农民也预计不了。这些年我们国民经济计划农业发展速度是 4%，但实际是 1978～1983 年平均每年递增 7.5%，超过计划近一倍，1983 年比 1982 年增长 9.5%。陵县是 5 年增长了 2.87 倍，翻了一番半，平均每年增长 23.5%，这样高的速度是空前的。这样的速度能保持多久？以前说，包产到户第一年大增产，第二年小增产，第三年就减产。现在傻了，五年都增产！但能增多久？要有个预期，好做其他方面的安排。老是预料不到总不好，我们是计划经济国家。六五计划粮食 7200 亿斤，棉花 7200 万担，1983 年就大大超过了，粮食 7700 亿斤，棉花 9200 万担。

另外，我们的国家到底需要多少农副产品？这也要有个科学的预计。我们过去过惯了穷日子，现在多了，就到处叫唤，有关部门没有办法，就只好砍，一砍又少了。如我们 1958 年以后，食油供应紧张，每人每月半斤也不好维持，只好进口。这几年油料大增产，1978 年 1.3 亿担，1982 年达到 2.36 亿担。有关部门说多了，就限购、限产、降价，一下子减了 10%，油菜籽减产 24%，食油供应又不行，现在又下令不能限购。又如烟叶，前几年说多了，限产了，现在烟的供应很糟糕。再如棉花，我们解放后，历来进口棉花，最多时进口 1300 万担，可是 1983 年我们自己产的棉花就达到 9274 万担①，比 1978 年增长 1.14 倍，商业部门又说多了，说只要 6500 万～7000 万担就够了。有人提出，9200 万担，不过人均 9 斤棉，现在世界平均消费量是 14 斤，说 9 斤就过剩了，为时过早。到底需要多少说不清楚。另外是粮食，1961 年以后年年进口粮食，但 20 世纪 50 年代我们是出口粮食的。1957 年总产 3900 亿斤，人均 603 斤，当年出口粮食 41.9 亿斤，纯出口 38.6 亿斤。1983 年，我国生产粮食 7745.6 亿斤②，人均 755 斤。但我们现在还在大量进口粮食，这有没有必要？一面是进口，一面是农民卖不出去。能不能向中国农民买，吃中国粮？一面是出口石油，而另一面是农民浇地、开拖拉机没有油，柴油要 0.6～0.7 元一斤，油买不着就减产。一面农民买不到燃油，一面又出口石油；一面农民卖粮难，一面又进口粮食，这合算不合算？

还有对农村市场、对农民购买力的估计。8 亿人口的农村是一个极广大的市场，如何满足它是我们国民经济发展的一大动力。但对这个市场，我

---

① 国家统计局编《中国统计年鉴，1984》，北京：中国统计出版社，1984 年 8 月，第 146 页。
② 国家统计局编《中国统计年鉴，1984》，北京：中国统计出版社，1984 年 8 月，第 145 页。

们研究得不够，注意得不够，对不少人是陌生的，他们眼睛只盯在出口上。

农民的需要是两方面的，一是生产资料，二是生活资料。

首先，生产资料方面。农民需要柴油满足不了，需要拖拉机、化肥、农药，这些都是供不应求。前几年农机部门以为搞了包产到户就不要拖拉机了、不要农机化了，有好几个大拖拉机厂关门转产了。上海的丰收拖拉机厂就改为生产自行车了。现在农民排队买拖拉机，先交一年的钱，再等拖拉机。

其次是生活资料方面。农民富了，第一是买生产资料，第二是盖房，第三是吃穿用。国家大量销售手表、自行车、缝纫机等，电视机、录音机已经进入农民家庭，但供应不了。去年冬天黑白电视机一抢而光。农民也想买名牌的，但买不了。在陵县，凤凰12型自行车要卖300元一辆，茅台酒39元一瓶。

这些看来都是些具体问题、政策问题，但政策的摇摆，说明理论上有问题，我们理论工作者能否研究一下这个问题？对农村形势作出恰如其分的、实事求是的估算，以指导实践的健康发展。

第二，包产到户后，农村今后将怎样发展？实行包产到户，突破了"三级所有，队为基础"的模式，突破了苏联集体农庄的模式，今后会走出一条具有中国特色的社会主义新农村现代化的道路来，再用到原来那一套是不行了。但今后怎么发展呢？领导机关没有底，干部没有底，群众没有底。加上原来"左"的思想影响，所以干部和群众普遍怕变。1979年实行包产到组以来，放宽农村政策，但怕变的心理一直存在。这一方面反映，目前这一套政策是好的，群众欢迎这个政策；另一方面，也反映我们的前景不清晰，所以怕变。年年讲不变，农民还是怕变，这个怕变的心理限制着生产的发展，只要一有风吹草动，农村就杀猪宰羊，砍树收缩，特别是那些冒尖儿的专业户、富裕户。现在的农民经过这么多年的政治运动，他们是惊弓之鸟了，他们也政治化了。我在山东了解这样一些例子，有个卖扒鸡的农户，赚了2万元钱，马上关门收摊不干了，把钱存进银行吃利息，过小康生活。有的农民说现在趁共产党打瞌睡的时候赶快赚，它醒了就不能干了。有个专业户兄弟3人，老二是民办教师，老大老三跑运输跑买卖，老二专门订了许多报纸杂志，研究经济信息，也研究政治信息，看到报上关于清除精神污染的信息，马上就收缩。怕变的思想在干部中也比较普遍，所以，凡事要有红头文件，没有红头文件的新事，他不点头也不摇头，绕着走。

要解决怕变的思想，需要从各方面做工作，其中包括我们理论工作者，要对十一届三中全会以来的农村政策进行正确的总结，阐述和宣传。要解决怕变的思想，还有一项重要的工作，就是要对农村今后发展的前景加以说明，使干部和群众，对农村的前途，他们自己的前途，有一个清晰的概念，心里有个底。

农村今后将怎样发展呢？现在全国实行包产到户、包干到户的生产队已占 90% 以上，这个问题已经解决了。今后是巩固、完善、提高的问题。今后怎么发展？今年①1 号文件指出，今年农村工作的重点是大力发展商品生产。我体会中央的战略部署是通过大力发展农村商品生产，促使农村自给自足的自然经济向大规模的商品生产转化，来实现农村的专业化、社会化，实现农村的现代化。

农村今后具体道路可能是怎样？现在是包产到户，包干到户，每户都种田，什么都种一点，基本上是"小而全"的，这是从生产队初分出来不可免的。第一步解决温饱问题，农民的吃饭穿衣问题解决了。第二步有了剩余劳动力、时间、资金，就会去经营别的，如养鸡、养猪、种菜、种花、跑买卖、跑运输、办加工厂、当木匠、瓦匠，这是兼业农户的阶段。等到他办工厂、做买卖的收入超过了农业的收入，这个兼业有把握、有条件了、稳定了，专门从事运输、修理、服务、做买卖、办工厂、这时他就会放弃土地，变为专业户，这是第三步。专业户多了，土地逐渐集中到种田能手手里，他成为商品粮专业户。

事实证明，这种分工，这种专业户是发展生产的好形式，他的商品率高，经营效果好，收入多，现在各地的专业户已有 10%～20%。

但是，要发展商品生产专业户，这个形式还不够，据我们调查农村的专业户都是 7 口人、8 口人、十几个人，磨个豆腐也要 3 个人，没有一定的规模不行，据我们对陵县 250 户专业户的调查，平均人口是 6 人，平均劳动力是 4 个，有较好发展的，都在 11～12 口人，7～8 个劳动力。

但是从伦理上讲，农村的三代同堂的大家庭正在起变化，一般是两代人在一起生活，占绝大多数，陵县的调查是在 70% 以上（同北京市科院的调查不同，认为主干家庭为多数）。一般是儿子一结婚就分家，儿媳妇同婆婆在一起不行，城里如此，农村也是如此。所以从家庭结构讲，家庭人口在缩小，陵县的家庭，全县平均是 4.4 人。

---

① 本文中指 1984 年。——编者注

这同发展专业户生产是有矛盾的。怎么办？出路有两个，一是进行联合。农民为了发展商品生产，去自愿实行各种各样的联合。但是据我们调查，这种联合、这种新的合作经济形势，现在遇到了困难，所以出现了联而散，散而联的情况。各地的发展是马鞍形的，什么原因？这就是这些新合作体遇到了我们合作社、生产队当年遇到的问题，这就是内部如何经营管理的问题。新合作体一般是自愿组合、自选领导、制定章程，开始是为共同利益组合的，但时间一长问题就出来了。举个例子说，如果4个人都是强的，各人都有门路，都有办法，时间长了，往往意见相左，合不到一起，就散了。如果4个人中有一个强的，三个弱的，这个强的对外联系，对内管理，劳动，里里外外一把手，他出力多，贡献大，但分配是平均的，即使他本人觉悟高、不计较，他老婆也不干，所以往往也合不长。我们在土桥调查，父子两家经营，父亲怀疑儿子卖了钱没交回来，儿子总觉得老头子把东西弄家去了。

　　所以要联合，还必须要解决一系列问题。

　　那么出路在哪里？这就出现了雇工。这个强的当雇主，三个弱的当雇工，拿工资，雇主当领导，担风险，收入也多，雇工有稳定的收入，也愿意。凡是这样搞的，效果都比较好。不好的话，雇主不会雇人，被雇的人不必去当雇工。陵县有几十万亩农地承包了，地里长出东西来了，集体有收入，国家有收入，雇主有收入，雇工也有收入。

　　仙游县的李金跃，1979年包了1200亩山地，贷了款，雇了好几十个人经营，山绿了，有收获了，环境好了。种树7万多株，其中果树3000棵，马尾松1000亩，开了三里公路，盖仓库宿舍40间，买了拖拉机、抽水机。1983年收入4.2万元，各项开支后，盈利4800元，还准备再包1000亩。

　　但是这样一个问题，遇到了理论上的难题。这几年关于雇工问题的争论很尖锐，主要有两方观点，一方提出雇工是剥削，剥削剩余价值，这是我们社会主义国家不能允许的。另一方则主张，这于生产者有利，于国家有利，利国利民，有何不可？有利于实现有中国特色的社会主义，有利于发展生产，有利于造福人民；一方搬出老祖宗，说这是剥削，同我们的信仰不容。《资本论》讲了，剥削工人就是剥削剩余价值，这是搞资本主义。另一方说，这是投资，这里的雇工不是一无所有的无产阶级，这不是剥削；一方说，这同资本主义剥削工人有什么两样？另一方说，让田荒着，让水臭着，大家不干，这就是社会主义？现在干了，田种熟了，产粮食了，这是资本主义？说不通；一方说这是原则问题。另一方说你让外国人来开厂，可以，为什么不允许中国人也剥削一点？

对于这个问题，1983 年的 1 号文件提出："不宜提倡，不要公开宣传，也不要急于取缔。"[①] 这个问题是个实践同理论矛盾的问题，怎么解释？说明这个现象是理论界的一个任务。客观上雇工还在发展，但受到很大限制，总的发展不快。在南方，广东、福建、江浙一带多一点，山东则比较少。

其实就是理论上解决了，一致了，在实践上面仍不能解决大规模发展商品生产的组织形式问题，因为雇工毕竟是有限的。现在准许雇工 3 ~ 5 个，最多雇 8 个，最多有上限的，再多呢？没有了。但要发展大规模商品生产，则需要有上百人、上千人的工业、商业企业，靠雇工也不行。

所以农村的商品经济要发展，光靠发展专业户不行，这是小打小闹，发展联合体，发展雇工有问题，那么靠什么？恐怕在办大规模工业、商业企业，还要提倡国家、集体来办，办地方国营企业，办社队企业，但要解决好经营管理的问题。现在看来，要发展商品生产，工业、商业，小的、中的都可以，但不办大企业不行。就是养殖业，养几十万只鸡，没有养鸡公司不行。要建种鸡繁殖场，防疫体系，销售体系，这就不是一家一户办得到的。

创办大企业，还有个筹集资金问题。现在，像陵县，农民手里有钱，一年收入几万元、上万元的户不少，几千元的户更多。现在银行存款 5400 万，手头存现金 1 亿以上，如果有一个集资方法，集中起来用，可以办很多企业，陵县的经济就起来了。但现在没有这种集资的组织形式。资金沉淀在农民家中，有的得不到充分利用，如有的农民 5 年拆了两次房，折腾掉了。

怎么集中资金，怎么解决发展大规模商品生产的组织形式的问题，是当前农村发展的一大问题。中央解决农村问题的战略部署，第一步是实行包产到户，第二步是发展商品生产，如何实现向大规模商品生产转化，要解决一系列问题，其中发展商品生产的组织形式问题很值得研究。

第三，怎么样从理论上说明联产承包责任制，怎么样来总结农村变革的基本经验？这是我们社会科学工作者的面临一项重要任务。

关于联产责任制，关于包产到户，争论了 25 年，这是我们党、我们国家在农业战线上的一场大争论，争论的实质是从本本出发，还是从实践出

---

① 中共中央书记处农村政策研究室资料室编《农村经济政策汇编（1981 ~ 1983）》（上册），北京：农村读物出版社，1984 年，第 9 ~ 10 页。

发的问题。包产到户，1956年就有了，这是中国农民的伟大创造，但它一出现就遭到了反对，反对的根据是没有见诸经典，同苏联的模式不同。三中全会后是第四次出现，我们尊重了实践，实践的效果好，一步步发展，现在普及了全中国，是实践说服了大家。一包就灵，一包就解决了问题，但是怎么从理论上加以阐述，把包产到户同马克思主义的合作理论联系起来，这方面的文章还不多，还有待于我们的工作。

更加重要的是怎么总结农村这场伟大变革的基本经验。农业原来是我们最发愁的一个部门，10亿人口，8亿农民搞饭吃，还不够吃，还要进口粮、棉、油，还有十大贫困片区，1亿多人口的地区，多年来解决不了温饱问题，几个人穿一条裤子的地方确实有。但是三中全会以来，党中央制定了一系列政策，五年工夫把局面根本扭转过来了，农村出现了欣欣向荣的新局面，温饱问题解决了，商品生产发展了，一部分农民开始富裕起来了，这是举世瞩目的事。

农村改革是成功的，这件事意义重大，不仅对于中国的四个现代化有重大意义，对于国际上也有重大意义。农村改革成功的经验是什么？这个改革经验怎么引向城市，怎么引向工业、商业，引向国家机关？曾经有过一段，认为农村解决了问题，就是包，包产到户，包干分配。工业也包，商业也包，文教部门也包，但一包又出问题。商店一包，就缺斤少两；工业一包，降低质量，坑害消费者；教育也包，联教计酬，出了不少问题，后来不行了。

看来农村改革要影响城市，城市不改革也没有出路，要靠改革来解决问题，但怎么改？怎么运用农村的基本经验，农村的基本经验是什么？这是需要总结的。哪些是普遍适用的，哪些是不适用的？这要弄清楚，否则会引出不好的效果来。

第四，农村改革以后，农村的生产力有了很大的发展，生产关系也做了相当的调整，农村的上层建筑做怎样的调整，适应这个变化，这个问题也提到日程上来了，摆到了我们的理论工作者的面前。

我们这次解决农村问题，是从改革农村的基本核算单位，是从生产队的经营管理入手的。通过实行包产到户，使农民有了自主权，调动农民的积极性，把生产队的经营分解为统一经营和农民的分散经营，既发挥了集体的优越性，又充分发挥了社员的积极性、主动性。现在可以说，农业生产微观结构比较好，调整得符合农业生产的特点了，但是宏观怎么调节，怎么控制？则还有许多问题没有解决，因为大队以上的上层建筑还基本未改革。

好像治病，这次治农村的病，是从脚上治起的，现在基础好了，但在大队以上，还未改革。现在农村里正在改变"政社合一"，设乡镇，撤社建乡。但据我观察，这次建乡基本上是换牌子，换干部。从理论到实践，都还有不少问题没有解决。例如，不少乡把公社一分为三，乡党委，乡政府，乡农工商公司，我看到不少地方都是乡党委书记兼经理。到底怎么实现党的领导，怎么办好乡一级的合作经济组织，有许多理论问题和实际问题要解决。县级政府、党委也改了，原来有63个局，现在少了，但许多局改为公司了，63个部、委、办、局，有390多个副局长以上的干部，实际干部一个没有少。县级政府怎么建，也是要研究的问题。

另外，我们如何对待包产到户后的农民，也就是20世纪80年代的农民，这是一个历史唯物主义的问题，也是我们一切农村政策的出发点。三十多年来，我们在这个根本问题上是有经验、有教训的。

万里同志总结说：对于8亿农民怎么分析，怎么认识，是我们理论工作者的一大课题。理论界有些提法是按年龄分，青年、中年、老年；按文化分；按富裕程度分，劳动力少、劳动力多；按职务分，干部、群众。当然不能再像土改时那样按阶级分的办法了，但怎样分析，还要通过大量调查研究来解决的。总之，我们不能老用20世纪20年代列宁提出的农民还是农民的论断，这是远远不够了。

正确认识农民，是我们制定一切农村政策的基础。而我们现在有一些农村政策，特别是城乡关系方面的政策，是很值得研究的。最近，高扬同志对河北省委宣传部的三点意见，我觉得是很中肯的。他指出，"农村的形势变了，而我们没有适应形势的变化来加强农村的宣传战线"。[1]"河北省的城乡人口的比例是20%～30%比70%～80%，然而宣传工作，十之七八是面向城市的，有些面向农村的宣传工作，某种程度上还存在'居高临下'从城市俯视农村，脱离农村实际的倾向。"

高扬同志提出的问题很有普遍意义，事实上不光宣传部门是如此，我们许多工作都有这个问题。我们的基本国情是10亿人口，8亿农民，但是我们研究面向8亿农民的工作力量，确实放得太少了。我们的电视、报纸，有多少节目内容是对着农民的？工业、商业也这样。我们的计划部门，农民烧的、用的，煤和油，食用油，计划内是没有的；社队工业已有近4亿元

---

① 参见《整党文件资料汇编》，济南：山东人民出版社，1984年11月，第262页。——编者注

的产值，3000万从业人员，计划内是没有的。现在服装公司，服装研究所国有的很多，有8亿农民穿衣，有多少是为农民设计的？我们的建筑公司、城乡建设部为农民住房设计的有多少？我们那么多机械厂，许多厂没有事干，但农村各种机械都缺，就是没有人研制。

研究农民、研究农村问题是太少了，文艺创作的源泉是农村，这么多小说、这么多电影，有几部是写给农民看的？农民经历了这么大的变化，但反映这个伟大变革的还很少，《咱们的牛百岁》讲的还是包产到组。

我们有这么多的大学，有上千个专业，除了农学院的一部分，有几个是为农村发展服务的？我们社会科学院，30多个所，好几百个研究室，只有一个农村所是研究农业的。

对农村问题、农民问题、农业问题研究很少，这是个普遍的情况。现在农村变了，商品生产发展了，农村经济活跃了，农民动起来了，这是件大事，我们各方面的工作要跟上才好。要说农村变革向我们社会科学提出的新课题，就是现在农村形势变了，产生了许多新情况，要我们去认识，去研究，去解决，在这个过程中发展我们的理论。

我希望我们社会科学院能加强对8亿农民问题的研究，采取相应的措施、政策，促进这方面的研究，有更多的人到农村去做调查研究。过去认为农村的问题，是农业经济研究所的事。其实不然，农村发展研究是个综合的研究，当然要研究农业经济，但是农村同样要发展工业、商业，要研究上层建筑，有政治学、哲学，也有政法、有社会学的问题。

我们下去几个月，深有山阴道上应接不暇之感。课题是很多的，要调查的东西、要研究的东西实在太多了，我们有同志感慨地说，"有8只手也写不完"。

农村很缺社会科学工作者，这是重理轻文的结果，社会科学落后，后继乏人，产需矛盾太大了。地委以下没有社科联，农村很需要我们，我们也需要到实践中去呼吸新鲜空气，农村正是个广阔的天地。

欢迎同志们到我们这个点上去，长期的、短期的考察都欢迎，我们将给予方便。地区、县的地方同志也是很欢迎大家的，给大家提供了很好的调查研究的条件。

关于进一步办好陵县农村发展研究基地县的意见[*]

1984 年 5 月 3 日，陵县农村发展研究组的几位同志回京述职，向梅益、马洪同志汇报了陵县的情况和研究组的工作，梅益、马洪同志对进一步办好陵县农村发展研究基地县的工作做了指示，指出：要把研究组办成长期的、综合的科学研究单位。

对于两位领导同志的指示，陵县研究组的同志和院有关部门的领导同志进行了商讨。回陵县后，农村发展研究组全体同志又进行了几次讨论，大家认为梅益、马洪同志关于把农村研究组办成长期的、综合的研究单位的指示是非常正确的。当前，农村的形势越来越好，普遍实行了家庭联产承包责任制之后，农村正处在由自给半自给的自然经济向大规模商品生产转化的历史新时期。一方面是形势发展很快、变动很大；另一方面也出现了许多新情况和新问题，诸如如何加速发展农村的商品生产；社会主义生产关系如何进一步完善；上层建筑如何适应经济基础的变化，要进行哪些相应的改革；农民和干部中传统的小农思想如何进一步克服等问题，都需要在更高层次上进行总结和研究，提出新的政策、措施和新的解决办法，需要社会科学工作者投身到这场伟大的变革中，深入实际调查研究，收集资料，做出新的概括和研究。农村很需要社会科学工作者下去，社会科学工作者在地、县以下的农村有很多事情可做，这是我们到陵县后的一个比较深的体会，近年来，我们陵县农村发展研究组的工作受到山东省委、德州地委、陵县县委、各级干部和群众的欢迎和多方支持，这是农村十分需要社会科学的表现，同时社会科学工作者也需要到农村去。正处在大变革、

---

* 本文源自作者手稿，该稿写于 1984 年 6 月 22 日，系陆学艺代陵县农村发展研究组起草的一份请示报告。——编者注

大发展中的农村确实是个广阔天地，在那里可以得到多方面的锻炼和提高，可以有许多研究课题做，可以大有作为，可以大显身手。有的下来的同志说现在的农村真是个社会科学的大富矿，研究课题多，研究材料丰富，有8只手也写不完。

现在的农村发展研究，是要进行综合研究的大课题，农业经济只是其中的一部分，还要有工业经济、财贸经济、社会学、政治学、哲学和法学等多学科的研究，所以把陵县发展研究组办成长期的、综合的科学研究单位是非常有必要的。

8个多月来在院党组的关怀和领导下，在中共中央书记处农村政策研究室的指导下，在当地党委的多方支持下，陵县农村发展研究组做了一些工作，打开了局面，研究工作也有了一定的基础。但是由于研究组人员少，缺少研究骨干，而且人员流动大，所以，至今还未形成一支比较强的研究工作队伍，研究工作不能适应形势发展的要求。最近中共中央书记处农村政策研究室有关同志提出，希望我们承担帮助他们在全国建立100个村的综合调查的组织领导工作。因为我们人少，这件事情至今没有确定下来。

为了进一步办好陵县农村发展研究基地县，落实梅益、马洪同志关于基地县要办成长期的、综合的科学研究单位的指示，提出如下建议：

（一）要把陵县农村发展研究基地县建成由社会科学各主要学科研究人员组成的科研实体，办成中国社会科学院京外的一个研究单位（相当于一个研究室或研究所）。这个研究单位可以建议同农村政策研究室和山东省委三家合办，以我院为主办单位，直接归院部领导。研究人员组成可以有这样几部分。

1. 研究单位的主要骨干可以从我院志愿下乡2~3年、从事农村发展研究的中级以上的科研人员中选任。

2. 这个研究单位应有一批固定的科研人员，可否由中国社会科学院出10~15人的编制，用山东省德州市或陵县的户口在全国招聘有一定学术水平、志愿从事农村发展研究的科研人员。

3. 中国社会科学院前几年毕业留院的研究生中，有相当一部分家属未调京的，可动员他们中的一部分人到陵县从事农村发展研究工作，在陵县帮他们解决家属的户口和工作问题。

4. 同山东省社会科学院继续合作，由他们派出3~5名科研人员进行合作研究。

5. 我院的哲学、经济、工经、财贸、农经、社会学、法学、政治学等与现实联系密切的所每年能派 1 ~ 2 名科研人员到基地县工作，定期轮换。

上述几条途径可以使陵县农村发展研究组有科研的骨干，有一支固定的科研队伍，逐步建成一个对农村发展进行综合研究的科研单位。

（二）要制定相应政策和措施，根据我们近年来下乡的体会，要使我们的科研人员愿意下乡，积极从事现实问题的调查研究，有三个问题要解决：一是要在全院提倡鼓励科研人员从事现实问题的调查与研究，形成风气；二是要对有见地、有价值、关于现实问题研究的论文、调查报告进行表彰和奖励，破除一部分人认为调查报告不是学术成果的旧观念。下乡的科研人员最担心的是，关于现实问题研究的学术成果得不到承认，影响前途；三是在物质生活待遇上要给予适当的照顾和补贴，总之要制定适当的奖励研究人员下乡的政策，使他们在政治上、学术上、物质生活上都得到支持和鼓励。

（三）为了保证科研工作的正常进行，这个研究单位要有 3 ~ 5 个行政和科研辅助人员，这些人员可以在当地招聘，也可以从北京派去。考虑到陵县离德州车站有 30 公里，北京来往的人多，希望能配备一辆旅行面包车（这一段时间都是用地、县委的车）。

（四）研究组要在陵县长期办下去，常驻当地的房子或招待所不行，建议院部在陵县建几十间房子供研究组人员居住和科研活动使用。如有可能也可多建一些，因为这里离京较近，有些科研人员可以到这里来调研和写作。陵县县委得知我们要把研究组办成长期的、综合的科学研究单位，他们十分欢迎，县委已经表示可在县城拨出 10 余亩空地，供我们建房使用。

以上建议，当否，请批示。

陵县农村发展研究组

1984 年 6 月 22 日

把德州农村发展学院办成德州地区农村管理干部的摇篮*

各位领导、各位来宾、各位老师、各位同学：

今天，德州农村发展学院正式开学了，这是我们德州全地区 550 万人民政治、经济、文化生活中的一件大喜事。

首先我代表德州农村发展学院向北京、济南、德州和各县来的各位领导同志表示热烈欢迎！向各单位、各兄弟院校的来宾表示热烈的欢迎！向北京大学、北京农学院、北京经济学院应邀来我院任课和兼职的同志们表示热烈欢迎！向我院第一届的同学们表示热烈的祝贺与欢迎！

同志们，同学们，德州农村发展学院从今年 4 月 10 日成立筹建小组以后，在省委、地委的领导下，在陵县县委的全力支持下，经过 5 个多月的工作，从全国各地招聘了 30 多名教师，调用了 30 多名干部和职工，从全区 2200 多名报考学生中经过预选和复试，录取了 138 名学生，现在各方面的准备工作已经就绪，今天正式开学了。与此同时，在陵县县城东北还征用了 300 亩土地，已请有关部门的同志做了新校园的总体设计和施工设计，目前已开始施工钻探，基建工程即将全面展开。我们这座能容纳上千名学生的新型优美的大学校园，预计明年可以基本建成。

德州农村发展学院是在农村发展的新形势下，在省、地、县领导机关亲切关怀和德州地区人民积极支持下诞生的。1984 年 8 月，德州地区行署向省政府上报了正式成立德州农村发展学院的申请，9 月 10 日，省教育厅

---

* 本文原载中国社会科学院陵县农村发展研究组编，德州农村发展学院内部刊物《农村发展研究——调查报告汇编》1985 年第 1 期（5 月 15 日），该文系时任德州农村发展学院副院长陆学艺 1984 年 9 月 16 日代表学院在开学典礼上的致辞。原文标题为《学院副院长陆学艺同志在山东省德州农村发展学院开学典礼上的讲话》，现标题为本书编者根据讲话内容所修改。——编者注

即正式发文批准了这个申请，并指示我们要抓紧进行基本建设和招聘教师、购置图书设备等建校工作，规定学院于 1985 年开始参加统一招生。在筹建过程中，陵县城关镇的领导、东关大队的领导和全体群众支持地委、县委的决定，贡献出了 300 亩土地作为建校基地。今天，在德州农村发展学院正式开学之际，我代表学院向省、地、县领导机关给予的关怀，向社会各方面给予的支持、帮助，向全区人民给予的大力支持表示衷心的感谢！

党的十一届三中全会以来，德州地区在省委、省政府的正确领导下，认真贯彻党中央的路线、方针、政策，全区实行了家庭联产承包责任制，调整了粮棉种植结构，使全区农村的面貌发生了历史性的变化，五年工农业产值翻了一番多，提前两年实现了"六五"计划的目标，城乡人民的生活水平有了明显提高，初步改变了贫穷落后面貌，开始向富裕的道路迈进。

在党中央的方针指引下，我国农村用了五年的时间，完成了集体经济管理体制的改革工作，促进了农业生产和农村各项事业的大发展。按照党中央的战略部署，我国农村下一步的发展目标是要大力发展商品生产，改革农村的产业结构，使自给半自给经济向较大规模的商品经济转化，使传统的农业向现代农业转化，使单一的以农业经济为主的农村向多种产业全面发展的现代化农村转化。现代化农村的产业结构，应该有三个层次：第一个层次是种植业，以粮棉为主，安排好粮棉和其他经济作物的比例；第二个层次是农林牧副渔业全面发展，在保证粮棉生产的前提下，大力发展畜牧业、林业和渔业；第三个层次是农村的多种产业，除了农业，还要办工业、商业、交通运输业、建筑建材业、各种服务业等，同时，还要办农村科教文化事业。在我国已经形成的特有的城乡格局条件下，农村不注意第二、第三个层次产业的发展，显然是很难富裕繁荣起来的。当前，德州地区提出"提高农业，大上工业，重点发展乡镇企业，为振兴我区经济而奋斗"的方针，正是贯彻党中央关于继续发展农村经济的重要部署，为此，除了其他条件以外，聚集人才、培养人才、使用人才，是实现这个战略方针的关键。山东省委、省政府，德州地委、行署决定建立德州农村发展学院，就是实施培养人才、聚集人才的一个重要决策。德州农村发展学院以培养农村发展需要的各方面管理人才为目标，包括培养农业经济管理干部，培养工业、商业、建筑等企业的管理干部，培养行政、人事、法律等专业的干部。因此，我院既不同于一般综合性大学，又不同于一般党校，她是一所正规的、重视应用社会科学、培养农村基层干部的新型的高等院校。她在教学等方面的特点是：

第一，根据专业性质，采取对口培养、学以致用的方针。根据农村发展的需要和我们目前师资教材等条件，初步设置中文秘书、企业管理、农村行政、统计信息、劳动人事、法律6个专业（今年只设置中文秘书和工业企业管理与商业企业管理3个专业）。中文秘书专业，原来称社会调查专业，这个专业是为农村工作部、调研处、办公室培养调查研究、政策研究的干部。学生毕业后，会做社会调查，会写调查报告、工作总结和起草文件。工业和商业企业管理专业是为企业政治部和经委培养干部的。学生毕业后，能够到中小工厂、乡镇企业、基层供销社、基层商店担任经理、副经理和其他管理干部。统计信息专业是培养会计统计和经济信息专业干部的。农村行政专业是为培养乡长、镇长等基层行政管理干部的。劳动人事专业是为组织部、劳动局、人事局培养干部的。法律专业是为公检法司培养干部的。

对学生，我们一方面要培养他们具有马克思主义基本理论的修养，又让他们掌握一定现代科学、管理专业的知识，毕业后，能胜任各实际部门的工作。

第二，教学内容适应农村发展的需要，理论密切联系实际，学生除了学习基础理论课，要着重于应用理论和基础知识的训练。学院坚持建立校外联系点，与有关工厂、商店、农村及有关部门挂钩，利用寒假、暑期组织师生下厂、下乡广泛开展调查研究。待有条件后，学院还要自己办实习工厂和实习商店，以供学生分专业进行实习和进行实际工作锻炼。并且，要求学生通过调查研究和实习，撰写出解决实际问题的毕业论文和调查报告。学院还要办学报，为全院师生提供交流探索农村发展理论、政策和方法的园地。

第三，学院开办的头几年将采取专职教师和兼职教师相结合的方法。为办好学院，我们正在努力建立一支优秀的教师队伍。现在我们已从全国各地招聘了30多名教师，目前招聘工作还在继续进行之中，计划到明年9月要招聘到100人左右。这些教员大部分都是大学本科的，有较长期的教学和工作经验。但由于我们设置的专业都是比较新的，学院自己的教员一时难以胜任，所以我们在开办的头几年将从北京、天津、济南等高等院校和科研机关聘请专家、学者、教授、讲师到学院兼课。

我们力争在3~5年内通过学习、借鉴，依靠自己的力量，逐步编出一套适合本地农村发展情况的各种专业教材。

学院将成立学术委员会，经过几年之后，将评定教师的职称。待条件成熟后，除办专科专业外，还要办本科专业，将来还要招收硕士研究生，为国家和本地区培养更高一级的人才。

第四，改革学生毕业分配制度。打破铁饭碗，学生不包分配。经过两年学习，各科成绩合格者，发给毕业证书。学院将根据学生在校学习成绩、实际工作能力及政治表现向德州地区有关党政机关和企事业单位推荐，由这些单位和机关择优录用。没有获得毕业证书的学生，学院不负责推荐。

因为我院是全区人民集资兴办的，经费要地区自己筹集。目前，我们地区财政还不富裕，学生在校期间不发助学金，试行奖学金制度。第1学期，生活确有困难者可向学校申请补助。第2学期，学校实行奖学金制度。根据学生的学业成绩、政治表现评定奖学金数额。同时，学校还尽可能组织学生搞勤工助学活动，帮助学生自力更生、解决上学经费问题。这样做，既培养了学生的实际工作能力和劳动观念，又解决了具体困难。

同志们，同学们，上述4个特点，体现了我校的办学宗旨、培养目标和改革精神。我们学校是党的十一届三中全会以来农村改革的产物，我们也要以改革精神、创业的精神来办学。我们应该深刻认识到：社会发展到今天，经验管理已不得不让位于科学管理，从宏观的预测、规划、决策到微观的计划管理、质量管理、技术管理、财务管理、劳动管理等已经形成了一套比较系统的理论和方法。我国的社会科学和管理科学还不能适应新技术革命发展的新形势，我们德州地区的现状更是如此。在世界新技术革命发展很快的情况下，这个问题尤为突出。今天，我们国家已经到了需要大量培养社会科学人才的时候了。发展社会科学和管理科学已经成为直接关系到我国现代化建设的大事，直接关系到我国经济改革和政治改革的大事，直接关系到我们国家、我们民族的前途和命运的大事。

纵观中外历史，任何一个国家或地区的经济振兴，都是以拥有先进的科学技术、拥有大量的专门人才、拥有高度发达的教育事业为先决条件的，这已成为一条历史的规律。山东省和德州地区的领导发动德州全区人民集资创办德州农村发展学院，这是审时度势、高瞻远瞩的重大决策，必将对我区经济振兴产生深远的影响和发挥重大的作用。为此，我们德州农村发展学院一定不辜负时代赋予我们的使命，使她成为德州地区造就管理干部的摇篮。我院全体师生员工一定不要辜负省委、地委和全区550万人民的期望，要为德州地区提高农业、大上工业，重点发展乡镇企业，为振兴我区经济而做出贡献，为德州地区农村更好、更快地实现现代化而做出贡献。

学校从开始就要狠抓校风、校纪，加强社会主义精神文明的建设，树立严格的工作作风、学习作风和生活作风。师生之间，要做到尊师爱生，教学相长。同学之间，要团结向上，刻苦奋发。以良好的政治风气、勤奋的学习精神、严肃的工作作风来保证办好德州农村发展学院。

我们学院刚刚建立，新校舍正在动工，目前的物质条件还很差，许多问题还需要摸索和不断积累经验。因此，我们全体教职员工都应有艰苦奋斗的思想准备，做我们学院的创业者、开拓者、建设者。

为了把我们学院办好，我们殷切希望继续得到省委、地委领导的关怀，得到地直和各县、各个部门、各个单位的大力支持，我们将继续学习兄弟院校的办校经验，希望兄弟院校给予大力帮助，要求全院师生员工同心同德，一心一意为办好学院而共同努力。

关于调查研究的问题[*]

一　关于几个中央一号文件的重大意义

1978 年党的十一届三中全会关于加快农业发展的文件（草案）指出：
"不许分田单干，不许包产到户"。到 1979 年 9 月，十一届四中全会正式通
过该文件时改为："不许分田单干，……也不要包产到户。"[1] 1980 年中央
75 号文件则明确宣布："可以包产到户，也可以包干到户。"[2] 1982 年中央 1
号文件提出："目前实行的各种责任制，……都是社会主义集体经济的生产
责任制"，"包干到户这种形式，……不同于合作化以前的小私有的个体经
济，而是社会主义农业经济的组成部分"。[3] 1983 年中央 1 号文件指出：
"联产承包制……是在党的领导下我国农民的伟大创造，是马克思主义农业
合作化理论在我国实践中的新发展。"[4] 1984 年中央 1 号文件明确宣布：
"延长土地承包期，……土地承包期一般应在十五年以上。"并指出：农村
工作的重点是发展商品生产。[5] 1985 年中央 1 号文件指出："改革农产品统

---

*　本文源自作者手稿。该文稿系陆学艺 1985 年 1 月 31 日在山东陵县农村发展学院的发言
　稿。——编者注

①　《中共中央关于加快农业发展若干问题的决定》，载中共中央文献研究室编《三中全会以来
　重要文献选编》上，北京：人民出版社，1982 年 8 月，第 185 页。

②　《关于进一步加强和完善农业生产责任制的几个问题》，载中共中央文献研究室编《三中全
　会以来重要文献选编》上，北京：人民出版社，1982 年 8 月，第 547 页。

③　《中共中央批转〈全国农村工作会议纪要〉》，载中共中央文献研究室编《三中全会以来重
　要文献选编》下，北京：人民出版社，1982 年 8 月，第 1063～1064 页。

④　《当前农村经济政策的若干问题》，载中共中央文献研究室编《十一届三中全会以来重要文
　献选读》下册，北京：人民出版社，1987 年 5 月，第 616 页。

⑤　《中共中央关于一九八四年农村工作的通知》，载中共中央文献研究室编《十二大以来重要
　文献选编》上，北京：人民出版社，1986 年 10 月第 1 版，第 424～425 页。

派购制度。从今年起，除个别品种外，国家不再向农民下达农产品统购派购任务，按照不同情况，分别实行合同定购和市场收购。"① 几个中央 1 号文件，为发展农村商品经济开拓了道路，扫清了障碍。农民群众说，政策越来越宽，经济越来越活，认识越来越深，我们越干越有劲。

农村实行家庭联产承包责任制为农民解决了几个大问题：使农民（1）有了经营自主权；（2）得到了实惠；（3）成为一个相对独立的商品生产者。他们直接同市场联系，要为社会而生产，要懂信息，要关心价格，消除了农民狭隘、闭塞、迟钝、落后等的毛病，人变得聪明起来、精明起来。农民加强了同社会的联系，使农村走上了专业化、商品化、现代化的发展道路。

取消了统购派购，这就为农村发展商品经济开辟了道路，许多长期解决不了的问题解决了。我们最初实行统购派购，在当时的条件下是必要的，也起过一定的积极作用，特别是困难时期。但是现在就成了农村许多行业发展的障碍。如退耕还林还牧，25 度坡不种粮，要是搞征购，就解决不了。因地制宜难以实行，北京郊区、上海郊区，土地级差地租高，搞统购派购就还要种粮食、棉花，但蔬菜、西瓜还要从外地调。因人制宜也难以实行，有些农民就只会种菜，但有粮食征购任务，不种粮食不行。取消统购派购，实际也是减轻负担。过去因为派购，必须卖猪，养一头卖一头；不养鸡的也要交鸡蛋，农民就只能去买高价鸡蛋去交售。结果是越少越统，越统越少。

取消统购派购这个决策，党中央考虑再三，最后下了决心。取消统购派购，这是周恩来总理生前的愿望，终于在党的十一届三中全会以后，在农村实行包产到户以后实现了。

目前，取消统购派购在短期内会出现一些问题：如棉花多了，粮食多了，但蔬菜、水果、优质大米、优质棉花还是缺；价格不合理，农民说："议价粮食平价猪，谁家养猪谁姓猪。"

之所以出现这些问题，是因为我们习惯了统购派购体制，生产什么、为谁生产，农民并不关心，反正有国家包下来。现在取消统购派购，这样的调整，短期内少数地方有困难，但很快就会过去，长期讲是好事。这个政策实行下去，农村会发展得更快。

---

① 《中共中央、国务院关于进一步活跃农村经济的十项政策》，载中共中央文献研究室编《十二大以来重要文献选编》中，北京：人民出版社，1986 年 10 月第 1 版，第 611 页。

二　关于调查研究

（一）调查研究的意义

调查研究是我们中国共产党的优良传统。毛泽东同志从建党初期就提倡并亲自实行对社会实际情况的调查研究。《毛泽东选集》第 1 篇文章《中国社会各阶级的分析》，就是在做了大量的社会调查基础上写出来的。第 2 篇《湖南农民运动考察报告》，是对湘潭、湘乡、衡山、醴陵等长沙五县的农村进行了 32 天的调查基础上写成的。就是这些文章和调查，为我党制定正确路线，为反对党内的错误思想起了很大作用。

从历史上看，凡是我们党注重调查研究，强调调查研究，调查研究工作做得好的时候，总是党的工作做得好，党和国家兴旺发达的时候。新中国成立以前是这样，新中国成立以后也是这样。例如 20 世纪 50 年代初期和 60 年代初期，十一届三中全会以来，都是这样。

党和国家是这样，一个地区、一个单位也是这样。要制定正确的方针路线，就要实事求是，就要把事实搞清楚，而要搞清楚事实，就必须调查研究。调查研究是实事求是的前提，不搞调查研究，凭主观想象，就要犯主观主义。

（二）调查研究是现阶段发展商品经济，实现"四化"，建设有中国特色的社会主义的需要

要发展商品经济，要建设有中国特色的社会主义，要发展生产力，就要从国情出发，从 10 亿人口这个大国的实际出发，制订发展目标。

我们的国情是什么？我们搞了 30 年，并不是十分清楚。一会儿讲人多热气高，众人拾柴火焰高；一会儿又说人多地少，吃饭是大问题，提出"以粮为纲"。

怎么从实际出发？怎么实事求是？实践是检验真理的唯一标准。不要以为身在中国就了解中国，身在农村就了解农村。"不识庐山真面目，只缘身在此山中。"司空见惯，习以为常，常常视而不见。如果这样，就会理论脱离实际，一切只从主观愿望出发，一切只从本本和上级指示出发，而不联系具体实际。

例如，从中国农村的实际出发，在中国农村怎样实现专业化、社会化、商品化、现代化？有三条原则必须遵循：

1. 在经济落后，商品经济不发达，小生产的汪洋大海，农民占绝大多数的国家，农村要搞现代化，建设社会主义，应该和经济发达国家不同。

2. 在农村搞社会主义建设，要搞社会主义农业现代化，要和在工业系统的做法不同（农业生产特点同工业不同）。

3. 在中国这样一个大国，960 万平方公里，10 亿人口，东西地区差别很大，各地自然条件、经济基础、文化技术、商品生产的发展程度很不相同，因此就不能用一个模式、一种规格，而应采取分类指导方针，采取各种经济成分，多种经营方式的政策，而不能搞一刀切。

而要实现这些，要真正做到一切从实际出发，我们的各级领导、各级工作人员就必须调查研究。

（三）调查研究是我们认识社会，增长才干的基本途径，是我们管理干部的基本功

我们这个学院是培养国家管理干部的。未来国家的管理人才要了解国情、了解乡情。不认识中国农村，就不了解中国；不了解中国农民，就不了解中国人民。不爱国爱乡，亲民为民，不会调查研究，不了解农民，怎么办好这个学院？如果说，这次提的"爱国、爱乡、亲民、为民"是我们办院的宗旨，那么，"调查研究、实事求是"则是我们的院风、院训。

我们是新的一代管理人才，不仅要有马克思主义基本理论修养，要有现代科学和现代管理的丰富知识，要有实际工作的能力，会开拓、会经营、会管理，而且要能比较长期地工作下去。这就要求能够不断更新知识，现代科学技术 5 年就更新一遍，否则就落后了。

在大学就学基本理论、基本知识、基本方法。更重要的是方法：学习方法和工作方法，能够掌握了方法，这就无穷了。有两种学生：一种是死记硬背的，考分高，但能力低，高分低能；一种是掌握了知识，掌握了方法，能应变。怎么知识更新？靠学习，靠读书，靠提高理论水平。还有一个办法，就是要会做调查研究，不断地调查实践中出现的新问题、新情况、新经验。教员要教好学生，必须调查研究农村，必须调查研究同学的情况，才能有针对性。有了这两条，才能成为一个好的管理人才。

我们是农村发展学院的学生，这个基本功一定得掌握。可以说，不会

调查研究，没有调查研究习惯的人，就往往做不好工作，就不是一个好的领导者，不是一个好的管理者。就不可能独立思考，不可能实事求是、从实际出发，就不能做创造性地工作，就只能是人云亦云，做一个执达吏、传声筒。

三　怎么样调查？如何确定调查内容和掌握调查方法？

（一）首先要选题，调查什么样的问题？

原则上说，就是要调查研究我们遇到的、需要解决的问题。不同的调查主体，有不同的调查课题。例如，就我们国家来说，总课题是如何加速实现四个现代化，到 2000 年怎样实现翻两番？怎样加速发展我国的社会生产力？这有一系列问题要解决，围绕这个总题目去进行。

就我们地区来说，如何使本地的经济文化事业发展得更快？我们不仅有翻番的任务，而且还有赶超先进地区的任务。

就全国农村来说，怎样能够比较快的实现专业化、社会化、商品化和现代化，农村怎么城市化，农业人口怎么转出来？

作为我们科研机关、教学部门，作为科研工作者、教育工作者，就要根据国家各地区的总任务，选择适当的题目进行研究，为国家提供资料、提出咨询、出谋划策。例如物价问题，工资问题，房子问题。

那么具体怎么选？我的体会：

1. 要选那些国计民生，国家、地区需要解决的问题，对国家、对农民、对我们社会主义事业有价值有意义的课题。

比如农村怎么发展？怎么解决温饱问题？第二步怎么进步发展？这些都是难题、大题。

2. 要选那些尚处在萌芽中的问题。要选超前一点，如包产到户，20 世纪 80 年代已经实行了，就要调查包产到户以后怎么发展？现在就要选商品经济怎么发展？

你们现在带有实习性、学习性的，所以可以选一些基本问题，从了解农村基本情况入手。

调查研究的题目具体如：

（1）一个村，一个小厂，一个商店，一个学校的基本情况调查，它这几年的变化。

（2）专业户的调查，万元户的调查，他是怎么富起来的？致富的经验诀窍是什么？有哪些经验值得推广？

（3）困难户、困难村的调查，有些什么困难？这些困难的原因是什么？用什么办法可以解决？

（4）农民负担到底有多重？各种集资摊派有多少种？哪些负担是合理的，哪些是不合理的？怎样解决这些问题？

（5）农民人均纯收入到底有多少？

（6）农民富裕程度怎样？收入多少？开支多少？还余多少？房子如何？家产、衣物等等。

（7）农民对政策还有些什么意见？为什么怕变？为什么怕露富？

（8）农村各个阶层的调查：①老年、中年、青年、妇女在农村中的地位，农村文化程度，教育状况；②按文化分，高中、初中、小学；③干部、群众、党员、团员；④按富裕程度分，联产户、专业户、万元户。

（9）农村中的妇女问题。

（10）农民文化教育状况调查，一是成年农民，二是学龄儿童，小学、初中、高中学校中的问题。

（11）农村第三产业的调查，总的是很落后，还不相称。

（12）农村乡镇企业的调查。

（13）农村小集镇的调查。

以上主要是讲农村调查。家住城市的，还可以调查工厂，调查商店，调查学校，调查一个建筑队。从基本调查入手，同时分门别类地调查。例如这个工厂（商店）为什么办得好？为什么办得不好？各个阶层的情况是怎样的？

（二）调查的方法，怎么调查？

1. 要有强烈的求知欲望，要有迫切解决问题的愿望，首先要想去调查，肯下去调查，不怕吃苦，不怕动脑子。若干年来，左的流毒害了，认为下去是劳动改造。要改变这种状况，改变这种风气。我们发展学院的师生都要带头搞好调查研究，形成我们的校风。

2. 要有真心向群众、向实践学习，拜群众为师，甘当小学生的态度。一下乡就摆出大学生，摆出救世主的架子，那是不行的。孔夫子入太庙，每事问。要问各种人，同各种人交谈，要肯开口。

427

那种好为人师，自以为是的人，是做不了调查研究的。要平等待人，要与群众交朋友，要同他交心，他才肯把心里话，真实的情况介绍给你。

安徽那次调查，那里的农民感到你同他是一致的，可以探讨问题，就把难题告诉你，否则就应付你。现在有些人也下乡，书记陪着，下面一汇报就是几个钟头，实际多是照本宣科。

3. 要有一个、两个基本调查点，作一次彻底的全面调查，以后不断去，经常联系，这叫解剖麻雀的方法。有了这个点的情况，你去别的地方的调查，就不至于受骗上当。党内有种风气，现在群众也学会了，迎合你的需要，打发你走，真假难辨。有位领导表态了，群众知道了他否定的态度，就说包产到户的坏处，他听到的就是这些，结果他在这个问题上出了错。

4. 要有长期坚持，养成调查研究问题的习惯，并且要注重积累资料，要有耐心，要有沙里淘金的精神。

5. 要勤奋刻苦，要口勤、手勤、脑勤。口问笔录以外，晚上要整理笔记，一个题目要逼着自己写调查报告。时间一长，事过境迁，就忘了。要勤于动手，我在大学下乡时就做大队秘书，就不断起草报告。当时也是吃了亏的，然后就养成了这个习惯，这才有了收获。

6. 要注意积累数字。要记大数、基本数字，不然就容易受骗上当。要看村貌、庄稼、房屋、市场、人的面色。时间长了，就有数了。

以上是直接调查。还有间接调查，就要常常读别人写的调查报告，了解这个问题的研究进展情况，掌握外国的新情况。

积少成多，习以为常，你就能掌握调查方法了，就能掌握真实情况了。这样，你才能有所为，成为一个好的管理人才。

德州农村发展学院应运而生，得道多助[*]

各位领导、各位来宾、全院师生员工同志们：

我代表全院师生员工，向前来参加典礼的省委、省政府、省人大常委会、省教育厅、省委农工部、省经济研究中心的各位领导同志，向专程从北京前来的中国社会科学院、北京大学、北京农学院、《人民日报》的领导和同志们，向地委、行署、各县的领导同志，向各兄弟院校、兄弟单位和来自各条战线的所有来宾，表示热烈的欢迎和衷心的感谢！向 85 级新生表示热烈的欢迎和祝贺！

我们学院从 1984 年 4 月开始由 9 个同志组成筹备组到现在，仅仅经过了一年半的时间。去年 9 月，我们招收了第 1 批学员 138 人，今年又招收了367 名新生。在省委、省政府、省教育厅的关怀支持下，在地委、行署的直接领导下，我们建立了院党委、院务委员会和教学行政、后勤基建等管理机构，保证了各项工作的完成。我们已经从全国各地招聘了 90 多名教师，其中具有大学本科学历的占 60% 以上。他们之中有高级工程师、讲师、农经师、助理工程师、助教，许多老师从事过多年的教学和行政工作，具有较好的业务基础和工作经验。1 年来，我们的教师担负了 84 级学生的主要教学任务，取得了较好的成绩；1 年以前这里还是一片白地，现在已建起教学楼、教学办公楼、行政办公楼、教职工宿舍楼、学生宿舍楼和食堂，总建筑面积 26000 平方米的主要建筑工程已大部分完工并交付使用。我们的图书馆已购进 1 万余册图书，订了 200 多种报刊。我们的办公室、人事处和行

＊ 本文原载中国社会科学院陵县农村发展研究组编，德州农村发展学院内部刊物《农村发展研究——调查报告汇编》1986 年第 1 期（6 月 2 日），该文系时任德州农村发展学院党委副书记、副院长陆学艺 1985 年 11 月 28 日在学院新校舍落成典礼上的致辞。原文标题为《德州农村发展学院党委副书记、副院长陆学艺同志在新校舍落成典礼上的讲话》，现标题为本书编者根据讲话内容所修改。——编者注

政部门也都做了很多工作。1 年来，教学和基建工作繁重、任务艰巨，我们的学院能在较短时间内取得这样的成绩，可以总结成两句话，一句叫"应运而生"，一句叫"得道多助"。

"应运而生"，这是指我们学院是在党的十一届三中全会路线指引下，农村发生了历史性的变化之后，适应农村发展的需要而产生的。我们德州地区过去贫穷落后，党的十一届三中全会以后，农村普遍实行了家庭联产承包责任制，农村发生了迅速的变化。5 年时间，全区工农业总产值翻了一番多，提前两年实现了"六五"计划的生产指标。农村开始由自给半自给经济向商品经济过渡，由传统农业向现代化农业转变。要使农村现代化，就要有各种专门人才，特别是各种管理人才，这正是我们德州地区奇缺的。鉴于这种情况，省委、省政府、地委、行署的领导高瞻远瞩，做出了创办德州农村发展学院的重大决定。这个决定得到全区人民的响应，学院就应运而生了。

"得道多助"，是指德州农村发展学院适应潮流，得到了各方面的关怀和支持，正是在这种支持和帮助下，我们学院才办得这样快、这样顺利。

学院得到了党中央领导同志的关怀。1984 年 11 月 5 日，胡耀邦同志视察德州时，亲笔为学院题写了院名。中共中央组织部、民政部的领导都很关心支持学院建设，民政部为学院发了简报。中国社会科学院的领导从开始就支持这个学院的建立，今天刘国光、孙耕夫同志专程来参加我们的典礼。省委领导同志中，苏毅然同志去年 12 月 2 日视察了学院，李振同志是创办学院的发起人和倡导者，自始至终关心这个学院的筹建，亲自为我们排忧解难。省委于今年教师节确定由周振兴同志、林萍同志负责联系我们学院，卢洪、马长贵、马连礼、肖寒等同志都曾经视察学院并做过指示，学院还得到了省直各部门特别是教育厅的支持和关怀。德州地委和行署的领导都大力支持，王殿臣同志还在百忙之中一直关心着学院的建设。陵县县委县政府和各部门的同志也全力支持创办这个学院。

我们的学院得到了全区 550 万人民的支持，他们每人捐献 2 元钱，集腋成裘，聚集了 1000 万元的基建经费。德州市有 6 个专业户联合向学院捐赠了 3000 元现款作为基建经费，商河县一个农民个人捐赠 200 元。陵县城关镇东街村为学院提供了 300 亩好地作为院址，并给予多方支持。在学院基建经费紧缺的时候，地县财政局的同志行程数千里，为我们筹款。中国人民银行、中国农业银行、中国建设银行为学院提供临时贷款。我们的基建得到了掖县、唐山两个建筑公司的大力支持，他们长期奋战，即使在基建工程款不能及时拨给的情况下，也保质保量地施工。

我们学院在筹建过程中，得到了中国人民解放军的支持。国防科工委批准离休干部宁森同志到我院来协助工作，后来又派来荣若圣同志。1年多来，他们不顾年迈多病，放弃北京优越的生活条件，为学院日夜操劳。中国人民解放军江阴要塞部队向我们赠送了1台50门的电话总机。孙越生同志在创建学院过程中做了不少工作，在制订教学大纲和教材建设等方面作出了贡献，中国社会科学院情报所通过他赠给我院4000多册图书和一台复印机。

北京大学、北京农学院、北京经济学院在我们学院初办时派出教员为我们授课。中国社会科学院哲学、经济、马列、技术经济等所许多学有专长的同志到学院讲过课和做过报告。中国社会科学院的滕颖同志请来日本专家滕原建树先生为我们讲课，下个月还有澳大利亚学者来学院讲课。

我们学院的建设还得到了《人民日报》、新华社、《光明日报》、《经济日报》、《大众日报》、山东电台的支持，他们为学院撰写文章和发消息，为我们学院创造了良好的社会舆论，赢得了社会的广泛支持。

总之，我们德州农村发展学院是在多方面的支持下建立起来的。在今天这个大会上，我代表全体师生员工向所有为我院建设做出贡献、提供帮助的领导和机关以及个人表示衷心感谢。我们还要特别向唐山二建和掖县建筑队的领导和工人同志们表示衷心的感谢。

邓小平同志在今年9月召开的党的代表会议上的讲话中指出："我们国家、国力的强弱，经济发展后劲的大小，越来越取决于劳动者的素质，取决于知识分子的数量和质量。"我们学院正是符合"四化"建设的需要，为培养"四化"人才而创建的。正因为如此，我们一定要把学校办好，决不辜负中央和省领导的期望与全区550万人民群众的重托。

大家知道，建成了学院不等于办好了学院。今后的任务，就是要建好、办好德州农村发展学院。

第一，要建设一支训练有素的教师队伍。我们的学院始终要把教学工作作为全院的中心任务，全院的一切工作都要围绕教学这个中心进行。教学质量的优劣是学院成败的关键。而要搞好教学，就必须把教师队伍搞好。我们现在已经有了90人的教师队伍，但这在数量上和质量上都是不够的。我们的教师要认真钻研业务，备好课，教好课，并结合专业进行社会调查，开展科研活动，努力提高政治业务水平。与此同时，我们将继续招聘一些学有专长的同志来院任教，当然我们也希望教育厅能优先分配一些青年教师来，我们将选拔一批中青年教师和应届毕业生到外地外校去深造提高。今年我们已经委托中国社会科学院研究生院培养硕士研究生，今后将根据条件多方培养。另外，我们还将通过请国内外学者、专家、教授来院讲学等形式，开阔师生的视野，扩大知识面。

在建设教师队伍的同时，还要建设一支党政后勤工作的队伍，这两支队伍都要努力提高文化素质和政治素质。我们要把整党工作善始善终地搞好，通过整党，达到统一思想、整顿作风、加强纪律、纯洁组织的目的。我们要扎实地做好工作，积极发展知识分子入党，要做好政治思想工作，抵制不正之风，我们提倡来院的干部和职工都要学习科学文化知识。

第二，要修订好各个专业的教学大纲，逐步调整和完善各专业课程的设置，编出一批理论联系实际、有本院特色的教材来。我们学院是要培养农村发展需要的各方面有用之才，他们必须具有马克思主义理论的修养，掌握现代科学管理的知识，毕业以后能够胜任各个部门的实际工作、为本地区社会经济的发展做出贡献。因此，我们的教学大纲、课程设置一定要贯彻理论联系实际、学以致用的原则。我们培养出来的学生，应该是爱国爱乡、亲民为民的，是有真才实学的。就我们学院来说，要在短期内，在基础理论方面，拿出成套的比较出色的教材来是困难的。但由于学院设在县城，接近农村，可以扬长避短，我们一定要利用这个优越的条件，老师和学生都要深入农村和工厂。各个专业都要有自己的调查点，了解新情况、研究新问题，把活的最新的实践经验结合到教学中去。

第三，我们要建设良好的校风校纪。我们学院的学生和教职员工，都是来自基层、来自农村的，朴实淳厚，有苦干精神，基本素质很好。经过训练提高，都能成才。学院从创办开始就强调要以严治校，要严格地挑选干部和选拔学生，要有严明的纪律、严肃认真的教风和学风。1年来，由于学校的主要精力放在基建、招聘教员和行政业务上，对师生的要求有些放松，今后，我们的各级领导干部和教师都要严格要求自己，严格要求学生，建设起良好的校风和校纪。现在还是初创时期，开一个好头，对学院的未来会产生深远的影响。我们大家一起来努力，使我们全体同学都成为有理想、有道德、有文化、守纪律的一代新人。

第四，要健全各级领导机构，搞好学校的管理工作。要培养出色的管理人才，必须先搞好我们学院的自身管理。学院机构设置要合理，人员安排要适当，要贯彻改革创新的精神，把干部职工的责任、权利结合起来，院级领导干部和各部门的领导，都要认真学习领导艺术，要加强人、财、物的管理，制定严格的规章制度。

第五，做好基建工程的收尾工作。我院的主体基建工程已经初步建成，但后期还有大量的工作要做，特别是校园的绿化和美化还没有搞，今冬就要请专家来规划设计，明春就全面开始种植。负责基建的同志要善始善终地做好本职工作，把我们学院建设得更加漂亮，创造一个舒适优美的工作和学习环境。

85级的新同学明天就要正式上课了。你们是我院的第二届新同学，也是到新校上课的第一届学生。你们要勤奋学习、尊敬师长，要爱护学院的一草一木，并且要自己动手建设我们的新校园，加入创业者的行列。

同志们，我院至今还处在创建初期，要做的工作还很多，任重而道远，我们还要继续不断努力，团结奋斗，艰苦创业。我们也恳切地希望继续得到中央、省委、省政府和地委、行署的关怀与支持，继续得到地直和各县有关部门的大力支持，让我们齐心协力，把学院办成造就一代管理干部的摇篮。

寄语德州农村发展学院首届毕业生[*]

各位来宾、各位领导、老师们、同学们：

今天，我们德州农村发展学院举行首届学生毕业典礼。我代表全体师生员工，向来自北京、济南、德州的各位领导和来宾表示深切的谢意，特别是日本朋友藤原建树先生、藤原建树夫人和野下治水先生，不远万里、不辞辛苦，赶来参加我们的典礼，带来了日本人民的友情，表示了日本朋友对我们学院、对137名毕业生的祝贺，对此，我们表示衷心的感谢！

我们的首届毕业生全体同学，怀着振兴中华、振兴德州的美好理想，带着德州人的希望和寄托，经过两年的勤奋学习，今天毕业了，不久就要走上工作岗位，我向你们表示热烈的祝贺！

你们在校的两年时间里，正是我们学院的创建阶段。你们同全体教职员工一起经历了学院艰苦创业的锻炼。在整个创建的过程中，你们识大体、顾大局，以各种形式，参加了学院的创建事业。你们不但学习了各自的专业知识和基础理论知识，而且也受到了一次创业史的教育，这对你们来说是终生难忘的。

你们是我们学院的首届毕业生。你们从自身的经历可以看到这个学习机会是来之不易的，一方面是各级领导的亲切关怀，另一方面是全区550万人民的大力支持。你们一定要珍惜这两年所学到的理论和知识，在今后的实际工作中充分发挥作用。

不久，你们就要走上各自的工作岗位了，学院希望你们经常牢记我们德州农村发展学院的校训，那就是"爱国爱乡"、"亲民为民"、"调查研

---

* 本文原载德州农村发展学院内部报纸《德州农村发展学院报》1986年8月20日，第2版。该文系陆学艺1986年7月15日在德州农村发展学院首届毕业生毕业典礼上的讲话。原文标题为《陆学艺同志在毕业典礼上的讲话》，现标题为本书编者根据讲话内容所修改。——编者注

究"和"实事求是"四句话。每个同学都要有崇高的理想，要正确处理个人同国家、同集体、同人民的关系，要终身为我们伟大祖国的"四化"大业服务，为德州地区的振兴而献身。要亲近人民，为人民服务。要了解他们的甘苦，解决他们的困难，为全区人民共同富裕，尽职尽责，作出贡献。

现在你们大学毕业了，学习告一段落，但只是向社会学习的开始。大学两年，只是打下一个好的基础，走上工作岗位以后，还要坚持努力学习，学习马列主义、毛泽东思想，学习党的方针政策，学习专业知识，使自己的知识不断更新，并把学到的书本知识同实际工作结合起来，把理论应用到实践中去，创造出好的工作成绩。

你们走上工作岗位以后，一定要努力勤奋地工作，要积极主动地为发展德州地区的经济文化而奋斗。当你们走上新的工作岗位的时候，正是我国农村进入第二步改革的时候。这一步农村改革最重要的任务，就是要建立适合社会主义经济要求的市场调节机制，大力发展有计划的商品经济。这是我们面临的农村发展的新任务。过去我们搞计划经济，比较呆板，缺少活力，经济发展缓慢，所以要继续改革，要继续放开搞活，建立新的市场调节机制，使有计划的商品经济大大发展起来。而在放开搞活、发展有计划的商品经济的过程中，又要保证社会主义的方向，调节好国家、地方、生产者、消费者、经营者这 5 个方面的利益，使他们在新的市场机制的条件下各得其所。这是我们面临的新任务。你们在农村第二步改革中，会遇到各种困难和矛盾，一定要正确对待，要坚韧不拔地开拓前进。

首届学生毕业，表明我们学院已开始为"四化"建设输送人才，这是德州地委、行署、德州人民盼望已久的大喜事。在你们身上寄托着德州地区乡亲父老以及学院的全体师生员工的希望，你们今后的行动，将直接关系到学院在社会上的声望和形象。希望你们走上工作岗位以后，要像在学校时一样，政治上要求进步，业务上锐意进取、刻苦钻研，成为有用的农村管理人才。要虚心谨慎，团结同志，善于向老干部、老同志学习，向人民群众学习，在政治上、生活上严格要求自己，积极投身到当前的改革事业中去，为振兴中华、振兴山东、振兴德州地区作出积极的贡献，不辜负德州地区 550 万人民的重托，不辜负各级领导的关怀，不辜负学院全体教职员工的栽培。学院的教职员工殷切地希望你们在各自的岗位上捷报频传。

对于首届毕业生，学院有特殊的感情，希望你们走上工作岗位以后，继续关心母校的建设和发展，经常同母校保持密切的联系，为进一步办好我们的学院而献计献策，以实际行动，为以后的各届学生树立榜样，为母校增添光彩。

最后我代表学院，祝愿你们在实现"四化"、建设新德州的伟大事业中建功立业，创造优异的成绩，做出伟大的贡献，祝你们朝气蓬勃，永远进步！

把德州农村发展学院进一步办好[*]

同志们，同学们！

在省委、地委的关怀和领导下，今天我们在这里集会，表彰先进教学工作者，表扬三好学生。刚才党明德同志已代表学院表扬了他们的先进事迹，学院已经向他们发了奖。我代表学院党委、院领导向他们表示祝贺，再次表示对他们的感谢！感谢他们在过去建校过程中做出的贡献，感谢他们在教学过程中、在培养学生中的辛勤劳动，感谢他们在学习中的勤奋努力，取得了优异的成绩！他们的工作和学习为我们全校的师生员工树立了榜样。

这 27 位同志和 39 位同学是我们学校的先进模范，他们为我们全校的工作与学习做出了榜样，做出了表率，党委号召全校的师生员工向他们学习。当然，在我们建校近三年来，我们学校在党的领导下，从无到有，从小到大，从很不完备，逐步发展到今天初具规模，许多同志出了力，做出了贡献。由于我们表彰的名额有限，由于有些同志谦让，特别是一些领导干部的谦让，也由于工作上的原因，有些做出了很大贡献和做出了很好成绩的同志没有能评上先进，我在这里也向他们表示感谢！同时，我在这里也向所有为我们的学校建设作出贡献的在校的、已经离校的同志们表示感谢！

我们学院的创建，是在党的十一届三中全会以后的大好形势下，适应经济发展的需要建立的。在创建过程中，得到了党中央、省委、地委的亲切关怀和支持，得到了陵县县委的全力支持，我在这里表示感谢！

为了进一步把我们学校办好，地委 11 月 5 日给胡耀邦同志写了信，给

---

[*] 本文源自作者手稿，该稿系作者 1986 年 12 月 30 日在德州农村发展学院年终表彰大会上的讲话稿。原稿题为《在全校表彰先进大会上的讲话》，现标题为本书编者根据讲话稿内容所修改。——编者注

省委写了请示报告，逐级报告。

胡耀邦的批示是：近几年地方办大学多了一些。这所大学是我提的词，不要因为是我提的词就怎么样，该怎样办还是怎样办。这所大学已经办起来了，遇到一些困难，请东昌同志研究解决。

东昌同志：请山东省提出具体解决的办法。

11 月 10 日，梁书记：请懋善、长贵同志研复。

现在省厅正在具体研究进一步办好我院的方案。省教育厅的初步意见是，还是按成人高校办，省地合办，以省为主。省里拿专业开办费，经常费采取谁用人谁出钱的办法，可以面向全省招生，专业设置可以商量，要增添一些新专业，如农技中专师资、民用建筑和机电专业。

李振同志指示，省地合办也好，以省为主也好，地区一定要管起来，都要把学院办好。只能办好，不能办垮，否则怎么向 550 万人民交待？学院要用一点新办法，为乡镇培养基层干部，把学院办活。

12 月 9 日，地委王书记专门开了办公会议，听取了工作组的汇报。结论是："成绩不小，困难不少，亦有问题，形势大好，共同努力，能够办好。"王书记对各局、各部提了办好学院的具体要求，决定了要把学院列入编制，报上 182 名学生的户口。会后马上都付诸实现了。这次省委又补助了我院部分经费。

就我们学院来说，我们正式列编了，基建基本完成了，标志着我们学院又上了一个台阶。我们办学的内部、外部条件正在一步步臻于成熟。下一步，要进一步办好我们学院，关键就是要加强管理。应该说，我们在这方面做得是很不够的。我们的管理还未走上轨道，各方面还存在混乱现象，人、财、物的管理都还不尽人意。我们希望在 1987 年，我们学院的管理等各方面的工作能大大地前进一步。

前些日子，我们院党委开了两次会议和院长办公会议，讨论贯彻省委、地委关于如何把学院进一步办好的指示，讨论了学院当前面临的任务，讨论了进一步加强政治思想工作，增强团结，对部分处室、党的组织成员做了调整充实，讨论了搞好人、财、物管理的问题。今天这个大会是我们贯彻进一步搞好我院的一个步骤。通过总结工作、表彰先进，来振奋我院全体师生教职员工的精神。大家振作起来，增强信心、增强团结，把学校的各项工作做好，把学习搞好。

院党委号召大家向这些先进的同志学习，学习他们从办好学院的大局出发，处处顾全大局、团结同志、共同奋斗的精神，维护学校的安定团结的局面，大家多做团结工作，有利于安定团结的事多做多说，不利于安定团结的事不做不说，创造一个团结、宽松的良好环境，使全体师生员工都能安心教学、安心工作、安心学习、人人向上、共同进步。

院党委号召大家向先进代表们学习，学习他们兢兢业业、全心全意搞好教学，全心全意搞好工作，为群众服务的工作精神。我们学院靠了这种热情工作的精神，才有了今天的初具规模，建立了正常的教学秩序，做出了好的教学成绩，今后的发展还要靠这种精神。在这里，我特别要表扬周德信老师。他来校两年，埋头苦干、勤奋教学、认真负责，担任了16门课的教学工作，还担任班主任工作。但他的工资是全校老师中最低的，只有50.5元。他任劳任怨、艰苦奋斗，一心扑在教学上。像周德信这样的老师还有一些，他们是我们学院的骨干栋梁。他们的这种精神堪称为人师表。

院党委号召大家，要向先进代表们学习，学习他们以学院为家，以主人翁的精神关心学院建设，以实际行动支持学院建设，以自己的工作给学院添砖加瓦，爱护学院的一草一木。学院有了今天的初具规模，与我们全体同志的艰苦奋斗是分不开的，这些先进工作者都是我们的代表，他们在工作和学习中起了带头的作用。学院建起来了，但离办好还远，需要我们继续发挥艰苦奋斗的精神，出谋划策，群策群力，把学院管好。院党委希望大家要关心学院的建设，提合理化建议，把学院办活，把学院办出特色来，进一步办好。只有把学院办好了，大家才有前途，个人的问题才能逐步得到解决。相反，如果大家都只考虑自己，争着解决个人的问题，学院办糟了、办垮了，不仅大家都不光彩，大家的问题也都解决不了。希望同志们都来关心学院的建设，支持学院的建设。

院党委号召大家向先进代表们学习，学习他们勤于学习、钻研业务、熟悉精通业务、做好本职工作的精神。我们学院是新建的，同志们都是来自五湖四海的。我们的院领导、处系领导、教员、干部、工人，本来都不熟悉办大学、教大学的业务。我们要办好、建好大学，一定要努力学习，在干中学，在工作中练，善于总结经验，较快地掌握本部门的业务，精益求精，把自己的工作做好。院领导、系处领导要学会领导艺术、管理艺术，把学校，把系、处、本部门领导好；教员要把自己的专业学好，把课教好；干部和工人也要精通业务，要把本职工作做好。总之要提高全院、全体人员的素质，建设一支有高度觉悟、学有专长、精通业务的教师队伍，建设一支有高度政治觉悟的政工队伍，建设一支熟悉本职工作和技术、全心全意为教学服务的后勤队伍。我们全体干部、教员、工人都要自尊、自重、自爱，不愧是大学老师、大学的干部、大学的工人，在当地起到好的榜样作用，树立我校在社会上的信誉。

院党委号召全体同学，要向三好学生学习，学习他们勤奋努力、尊敬师长、为"四化"建设刻苦学习的精神。我们的大多数同学都来自各种工作岗位，应当看到今天的学习机会来之不易，而且两年的学习时间很少，要珍惜时间，要专心学习，抓紧时间努力武装自己，以便在今后的工作中发挥作用。院党委在今天的会议上，还要表扬那些一面学习一面做社会工作的同学们，你们的工作一方面为同学们服务，另一方面帮助学校做了很多工作，为学院的建设出了力。学校党委对团委和学生会的工作是满意的。故此，我也向他们表示感谢！希望你们今后在好好学习的同时，继续努力，把学生工作做好。

同志们，我们学院在党中央、省委、地委的关怀和领导下，已经建设起来了，有了今天这样一个好的基础。不久省委关于进一步办好我院的指示也会下达。让我们大家努力，以更优异的工作成绩，以更优异的学习成绩，努力把学院办得有生气、办得有特色，为德州、为山东的农村发展事业，为振兴德州经济培养更多的合格人才，作出更大的贡献，不辜负党中央、省委、地委和 500 万德州人民的重托。后天就是 1987 年了，预祝我们大家在新的一年里取得更大的成绩。明年这时，开庆功会时，希望有更多的同志来大会领奖。

谢谢大家！

陵县基地的典型调查方法是国情调查的一种重要的方法[*]

1983 年春，当我国农村进一步改革取得了历史性胜利、行将进入第二步改革的时候，中国社会科学院的一部分同志建议，要在农村建立调查研究基地县，深入农村蹲点，调查研究农村的新情况、新问题，总结农村改革的新经验，为中央有关领导提供准确、系统的信息以及有关农村第二步改革决策的咨询和建议。同时，这也是使社会科学研究适应新形势，开创新局面，使理论研究工作更紧密地联系实际，并在实践中发展社会科学的一项措施。这个建议受到了中国社会科学院和中共中央书记处农村政策研究室领导的重视与支持。农村政策研究室主任杜润生同志提议调查研究基地县选在山东，他亲自与中共山东省委领导同志洽商，省委领导表示欢迎。1983 年 8 月中国社会科学院派出选点小组，经过实地选点，决定把研究基地定在山东德州地区陵县。陵县位于黄淮海平原，原来比较穷困，三中全会以后发生了很大变化，农业生产发展很快，广大群众已经解决了温饱问题，正在由自给半自给的自然经济向商品经济转化。陵县在经济上属于中等发达地区，在我国北方农村具有典型性。

1983 年 10 月，陵县农村发展研究组成立，成员由中国社会科学院哲学研究所、情报研究所、法学研究所、农村发展研究所的部分研究人员以及山东省社会科学院、德州地委、陵县县委派出的部分科研和工作人员组成，共 18 人。由我担任研究组组长兼陵县县委副书记，情报研究所的孙越生同志任副组长。我们于 1983 年 10 月 25 日进点，受到德州地委和陵县县委的

---

* 本文源自《农村经济典型调查——陵县经济发展的回顾与展望》（王贵宸、陆学艺主编，社会科学文献出版，1989 年 4 月），第 1～4 页。原稿写于 1988 年 2 月 18 日，系陆学艺为该书撰写的前言，现标题为本书编者根据该文内容所拟定。——编者注

热情欢迎。在省委、地委和陵县县委的支持与帮助下，研究组进点后就很顺利地开展了调查研究工作。我们开始时是对县属 66 个部、委、局、办中的大多数部局进行调查，随后又选择了袁桥乡和城关镇的三个不同类型的村，进行实地蹲点调查。对其中的 200 个农户进行了生产生活方面的详细调查，取得了大量的数据和资料。1984 年和 1985 年，中国社会科学院经济研究所、政治研究所、财贸经济研究所和农村发展研究所都分别派出了一部分研究人员到陵县蹲点，对县级经济社会问题进行了广泛的调查和研究。1985 年秋，农村发展研究所的几位年轻同志还到土桥镇，对镇级机构和实行了家庭联产承包责任制后的乡、村、户关系进行了较长时间的调查研究。所有这些调查研究资料，经过孙越生、喻培丹、顾秀林等同志的精心加工、整理，编印成三本《农村发展研究》，共 100 多万字。另外，陵县农村发展研究组的同志在调查研究基础上，写出了《关于棉花政策的若干问题》、《县级机构和改革问题》和《农村实行生产责任制后必须加强领导》等一批专题论文和研究报告，这些文章发表和上报后，受到了社会和有关部门的好评。

　　1985 年 7 月，我调任农村发展研究所副所长。从此，陵县调查研究基地挂靠到农村发展研究所，蹲点的调研人员也主要由农村发展研究所派出。1986 年春，部分同志提议写一本"陵县农村经济发展的回顾与展望"，这个意见得到了农村发展研究所的支持，被列入当年的科研计划。夏天，农村发展研究所王贵宸所长和张庆忠同志亲自到陵县，和在陵县蹲点的同志一起，详细讨论了这一课题的调查和写作提纲，制订了具体实施计划和步骤。在已有调查研究资料的基础上，张庆忠、张军、樊平、王华民、佟绍伟、尹晓青、王学东及其他同志又对陵县的历史和现状做了大量的补充调查，经过多次集体讨论，大家分章写作，到 1986 年底，完成了初稿。初稿出来后，陵县县委办公室田凤梅主任及其他同志详细审阅了全稿，并提出了具体修改意见。张庆忠、王华民等同志根据大家的意见对全书做了修改，最后由王贵宸同志审定。在本书的调查和写作过程中，我因忙于协助中共德州地委筹建德州农村发展学院的工作，只是做了一些组织和协调工作。

　　现在，书稿完成了，书名定为《农村经济典型调查——陵县经济发展的回顾与展望》。本书一方面是对新中国成立以后陵县农村经济发展的回顾，另一方面是对陵县农村经济未来的预测和对策建议。这些，都是我们农村发展研究所几年来在陵县调查研究的结果，是我们对这个典型县观察的几点认识，显然，这些看法还有待深化，有待实践的检验。

陵县调查研究基地的建立，至今已有四年多了。中国社会科学院先后有五批共 32 位同志到陵县长期蹲点，做调查研究；有 100 多位老干部和科研人员到陵县参观访问、做短期调查研究；有 6 名研究生在陵县基地做调查研究，撰写硕士学位论文；另外，还有北京大学哲学系和经济系、北京师范大学哲学系和经济系及山东大学经济系的 200 多位同学在他们老师的带领下，到陵县基地做过毕业实习调查。所有这些调查，都从不同的角度和侧面，加深了我们对陵县这个典型的认识。不足的是，由于多种原因，我们研究人员的更换过于频繁，缺少长期坚持一以贯之进行调查研究的业务骨干，这使资料的积累、系统整理、综合研究都受到很大的影响。不过，在陵县调查中，有几个项目，虽然调查人员换了，但调查本身并没有因此受到影响。如前述三个村 200 个农户的家计调查，从 1983 年开始，我们坚持隔年对这些农户做一次追踪调查，使这些资料积累起来了。无疑，这对我们认识陵县农村、认识当前农村的发展都是很有价值的。

我们在陵县农村的调查，是典型方法的调查，也就是解剖麻雀式的调查。这种调查方法，是我们党过去历来提倡并取得了成功的方法。毛泽东同志在《寻乌调查》中指出："我们研究城市问题也是和研究农村问题一样，要拼着精力把一个地方研究透彻，然后于研究别个地方，于明了一般情况，便都很容易了。……倘若走马看花，如某同志所谓'到处只问一下子'，那便是一辈子也不能了解问题的深处。……这种研究方法是显然不对的。"[①] 这种解剖麻雀式的调查方法，符合我国的具体情况，曾经屡试不爽。现在党中央提出要开展国情调查，我认为这种蹲点调查、典型调查的方法，应该是国情调查的一种重要的方法。因为这种调查方法本身是符合我国国情的。

《农村经济典型调查——陵县经济发展的回顾与展望》，在多方面的努力和支持下，终于完成了。这是陵县调查研究基地公开出版的第一本书。前面的话是对本书写作背景的介绍。书本身还有很多缺点，希望得到大家的批评和指正。在这里，我谨向给予陵县调查研究基地和本书写作大力支持的山东省委、省政府，德州地委、行署，陵县县委、县政府的同志们和陵县的父老乡亲们表示衷心的感谢！

---

① 毛泽东：《寻乌调查》（1930 年 5 月），中共中央文献研究室编《毛泽东农村调查文集》，北京：人民出版社，1982 年 12 月，第 56 页。

关于县情调查的几点思考[*]

这次县情调查，是中央宣传思想工作领导小组提出来的。目的是通过深入系统的调查研究，进一步认识国情，深化、拓展和完善社会主义初级阶段的理论，并为促进改革，加快社会主义现代化建设提供资料和决策依据。经过各方面的努力，现在各省的调研队伍已经组织起来了，有的已经进点开展了调查，有的也做好了准备，即将进点。这次会议，我们是要讨论进点后调查什么、如何调查、写成什么和怎样写作等问题。我今天就县情调查的问题做一个发言。我想讲以下三个问题。

一　县情调查的意义、目的和任务

首先，国情调查包括很多方面，从地域上分，可以分成县情调查和市情调查。县情调查，实际上也就是农情调查。全国 10.8 亿人口中，农业人口有 8.5 亿，这是中国的基本国情。通过调查研究认清当前农村、农民、农业的基本状况，这对于探索具有中国特色的社会主义农村的发展道路，制定正确的深化农村改革、促进农村经济社会协调发展的方针和政策，是非常必要的。历史的经验表明，什么时候强调认识国情，从国情的实际出发，政策就比较稳妥，发展就比较平稳、协调；什么时候离开国情，政策就脱离实际，发展就会出现偏差和困难。

初级阶段的理论是党的十三大提出来的，是从我国的国情概括出来的。我们这次调查是要使我们对于国情有个更加具体深入的认识，使初级阶段

* 本文原载于中国社会科学院科研局主办的内部刊物《社会科学管理》1988 年第 4 期（1988 年 12 月 20 日），第 40～43 页，原稿写于 1988 年 9 月 20 日。——编者注。

的理论更加深化、完善。

其次，通过对于全国几十个县、对于一个省几个县的深入调查，可以更进一步认识农村当前的真实情况，澄清一些问题。这对于当前制定正确的农村政策、正确的农村发展战略是十分必要的。前几年有一段时间，对于农村形势估计得过于乐观，对农民富裕程度估计得过高，对农村第一步改革的成绩估计过大，因此，在农村政策上出了一些偏差。这几年农业出现了徘徊的局面，是同政策离开了国情有关的。

通过对一个县的基本情况和若干问题的调查与研究，对于被调查县有一个进一步的自我认识，这对于制定这个县的发展战略、制定一些适合这个县的特点的政策是很有必要的。所以，这次县情调查，是会得到被调查县的干部和群众的欢迎的。

再次，这次县情调查，可以说是新中国成立以来一次规模较大的、有组织有系统的社会科学的调查研究，可以为社会科学的研究积累丰富的第一手材料。这是我们社会科学的一项基本建设工作，对于发展经济学、社会学、哲学、法学等学科都是具有十分重要的意义的。解放前，有些学者进行过类似的工作，留下来了一批资料，今天成为国内国外研究的宝贵资料。如李景汉先生的定县调查、薛暮桥等同志的无锡调查等。解放之后由于多种原因，这样有组织的系统的调查很少。

最后，通过这次大规模的县情调查，可以培养、训练一支社会科学的调查研究队伍，对于发扬社会科学工作者理论联系实际的传统、改进学风大有好处。

近几年来，我们社会科学工作者也做了不少调查，但对城市调查得比较多，真正深入农村的调查较少。蜻蜓点水、走马观花的多，真正长期蹲点、解剖麻雀的少。这种学风要改进。我们这样以一个县为对象，做比较长期的蹲点调查，这对于我们认识农村、认识国情是十分必要的。我自己在山东陵县蹲点调查和工作了三年，受益匪浅。还是要深入农村，要长期蹲点，要解剖麻雀。这是适合当前中国国情的，这是目前条件下了解农村的一个基本方法。当然，问卷调查等方法也要用，但不能光靠这个。

我们这次将有近千人参加调查，是会产生一批调查专家、熟悉农村问题的专家的，会产生一批好的论文、调查报告和著作的。

二　县情调查的内容和重点

我们这次调查应该是全面的、系统的，又重点突出的县情调查。所谓全面，应该是包括经济、政治、文化思想、社会等方面。中宣部的文件要求对经济、政治、文化、党的建设、统一战线等方面做系统的调查研究。除此之外，其他一些方面也可以考虑进去。县是我们国家的一个最完整的基层组织，是一个大的社区。工农商学兵，党政财文，应有尽有。国家有什么部、委，县里基本上也有相对应的部门。县最早发源于春秋时期，春秋时期，诸侯国林立，现在的许多县就是当年的侯国。如河南的息县，当年就是息国。如果对一个县的结构和功能能做详细的解剖和了解，就能对我们国家有个基本的了解。

所谓系统，应该包括过去、现状和未来发展趋势，有一个系统的认识。

重点突出，是要着重调查了解经济、社会两个方面，经济发展如何？社会发展如何？这是当前社会主义建设的两个主要方面。过去对经济状况注意得比较多，但对社会注意得不够。我们这次要把社会结构、社会状况、社会组织、社会问题等同经济一样列为我们调查研究的重点。目前，不少地方的经济发展了，但社会并没有相应的进步，有"增长"而无"发展"。目前的一个主要倾向是重经济、轻社会。要提倡经济、社会协调发展。这同我们的整个发展战略有关。若干年来，我们都是为温饱问题而奋斗，解决粮食和最低收入问题。过去我们把口粮多少斤、人均纯收入作为农村的主要指标，这当然无可非议。但是，现在大多数地方温饱问题解决了，怎么全面发展就是一个大问题。现在有的地方把生产力当作唯一标准，发展经济的时候不注意社会进步，结果经济上去了，但社会问题成堆，这在发达国家有教训。富裕不等于幸福，发展中国家也有这个教训。

所以我们这次要把社会问题也作为一个重点进行调查。这可以说也是我们这次县情调查的一个特点。这是符合当前改革与发展需要的。

调查的内容还可以这样分为两部分：一部分是县的各方面的基本情况、基本资料；一部分是当前农村发展、改革中的若干问题。前一类是资料，后一类是专题研究报告。

这两者应该并重，各有各的价值。可以有所侧重，但不可偏废。就资料来说，这是形成基本国情、反映 1988 年农村情况的基本资料。这方面应力求完整系统，尽可能搜集到历史和现状的各种资料。这不仅是认清当前国情、当前形势的基础，若干年之后，就是珍贵的史料。年代越久远，价值就越高。现在的中外学者，把李景汉先生的定县调查、费孝通先生的江村经济、日伪满铁的华北农村33个村的调查作为珍贵的史料，就是因为这批材料反映了当时的实际，是研究当时农村情况的基础材料。

资料可以分为两部分：第一部分是这次调查提纲提出的，一些必不可少的、反映全国农村当前情况的，这个会上要统一一下项目，每个县都必须调查的，以便可以有对比性；第二部分内容是反映本省、本地、本县特色的（发达的、中间的、不发达的和老、少、边、山等地方的，各有各的特点）。调查哪些方面，各县可自己定。

搜集材料的时间跨度：解放前的材料要收集，但以解放以后的为主，党的十一届三中全会以后的材料应尽可能地详尽。

第二个组成部分是若干当前改革和发展的专题。这部分调查也要从一开始就注意。这部分内容是各县特别关心的。我们这样一支研究队伍去了，不能光搞一些材料就走，要研究一些专题，一是当前改革和发展的需要。这可以给中央、省、地提供决策参考。二是当地县的需要。有些需要我们帮他们反映、呼吁，如房山县的环境污染；有的要我们帮他们总结、推广传播；有的可以对他们的工作起指导、咨询的作用。如晋江的外向型经济、无锡的乡镇企业、莱芜的乡镇政权改革、诸诚的商品生产大合唱等。三是我们研究工作者的需要。可以写成文章，写成报告。资料是成果，研究报告也是成果，最后成书是大成果，这都要作为将来晋升职称、评奖的内容。有的可以推荐到有关刊物发表，有的可以通过社科院及时上报给中央，给有关方面决策提供参考。这也使我们的县情调查能及时发挥作用。

三 调查的步骤、方法和应注意的几个问题

这次调查的成败与否有两个关键。一是要有一支专业队伍，二是省、地、县等地方领导的支持和帮助，特别是调查所在县的支持。

要有一支专业队伍。每个队要有3~5个有事业心的、对农村发展关心的、学有专长的学者，还要有10~20多个同志的队伍，特别是要有1~2个专业骨干做主持人。我们这次调查队伍的组成，应该是多学科的。哲学、经济学、社会学、法学、历史学、文学都要有一些，是多学科的混合编队。老中青相结合，理论工作者和实际工作者相结合。要挑选一些学有专长、熟悉农村、有事业心、有长期下乡精神的同志参加。进点前最好集训一段，

有个好的思想准备。这次调查研究，是一次科学研究活动，要当一部学术著作来写，要强调有学术价值，不是一般的调查报告。这次调查成果，是要传之将来、留到后世的。所以，我们的材料一定要经得起历史的检验。新中国成立以后我们做过几次大的调查，如农业合作化高潮的调查、人民公社调查。从现在看，毛主席亲自阅读批示过的三大本农村调查，在全国产生过很大影响。最近有位老同志指出，这些调查报告现在看有 80% 的是假典型，都靠不住，毛主席的批示有许多也就站不住了。人民公社的调查是站不住的。前几年，关于包产到户问题的调查是大量的，但未形成系统的资料。

我们的这个调查，应是真实的、资料丰富的、有理论的、有研究的学术著作。应该区别于地方志，更不是一般的调查报告，一定要讲究质量。

要取得地方党委的支持。调查要取得省委、省政府、地委、行署的支持，特别是要取得调查县的县委、县政府的支持和配合。应该使他们认识到，这次县情调查，是一项共同事业，也是他们认识本县情况的好机会。要共同出力、互相配合来集体完成。要争取县的领导参加调查领导小组，要吸收当地的同志参加调查研究活动。最后，当地也出一部分写作人员，一起撰写完成调查成果。在平时工作中，进行调查研究的活动要同他们商量，请他们帮助安排。前面说过，地方、本县关心的一些重大课题要帮他们研究，帮他们出主意，不能光搜集材料。通过长期的合作，建立友谊，互相信任，互相支持。在一个地方调查一年多，一定要交一批朋友。这不仅是完成这次任务的必要条件，而且也是今后长期调查农村问题的一个基地，以后就可以作为本院、本所的联系点、调查基地。过几年可以做追踪调查。古人说：天时、地利、人和，天时不如地利，地利不如人和。能否取得当地县委、县政府的大力配合和支持，应作为选点的重要条件，也是能否搞好这次调查以及调查成果质量高低的一个关键。

这次调查的步骤，大致可以分四步。第一步广泛研究；第二步专题研究；第三步综合分析，形成框架；第四步分头写作。一个中等县大致需要 3~6 个月的调查，3~6 个月的写作。可以先调查县直各主要部委局办的情况，最好都访一遍，以便有个总的了解。然后选 2~3 个乡镇和 3~5 个村做点的调查，对 500~1000 个农户做户情调查。县、乡（镇）、村、户四个层次都要有调查。另外对工厂、乡镇企业、商店、学校、医院也做一点典型调查。

调选要采取点和面结合、重点和一般结合、会上和会下结合、历史材料和口头资料结合的方法。要尽可能地收集本县的各方面材料，但也要重视一些熟悉本县、本部门、本乡、本村情况的同志的口头材料。这是了解现状、了解真实情况的重要来源。

调查得到的材料要及时分类整理，要有专人保管、登录。调查中发现的重大课题要及时研究分析，可以及时写成文章，写成报告。如有些要向省委领导、中央领导反映的，可以及时送上来，送到有关部门。有的同志建议办一个《国情调查通讯》，交流各地的调查计划、方法和经验。有的同志还建议要成立一个总的编委会，审查、指导各县调查组写的成果，最后定稿出版，以保证质量。我觉得这些意见都很好。我们回去后要向有关领导汇报，商量后再定。总之，我们希望，这次县情调查，经过大家的努力，一定要做出成绩来，并且用这批成果争取有关领导和有关领导部门的支持，以取得第二批、第三批调查基金，使这类调查再扩大和再开展下去，我想，如果我们用 3~5 年时间，写出 100 个县的县情报告，30 个市的市情报告，那么，这就是一项大的基本建设工作，这对于深化完善社会主义初级阶段理论是一个贡献，对于我们中国社会科学的发展会起到很大的作用，会在国内国外产生深远的影响。